U0710628

中国近代人物文集丛书

曹 廷 杰 集

丛佩远 赵鸣岐 编

中 华 书 局

图书在版编目(CIP)数据

曹廷杰集/丛佩远,赵鸣岐编. —北京:中华书局,1985.11
(2014.7 重印)
(中国近代人物文集丛书)
ISBN 978 - 7 - 101 - 10213 - 0

Ⅰ.曹…　Ⅱ.①丛…②赵…　Ⅲ.曹廷杰(1850~1926)–文
集　Ⅳ.Z426

中国版本图书馆 CIP 数据核字(2014)第 121978 号

书　　名	曹廷杰集
编　　者	丛佩远　赵鸣岐
丛 书 名	中国近代人物文集丛书
责任编辑	陈　铮　张玉亮
出版发行	中华书局
	(北京市丰台区太平桥西里 38 号　100073)
	http://www.zhbc.com.cn
	E-mail:zhbc@zhbc.com.cn
印　　刷	北京瑞古冠中印刷厂
版　　次	1985 年 11 月北京第 1 版
	2014 年 7 月北京第 2 次印刷
规　　格	开本/850×1168 毫米　1/32
	印张 18¾　插页 14　字数 420 千字
印　　数	4501–6000 册
国际书号	ISBN 978 - 7 - 101 - 10213 - 0
定　　价	58.00 元

盛京險要考

廷杰謹考

盛京北極高四十一度五十一分三十秒偏東七度一十三分東距興京二百七十里首府曰奉天

興京北舊有新城晉咸康五年慕容皝擊高句麗兵及新城高句麗乞盟乃還與京界內又有南蘇城晉永和五年燕王皝使慕容恪攻高句麗拔南蘇置戍而還又有木底城晉義熙初燕慕容熙攻高句麗木底城不克棄木底城在今復州東高麗之南道也晉慕容皝擊高句麗高句麗有二道其北道平闊南道

抄校本《東北邊防輯要·盛京險要考》
選頁（藏北京圖書館）

外興安嶺南支順格楞河入混同江也北海即指索
倫河東海灣從此遠入者由雅克薩城東北至欽都
河源上外興安嶺東抵索倫河口沿海濱遠入混同
江也蓋伊克阿林在混同江南岸奇吉泊下今其
地名特林即威伊克阿林之合音界碑巍然尚存並
有一碑額曰永甯寺亦勒滿蒙漢數體字當係立界
碑時所建固非在外興安嶺極東北隅近北海處也
今三姓人貿易東海者多知之亦多見之惟王守禮
守智兄弟親至碑所思搨其文因被俄夷禁阻未果
故其弟守信能為余述其詳云據此則由混同江北

抄校本《东北边防辑要·界碑地考》
选页（藏北京图书馆）

此書始於光緒十年冬月成於十一年三月在未傾

探俄界之先多取材於　開國方畧　大清一統

志　皇朝通典

聖武記及方輿紀要朔方備乘登壇必究諸書外有

古蹟考一卷如黃龍府故址在今長春廳北京會

甯府故址在今阿勒楚喀城西南唐渤海大氏都城

在今甯古塔城西他如咸平府率賓府顯州信州五

國城諸處自來史論家未能確指其地者廷杰皆躬

親考驗彙為一編因奉劄遊俄未及謄真謹將已繕

各篇分為上下二冊敬

台鑒伏維

政其紕繆不勝切禱

曹廷杰頓啟

抄校本《东北边防辑要》附曹廷杰函
选页（藏北京图书馆）

之學須準天度方隅里到始足為憑姓圖大小二幅於目令姓

城境內之地可謂粗真形似不能據為典要俄圖極為精緻然

於界線內屬彼之地則詳於幾內屬東三省之地則畧所謂宜

於彼不宜於此也今禀三省邊防關係緊要凡戰守機宜均有

成迹可稽現已會萃薈書考據詳明若得稍緩兩個月比次排

額繪圖貼說不但姓城險要可見即東三省沿邊諸路亦皆瞭

如指掌等語標下查該州判品行端方手不釋卷於兵法與地

甚為熟習所摹似為可信固囑其將所擬束三省與地險要圖

暫繪大概形勢一併附呈

憲鑒戢請

爵安勝林謹再禀

葛胜林中俄交界图禀文选页（藏吉林省档案馆）

目　　录

曹廷杰集序

丛佩远、赵鸣岐二位同志辑集的曹廷杰集，历十几阅月的辛勤劳动，已臻完成。这是一项很有意义的工作。它是研究中国东北地方史，特别是研究近代东北人民反帝斗争史的一部甚有价值的历史资料。

十九世纪四十年代，帝国主义破门而入，掀起侵华狂潮，中国人民也奋起反击，英勇抗争，从此拉开了中国近代史的帷幕。此后百余年间，侵略与反侵略、奴役与反奴役的斗争，此伏彼起，绵延不绝。一部中国近代史是这样开始的。东北地方近代史，也是这样开始的。

如果说中国近代史之开端为祸起东南，则尔后不久的东北，便成为这一斗争的前哨阵地，特别是从一八五八年至一八六〇年之际，东北百余万平方公里国土丧失。北邻的蚕食，继起了東隣的覬覦，割地賠款，喪权辱國，實此为之屬偕。而侵畧與反侵畧，戍可推动此一時期政治、经济、文化等历史变革的重要因素。所以一切研究帝國主義侵華與中國人民反帝斗争歷史的工作者，循此，則收纳举目張之效，否則，必陷五里霧中，辦不清東西南北。曹廷杰文集之蒐集整理，其目的其其意義，即在於此。而人们对於它寄予的期许，也在於此。

清末民初之曹廷杰，非特一度投身於波澜

此阔之东北人民抗俄斗争，而且是摸索此斗争

史之重写开拓者之一。他的思想和活动，反映

了当时爱国知识分子所走过的曲折複襍斗争道

路的一个侧面；他的研究著作，又是人们研究

沙俄侵华史、人民抗俄斗争史以及治东北之民

族、历史、边疆沿革史不能不研读之重写书籍

。总之，曹廷杰其人及其著述有关于东北史者

甚多。其《西伯利亚东偏纪要》等三部著作，早已为世人所重视，金毓黻先生在他的《东北通史》引言里曾写这么一段话：「……回首枝江曹廷杰所著东三省舆图说、东北边防纪要、西伯利亚东偏纪要、三书，皆为间关跋涉，自稽口询之作。其纪载之详，考证之确，虽在今苏轮执大通之日，仍觉惬心贵当，不能易其一字，……」这可说是尚论曹出的确论。

丛、赵二同志为辑集曹集，时而东北各地，时而关内南北，四处奔波，不惮其劳。复于百余万字资料中，沙里淘金，取其精金，都为此集。其所蒐辑，固不无遗漏，然轶而重要之著作，多已收入。尤可贵者，集中收入一些较少为人所知的曹氏的论著，发掘了一些有关曹氏的历史档案，又埘以各种研究参改资料，为研究曹廷杰者提供了不少方便。

在广泛蒐集佔有材料的基础上，丛赵二同志正在做深入钻研，陆续写出了一些研究成果，有些已在国内学术刊物上发表。

他们的研究，也反映出我院多数同志的研究进程。我院研究人员，多像五、六十年代的大学毕业生，进入研究机关后，即孜孜地致力于奠定研究基础，在即将深入研究之际，所谓"文化大革命"突然从天而降，机构被砸烂，人

负被遗散，毁出、资料，有的散失，有的被烧

掉，其损失之钜，是难以计算的，也是无法弥

补的。四人帮垮台后，我院的社会科学研究工

作，才又得重见天日。院、所、室等机构，重

加调整，人员编制，除归队者外，也予补充，

现在充研究第一线的人数，约百廿八。他们必

来后，迅速选定研究课题，订出科研计划，系

统地蒐集资料，然后围绕拟定的专著撰写专题

论文，他们逐步勃地埋首工作，硈是一派大好光景。这些人的年令，大都是卅五岁到四十五岁之间，年富力强，向上心切，有一定专业基硈其理论修养，也掌握了一定程度的中外文之字工具，这些同志呂呂能在党和团家的正硈路线轨道上前进，生社会主义现代化建设枉程中，一定会有所作为，有所建枋。他们的一些研究成果，正陈续问世，曹廷杰《集之辑集及对于曹廷杰夫人之研究，就是我院科研花丛中的一枝。

我于六十年代之初，即日丛赵同志等同志一个单位，遂从相康，目睹他们苗而秀、秀而实，炼收有成，冬藏在望的成长过程，不禁为之乐而忘忧，不知老之已至！欢忭之余，姿不为序，谨者艾谅诺！一九八一年仲春之月终冬序于吉林省社会科学院。

前　言

　　曹廷杰(一八五〇——一九二六)字彝卿,湖北枝江人。一八七四年,入北京国史馆,做汉誊录。一八八三年来到吉林,在靖边军后路营中办理边务文案。一八八九至一八九四年一度前往山西,任和顺、宁武知县等职。甲午战后,复返东北,历任吉林边务文案总理、呼兰木税总局总理、吉林知府、吉林劝业道道员、代理蒙务处协理等职。一九二〇年离开吉林,于沈阳暂居一个时期后,返回湖北故乡。一九二六年夏,曹廷杰拟再返东北,途经上海时因病故去。

　　在清末民初研究东北史的学者中,曹廷杰是"后起之劲",① 被视作"在精通吉林掌故方面首屈一指的史学家"。② 他的研究广泛涉及东北民族、历史、考古以及历史地理等许多领域,特别是对于奴儿干永宁寺碑文的拓取和研究,被认为是"震惊当时学术界"的一大贡献。③ 同时,曹廷杰又是一个颇有见地的爱国知识分子,对于反抗沙俄侵略、维护国家权益,曾提出过许多积极的建议,他的一些重要著作,大都是为适应当时抗俄斗争的需要而撰写的。

　　曹廷杰前后在东北活动三十余年之久,他的全部著作及其思想倾向,以甲午战争为界,可分为前后两个阶段。

---

　　① 　金毓黻:《中国史学史》,第 269 页。
　　② 　内藤虎次郎:《读史丛录》"近获二、三史料"。
　　③ 　岛田好:《关于〈俄界情形〉》。

甲午战前，曹廷杰的思想比较激进，爱国和抗俄是其思想的主流。十九世纪七十年代至八十年代初，继瑷珲和北京条约之后，沙俄又掀起新的侵华狂潮，公然进占伊犁，派舰游弋黄海，陈兵乌苏里江畔，并越边设卡，狡展疆界。当时的形势是沙俄进逼，边声紧急，山雨欲来，举国忧俄。清廷被迫于北方各地"亟筹防务，备预不虞"。其中，"吉林之三姓、宁古塔、珲春等处，防务尤关紧要"。①身处东陲防俄重镇三姓的曹廷杰，目睹沙俄侵略气焰的嚣张，痛心祖国大好河山的丧失，爱国热情空前高涨，他和先后活动在东北的吴大澂、胡传等人一样，为配合抗御沙俄侵略的斗争，积极投入了对东北边疆史地的研究。他利用"公馀暇日"，或者"躬亲考验"，进行调查，或者"手不释卷"，"荟萃群书"，"凡东三省地理险要与夫古人用兵成迹有关于今日防务者"，无不详加考究。一八八四年冬月至一八八五年四月，曹廷杰将所搜得的资料先后编撰成《古迹考》与《东北边防辑要》两书初稿。《古迹考》是作者周游东北各地，实地踏勘的考古成果汇集。此书未单行出版，后来收入《东三省舆地图说》一书。《东北边防辑要》则系对有关东北古代战守险要、边界沿革等方面文献的汇辑和研究，这部书的写作受了何秋涛《朔方备乘》很大的影响。曹廷杰十分推崇何秋涛的著作，认为该书"于中俄交界及俄国古今疆域，无不条分缕晰"，"于制度沿革、山川形势，考据详明"，对于边防备御极有裨益。同时，曹廷杰又感到自瑷珲、北京条约之后，"疆界已殊，情形不同"，何著内容已不完全适合当时防务需要。因此，他试图在《朔方备乘》的基础上，结合新形势，对东北的边疆与边防重新做深入的探讨，以适应抗俄斗争的需要。这就是《东北边防辑要》写作的由来。

① 《清实录》德宗卷四五叶四；卷一二九叶三——四。

《东北边防辑要》的出现，反映了抗俄斗争的深入，表明人们试图有准备、有组织地开展反侵略斗争，决心遏阻沙俄的侵略扩张。《东北边防辑要》一书从历史上为当时的抗俄斗争提供了许多可供借鉴的教益和斗争的依据，并对如何加强抗俄边防提出了一些"有俾实用"的建议。书中以大量的资料较为详尽地阐述了明清两代东北的疆域及其管辖情况，论证了黑龙江流域自古以来就是中国领土的一部分，指出有清一代"自混同江口处迤而西南抵图们江口之东北约五千余里，均归吉林省辖"，"黑龙江全境索伦诸部皆称臣妾"。书中追述了沙俄侵略黑龙江流域的历史，分析了"俄人开疆，每多取人之所不取，或图人之所不及"，乘人之危，趁火打劫的侵略伎俩和特点。书中还初步总结了清初抗俄斗争的经验，对未来的抗俄军事部署提出了具体的建议，主张针锋相对，积极抗御沙俄的侵略。特别值得注意的是，在这部书的《界碑地考》一文中，第一次提出以永宁寺碑做为研究东北边疆沿革的重要历史依据。根据北京图书馆所藏《东北边防辑要》抄校本补入《界碑地考》的一段文字说明，曹廷杰最初是从广泛的社会调查中了解到永宁寺碑的。他指出：特林之永宁寺碑"勒满、蒙、汉数体字"，"今三姓人贸易东海者多知之，亦多见之，惟王守礼、守智兄弟亲至碑所，思拓其文，因被俄夷禁阻未果，故其弟守信能为余述其详云"。① 曹廷杰预见到这一发见的重要价值，当时曾深"惜有识者不及见，及见者不能识"。幸运的是，不久曹廷杰就得到了前往奴儿干亲自进行考察的机会。

一八八五年五月，曹廷杰因曾协助绘制三姓地图、东三省舆地险要图，"颇能熟悉俄界情形"，被派前往黑龙江中下游和乌苏里江以东地区调查沙俄的侵略准备活动。他自三姓起程，沿松花江顺

---

① 北京图书馆藏：嘉业堂抄校本《东北边防辑要》"界碑地考"。

流而下,直抵黑龙江口,复上溯海兰泡,再返伯利,然后循乌苏里江南下,过兴凯湖后,经旱道至海参崴。在前后一百二十九天的考察中,所过之处,"凡彼东海滨省所占吉、江二省地界,兵数多寡,地理险要,道路出入,屯站人民总数,土产赋税大概,各国在彼贸易,各种土人数目、风俗及古人用兵成迹有关今日边防,与夫今日吉、江二省边防可以酌量变通,或证据往事堪补史书之阙者",曹廷杰一一"默识在心"。返回吉林后,即将所见所闻逐一笔录,共得一一八条,于十月汇成《西伯利东偏纪要》一书,并亲绘《庙尔图》、《伯利图》、《徐尔固图》、《海兰泡图》、《双城图》、《海参崴图》和《吉江二省与俄交界图》等七幅地图。

《西伯利东偏纪要》可以说是《东北边防辑要》的续篇,但《东北边防辑要》偏重于历史文献的搜集研究,《西伯利东偏纪要》则着重于对现实的调查分析。曹廷杰前往黑龙江中下游考察的主要目的,是研究如何抗御沙俄的侵略活动,所以全书内容亦均以此为中心。例如,书中通过对永宁寺碑、少数民族进京娶妇、木城贡貂、噶珊组织等问题的调查记述,进一步肯定了黑龙江流域历史上是中国领土不可分离的一部分。书中记录了沙俄殖民主义者的野蛮罪行,反映了当地少数民族和华侨反抗沙俄奴役、压迫的斗争,传达了当地人民回归祖国的热切愿望:"惟望大国如数百年前将罗刹尽驱回国方幸!"为了掌握沙俄的侵略动向,为未来的反侵略战争做好准备,曹廷杰调查了沙俄二十多个军事据点的情况,提出了进行积极防御的思想,力主严密防守,如有来犯,坚决还击,以求"规复旧境"。他还设想了三种反侵略战争的作战方案,即所谓六路出兵反击、"出奇制胜之方"和"万全之策"。三个反侵略作战方案,是《西伯利东偏纪要》一百一十八条中的最后一条,是曹廷杰经过全面调查后所得出的最后结论。它不仅反映了曹廷杰的积极抗俄态度,而且表达了处于抗俄斗争前线的广大人民群众的强烈愿望。

在东北边疆史的研究领域中,《西伯利东偏纪要》占有重要地位。在近代史上,曹廷杰是第一个对黑龙江流域的民族、历史、地理、古迹、社会经济等问题,进行了较为全面、详尽调查研究的中国学者,他以丰富、新鲜而又确凿可信的资料充实了东北史研究中许多领域的内容。在学术观点上也有不少独到的见解,尤其是对于永宁寺碑和奴儿干都司衙署所在地的考察,对永宁寺碑文的拓取和研究,《庙尔图》中对永宁寺碑位置的明确标注,这些都已成为研究东北边疆的历史铁证。曹廷杰共拓取了六分永宁寺碑文拓片,携回国内四分,一分送军机处,一分送希元,一分送吴大澂,一分自藏。① 对永宁寺碑汉文的著录,过去均以一八九一年《吉林通志》公布的时间为最早,现在又发现了时间更早的由曹廷杰本人著录的碑文,② 虽然识出的字数较少,误字也较多,但做为永宁寺碑汉文著录的第一分资料还是有价值的,特别是其中对某些字的认定直到今天仍然有学术价值。

一八八六年一月,吉林将军从《西伯利东偏纪要》中摘出八十五条咨送军机处备查,又摘其最要者三十五条送呈御览。六月,曹廷杰以"游俄微劳"送京引见,"面陈俄情",并提出《条陈十六事》,进一步系统地阐述了他有关防俄、抗俄的思想,主张只有军事上增强兵备,经济上开发边疆,外交上阻俄扩张,政治上稳定内政,而后始可言抗俄。这些主张与《东北边防辑要》、《西伯利东偏纪要》中的思想是完全一致的。尽管清政府没有也不可能完全接受曹廷杰的一系列主张,但它的影响却是深远的。例如,吉林将军希元就很

---

① 甘药樵:《明奴儿干永宁寺二碑跋》。
② 见嘉业堂抄校本《东北边防辑要》附录。

赞同曹廷杰的抗俄见解,并曾恳请清廷对曹廷杰的抗俄三策加以"采择"。吉林边务督办吴大澂与俄谈判收回黑顶子,也从曹廷杰的调查中得到许多启示和事实依据。光绪十七年(1891),章京吕海寰所拟《中俄续修条约应议款目》,其中关于在俄界设立领事、保护华商等条,完全吸收了曹廷杰的想法及有关资料。① 近代学者朱珩所著《中俄交界释地》,其论述中俄形势,"我之可患者八,俄之可患者亦八",② 显然是对曹廷杰抗俄策略的进一步发展。

光绪十三年(1887),《东三省舆地图说》出版,汇集了作者有关东北地理、考古、民族等方面的学术札记,其中关于得胜陀碑、完颜娄室碑、金上京、三姓、白城、韩州等问题的考述,颇多可取之处。金毓黻谓:"此书精于考证,为讲辽东舆地必读之作"。"其所考证,多发前人所未发,宜全看"。③ 他对东北古迹、遗物一向热心搜求,认真研究,造诣颇深,著名学者杨守敬曾向他求教有关好大王碑的问题,④ 日本学者内藤虎次郎也曾亲向他询问阿什哈达摩崖的情况。⑤

甲午战前,曹廷杰学术上的成就比较大,政治思想也比较激进;甲午战后,曹廷杰逐渐放弃了对于东北史地的研究,转向注意国内政治问题,思想倾向也有所变化。清廷对日作战的失败,使曹廷杰感到武装抗击帝国主义侵略的希望破灭了,于是他试图探索新的出路,而阶级和时代的局限性,又使他不可能彻底解决如何抵御帝国主义侵略的问题,他既看不到人民的力量和中国的前途,也

---

① 上海图书馆藏:吕海寰拟《中俄续修条约应议款目》(稿本)。
② 朱珩:《中俄交界释地》卷一。
③ 金毓黻:《静晤室日记》戊集三。
④ 杨守敬:《高句丽广开土好太王谈德碑跋》。
⑤ 内藤虎次郎:《读史丛录》"近获二三史料"。

看不透帝国主义的本质，更无力认识和解决帝国主义与中华民族这个根本矛盾。于是他便陷入了这样一种矛盾的思想状态：一方面痛感国家处于帝国主义瓜分豆剖的危亡之秋，一方面又幻想取得某些帝国主义的同情和帮助。这时，他的武装抗俄、"规复旧境"的锐气开始消逝，逐渐趋向于妥协、退让。

甲午战争之际，沙俄跃跃欲试，决心与日本争夺东北，加紧实现西伯利亚大铁路穿越东北的计划。一八九五年九月，曹廷杰被派率人查看沙俄铁路勘探队的行踪，查看完毕，撰成《查看俄员勘探铁路禀》。在禀文中，曹廷杰揭露了沙俄侵华的野心和伎俩，指出："俄人将辟铁路至海参崴，其志在朝鲜及东三省，并预计他日进兵之路"。如果铁路筑成，沙俄必将"因许修路而再求割地"；设使通向辽南支线再成，"则三省大局尽入囊中"。但他又深感"拒之固不能，听之又不可"。他所提出的办法仅仅是：以路轨宽窄不同限制俄车直接入境，并主张"除纲常名教万世当遵孔孟外，其余虚文故事一切裁革，择各国致富强之术，逐一仿办"，集资自修铁路。这说明，在军事抗俄失望之后，曹廷杰试图以发展经济，增强国力，与沙俄抗衡。做为这种主张的尝试，一八九六年，曹廷杰开始筹办都鲁河金矿的开发，历经三年的惨淡经营，最后竟焚于俄军一炬。光绪二十七年(1901)所撰《缕陈试办都鲁河金厂始末情形及益和公司源流简明折册》，反映的正是他开发金矿失败的情形。

在开发地方经济的希望破灭后，曹廷杰又转而企图以《万国公法》作为约束沙俄侵略的武器，与帝国主义进行说理斗争。他的《〈万国公法〉释义》就是这种思想的产物。他认为，"公法"的渊源本在中国，孔孟之道的"忠恕"即"公法之源"，西方公法的条例、盟约、禁令、科条等不过为"公法之流"，故大倡公法，乃孔孟之道之正宗，而利用公法则可以防止战争，可以制止侵略。为此，一九〇一年末,他写了《为俄罗斯占踞东三省拟请按照公法与之理论》一文,目的是在辛丑条约之后,"冀得感悟各国,不至过于要索"。一九〇三年,曹廷杰看到自己"公法"抗俄的理论没有得到清政府积极的响应,又亲撰《上各国钦差书稿》和《管见》各一册,代清政府草拟以公法与各帝国主义国家交涉的文件,以期推动自己主张的实现,但清政府并没有接受他的建议。曹廷杰所谓"公法"抗俄的理论支柱,一是孔孟之道的忠恕,一是资产阶级的公道。同时,他把自己主张实现的可能性寄托于:一是利用帝国主义之间的利害摩擦,一是由中国做出某些牺牲,以换取大多数国家的关心和同情。毫无疑问,这只能是一种空想,因为帝国主义之间尽管有这样那样的矛盾,但在侵略、瓜分中国这一点上却是一致的,而且他们的侵略欲望是永无止境的。

从本书选录的一些档案中可以看到,在倡导公法抗俄的同时,曹廷杰在其职务范围内仍然做了一些有利于国家和民族的事情。例如,一八九六年,曹廷杰在呼兰木税局总理任上,严惩"抗纳木税"的洋商,强令他们"照章交纳"。当时洋商拒税的现象是比较普遍的,因此曹廷杰建议清廷对此立案,"通饬遵行,以维利权"。一九〇二年,他不顾沙俄侵略军的无理干涉,坚持查办三姓金矿肇事人员。在三姓任职期间,对于在中国境内横行不法、欺压华民的沙俄官员,曹廷杰一律依法严惩,坚决维护华民的合法权益。在东北的后期,曹廷杰积极致力于开发东北的实业。他曾大力呼吁"筹办"东北的矿务,以防"利权外溢",因为"东三省矿产富饶,外人称为金满洲","日俄垂涎已非一日"。此外,他还主持过开垦三姓荒地、发展橡蚕等事业。

当然曹廷杰的思想也有其反动的一面,这主要反映在对国内政治问题的态度上,他极力诋毁维新变法,咒骂义和团运动,歪曲辛亥革命,顽固地宣扬孔孟,鼓吹帝制。一九〇二年撰写的《原教浅说》、《上荣中堂密禀》,一九〇五年撰写的《辨惑论》,以及辛亥革命以后陆续出版的《论语类纂》、《论孟类纂提要》等著作,反映了他在国内政治问题上的反动保守态度。在这些著作中,他所着力解决的问题不外是这样三个方面:为清廷出谋划策,筹措偿还庚子赔款的办法;为防止"教祸再起",力主禁止义和团等"邪教"的流传;反对维新,反对革命,以孔孟之道歪曲、攻讦辛亥革命。

　　曹廷杰的一生瑕瑜互见。但他在近代史上,特别是在近代东北史上,是一个值得重视和研究的人物。我们在指出其不足及反动一面的同时,必须充分肯定他早期抗俄思想的积极影响,肯定《东北边防辑要》、《西伯利东偏纪要》、《东三省舆地图说》等著作,在我国东北史研究领域中所做出的贡献。

编　者

编 校 说 明

一、本集选录的曹廷杰的专著、文章、地图以及档案资料，约占目前已搜集到的资料的三分之一。学术专著全部收入；史料价值较大或有助于了解曹廷杰思想、活动的文章，档案等，择其要者收录；其他著作则节录其序跋或部分章节，以见其概貌。删掉较多的是《论孟类纂提要》、《论语类纂》、《防疫刍言》等三书，其次是有关档案资料。

二、本集第一部分为专著与文章，第二部分为档案和禀文，编排先后大体上以著作时间为序。

三、曹廷杰的部分言论和禀文，摘自档案中他人的奏折或札文，对这部分资料的处理办法是：保持原档面貌，但文中不属于曹廷杰禀文或言论的文字，排仿宋体，以示区别；根据曹文内容重拟标题，原题于脚注中说明。

四、有一部分档案，虽非曹廷杰撰著，但有助于了解曹的思想活动，或者是比较重要的背景材料，本集酌情选录若干，附于有关的档案之后，以供参考。

五、本集对于《东北边防辑要》、《西伯利东偏纪要》和《东三省舆地图说》三部著作，主要做了以下整理工作：参照各种版本，重新编排了一些篇目的次序；进行点校，文字择善而从；原著引文多系节引或撮录大意，除明显错误据原书改正外，其余一仍其旧；为便于阅读，对《西伯利东偏纪要》各条文加注数字，标明顺序；编制了地名、族名部落名索引，绘制了曹廷杰调查路线示意图，选附了一些参考材料。

六、本集点校《东北边防辑要》，以北京图书馆藏嘉业堂抄校本为工作底本（文中简称"抄本"），参校以中外藩属舆地丛书本（简称"藩属本"）、辽海丛书本（简称"辽海本"）、上海图书馆藏本（简称"上图本"）。

七、本集点校《西伯利东偏纪要》，以北京图书馆藏嘉业堂抄校本为工作底本（简称"抄本"），参校以中国第一历史档案馆藏呈御览本（简称"档案甲本"）、呈军机处本（简称"档案乙本"）、振绮堂丛书本（简称"振绮本"）、辽海丛书本（简称"辽海本"）、小方壶斋舆地丛钞本（简称"小方壶本"）、大连图书馆《俄界情形》本（简称"俄情本"）。

八、本集点校《东三省舆地图说》，以辽海丛书本为工作底本（简称"辽海本"），参校以中外藩属舆地丛书本（简称"藩属本"）、问影楼舆地丛书本（简称"问影楼本"）、强自学斋印本（简称"强自学斋本"）、上海图书馆藏本（简称"上图本"）。

九、本集所收资料，均经标点分段，改正明显错漏字，注明出处，酌加标题。

十、本集编辑过程中，吉林省社会科学院院长佟冬同志亲自指导确定编辑体例，并为本书撰序，由于他的热情关怀和支持，才使本书得以勉成其事。中国社会科学院历史所杨向奎同志在来长春之际，百忙中抽暇协助审阅《论语类纂》。院内外的一些同志也先后帮助搜集资料。对此，我们在这里一并表示衷心感谢。

编　　者

一九八○年十二月

东北边防辑要

（光绪十一年三月）

东北边防辑要序

　　咸丰八年，刑部主事何秋涛进呈所纂书籍八十卷，文宗显皇帝垂览，赐名《朔方备乘》。其书于中俄交界及俄国古今疆域无不条分缕晰，诚如圣谕所谓制度沿革，山川形势，考据详明者也。顾其时东南多事，俄人乘隙窥我东北，尚有康熙二十八年尼布楚城定议界碑，足严中俄之限。故其书于东北边界特由安巴格尔必齐河源外兴安岭东抵海，凡中俄分属山河不惮详述。今则疆界已殊，情形不同矣。奉天、吉林、黑龙江三省皆有边防要图，廷杰不揣谫陋，参考群书，即其有关于时务者辑为若干篇。凡所依据，或因文义不便称引，遂从减省，其附己意以为说为考者，则以廷杰谨案别之，非敢掠美也，但期便于观览，有裨实用耳。若夫北徼全境事迹，则《朔方备乘》全书具在，兹固无庸置议矣。

　　　　　　　　光绪十一年岁在乙酉暮春之初

　　　　　　　　楚北曹廷杰序于吉林防次

卷　上

盛京险要考

廷杰谨考：盛京北极高四十一度五十一分三十秒，①偏东七度一十三分，东距兴京二百七十里，首府曰奉天。

兴京北旧有新城，晋咸康五年慕容皝击高句丽，兵及新城，高句丽乞盟，乃还。兴京界内又有南苏城，晋永和五年，燕王皝使慕容恪攻高句丽，拔南苏，置戍而还。又有木底城，晋义熙初，燕慕容熙攻高句丽木底城，不克。案：木底城在今复州东，高丽之南道也。晋慕容皝击高句丽，高句丽有二道，其北道平阔，南道险狭。慕容翰曰：彼以常情料之，必谓大军从北道，当重北而轻南。今以锐兵从南道击之，出其不意，丸都不足取也。别遣偏师从北道，纵有蹉跌，其腹心已溃，四肢无能为矣。皝从之。

奉天府东五百六十里为鸭绿②江，《汉志》注：元菟郡西廷杰案：元菟郡即今高丽平安道。盖马县有马訾水，西南至辽东郡廷杰案：汉辽东郡即今辽阳州。西安平县廷杰按：汉西安平故城，在今辽阳州城东。入海，过郡二，行一千一百里。郡二：元菟、辽东也。《新唐书》：马訾水，出靺鞨长白山，色若鸭头，号鸭绿水。唐贞观十九年，程名振等拔卑沙城，遣将耀兵于鸭绿水。又龙朔元年，契苾何力讨高丽，高丽守鸭绿水，不得济，何力乘冰坚渡水，大破之。乾封二年，李勣伐高丽管记元万顷檄文曰：不知守鸭绿之险。高丽报曰：谨闻命矣。即移兵拒守，唐兵不得渡。府东南三百五十里凤凰城。其相近有凤凰山，山上有垒石古城，可屯十万众。相传唐太宗征高丽驻跸于此。又

----

① "秒"，抄本误作"杪"，据藩属、辽海、上图本改。
② "绿"，抄本作"渌"，据藩属等本改。下同此改。

东南海中有西弥岛。明天启中，毛文龙言西弥岛相连有三山，周广二百余里，中云从山，前西弥岛，后珍珠岛，与朝鲜国境铁山城相近。陆路则八十里，水程仅三十里，西弥大路至朝鲜之义州百六十里，铁山水路如之。义州与镇江相对，止三四十里，镇江去辽阳三百六十里。按：三山岛在复州南海中，天启中毛文龙言三山岛在旅顺东三百里，从岛可以入旅顺。旅顺者，登莱、朝鲜水路津要也。

复州东七百余里又有皮岛，地形广衍，有险可恃，天启中毛文龙屯驻于此。其东北为僧福岛，又东北即朝鲜东境之铁山矣。复州南二十里有南关岛，天启中守将张盘议开河断南关岛，以守卫城，即此。

奉天南二百四十里为海城县，境内有沙卑城，亦曰卑沙城，高丽所筑，垒石为城，幅员九里。或讹卑奢城。自登莱海道趋高丽之平壤，必先出此。隋大业十年，来护儿出海道至卑奢城败高丽兵，将趋平壤，高丽惧而请降。延杰案：卑沙城疑即今岫岩州南东西二高丽城，是唐程名振等拔卑沙城，遣将耀兵于鸭绿水，其地固相近也。海城县西北有渤错水。唐贞观十九年亲征高丽，攻安市城，不克，引还至辽东。渡辽水，辽泽泥淖不通，命长孙无忌剪草填道，至蒲沟驻马，督填道诸军渡渤错水，暴风雪，士卒沾湿，多死者。蒲沟、渤错水皆在辽泽中也。延杰案：安市故城在今盖平县东北。又南一百二十里为盖平县，县南九十里有清泉山县，或曰即泉山也。唐咸亨二年，高丽酋钳弁寻叛，立安舜为王。诏讨之，破安市城，又败之于泉山，即此县。西十里海，又西十里①为归州，②又西南百十里曰苇子套，波涛险恶，不利行舟。晋遣使者由海道致命于慕容廆，船下马石津，皆为慕容仁所留。时廆在棘城，路由平郭始达也。

---

① "海，又西十里"五字，抄本无，据藩属、辽海、上图本补。
② "州"，藩属、辽海、上图本作"洲"，此据抄本。

奉天府西南十五里有首山，山连海州卫界，廷杰谨案：海州卫即今海
城县。顶有平石，泉出其中，挹之不竭。曹魏景初二年，司马懿伐公孙
渊，潜济辽水，进至首山，大破渊军，遂围襄平是也。廷杰案：襄平在今
辽阳州北。唐贞观十八年，征高丽，车架渡辽水，军于马首山，亦即此
山。府西百六十里辽水。魏司马懿伐公孙渊，围襄平，会大霖雨，
辽水暴涨，运船自辽口，竟至城下，平地水数尺。隋伐高丽至辽水，
众军俱会，临水为大阵。高丽阻水拒守，隋兵不得济，命宇文恺造
浮桥二道，于辽水西岸。即成，引桥趋东岸，桥短丈余，士卒赴水接
战，高丽乘高击之，为所败。乃引桥复就西岸，命何稠接桥，二日而
成。诸军进战于东岸，高丽大败。明年复渡辽，攻辽东城，未克。会
杨元感作乱，引还。唐贞观十八年，遣营州都督张俭等讨高丽，值
辽水涨，俭等久不得济。既而车驾至辽泽，泥淖三百余里，人马不
可通，诏阎立德布土作桥，军不留行。既济，即撤之，以坚士卒之
心。及师还　以辽泽泥淖，遣长孙无忌将万人剪草填道，水深处以
车为梁而渡。今辽地遇雨则多淖，盖天设之险矣。廷杰案：辽水即辽
河，今称巨流河，其遇雨泥淖难行，自古为然。今巨流河西四十里有柳树河沟，涨落无
常。每①涨时，不必遇雨，竟至平地水深至②数尺，人马不可通，真奇险也。土人谓河
神为鳅鱼精，或于一年中数易河道。辽河至海城县西南五十五里谓之三岔
河，③当东西往来之冲，亦谓之辽泽，或谓之黄水。晋慕容仁举兵
平郭，袭慕容皝于棘城，至黄水，知事露，乃还据平郭，即此。廷杰案：
平郭④故城在今盖平县南，大棘城在今锦州府义州西⑤北。

奉天府西三百余里为锦州府属之广宁县，县北塞外有蒺藜山。

---

① "每"下，抄本有"一"字。
② "至"，藩属、辽海、上图本无，据抄本补。
③ "河"，抄本作"口"，据藩属、辽海、上图本改。
④ "郭"下，辽海本衍一"城"字。
⑤ "西"，抄本作"在"，据藩属、辽海、上图本改。

辽主延禧以金人取东京,募辽东人为兵,使报怨,号曰怨军,命耶律淳将之,屯于蒺藜山。既而金将斡鲁古等与淳战,淳走,金人追之河里真陂,遂拔显州,于是乾、懿诸州皆降于金人。廷杰案:《辽史》地志东京道辽阳府,即今辽阳州。显州在今广宁东界,乾州在显州东南,懿州在显州东北,则河里真陂亦当在今广宁界也。

谨案:以上各条皆往事之涉于兵法,可为前鉴者。今凤凰城居高丽之冲,牛庄城为海道之门,柔远通商,诚熙朝之盛事,据险扼要,即边域之良图。再:鸭绿一江为高丽分界,其发源处距图们江源不远,对高丽谢山、茂山二城之间。查由谢山西至小辰城,再向西行至该诸尔河,折而西南入平安道。平安道在沈阳东南。由小辰城向东南行踰岭,入咸镜道北青地方。由茂山东北行至会宁,再向东北,即至稳城,与珲春毗连。沿图们江东南抵海滨,折而西南入咸镜道。由会宁东南逾岭,亦入咸镜道镜城地方,俱有驿路可通。是此处实南扼高丽之咽喉,东截逾图们江入高丽之要道,与旅顺口为登莱、朝鲜水路津要,皆筹沈①阳者所当思患而预防也。若夫山海关为畿辅重镇,西北边墙各门藉蒙古、吉林以为藩篱,则固无与于边防矣。

朝鲜沿革及形势考

廷杰谨案:朝鲜为箕子封国,秦属辽东外徼,汉初燕人卫满据其地,武帝定朝鲜为真番、临屯、乐浪、元菟四郡,昭帝并为乐浪、元菟二郡,汉末为公孙度所据,传至孙渊,魏灭之。晋永嘉末,陷入高丽。高丽本扶馀别种,其王高琏居平壤城,即乐浪郡地。唐征高丽、拔平壤,置安东都护府,其国东徙,在鸭绿水东南千余里。五代唐时,

---

① "沈",藩属、上图本误作"审",据辽海、抄本改。

王建代高氏,辟地益广,并古新罗、百济而为一,迁都松岳,以平壤
为西京。其后,子孙遣使朝贡于宋,亦朝贡辽、金,历四百余年未始
易姓。元至元中,西京内属,置东宁路总管府,划慈悲岭为界。明
洪武二年,其主王颛表贺即位,赐以金印、诰命,封高丽国王。二十
五年,其主瑶昏迷,众推门下侍郎李成桂主国事,诏从之。成桂更
名旦,徙居汉城,①　即今高丽都城。遣使请改国号,诏更号朝鲜。神宗
时,国王李昖纵酒,倭人关白称兵,八道尽没,进窥鸭绿,李昖与陪
臣尹根寿等遁居义州。明提督李如松恢复平壤,李如柏进拓开城,
四道复平。寻关白病亡,诸倭解散,国乃获安。本朝崇德初,列为
外藩,国王李倧效命唯谨,至今二百余载,奉正朔,通朝贡,罔敢诖
谩。其建置沿革如此。

　　至该国形势,绵亘渤海中,南北四千余里,东西宽或一千二百
余里,狭亦五六百里,屏蔽海氛,拥卫畿甸,是天设之险,以贻东隅
磐②石之安,其要害可知已。查该国向分八道,京畿道、西北黄海道、平
安道、东北咸境道、正东江源道、正南忠清道、全罗道、东南庆尚道。三面濒海。东
海一面,礁石甚多,并无宽阔海口,海舟从来不犯。西海一面,亦赖
全罗西北各岛错峙海中,海道纡回,帆樯难骋。惟南面釜山、熊川③
等处,系全罗、庆尚二道最大海口,为该国吃紧要害。若光阳、求
礼、云峰、南原诸险,有兵防守,则全罗不能入。高灵、大邱、善山诸
险,有兵防守,则庆尚不能犯。近日京畿道仁川地方,亦为海道门
户,然守之尚易于全、庆也。至西北咸镜、平安二道,与盛京、吉林分
据鸭绿、图们之险。由平安道铁山、义州渡鸭绿江,入凤凰门,为该
国朝贡要路,即为沈阳边防所关。由咸镜道北青地方西北抵小辰

---

　①　"城",藩属、上图本作"域",据辽海、抄本改。
　②　"磐",辽海本作"盘",据抄本、藩属、上图本改。
　③　"川",藩属、辽海本误作"山",据抄本、上图本改。

城，镜城地方东北抵会宁，皆有孔道。谨考魏毋①丘俭讨高丽，绝
沃沮千余里，到肃慎南界。宋端拱时，契丹寇扰高丽。元太祖时，
契丹人六哥等窜入高丽，攻据江东，应皆由咸镜道入也。我朝崇德
二年正月，太宗文皇帝于朝鲜军营遣外藩科尔沁、扎噜特、敖汉、奈
曼诸部兵出朝鲜咸镜道，往征瓦尔喀，道出会宁，击败朝鲜平壤巡
抚兵二千人，馀兵悉降。五月十九日，至乌拉地方，遣还蒙古十六
旗兵。此由咸镜道至吉林乌拉也。崇德四年，谕萨尔纠等往瓦尔
喀收其余党，曰尔等可于拉发地方牧马，前进往返，勿扰朝鲜境地。
谨案：拉发河在吉林东南百余里。此由吉林入咸镜道也。由是观之，则咸
镜道之险要，实挟该国建瓴之势，况今日图们以东又有强邻逼处
哉！

明季三卫分建诸国考

　　明初东北边塞止于开原，迨永乐正统间，自开元迤北，因其部
落所居建置都司一、卫一百八十四、所②二十，官其酋长为都督、都
指挥、指挥、千百户、镇抚等职，给与印信，俾仍旧俗，各统其属，以
时朝贡。说者以东濒海，西接兀良哈，南邻朝鲜，北至奴儿干北海，
廷杰谨考：黑龙江呼兰城西北通肯河地方，有奴儿城故墟，今呼女儿城，即明时奴儿干
卫也。③其云北海，恐以察汉泊或呼伦贝尔池当之。皆系女真。顾卫所多空名，④
其疆域⑤远近原弗及知，所称山川城站亦多在传闻疑似之间。其

----

　①　"毋"，抄本误作"母"。
　②　"所"，抄本误脱。
　③　此为曹廷杰去西伯利亚考察前沿袭《满洲源流考》的错误说法。去西伯利亚
考察后，作者完全改变了这个看法。参见《西伯利东偏纪要》、《东三省舆地图说》以及
《特林碑说》等文。
　④　去西伯利亚实地考察后，作者当即改正了这一错误说法。
　⑤　"域"，抄本误作"远"。

季也惟开原东建州卫、开原北海西卫,建州、海西二卫、东北野人卫见于载籍。

万历时,建州卫为满洲、长白山二国地。满洲国五部,曰苏克素护河,一作苏克苏浒河,源出边外纳噜窝集,在吉林西南五百七十五里,西南流入边门,距奉天一百七十里入浑河。其部有瓜尔佳城,为太祖发祥之地,旧名赫图阿拉,在苏克素护河、嘉哈河之间。曰浑河,在苏克素护河之下游,其部有界藩城、栋嘉城、萨尔浒城、贝珲城。《舆图》萨尔浒城在苏子河入浑河处,西近营盘,城东北岸有寨非城。曰栋鄂,一作董鄂。董鄂河在叆阳门东北入佟佳江。其部有翁鄂洛城、栋鄂城。曰完颜,一作王甲。曰哲陈,有托摩和城。二部今不可考,然必距苏克素护河等部不远也。长白山国二部:曰鸭绿江部,居鸭绿江两岸;曰讷殷部,有珠舍里,今无可考。疑讷殷即额因之转,《舆图》松花江上源有额赫额因、三音额因二河,或即其地。

海西卫为扈伦国地,其部有四:曰哈达,在吉林城西南五百三十里伊彻峰上,相近又有哈达石城。初哈达贝勒自旧城迁居于此,称新城,其旧城在开原县东六十五里,明置广顺关于此,为互市处,亦称南关。一曰叶赫,在吉林西北四百九十里,即今叶赫驿。康熙时,原任内阁侍读图理琛著《异域录》,自叙始祖在叶赫国时行高望重,其国主待以宾礼,即此。又有叶赫山城,在叶赫城西北三里,内有子城,明于其地置镇北关,为互市处,亦称北关。一曰辉发,有三城,一在吉林城西南一百里吉林峰上,一在吉林峰西北,一在辉发河边冈上,《舆图》辉发河南辉发城是也。一曰乌拉,即今吉林北打牲乌拉城,旧有宜罕山城,伊罕河出焉。按:乌拉、辉发二河入松花江,哈达、叶赫二河入辽河,即明之海西卫,与建州卫、野人卫而三。海西亦谓之南关、北关,南关哈达、北关叶赫逼处开原、铁岭、乃明边之外障也。

野人卫在宁古塔以东及滨海岛屿诸地，距明边绝远，羁縻而已。[①] 旧分为东海国部三：此下至札库塔属焉，从魏氏《圣武记》。曰渥集部，在虎尔喀部之东，瑚叶路、即《舆图》呼雅河。绥芬路、即《舆图》绥芬河。雅兰路、即《舆图》雅兰河。乌尔固辰、即《舆图》库尔布新河。穆林即《舆图》穆楞河，今称莫力河。诸地属焉。曰瓦尔喀部，沿瓦尔喀河入鸭绿江，濒海两岸。在兴京南，近朝鲜鸭绿江、图们江之间及诸海岛为东海瓦尔喀部，安楚库、优斐城属焉。曰虎尔喀部，虎尔喀河出吉林乌拉界，径宁古塔城，廷杰按：虎尔喀河出长白山北麓，经宁古塔西南折，绕城东又北行，入混同江。北行七百里，至三姓城入混同江。《唐书》渤海王都临忽汗河，虎哈即忽汗之音转，即所谓金源也。又北沿大乌喇河、松花江至混同江南岸，为虎尔喀部，廷杰案：满洲语乌喇，江也，黑龙江称萨哈连乌喇，吉林江称吉林乌喇是也。必拉，河也，格楞河称格林必拉是也。又江河亦可互称，吞河称亨乌喇，松花江称松阿里必拉是也。魏氏北沿大乌喇云云，盖不知满洲语乌喇即河之称，又未详松花江即混同江，故语不可通。若云又沿松阿里必拉南岸，或云又沿混同江南岸，俱虎尔喀部，则释然矣。札库塔近珲春。属焉。

廷杰谨案：此下专辨东海三部。艮维窝集之著名者四十有八。详见《艮维窝集水源合考》。又外兴安岭由卫底穆河发源之处，分东一支抵海，为外兴安岭，东北一支抵俄罗斯之郭列穆斯科境，为金阿林，二大支之间广袤各数千里，亦尽窝集。此可见窝集本大山老林之名，未尝专为一部。恭查《钦定开国方略》：天命、天聪年间屡征东海渥集部，其地近瑚尔喀河者则称东海渥集部之呼尔喀部，《方略》两见。其地近图们江、乌苏里江者则或言渥集、或言瓦尔喀。如天聪八年，武巴海征瓦尔喀尼满地方。崇德二年，喀凯[②]等分四路征瓦尔喀；

① "巳"，辽海、抄本误作"己"，据藩属、上图本改。
② "凯"，藩属、辽海、上图本误作"觊"，据抄本改。

一率阿库里、尼满、穆稜及乌尔固辰壮丁，入乌尔固辰地；一率绥
芬、雅兰、① 瑚叶、乌尔吉廷杰案：乌尔吉即雅兰、锡琳二河之间大乌济密、小
乌济密二河之地。壮丁，入绥芬路。其地在乌苏里江两岸及图们江迤
东海滨，均称瓦尔喀。知自长白山东北至三姓下数百里，沿今牡丹
江及混同江南岸居者，通称虎尔喀部；自图们江源抵图们江口，自
乌苏里江源抵乌苏里江口，凡沿此两岸居者通称瓦尔喀部，二部皆
东海渥集地也。则东海国部宜云东海渥集部二：曰虎尔喀部，曰瓦尔
喀部，不得于二部之外又云窝集部也。诸书相沿，特辨于此。至魏
氏云瓦尔喀河入鸭绿江，滨海两岸皆瓦尔喀部，尤属支离。盖鸭绿
江既为长白山国部矣，又何处容此瓦尔喀乎？且瓦尔喀② 河入鸭
绿江，今其河安在乎？窃谓当日诸路各有路长，又众推瓦尔喀人为
部长，故诸路皆可以瓦尔喀该之。查绥芬河西有阿雅哈河，阿、瓦
同音松阿江一作宋瓦江是。瓦尔喀当即此阿雅哈，左带乌苏里，右绕图
们江，于《方略》用兵地势颇合，恐左右傅尔丹、朱尔根四城亦即瓦
尔喀部所据也。

三姓疆域考
征东海渥集虎尔喀部附

　　廷杰谨案：三姓北极高四十七度二十分，偏东十三度二十分，
本明③ 野人卫地，为东海渥集部之一，曰呼尔喀部，亦曰虎尔喀部，
亦曰库尔喀部，廷杰案：呼尔喀部即今牡丹江上下各地，其源出于宁古塔西南瑚尔
哈河，故称瑚尔喀。呼、虎、库皆同音字也。尝役属于扈伦之乌拉部。我太祖
高皇帝己亥年春正月，东海渥集部之虎尔哈部来朝。戊申年九月，

---

① “兰”，抄本误作“尔”。
② “喀”，抄本作“哈”。
③ “明”，抄本误作“朝”。

窝集部之虎尔哈部①千人，侵我宁古塔城，我驻防萨齐库路兵百击败之。廷杰案：萨齐库路疑即萨尔胡城，在宁古塔城东北。辛亥年冬十一月，遣额亦都、何和哩、扈尔汉率兵二千，往征东海呼尔喀部扎库塔城，谕降弗从，围三日，攻克其城，斩千人，俘二千人，并招降环近路长。廷杰案：扎库塔城在图们江西，与高丽稳县近。天命四年正月庚戌，大臣穆哈连率兵千人，征②东海呼尔喀部。六月己未，收其丁壮二千以还。十年十月，劳征，克呼尔喀部军。初，太祖遣第三子阿拜、第六子塔拜、第九子巴布泰率兵一千，由北路征东海呼尔喀部，侍卫博尔晋，备御曰伟齐、曰札努、曰塞纽克、曰衷诺、曰通贵、③曰尼堪率兵二千，由南路征东海呼尔喀部。博尔晋等招降五百户先还。至是，阿拜等俘获一千五百人以归。廷杰案：北路即今由吉林至三姓驿路，南路即今由吉林至宁古塔驿路。

　太宗文皇帝天聪元年，长白山迤东滨海虎尔喀部三人来朝。廷杰案：长白山迤东滨海虎尔喀部，疑即扎库塔城环近诸路也。二年，长白山迤东滨海虎尔喀部头目四人来朝。三年秋七月，库尔喀部头目九人来朝。四年五月，虎尔喀部二十一人来朝。十一月，那堪泰路之呼尔喀人玛尔图等携家属来归，命于宁古塔边地驻牧。崇德七年九月，太宗命沙尔琥达、珠玛喇率将士往征松阿里江之呼尔喀部。闰十一月，沙尔琥达等遣人还奏喀尔喀木屯、遮克特库屯、塔图库屯、福提希屯、鄂尔珲屯、斡齐奇屯、库巴察拉屯、额提奇屯、萨里屯、尼叶尔伯屯十屯人民，俱已招降，于月之初十日自松阿里江旋师。廷杰谨案：松阿里江亦称宋瓦江，今称松花江，满洲语曰松阿里必拉。今自长白山西北至白都讷经流通称松花江，亦称混同江。自白都讷至黑河口以上，通称混同江，亦称松花

---

① "部"，抄本皆作"路"。

② "征"，抄本作"往"，据藩属、辽海、上图本改。

③ "贵"，抄本误作"责"，清《太祖实录》卷九又作"通果毅"。

江。此松阿里江十屯之地，当在今三姓城东南及东北数百里之内，查《吉林舆图》，三姓东南有喀尔喀山，即喀尔喀木屯地，尼叶赫河即尼叶尔伯屯地，叶尔浑河即鄂尔珲屯地，萨铁尔河即萨里屯地。《三姓地图》，由三姓东北混同江南岸百余里，有达卜库屯，即塔图库屯地，又十余里有敖奇屯，即额提奇屯地，又约二百二十余里，有喀尔库玛屯，疑即库巴察拉屯地；又一百三十里，今富克锦地方，有富替新屯，即福提希屯地，又东北一百六十余里至黑河口对岸，有奇七卡屯，疑即斡齐奇屯地。按图审音，十得其九，惟遄克特库屯无可证据，然应距九屯不远。是当日进兵应至三姓分为三路：一沿混同江出塔图库屯等地，为左路；一由今三姓至蜂蜜山孔道，出萨里屯、鄂尔珲屯，为中路；一由今三姓至宁古塔驿路，出喀尔喀木屯、尼尔伯屯，为右路也。或曰《吉林舆图》宁古塔东有鄂尔珲、绥芬河，《三姓图》富克锦下约二百余里有尼尔博屯，所谓鄂尔珲屯、尼叶尔伯屯安知非此二处乎？曰鄂尔珲、绥芬为绥芬河上游，在苏札哈窝集东南，一作鄂勒欢绥芬，自宁古塔出此甚易，自三姓出此，道路崎岖难行，且审当日兵势所趋，不能逾险及此一隅。叶尔浑与鄂尔珲音固相近，路亦相通，似无疑义，惟谓尼尔博屯或即尼叶尔伯屯，其说尚为可从，姑存之以俟考。自是虎尔喀部悉平，先归宁古塔统辖。自宁古塔东北行四百余里，居呼尔喀河、今称牡丹江。松花江两岸者，曰诺雷、一作闹雷，一作拏耶勒，天聪五年朝贡。曰克宜克勒、一作革依克勒，一作克益克勒，崇德二年朝贡。曰祜什哈哩、一作祜什喀礼，一作虎习哈礼，崇德三年朝贡。此三喀喇廷杰案：满洲语呼三姓为依兰喀喇。依兰，三也；喀喇，姓也。役属久，其壮丁头目移家内地，编甲入户，有服官于京师者。初以鱼皮为衣，后被德化，冠服修饰，《柳边纪略》曰俗称窝稽达子，即窝集部。按窝集，一作乌稽。皆称伊彻满洲，一作异齐，一作伊车。其地产貂。三姓即因三喀喇为名也。自宁古塔东北行千五百里，居混同江、黑龙江两岸者，曰赫哲喀喇，案：此从《满洲源流考》，《柳边纪略》作剃发黑金喀喇，《通志》作赫锦，一作赫真，一作黑金。廷杰案：今自乌苏里江口以上、三姓以下，有入旗当差黑斤，土人呼曰旗喀喇，即此赫哲喀喇。俗类窝集，产貂。又东北行四百五里，居乌苏里江、混同江、黑龙江三江汇流左右者，曰额登喀喇，此从《通志》、《柳边纪略》作不剃发黑金喀喇，《满洲源流考》亦①曰赫哲喀喇。廷杰谨案：今自乌苏里江以下，阿吉以上，土人呼曰短毛子，其人皆剃发；自阿吉以下，至黑勒尔以上，土人呼曰长毛子，其人皆不剃发；当即此额登喀喇。《三姓图》乌苏里江口东图勒密俄人村镇下，有科克特力赫哲坐落，当即《满洲源流考》所指。其人披发，鼻端贯金环，衣鱼兽皮，陆行乘舟，或以舟行冰上，驾以犬，所谓使犬国也。《柳边纪略》曰：御者持②木篙立舟上，若水行拦头者然。廷杰谨按：舟即《异域录》所谓拖床，今东三省至东北海滨通称扒里，亦作③攡犁。所持木篙，通称靠立。特东省皆驾牛马，惟黑河口下至海滨方驾以犬耳。每头④犬一头值津钱四、五十串，次者亦二、三十串。饲以鱼。少则驾五、六犬，多则驾十二、三犬，可载千斤。地冻从陆行，每日可一、二百里，冰行可二、三百里。欲止时，先以靠立插两旁，入地一二寸以止，犬足尚约二、三里方可驻。或雪深数尺，犬不能行，其人则施踢板于足下，板以轻木为之，宽三、四寸，长四、五尺，底铺鹿皮，令毛尖向后，以钉固之。手持靠立撑之而行，浮在雪面不陷，其速可比狗扒里，而上坡下岭轻快尤为过之，常用以捕貂。其语与窝集异，无文字笔墨，裂革以记事，如古之结绳然。地产貂。《通志》曰：自宁古塔水路至其部东北界，共四千五百余里。又东北行七、八百里，曰飞牙喀，一作费雅喀。俗与额登喀喇同，而赤股无袴，以皮蔽其前后。廷杰谨案：今自黑勒尔以下，至东北海口，土人呼曰长毛子，合奇勒尔、俄伦春二族凡居江沿者皆称济勒密，当即此飞雅喀地也。自宁古塔东北行三千里，曰奇勒尔，一作欺勒尔。廷杰谨案：今自索伦以南、松花江以北，凡游处山林者其称奇勒尔，其西即为俄伦春人等游猎之地。今入三姓、富克锦城当差之旗喀喇，旧图亦作奇勒尔，呼为奇勒尔达子，讹为奇邻达子。滨大东海，俗产与奇雅喀喇同。自宁古塔东行千余里居乌苏里江两岸者，曰木抢，一作木轮，一作木伦，一作穆连，一作穆棱，一作术伦。俗类窝集，产貂。

---

① "亦"上，抄本衍一"曰"字，据藩属等本删。

② "持"，抄本误作"特"。

③ "作"下，抄本衍一"巴"字，据藩属等本删。

④ "头"，抄校本误脱，此从藩属、辽海、上图本。

廷杰谨案：木抡又作穆林，一作木楞，即今莫力河，在乌苏里江西岸，为塔、姓分界之处。又东二百余里居尼满河源者，一作伊嗎。曰奇雅喀喇，《会典》图作奇雅喀尔，《柳边纪略》作欺牙喀喇。其人黥面，地产貂，无五谷，夏食鱼，冬食兽，以其皮为衣。

　　廷杰谨案：以上各部，诺雷等三喀喇归顺最先，三姓城即因此为名。其余，若赫哲喀喇于天命元年招服，时大臣安费扬古、扈尔汉征东海萨哈连部凯旋，遂又招服音达珲塔库喇喇路、诺罗路、锡喇忻路，即赫哲喀喇地也。详见《征索伦》篇。后近虎尔喀喇部，居混同江南岸者或无常，于崇德七年招降，详见上。飞雅喀及额登喀喇、奇勒尔等于康熙十年降服，恭查康熙十年辛亥十月壬辰，圣祖谕宁古塔将军巴海曰：朕向闻尔贤能，令侍朕左右，朕益知尔矣。飞雅喀、赫哲虽已降服，然其性暴戾，当善为防之，必须广布教化，多方训迪，以副朕怀远之意。知飞雅喀降服，附近之额登喀喇、奇勒尔未有不降服者，至谕盖以赫哲该二部也。木抡及奇雅喀喇于崇德三年以前征服，详具《征东海渥集瓦尔喀部》篇内，屡征穆棱、尼满等处。皆三年一贡。《柳边纪略》曰：凡岁贡者，除赐衣冠什器之外，宴一次，固山达以下陪宴。三年一贡者，宴三次，宁古塔梅勒章京陪宴。又有远在海中不能至宁古塔之库叶一部，详具《库页岛沿革形胜》篇。皆宁古塔属地，雍正七年设立三姓副都统分治之。《会典》分为二图，曰海以外图，则库页岛地也。自混同江以西，溯流而上，抵三姓城，皆三姓副都统所属也。其北境大山老林，直接俄罗斯界，凡数千里，《会典》分为三姓所属海以内图。盖东北抵海，西北抵外兴安岭，其岭南所出之水，自索伦河以东皆小川，东入海；自噶穆河以西，为哈滚河、①格楞河诸大川，其北控俄罗斯，南接宁古塔，万山环叠，雄长东陲，是三姓之形胜也。

---

　　① "哈滚河"下，藩属、辽海、上图本又有"恒滚河"。案："哈滚河"当即"恒滚河"，不当复出，故当以抄本之文为是。

征东海渥集瓦尔喀部 使犬国附

东海诸部皆在长白山以东。长白山为我朝发祥之地，松花江出焉，北流至吉林，又北转东流，合黑水为混同江，径三姓① 以入东海。廷杰谨案：此说多误，当云北流至吉林，折而西北绕白都讷，又转向东北，合北岸嫩江为混同江，径三姓城北，会南岸发源宁古塔之呼尔哈河，即今牡丹江，东北流八百里，至黑河口，黑龙江自西北来会。又东北流七百余里，合南岸之乌苏里江，又东北行二千余里，以入于海。水势环抱，拱卫神京，古肃慎、渤海、女真诸国相继居此。至明万历年间诸国分建，廷杰谨案：明之东北边塞止于开原。满洲之部五：曰苏克素护河，一作苏克苏浒河。曰浑河，曰完颜，一作王甲。曰栋鄂，一作董鄂。曰哲陈。长白山之部二：曰纳殷，曰鸭绿江。东海之部三，曰窝集②，亦作渥集。曰瓦尔喀，曰虎尔喀。廷杰谨案：宜云东海窝集部二：曰虎尔喀，曰瓦尔喀，详见《明季三卫分建诸国考》后。扈伦之部四：曰叶赫，一作也合。曰哈达，曰辉发，曰乌拉，皆金代部落之遗，城郭土著，射猎之国，非蒙古行国比也。太祖高皇帝受命于天，削平诸国，于是满洲五部、长白山二部、扈伦四部以次收入版图。其用兵最勤，且征且抚者，莫如东海三部③ 廷杰案：宜云东海窝集部二部。及黑龙江之索伦等部。其征东海窝集部之虎尔喀部，廷杰已详录于《三姓疆域考》下，兹特即其征东海窝集部之瓦尔喀部者谨述之。

太祖高皇帝戊戌年春正月，招降安楚拉库路。先是大臣费英东初征瓦尔喀部，取噶嘉路，杀部长阿球，降其众以归。至是以安楚拉库路旧属瓦尔喀部，太祖命长子褚英、幼弟巴雅喇与费英东、噶盖统兵一千征之，星驰而往，取屯寨二十余，招降万余人而还。丁

---

① "三姓"上，藩属、辽海、上图本原有"宁古塔"，据抄本删。
② "东海之部三，曰窝集"，此据藩属、辽海、上图本，抄本误作"东海之部二"。
③ "三部"，抄本误作"二部"，据文意和藩属、辽海、上图本改。

未年春，命弟舒尔哈齐、长子褚英、次子代善、大臣费英东、扈尔汉率兵三千，徙东海瓦尔喀部斐优城之众于内地，败乌拉贝勒布占泰邀截之兵万人于道。五月，命贝勒巴雅喇、大臣额亦都、费英东、扈尔汉率兵千人，往征东海窝集部之赫席赫路、鄂谟和苏噜路、佛纳赫托克索路之并附乌拉者，取屯塞而还。戊申年九月，窝集部之呼尔喀路千人，侵我宁古塔城，我驻防萨齐库路兵击败之。既而降人有逃至窝集部之瑚叶路者，匿弗以献，己酉年十二月太祖遣扈尔汉率兵千人讨之，扈尔汉取瑚叶路二千户而还。是时有归附我国之窝集部绥芬路长图楞，为窝集部之雅兰路人所掠。庚戌年十一月招降窝集部诸路长时，太祖遣额亦都率兵千人，往窝集部之那木都禄路、绥芬路、宁古塔、尼玛察路，招其路长等来归，令其携家口前行。额亦都旋师至雅兰路，遂击取之，收万余人而还。辛亥年秋七月，取乌尔固辰、穆棱二路。先是窝集部来归，路长僧额、尼喀哩二人以太祖所赐甲四十副置绥芬路，为窝集部之乌尔固辰、穆棱二路兵掠去，太祖遣呼尔喀部长博济哩往二路宣谕归还所掠，弗从，乃命第七子阿巴泰同大臣费英东、安费扬古率兵千人征之，俘千余人而①还。甲寅年冬十一月，遣兵五百，征窝集之雅兰、锡琳二路，收降二百户，俘千人而还，报掠我所属之绥芬路长图楞也。乙卯年冬十一月，征克额赫库抡，先是窝集部东额赫库抡人寄语我国之人曰："人谓尔国骁勇，可来与我等决一战。"太祖遣兵二千，至固纳喀库抡招之，不服，遂布阵鸣螺，越濠三层，毁其栅，攻克其城，阵斩八百人，俘获万人，收抚其居民，编户口五百，乃班②师。天命二年春二月丙申，遣兵收海边部众。时东海沿边诸部尚多未附，太祖遣兵四百往征，凡散处部众悉收之，其岛居负险不服者，乘小舟尽

---

① "而"，抄本误作"两"，据藩属、辽海、上图本改。
② "班"，抄本误作"宼"。

取之而还。此条巳①录于《库叶岛》下。十年三月辛未，征东海瓦尔喀部，诸将曰喀尔达、曰富喀纳、曰塔裕，携降附之众三百三十人以归。四月初，太祖命族弟旺善、大臣达珠瑚、彻尔格统兵一千五百人征东海瓦尔喀部，俘获甚众。

太宗文皇帝天聪五年，命大臣蒙阿图率官八员、兵三百人，往征瓦尔喀。二月甲戌，蒙阿图自宁古塔遣人奏捷。六年冬，命大臣武巴海率兵征乌扎拉部，武巴海分八旗兵为四路，并趋渥赫河，斩获甚众。七年十一月，命大臣吉思哈、武巴海率官八员、兵三百人，征朝鲜接壤之瓦尔喀。八年五月甲辰，吉思哈、武巴海还至宁古塔，遣人奏捷。十一月，使犬②部盖青头目率十人来朝。十二月癸卯，遣大臣武巴海、荆古尔岱率四百人往征瓦尔喀。传谕曰：闻尼满地方有千余人在彼筑城屯驻，尔等宜往略之。至各屯户多少，武巴海尽知，可取者量力取之。有分达哩所居之屯，宜率乡导往前先取，馀可次第略定。凡此诸屯，非有统帅哨防，不过泄泄然散处各村落。然其人虽愚，耳目颇众，尔等自宁古塔启行之日即行防范，勿令彼知觉，伺其所在，以智取之。九年正月，使犬部索琐科来朝。四月，武巴海、荆古尔岱等自宁古塔遣噶尔珠奏报收抚瓦尔喀捷音。十月癸未，复发兵征之，分八旗为四路，两旗合进一路。两黄旗，武巴海为帅，率兵二百九十七名，进兵之地二：曰额赫库抡、曰额勒约索，取其地壮丁七百五十人。两红旗，多齐里为帅，率兵三百五名，进兵之地三：曰雅兰、曰锡林、曰瑚叶，取其地壮丁七百五十七人。两蓝旗，扎福尼为帅，率兵二百九十八名，进兵之地二：曰阿库里，曰尼满，取其地壮丁四百八十人。两白旗，武什塔为帅，率兵三百三十七名，进兵之地二：曰诺罗，曰阿万，取其地壮丁一千一

---

① "巳"，藩属、辽海本作"亦"，上图本误作"巳"，此据抄本。
② "犬"，抄本误作"大"。

十四人。仍各携乡导以往，出征主帅各授军律一道，武巴海、武什塔军律内增一款云：乌扎拉①部天聪六年武巴海征服者。百壮丁家勿得侵扰。又谕：多济里所往之地，岛屿甚多，有可取者，造船取之，如不可取，当识之以为后图。十年三月庚戌，武什塔等奏捷。崇德二年正月癸亥，太宗于朝鲜军营，遣外藩科尔沁、扎嚕特、敖汉、奈曼诸部兵出朝鲜咸镜道，往征瓦尔喀，道出会宁，击败朝鲜平壤巡抚兵二千人，余兵悉降。五月十九日，至乌拉地方，遣还蒙古十六旗兵。七月己巳，复命凯喀等二十四将，率兵一千二百，分为四路，往征瓦尔喀。两黄旗舒书、塔克珠为一路，率甲士六十，入②阿库里、尼满、穆稜及乌尔固辰地南；济兰牛录下喀克笃里兄③弟等壮丁共一百七十名，入乌尔固辰。两红旗思古里、克布图为一路，率甲士④六十八，⑤入绥芬、雅兰、瑚叶；乌尔吉壮丁共二百名，入绥芬。两白旗哈什屯、满都祜为一路，率诺罗、阿万壮丁三百名，至所入汛地。两蓝旗为一路，率额赫库抢、额勒以东塞木克勒以西壮丁共一百十名。十月癸亥，诸将遣六人，奏黄红白六旗俘获捷音，于次年四月师还。四年七月，先是东方瓦尔喀部众叛入熊岛，至是太宗命朝鲜国王李倧以舟师攻熊岛，擒其首嘉哈禅等缚送盛京。仍遣萨尔纠等四将率兵百人，往瓦尔喀收其余党。谕曰：尔等可于拉发地方牧马前进，兵少宜合为一队以行，勿贪得轻杀，勿妄取为俘，抗拒者谕降之，杀伤我兵者诛戮之，军行往返，勿侵扰朝鲜境地。萨尔纠等遂携嘉哈禅同往，收捕余党五百人。五年闰正月甲申，命户部

---

① "乌扎拉"，抄本误作"扎扎拉"。
② "入"，藩属、辽海、上图本误作"人"，据抄本改。
③ "笃里兄"，据抄本补，藩属、辽海、上图本脱落。
④ "率甲士"，据抄本补，藩属、辽海、上图本脱落。
⑤ "八"，抄本、藩属、辽海本误脱，上图本误作"人"，此据《清太宗实录》卷三十九补。

行文朝鲜国王，令所在官员计口给粮，俟我军回时，报明数目，于额贡凤凰城米内开除奏报，并敕谕萨尔纠等所率军士勿令多索。二月丙辰，太宗遣多济里、喀珠等往宁古塔，会同章京锺果兑等带兵三四百名，往征乌扎拉部。谕以或由水路，或由陆路，往返宜速，务以兵扼其重地。五月，至乌扎拉，俘获百有十人。六月癸酉，师还。自是东海瓦尔喀部悉平。

库页岛沿革形胜考 环近诸小岛附

库页岛在古为女国，亦名毛人国。《后汉书》北沃沮海中有女国。《唐书》日本东北限大山外，即毛人。今库页岛在海中，恰与混同江口东西相值，正与所谓北沃沮海中合。北沃沮，今宁古塔东北之地。沃沮，犹今窝集，又作渥集，一作乌稽，皆同音异字，实一地也。库页岛南隔一海峡，廷杰案：《地理全志》有北路西峡，在日本库页岛之间，即此。即日本国。明《开原志》云苦兀在奴儿干海东，人身多毛，其邻吉里迷，①男少女多，知女国、毛人皆在此岛矣。《三才图会》有奥部、小如者部，其国无男。小如者，本②室韦部名，当与库页岛相近。《梁四公记》有扶桑国，此记多荒诞之言，然所记外藩风土物产尚有不尽诬者。所谓扶桑国，即今宁古塔极东北之地，其官名与高丽同，其俗使鹿，尤为切证，特扶桑之名出于附会耳。《记》云扶桑国东千余里有女国，身有毛，则知女国、毛人盖本一地，传闻失实，以为无男耳。《唐书》记流鬼谨案：《唐书》流鬼国去京师万五千里，其地直黑水靺鞨东北少海之北，三面皆阻海。今库页岛东北，隔海为俄罗斯国之甘查甲部，亦曰冈扎德加，亦曰堪察加，其地东西南三面皆阻海，惟北部③与疴哥德部相连，其为古流鬼

---

① "迷"，各本皆误作"述"，据《辽东志》改。
② "本"，抄本误作"木"。
③ "部"，辽海本作"面"，此据抄本和上图本。

国无疑。甘查甲西面之海，即黑龙江省东北之海，亦系渤海，非大海也，故《唐书》谓之少海，又云在黑水靺鞨东北也。黑水靺鞨，即今黑龙江。南邻莫曳部，明称苦兀，今称库页，皆莫曳音转。吉里迷，《元史》作帖烈灭，故此岛今又名额里野，又作野所也。合而论之，则库页岛之沿革思过半矣。

《一统志》曰吉林、宁古塔所属大洲，在城东北三千余里，混同江口之东大海中，南北二千余里，东西数百里，距西岸近处仅百里许，廷杰案：《地理全志》有库页海峡，在库页岛吉林之间，即此。有山曰图可苏库，其长竟洲，林木深翳，有小水数十，东西分流入海。《会典图说》曰三姓所属海以外，当混同江口之东，有大洲亘千里，洲之上西有博和毕河、汪艾河、低巴努河、温忒呼河、楚克津河、楚拉河、特肯河、伊对河，俱西流；东有额里野河、皮伦图河、萨伊河、达喜河、郭多和河、塔塔马河、努烈河、启社什河、阿当吉河，俱东流，皆入于海。《水道提纲》曰大长岛为黑龙江口海中大护沙，南北袤长一千六百余里，南至极高四十九度八分，北①至极高五十四度四分。东西最阔三四百里，或一二百里，西近黑龙江南小圆岛为东二十六度半，至东北斜处为东三十度四分。地形夭矫如游鱼，中脊有山连峰，自北至南松林相望，蜿蜒不绝，水分流东西入海，海平处有居人数处。廷杰谨案：岛西北有图克苏图山，额里雅河出其东麓，其南麓为费雅喀人所居。图克苏图山西南为音格绳山，博和毕水出其南麓。音格绳山东为塔塔马山，塔塔马河出其东麓，其西麓即库页人等所居。又有阿当吉山在岛之中稍南，阿当吉河出其东麓、启②社什河出其北麓，特肯河出其西麓，伊对河出其西南麓，山南即俄伦春人等所居。

何秋涛形胜论曰：东三省中吉林所辖地最广，吉林所属中三姓副都统所辖地最广。《会典》分三姓所辖为二图，曰海以外图，则库页岛地也。库页虽一洲岛，幅员千里，为混同江口外大护沙。其间

---

① “北”，藩属、辽海、上图本误脱，据抄本补。
② “启”，抄本误作“依”。

捕牲部落曰库页、曰费雅喀、曰俄伦春，岁时贡貂皮于吉林。廷杰谨案：贡貂诸部先皆亲赴宁古塔，后设三姓副都统，即赴三姓城。惟库页岛远在海中，不能时至，每年遣官至距宁古塔三千里之普禄乡收贡颁赐。普禄乡，即普隆霭噶珊，亦作普垄噶山。今混同江南岸俄人村镇伯力下八百余里，地名木城，有木城遗迹，土人犹能述其胜事，曰此当年东海①毛子穿官处也。对②岸为莫勒奇地方。环库页之岛大小数十，其崇山则有图克苏图、音格绳之属，其名川则有博和毕、郭多和之属。其地四围皆海，北控俄罗斯，南控日本，拱护海口，屹然为东三省保障，是库页岛之形胜也。又曰：此地隶于三姓副都统，因地瘠民淳，从前未专设大臣镇守。若生齿日繁，似亦宜加屯戍，以重边防也。

廷杰谨考：库页附近诸岛，有在混同江口海中者，若东海岛、沃新楚鲁峰岛、图勒库岛、雅普格哩③岛及海内天然八岛，均在吉林城东北各四千余里。自混同江口迤而西南抵图们江口之东北，约五千余里，均归吉林省辖。诸岛属中国者，若珊延岛、小多壁岛、满洲语多壁，狐也。西斯赫岛、满洲语西斯赫，獐也。阿萨尔乌岛、大多壁岛、妞妞斐颜岛、满洲语妞妞，呼爱小儿之词，斐颜，色也。扎克塘吉岛、法萨尔吉岛、岳杭噶岛、满洲语岳杭噶，犹言有丝棉者。鄂尔博绰岛、特依楚岛、翁郭勒绰岛、和尔多岛、蒐楞吉岛、勒富岛，均在吉林城东南一千一百里外至二千一百里内。又有在吉林城东北一千九百里之雅哈岛，满洲语雅哈，无焰火也。二千一百里之摩琳乌珠岛。又有在宁古塔城东南五百九十三里之舒图岛，八百八十四里之勒富岛。恭查天命二年丙申，遣兵收海边部众时，东海沿边诸部尚多未附。太祖遣兵四百，往征凡散处部众，悉收之。其岛居负险不服者，乘小舟尽取之

---

① "海"，藩属、辽海、上图本误脱，据抄本改。
② "对"上，藩属、辽海、上图本衍一"海"字，据抄本改。
③ "雅普格哩"，抄本作"普格哩"，此据藩属、辽海、上图本。

而还,当即此库页岛及以上诸小岛也。

艮维窝集、水源合考

廷杰谨按:何氏《艮维窝集考》叙曰:东北方曰艮维。吉林、黑龙江二省实居艮维之地,山水灵秀,拱卫陪京。其间有曰窝集者,盖大山老林之名,良由地气深厚,物产充盈,故材木不可胜用,洵所谓神皋陆海也。然窝集不仅称富饶,并足以资防卫。盖自黑龙江以西皆设喀伦为界,独吉林等处东限于海,北接俄罗斯,边界数千里,初未设立喀伦,惟赖窝集之险以限戎马之足。其兴安岭以北俄罗斯境亦多窝集,地气苦寒,人迹罕到,从古部落之居于是者非务游牧,即事采捕。以故深山老林鲜罹斧斤之患,而数千百里绝少蹊径,较之长城巨防尤为险阻,伊古以来多以窝集为部落之名,良有以也。《满洲源流考》曰:谨按:两汉、晋、魏时,国于东方者为夫馀、挹娄、三韩,其邑落散处山海间者又有沃沮、涉等名。以史传核之,沃沮之在东者东滨大海,北接挹娄、夫馀。又有北沃沮、南沃沮,并皆散处山林,无大君长。所云单单大岭,即长白山。单单,与满洲语珊延音固相近也。今自长白山附近,东至海边,北接乌拉、黑龙江,西至俄罗斯,丛林密树,绵亘其间。魏毌①丘俭讨高丽,绝沃沮千余里,到肃慎南界,则沃沮者实即今之窝集也。臣秋涛谨按:《钦定开国方略》天命、天聪年间屡征东海渥集部,渥集即窝集,盖其人散居窝集之中,即以为部落名也。至古人以此名国,尚②不止沃沮一国,如元魏之勿吉国,隋唐之靺鞨国,唐之拂涅部,辽之屋惹国,皆即窝集二字,译写各异,其以老林为窝集,而因以名国,则数千年未有改也。

---

① “毌”,抄本、上图本误作“母”,据藩属、辽海本改。
② “尚”,抄本误作“俏”,据藩属、辽海、上图本改。

廷杰谨案：何氏是编以纳穆等四十八窝集，分属于吉林、宁古塔、黑龙江三城，而总其目曰吉林、黑龙江窝集。又以依什等一百二十河一湖附录于后，亦分属于吉林、宁古塔、阿勒楚喀三城，而总其目曰附录。窝集发源诸水，其实北及黑龙江之呼玛尔河，南及沈阳之浑河、苏子河，西及克尔素河，东及僧库勒河，东北及毕哷哩河，殆不止四城地也。今从原本，按四城方隅自近及远分列之，以便观览。查窝集之属于吉林者，东一百二十里纳穆窝集，满州语纳穆，生菜也。高三百余丈，城东南诸河俱发源于此，西接纳穆达巴罕。二百十二里塞齐窝集，满洲语塞齐，划破之谓也。高五里，周围十里，城东诸河及宁古塔诸河俱发源于此。六百十里玛尔瑚哩窝集，七百六十里珲托和窝集，满洲语珲托和，半也。八百里聂赫窝集，满洲语聂赫，鸭也，亦作尼叶赫。一千里苏扎哈窝集，满洲语苏扎哈，已支出。东南曰鄂勒欢绥芬。二千二百里乌苏哩窝集，东南四百五十里色勒窝集，满洲语色勒，铁也。七百三十里纳秦窝集，满洲语纳秦，海青也。在长白山之北，崇冈叠障，深林茂树百余里，城南诸水俱源于此。千五百四十里勒富窝集，勒富河发源于此。西南一百四十里库勒纳窝集，东接库勒亨窝集，北接库楞窝集，其南即长岭子，城西诸河俱发源于此。乾隆十九年高宗东巡，有御制驻跸库勒纳窝集口占①诗。五百四十九里纳鲁窝集，即分水岭之南，密林丛翳，周数十里，城西南诸河及兴京界内诸河俱发源于此。东北一百九十五里锡兰窝集，满洲语锡兰，相连也。二百五十三里和伦窝集，西接鄂多诸山。四百五十里玛延窝集，八百三十里小窝集，一千五百里佛勒亨窝集，满洲语佛勒亨，草棚也。一千七百里毕展窝集，一千七百四十里奇穆尼窝集，二千一百里吉林窝集，三千五十里亨根窝集，一作亨根倭集。三千四百里敦敦窝集，满洲语敦敦，小螺也。三千六百里都林窝集。满洲语都林，一半也。通计二十有三。若窝集发源诸水之属于吉林

---

① "占"，藩属、辽海、上图本误脱，据抄本补。

者，东一百四十里依什河，源出塞齐窝集，合噶噜河西入混同江。满洲语依什，罗汉松也。一百四十余里额伊呼河，源出纳穆窝集，南流合拉发河，西入混同江。一百七十里噶噜河，源出塞齐窝集，西入混同江。满洲语噶噜，天鹅也。二百九十里珠噜多观河，源出塞齐窝集，东南会勒富善河。三百七里山壁河，源出塞齐窝集，东南会珠噜多观河。满洲语山壁，凉水投物也。东南六十里额赫茂河，源出纳穆窝集，西流入混同江。九十六里拉发河，源出纳穆窝集，即额伊呼、伯辰、依什、噶噜四河合流处，西南入混同江。九十八里雅们河，源出纳穆窝集，西南①入混同江。三百十里穆陈河，源出塞齐窝集，西流入混同江。满洲语穆陈，釜也。四百十六里色勒河，源出塞齐窝集，西流入混同江。四百三十里汗察罕河，源出塞齐窝集，东南会勒富善河。蒙古语汗，君长也；察罕，白色也。四百三十里堪齐哈河，源出塞齐窝集，东南入勒富善河。满洲语堪齐哈，红咀白头雁也，又眼下纯白牛也。四百四十里萨穆什河，源出塞齐窝集，西南入混同江。满洲语萨穆什，散也。五百八十七里农额勒海兰河，源出塞齐窝集，西南流入混同江。六百七十里达呼河，源出纳秦窝集，西北流入混同江。满洲语达呼，端罩也。七百七十里五里河，源出纳秦窝集，北流入混同江。七百九十里吉朗吉海兰河，源出纳秦窝集，北流入混同江。八百二十七里庚吉音河，源出塞齐窝集，南流入混同江。满洲语庚吉音，明也。九百三十七里永安锡库河，源出纳秦窝集，北流入混同江。满洲语永安，砂也；锡库，撒袋内衬格也。九百六十余里哈瞻河，源出纳秦窝集，北流入混同江。满洲语哈瞻，木栅栏也。九百九十五里塞珠伦河，源出纳秦窝集，北流入混同江。满洲语塞珠伦，滑叶菜也。南四十三里佛尔们河，源出库勒窝集，②东入混同江。七十里海兰河，源出库勒纳窝集，东入混同江。七十五里得佛河，源出库勒纳窝集，东流入辉发河。满洲语得佛，缎幅也。一百七十里玛延河，源出库勒纳窝集，东入混同江，又有一在城东北百三十里。三百二十里辉发河，源出纳噜窝集，即雅吉善河、图们河、三屯河合流，东

---

① "西南"，藩属、辽海、上图本作"西流"，此据抄本。
② "集"下，抄本衍一"集"字。

北入混同江。明《一统志》有辉发江,源出沈阳卫废贵德州,东北流入松花江,西去开原城三百五十里,即此。四百二十五里奇尔萨河,源出库勒纳窝集,东南流入辉发河,其上流即曰库勒纳河。满洲语奇尔萨,沙狐狸也。四百七十里坦频河,源出库勒纳窝集,东南流入辉发河。满洲语坦频,瓶也。四百七十里布尔堪河,源出库勒纳窝集,东南流,合坦频河入辉发河,其东南又有支流曰固思河。四百六十里发河,源出佛斯亨山,北流入辉发河,又有一在城南六百六十余里,源出纳秦窝集,北流至两额音合流处入混同江。四百八十里三屯河,源出纳噜窝集,东北流会雅吉①善河、图们河,即为辉发河,又南有支流曰塔木品河。五百里图们河,源出纳噜窝集,东北流合雅吉②善河、三屯河,即为辉发河。《明志》有徙门河流经③建州卫东南一千里入于海,又其北有支流曰杨武河,西北曰觉河。五百五十里斡穆呼河,源出纳秦窝集,北流至三音额音、额赫额音两河会流处,并入混同江。八百二十里摩克托含哩河,源出纳秦窝集,西流入额赫额音河。八百四十余里佛多和河,源出纳秦窝集,西流入额赫额音河。河有二,一在城东三百八十里,源出④纳穆窝集,西流入混同江。满洲语佛多和,柳树也。八百七十二里泥堪河,源出纳秦窝集,西北入额赫额音河。满洲语泥堪,汉人也。西南五里温德亨河,源出库勒纳窝集,东北入混同江。五十里齐努混河,源出库勒纳窝集,东入温德亨河。满洲语齐努混,银硃也。五百三十里雅吉善河,源出纳噜窝集,合图们、三屯,即为辉发河。五百七十里苏克素护河,源出边外纳噜窝集,西南流入边门,距奉天一百七十里入浑河。六百余里噶桑阿河。源出纳噜窝集,入英峩边,会纳噜河即为浑河。六百余里纳噜河,源出纳噜窝集,入英峩边,即浑河之上流也。六百九十里马佳河,源出纳噜窝集,西流入苏子河。六百九十里尼玛兰河,源出纳噜窝集,西南入苏子河。六百九十里哈当阿河,源出纳噜窝集,西流入苏子河。六百九

---

① "吉",抄本误作"古"。
② "吉",抄本误作"古"。
③ "经",藩属、辽海、上图本作"径",此据抄本。
④ "出",抄本作"自",此据藩属、辽海、上图本。

十里通锡库河，源出纳鲁窝集，西流入苏子河。七百三十五里章京河，源出纳鲁窝集，西流为苏子河。八百九十余里锡勒们河，源出纳鲁窝集，东入三音额音河。满洲语锡勒们，鹦也。九百里温水河，即哈勒珲穆克，源出纳噜窝集，东入三音额音河。九百九十余里哲松额河，源出鲁窝集，东入三音额音河。西四十里绥哈河，源出库勒纳窝集，与蒐登河、伊拉奇河北流为①鄂河，北注混同江。满洲语绥哈，艾也。八十里蒐登河，源出库勒纳窝集。九十里伊拉齐河，源出库勒纳窝集，满洲语伊拉齐，第三也。一百二十余里萨喇河，源出库勒纳窝集，北流会伊勒们河。满洲语萨喇，橛②也。一百四十五里伊勒们河，源出库勒纳窝集，其东有萨喇河，西北流注之，西有勒富、都岱二河，俱北流注之。北流出边，会伊敦河，入混同江。《金史》温屯嘎布拉思居长白山阿卜萨河，徙隆州额勒敏河，额勒敏即伊勒们之转音也。明《一统志》有伊密河，在开原城北四百里，源出艾河北山，北流合伊图河入松花江，即此。按温屯嘎布拉思，原作温屯姑蒲剌③史，阿卜萨原作阿不辛，额勒敏原作移里闵，伊密原作一迷，并乾隆年间译改。百六十余里勒富河，源出库勒纳窝集，北流入伊勒们河。三百二十余里安巴雅哈河，源出库勒纳窝集，西北会克尔素河。三百四十余里阿济格雅哈河，源出库勒纳窝集，会安巴雅哈河。四百余里克尔素河，源出库勒纳窝集，北流出边，即辽河上流也，其东北支流曰穆当阿克素河。乾隆八年高宗东巡，有御制至克尔素河奉天官兵来接诗。北二百十五里哈萨喇河，源出锡兰窝集，西北流入拉林④河。东北二十五里伊罕河，源出纳穆窝集，西流入混同江。九十五里锡兰河，源出锡兰窝集，西北流入混同江。二百三十里和伦河，源出和伦窝集，北会拉林河。通计六十有三。

其窝集之属于宁古塔者，东一千四百二十里阿库密窝集，满洲语阿库密，鱼皮衣也。二千一百十四里僧库勒窝集，满洲语僧库勒，韭菜也。

---

①　"流为"，抄本误作"为流"。
②　"橛"，藩属、辽海本作"橔"，此据抄本和上图本。
③　"剌"，抄本误作"刺"。
④　"林"，抄本误作"松"。

二千二百十六里毕楞窝集，满洲语毕楞，母虎也。二千三百三里克哷穆
窝集，满洲语克哷穆，城垛也。二千六百五十九里毕哷根窝集，满洲语毕哷
根，柳条边也。东南五十里珊延毕尔罕窝集，南八十七里佛楞窝集，一
百里素尔和绰窝集，一百五十里玛尔瑚哩窝集，噶哈哩河发源于此。西
北二百里海兰窝集，西接毕尔罕窝集，连接玛展窝集，绵亘数百里。二百二十
里毕尔罕窝集，西接塞齐窝集。东北六百三十余里阿勒哈窝集，六百
五十里巴兰窝集，在混同江之北，相近有巴兰屯。满洲语巴兰，形势也。八百余
里屯窝集，在巴兰窝集之东，混同江北。满洲语屯，海岛也。按：屯，一作吞。延杰按：
今呼吞昂阿河。一千一百里温登窝集，在混同江北。一千二百里都尔窝
集，在温登窝集之东。一千四百五十里喀穆尼窝集，在黑①龙江东。一千
七百余里毕歆窝集，满洲语毕歆，鞍辔平饰伴也。一千七百余里和罗窝
集，满洲语和罗，山谷也。一千八百余里库噜窝集，在喀穆尼窝集之东。满洲
语库噜，奶饼也。一千八百五十七里明噶哩窝集，二千二百五十九里
庄霭窝集，二千二百六十四里库勒克窝集。通计二十有三。又黑
龙江城西南一百五十里库穆哩窝集，蒙古语库穆哩，器皿叩著也。黑龙江
城西北七百里呼玛尔窝集。若窝集发源诸水之属于宁古塔者，东
四里珊延河，源出珊延毕尔罕窝集，西北流入瑚尔哈河。五里花兰河，源出花兰
窝集，西北流入瑚尔哈河。一千三百五十里尼满河，源出尼满窝集，西北流入乌
苏里江。一千三百八十里阿库密河，源出阿库密窝集。一千五百余里毕
歆河，源出毕歆窝集，西北流入乌苏里江。一千五百余里和罗河，源出和罗窝
集，西北流入乌苏里江。二千五十八里鄂伦河，源出萨哈连窝集，东流入海。满
洲语鄂伦，肘带也。二千一百十四里僧库勒河，源出僧库勒窝集，东流入海。
二千三百六十里毕楞河，源出毕勒窝集，东流入海。二千三百六十九里
克哷穆河，源出克哷穆窝集，东流入海。二千八百五十九里托穆津河，源出

---

① "黑"，藩属、辽海本误作"王"，据抄本和上图本改。

毕哷根河,东南流入海。东南四百四十里绥芬河,源出穆楞窝集,南流入海。五百里们河, 源出城东南四百里苏扎哈窝集,东南流入兴凯湖。五百里呼兰河,源出呼兰窝集,南流入图们江。五百余里苏扎哈河,源出城东四百余里苏扎哈窝集,南流入兴凯湖。五百三十里哈济密河, 源出锡伯窝集。五百三十里伊济密河,源出锡伯窝集。满洲语伊济密,梳头也,又纺线也。九百十里呼雅河,源出城东南一千里窝集中,东北流入乌苏里江。满洲语呼雅,海螺也,又麀也。一千四百里额伊呼河,源出东南无名窝集,西北流入乌苏里江。一千四百里额图密河,源出东南六百里窝集中,西北流入乌苏里江。二千三百十八里勒富勒河,源出勒富勒窝集,东南流入海。二千六百二十八里乌尔钦河,源出勒富勒窝集,东南流入海。南十里索尔和绰河, 源出索尔和绰窝集,北流入瑚尔哈河。一百五十里噶哈哩河,源有二:一出玛勒呼哩窝集,一出尼叶赫窝集,南流会布尔哈图河,入图们江。四百十里海兰河,源有三,俱出西南五百九十里无名山,东流入布尔哈图河。《元和志》和啰噶有和兰河,流入海,即此河。有二:一在城西北四十里,源出海兰窝集,东流入瑚尔哈河;又相近有穆霞河,亦流入瑚尔哈河。西南五十里玛尔呼哩河,与阿布等河并源出玛尔呼哩窝集,北流会瑚尔哈河,入毕尔腾湖。六十五里阿布河,源出玛尔呼哩窝集,西南流入毕尔腾湖。一百里松吉河,源出玛尔呼哩窝集,流入毕尔腾湖。一百一十里札津河, 源出玛尔呼哩窝集,北流入毕尔腾湖。满洲语札津,长垛也。西一百三十里爱哷河,源出毕尔罕窝集,南会毕尔罕河。满洲语爱哷,母貂鼠也。一百四十里毕尔罕河,源出毕尔罕窝集,东南流会为一,汇于毕尔腾湖,其东支流曰额伊呼[1]河。一百六十里珠克腾河,源出毕尔罕窝集,南流入毕尔腾湖。一百七十里阿拉河,源出毕尔罕窝集,南流入毕尔腾湖。一百八十里搭拉河,源出毕尔罕窝集,南流会阿拉河。二百十里都林谷河,源出塞齐窝集,南流会勒富善河,入毕尔腾湖。二百三十里佛多和河,源出塞齐窝集,南流会都林谷河,又有一在佛多和城北。又宁古塔西一百四十里有

---

① "呼",抄本作"哷",据藩属、辽海、上图本改。

鄂摩和湖,源出毕尔罕窝集,南流入毕尔腾湖。北五十里玛展河,源出西北玛展窝集,南流会海兰河,入瑚尔哈河。河有二:一在城东南五百四十里,源出东南玛展窝集,南流入图们江。五十里舍赫河,源出舍赫窝集,南流会海兰河,入瑚尔哈河。五十里鄂克托河,源出城北九十里无名小山,南流会海兰河,入瑚尔哈河。满洲语鄂克托,药也。五十里扎穆图河,源出扎穆图窝集,南流会海兰河,入瑚尔哈河。一百二十里富达密河,源出富达密窝集,南流入瑚尔哈河。一百十里萨尔布河,源出萨尔布窝集,南流入瑚尔哈河。二百五十里舒兰河,源出舒兰窝集,南流入瑚尔哈河。三百里阿木兰河,源出阿木兰窝集,南流入瑚尔哈河。[①] 三百五十里安巴河,源出安巴毕喇窝集,南流入瑚尔哈河。四百里阿斯罕河,源出阿斯罕毕喇窝集,南流入瑚尔哈河。东北二十五里呼锡哈哩河,源出呼锡哈哩窝集,北流入瑚尔哈河。六十里尼叶赫河,源出尼叶赫窝集,西北流入瑚尔哈河。七十里特林河,源出特林窝集,北流入瑚尔哈河。六百里翁锦河,源出阿勒哈窝集,北流入混同江。满洲语翁锦,凡物安柄之孔也。六百余里巴兰河,[②] 源出巴兰窝集。七百里屯河,源出屯窝集,东南流会十余水,入混同江。九百余里温登河,源出温登窝集,南流入混同江。一千一百余里都尔河,源出都尔窝集,南流入混同江。一千五百八十九里库噜河,源出库噜窝集,东南流入混同江。一千九百五十七里敦敦河,源出明噶哩窝集,西北流入混同江。二千五十八里查克蒐[③]尔河,源出庄鸁窝集,西北流入混同江。二千三百十二里毕哱哩河。源出庄鸁窝集,西北流入混同江。通计河五十有八、湖一。又阿勒楚喀城东北二百余里玛延河。源出玛展窝集,北流入混同江。

卦勒察考

廷杰谨按:《朔方备乘》东海诸部内属述略载卦勒察部事三:天

---

① “河”,辽海本误作“阿”。
② “巴兰河”,藩属、辽海、上图本误作“巴河兰”,据抄本改。
③ “蒐”,抄本作“苋”,据藩属、辽海、上图本改。

命十年八月丁丑,劳征,克卦勒察军。初,太祖遣大臣雅护、喀穆达呢率兵征东海卦勒察部,俘获二千人。至是凯旋,驾出城,宴劳之。天命十一年十月丙辰,往征东海卦勒察部,大臣达珠瑚等以俘获人口百余及马牛百余还。崇德二年十二月,太宗率诸王贝勒等西猎于大草滩及卓索图尔格尼等处,命叶克舒为右翼大臣,星讷为左翼大臣,与其下阿福尼等十六人率兵六百,往征卦勒察部。叶克舒、星讷等师至萨哈勒察,俘获男子六百四十名、家口一千七百二十名、马一百五十六匹、牛一百有四头。三年四月,盛京留守诸王遣兵部启心郎占巴等赍疏以闻,遣礼部承政库鲁克、达尔汉、阿赖、祝世昌、姜新等迎宴之。寻以所获萨哈勒察等衣服赐两翼大臣,并赏从征将士银两有差。

　　查卦勒察今无其名,即东海渥集虎尔喀、瓦尔喀诸部亦无其地。据魏源《圣武记》载蒙古三部,曰科尔沁、曰锡伯、① 曰卦勒察,谓卦勒察在嫩江左右,近伯都讷,廷杰谨按:今询之伯都讷人,犹言其地蒙古有卦勒察、锡伯二种,但不能分指其地耳。则卦勒察当② 即今郭尔罗斯前后二旗地。盖科尔沁之名至今未易,锡伯则自今呼伦贝尔锡伯山东南至杜尔伯特旗等处是也。

吉林根本说 吉林形胜、吉林险要、俄夷情形附

　　钦惟我大清龙兴东土,吉林实为根本之区。自太祖高皇帝受命于天,削平诸国后,满洲五部、长白山二部、扈伦四部皆在吉林、沈阳之交。征东海渥集部虎尔喀、瓦尔喀二部皆在吉林东。以定根本,征索伦在黑龙江北。以固藩篱,经营数十年,迄太宗文皇帝而大功底定。嗣俄罗斯窃据尼布楚城,恃为巢穴,逐渐侵扰,顺治时屡烦偏师,至圣祖仁皇帝独断

---

① "锡伯",藩属、辽海、上图本皆误作"赐伯",据抄本改。
② "当",抄本无,据藩属、辽海、上图本补。

致讨，罗刹乃平。恭读康熙二十四年六月上谕有曰：治国之道期于久定长治，不可图便一时。当承平无事，朕每殚心筹画。即今征罗刹之役，似非甚要，而所关甚巨。罗刹扰我黑龙江一带三十余年，其所窃据，距我朝发祥之地甚近，不速加剪除，恐边徼之民不获定息。康熙二十七年五月，上谕有曰：罗刹侵我边境与我兵筑城爱珲两次进剿雅克萨攻围其城一切情事，玛拉可与诸臣详言之，俾洞晓其故，始知朕从事罗刹原委。敬绎①圣意，盖以吉林为根本重地，恃黑龙江为屏障，虽一时满汉诸臣咸谓罗刹距中国道远，难以成功，而圣虑深远，独酌定天时地利、运饷进兵机宜，不徇众见，决意命将出师，深入挞伐，使数十年盘踞之罗刹畏威怀德，返我侵地，以培根本，则吉林者岂但为盛京屏障哉！

何愿船形胜论曰：吉林为东三省之一，在京师东北二千三百余里，延杰按：吉林北极高四十三度四十七分，偏东十度二十七分。古肃慎氏地，汉挹娄，北朝勿吉，隋靺鞨，唐燕州，寻为渤海延杰按：《唐书》渤海王都临忽汗河，即虎尔喀河，今牡丹江，所谓金源也。所据辽宁江州，金肇州、信州及率宾等路地，元海兰府，明分设各卫所，后属本朝。初设将军于宁古塔，延杰按：顺治十年始于宁古塔设昂邦章京副都统以镇守之，康熙元年改昂邦章京为镇守宁古塔等处将军。其地北极高四十五度，偏东十三度二十分。后移吉林，延杰按：康熙十五年移宁古塔将军驻吉林乌拉，留副都统镇守宁古塔，乾隆二十一年改宁古塔将军为吉林将军，自是始称吉林省。而别设吉林、宁古塔、白都讷、阿勒楚喀、三姓各副都统，以佐其治。延杰按：康熙三十年设白都讷副都统，雍正七年设三姓副都统，乾隆二十年设阿勒楚喀副都统。论者第以吉林北接龙江、南辅辽沈，为东方四达之衢，不知其地域广远，东至库页岛，跨海外数千里，东北至赫哲、费雅喀部落，延袤三千余里。重关巨扃，捍卫天

---

① "绎"，抄本作"译"。

府，廷杰按：何氏东海诸部内属述略叙曰：为盛京屏障者吉林也；为吉林根本者，东海诸部也。实为东北第一雄镇，不仅远迎长白，近绕松花。廷杰按：松花江，满洲语呼松阿里必拉，亦呼宋瓦江。称形胜之美也。

廷杰按：咸丰十一年与俄罗斯分界由乌苏里江口逆流入兴凯湖，逾岭抵图们江口，江以东皆为俄属，于是宁、珲、姓三城边防始重。查珲春南四十里黑顶子，又东南岩杵河、摩阔崴①，又东北阿济密、蒙古街、虾蟆塘、海参崴②等处地方，宁古塔东南六百余里双城子，又东北二百里红土岩在兴凯湖西沿。地方，三姓东北八百余里徐尔固，在混同江北岸黑河口下六十里。一千六百余里伯力地方，俱俄人与吉林交界要隘，而③徐尔固、伯力、双城子、虾蟆塘、海参崴、④蒙古街、阿济密、岩杵河诸处，均有重兵戍守，则吉林边防可因敌而筹制胜之方矣。夫宁、珲要害诚在宁、珲，三姓要害则在⑤黑河口、蜂蜜山二处。盖黑河口在三姓东北七百余里，当水路之冲，凡顺黑龙江而下，逆混同江而上者，此处实扼其咽喉；廷杰按：此处亦江省边防所重。蜂蜜山在三姓东南六百里，与宁、珲成犄角之势，与三姓为陆路之门，南可断岩杵河、海参崴⑥诸处之后路，北可据伯力之上游也。若夫鸭绿、图们二江发源之处，虽关于沈阳者甚巨，说详《盛京险要》下。而系于吉林者亦非轻。至乌苏里江口以上，诺罗、奇讷林二河之间部落，仍属赫真疆域，实非瓯脱矣。

再考俄人开疆，每多取人之所不取，或图人之所不及防。即如咸丰时，窥我东南多事，乘机窃发，两次进踞，正亦顺治初乘我入关

---

① "崴"，抄本误作"岁"。
② "崴"，抄本误作"岁"。
③ "而"，抄本脱，据藩属、辽海、上图本补。
④ "崴"，抄本误作"岁"。
⑤ "在"，抄本脱，据藩属、辽海、上图本补。
⑥ "崴"，抄本误作"岁"。

之师初定中原，因而窃据故智耳。弛守备则蓦入，张声威则潜退，穿窬之盗何以异此！此则夷情之今犹古若者也。昔人有言，虏性犹犬羊，震之以威则惧而逸，示之以怯则骄而聚，其此之谓乎！

伊通州沿革形势

古肃慎氏地，汉、晋为扶馀国地，南接高句丽；北朝属勿吉，西邻蠕蠕、契丹；隋属靺鞨；唐属燕州，寻为渤海所据；辽宁江州；金隆州地；元辽王分地；明属海西卫，后扈伦部自建为国，介叶赫、乌拉二国之间；国朝属吉林，光绪八年置为州。其地西枕蒙古，东瞰吉林，南控沈阳，北制黑龙江。崇山峻岭，巍然外环，沃野平原，坦然中止，而且辽河襟其左，松江带其右。廷杰尝谓长江据天下腹地之险，水师之设所以握其要也；青海、伊犁、镇迪为天下右肩之蔽，惟哈密实扼内外之冲；沈阳、吉林、黑龙江为天下左肩之蔽，惟伊通州尤据形势之胜，盖以此耳。

卷 下

征 索 伦

廷杰谨按：我朝用兵于黑龙江者二：自太祖高皇帝开国之初至顺治元年征索伦也；《索伦诸部内属述略》叙曰：黑龙江居人不尽索伦也，世于黑龙江人不问部族，概称索伦，而黑龙江人居之不疑，亦雅喜以索伦自号。说者谓索伦骁勇闻天下，故藉其名以自壮。兹记黑龙江诸部事迹，以索伦冠之，职是故也。自顺治初至康熙二十八年讨罗刹也。索伦本辽之后裔，族类至繁，有敖喇、都喇尔、布喇穆等姓，多居布特哈、呼伦贝尔境，而齐齐哈尔、墨尔根、爱珲三城较少。布特哈为打牲部落之总称，故东北数千里内处山野，业采捕者，悉隶之。总管驻扎处在伊伯河西岸，地名扎克丹。

布特哈之北境以兴安大岭为俄罗斯界。其与索伦同乡而别为部落者三：曰达呼儿，一作达瑚里，一作达虎儿，或作打狐狸。著姓有克因精奇里、瓦兰果布勒等氏，多占籍于齐齐哈尔等三城廷杰按：指齐齐哈尔、墨尔根、黑龙江三城。及布特哈，而呼伦贝尔则不[1]过数家。曰俄伦春，亦索伦达呼尔类也。黑龙江以北、精奇里江源以南，皆其射猎之地。其众夹精奇里江以居，亦有姓都喇尔者，似与索伦为近。其隶布特哈八旗为官兵者，谓之摩凌阿俄伦春，按：摩凌阿者，满洲语犹云马上也。其处山野仅以纳貂为役者，谓之雅发罕俄伦春。按：雅发罕者，满洲语犹云步下也。雅发罕俄伦春有布特哈官五员分治，号曰谙达，岁以征貂至其境，其人先期毕来，奉命唯谨，过此则深居不可纵迹矣。曰毕喇尔亦然，有骁骑校四员分治之，其人有姓默讷赫尔者，有姓都讷亨者，乃毕喇尔之著族也。俄伦春又分使鹿、使马二部，使鹿部在使马部之外，使马俄伦春距齐齐哈尔城五六百里，使鹿俄伦春距齐齐哈尔城千余里，即俄罗斯伊聂谢柏兴亦皆使鹿俄伦春所居。

考太祖癸未年，征尼堪外兰，克图伦城，尼堪外兰遁于嘉班。越两月，太祖复率兵征嘉班，尼堪外兰携其子及兄弟数人逃于鄂勒欢地，筑城居之。鄂勒欢[2]一作鄂勒珲。在齐齐哈尔城西南三十余里，周二里许。丙戌年秋七月，太祖往征鄂勒欢，克其城，尼堪外兰遁入明边境，旋伏诛。天命元年七月丁亥，太祖遣大臣安费扬古、扈尔汉率兵二千，征东海萨哈连部，行至乌勒简河，刳舟二百，水陆并进，取沿河三十六寨。八月丁巳，驻营黑龙江南岸，藉冰桥之异，遂引兵渡江，取萨哈连部十一寨。及兵还，旧所过冰桥已解，其西偏复结冰桥一道，我兵既渡，冰尽解。遂又招服音达珲塔库喇喇

---

① "不"，抄本误作"布"，据藩属、辽海、上图本改。
② "欢"，抄本误作"劝"，据藩属、辽海、上图本改。

路、《方略》曰即使犬国。诺罗路、锡喇忻路。廷杰谨按：乌勒简即富尔洞河，在混同江北岸吞河，①今呼吞昂河之下、乌尔河今呼乌通河之上。其地水②路顺混同江东北行五、六百里，至黑河口转向西北，入黑河。陆路原无孔道，然踏荒向东北行五日，可至黑河口，向正北行五、六日，可抵黑龙江爱珲城。其时陆路进兵即正北一道也，今惟猎户知之。又音达珲，即今音达穆河；塔库，即今达卜库屯；喇喇，疑即今拉哈苏苏屯。此合三地为一路也。诺罗路，即诺罗河，今称挠力河。锡喇忻路，即今奇讷林河，发源喜鲁林山，有集纳林噶珊。二路对黑龙江口上下各数百里，是此时进兵既取黑龙江萨哈连部，旋师又招服混同江南岸千余里也，开国规模真神异哉。天聪八年十二月，太宗命巴奇兰、萨木什喀分左右翼率官四十一员、兵二千五百名，往征③黑龙江地方，谕以奏捷送俘必由锡伯绰尔门《方略》曰科尔沁所属地。地方经过，将来遣使往还及运送军粮，亦必于此处相待。九年四月，巴奇兰、萨木什喀令人奏报收服呼尔喀。何氏谓呼尔喀即布特哈之音转，在今墨尔根城西南，与东海之呼尔喀部族同而地域异也。廷杰按：呼尔喀当指珊玛尔河南岸之呼尔喀河为名，非必布特哈④之音转也。绰尔门在绰尔河，必于此处经过者，即由今卜魁经科尔沁地，进法库门之路也。天聪十年，廷杰谨按：是年即崇德元年。太宗命阿赖、达尔汉率外藩蒙古诸贝勒兵，往追茂明安部下逃人，至使鹿部喀木尼堪地方，招集叶雷、舍尔特库、巴古奈、土古奈等及其从役家口来献。叶雷等旋盗科尔沁部占巴拉部下马及秉图王部下马而逃，因命章京锡特库等追至温多地方围之。廷杰谨考：是役特命锡特库会同武巴海率宁古塔兵追之，又遣噶尔纠率卦勒察兵沿乌拉地方追缉。又遣蒙古衙门拨什库博罗往科尔沁部，令土谢图亲王巴达哩、卓哩克图亲王武克善发兵追缉，锡特库等率二十人蹑逃人纵迹，自多尔博库地方，行至乌拉驻防边城。武

---

① "河"，此据抄本和上图本，辽海本作"水"。
② "水"，辽海本误作"河"，据抄本和上图本改。
③ "征"，抄本误作"往"。
④ "哈"，抄本作"喀"，此据辽海、上图本。

巴海率四十五人来会时，科尔沁部土谢图亲王下鄂尔多木、卓哩克图亲王下托和泰奉命率兵二百往尼喀善城驻防，闻信即简甲士四十人往追。占巴拉之弟塞尔固楞贝勒亦率所部兵横截道之。鄂尔多木追至博木博果尔地方，行月余，会遇武巴海，锡特库同行，途次见逃人营中遗火，遂星夜驰往至温多地方围之。按：乌拉，满洲语江也。黑龙江，满洲语曰萨哈连乌拉。此役沿乌拉地方追缉，当由黑龙江溯流而上为水师一路也。多尔博库地方，即多布库尔河。乌拉驻防边城，当在额尔古纳河上下。锡特库等由① 宁古塔至此，当由今牡丹江至三姓，由三姓至呼兰，再经墨尔根西南至多尔布库河，逾内兴安岭，顺和伦河，至乌拉驻防边城，此为陆师一路也。鄂尔多木追至博木博果尔地方，即今尼布楚城以南，呼伦贝尔以北，原为博木博果尔地方。塞尔固楞横截道之，当由今喀尔喀车臣汗部东路东北横截也。恭查崇德四年太宗② 文皇帝谕曰：叶雷复逃，锡特库追至北海斩之，阅七月始还。知此次追兵直抵北海，其路实由今黑龙江西北，经俄罗斯尼布楚城，至北海温多地方也。其先阿赖、达尔汉率外藩蒙古兵至使鹿部喀穆尼堪地方，即今俄罗斯伊聂谢柏兴地。伊聂谢亦作也尼赛，亦作惹尼色。《异域录》云：伊聂谢柏兴，俄罗斯呼索伦为喀穆尼汉，即喀木尼堪。则当日进兵应由蒙古恰③ 克图入今俄罗斯楚库柏兴，经柏海尔湖厄尔口城，至伊聂谢柏兴也。时俄人略地尚未至柏海尔潮，故大兵所及如入无人之境。

　　崇德三④ 年十二月，赐朝贡诸外藩宴时，黑龙江诸部至者，曰黑龙江萨哈连，额附巴尔达齐之弟。曰瑚尔布尔屯费扬古，曰沃哷屯武第堪，曰乌鲁苏屯莽古珠，⑤ 曰索伦部博木博果尔、透特。三年十月，博木博果尔来朝，既而叛去。四年十一月命索海、萨木什喀等率兵往征博木博果尔等。五年三月，索海等遣人奏言：臣等至呼玛尔河分兵，各旗派定地方，因道远，定期四十日至镶兰旗所派乌

---

　　① “由”，辽海本误作“南”。
　　② “宗”，抄本误作“祖”。
　　③ “恰”，抄本误作“恪”。
　　④ “三”，各本原误作“二”，据清《太宗实录》卷四十四改。
　　⑤ “珠”，抄本误作“球”。

兰海伦屯。《黑龙江外纪》曰呼伦贝尔通称海兰儿，指凯喇尔一河，亦音转也，即海伦也。乃令承政伊逊率官兵往拉里阐地方，伊逊等既行，有四木城：曰铎陈，曰阿萨津，曰雅克萨，曰多金。四城之人抗拒不降，令右翼将领叶克舒等率官兵助之，遂以火攻克雅克萨城。有达尔布尼等四人聚七屯之人于乌库尔城，萨木什喀等令众军乘旦攻之，日暮克之。至铎陈城，力攻一日。次日，闻各路报博木博果尔以兵来援，恐伤我军，遂还。乌鲁苏屯之索伦、鄂尔吞、奇勒里，即毕喇尔。精奇里乌拉布丁屯以东、乌木内克巴哈纳以西，黑龙江额尔图屯以东、阿里阐以西，两乌拉兵共六千人，来袭正蓝旗后队。索海、萨木什喀二人率众掩击，斩杀甚众，生擒四百人。博木博果尔既败，旋失营遁走。铎陈、阿萨津二城人，又以兵阻截我军往助萨木什喀之人，复被我军击败之。萨木什喀令伊逊于铎陈设伏，又遣人往攻卦喇勒屯，屯内人诒索海，言屯内有索伦兵五百。索海等率兵往攻，遂克之。廷杰谨按：《通志》铎陈城、阿萨津城，俱在黑龙江城西北九百里；雅克萨城，在黑龙江城西北一千三百余里，城东即提咸河湾；多金城，作多锦城，在黑龙江城西北一千三百余里，城西即拉里拉地方；乌库勒城，一作伍库尔，一作厄库尔，在黑龙江城西北一千三百余里；乌鲁苏城，即乌鲁苏木丹城也，博木博尔居此，城在黑龙江城西北三百里，周一百三十步，城北即库尔哈故地，西曰乌鲁苏河湾，在黑龙江西北三百二十里，即黑龙江中流环绕之湾也。又珊尔汉乌鲁苏河湾，在黑龙江城东南达呼尔原驻扎处，谓之库尔堪部。额尔图屯，《通志》曰额勒格河，在黑龙江城西北一千三百即此。据额驸巴尔达齐来会云：惟我多科屯人未曾附逆，其小乌拉各处兵皆往助博木博果尔，及大兵所向克捷，于是郭博勒屯、即《通志》果布噶尔城，在黑龙江城西北一百余里。博和哩屯、《通志》博和哩河在黑龙江城南一百五十里。《舆图》作傅科里，博误傅。[1] 噶勒达屯、或曰即噶哩达苏屯。穆丹屯、《满洲源

---

① "傅"，辽海、上图本误作"传"，此据抄本。

流考》作纳木丹屯。都逊屯,《满州源流考》作尼都逊屯。① 乌尔堪屯、《通志》有乌
哷格河, 在黑龙江城北六百七十里即此。《满洲源流考》作乌喇喀屯。德笃勒屯《满洲
源流考》作德都尔屯。七屯之人俱已归附, 并籍所获人口、皮张细数以
闻。太宗命每旗率兵往迎出征索伦大军, 谕曰:尔等此行, 若②能
过锡伯地方, 至克勒朱尔根处相会, 可谓神速矣。会后, 由哈尔必
雅勒回军, 沿途宜加意防护, 入境时须从法库门入, 不可由叶赫行,
以伊等习知路径, 恐再至逃亡也。萨木什喀等寻又遣人奏:额苏哩
屯以西、额尔图屯以东, 又大俘获。廷杰谨按:是役诸今③屯城之可知者考
之, 则黑龙江全境几震, 赖庙谟深远, 诸将用命, 阅四月而大功告成, 信天威之难测也。
其旋师入法库门之路, 即前谕巴奇兰等之路。六年正月, 锡特库等自索伦部
擒获博木博果尔凯旋, 上谕郑亲王曰:博木博果尔自叛后, 抗拒
我军, 彼时朕已定计, 欲令其北遁, 以便擒获。故扬言我军将于
黑龙江牧④马, 必擒博木博果尔。彼闻此言, 果北遁。朕已知之,
未及与尔等共议, 即令锡特库、济什哈率外藩蒙古兵, 从蒙古北
边追蹑, 越两月十三日至甘地, 获其弟及家属。又越十四日, 至齐
落台地方, 遂获博木博果尔。廷杰谨按:今俄罗斯柏海尔湖西北二千余里有堪
斯克。尼布楚西南数百里有乞塔堪, 即甘齐洛台, 即乞塔之转音。锡特库率兵从蒙古
北边追蹑, 越两月十三日至今堪斯克地, 道里⑤颇合。自甘地越十四日, 至齐洛台, 今
自堪斯克急行十四日亦可至乞塔。然则当日追兵, 当由蒙古车臣汗北边, 向西北追至
甘地, 又回而东南, 追至乞塔也。三月, 命阿尔津等征黑龙江之呼尔哈部,
所向克捷, 攻克三处:曰博和哩, 曰诺尔喀勒, 曰都里。又招降四
处:曰小噶尔达苏, 曰大噶尔达苏, 曰绰库禅, 曰能吉勒。六年十一

---

① "作尼都逊屯", 江海本误作"尼都作逊屯"。
② "若", 江海、上图本作"如", 此据抄本。
③ "今", 抄本作"此", 据江海等本改。
④ "牧", 抄本误作"收", 据藩属、江海、上图本改。
⑤ "道里", 江海本误作"里道", 此据抄本。

月，命鄂罗塞臣、巴都哩征黑龙江呼尔喀部。顺治元年正月，命沙尔琥达征之。五月，鄂罗塞臣、沙尔琥达①凯旋。于是黑龙江全境索伦诸部皆称臣妾，此征索伦之始末也。

征 罗 刹

　　顺治元年，平定索伦诸部，黑龙江全境皆称臣妾，而俄罗斯已②于崇德六年窃据尼布楚城恃为巢穴，由是东侵雅克萨之地，筑城居之，南扰我索伦、达虎尔诸部。索伦、达虎尔二部，居额尔古纳河及净溪里江之地，与罗刹接境。廷杰按：居额尔古纳河者为索伦部，居净溪里江者为达虎尔部。至顺治九年，我驻防宁古塔章京海色率所部击之，战于乌扎拉村。十二年，尚书都统明安达礼自京率师往讨，进抵呼玛尔诸处，攻其城，颇有斩获，旋以饷匮班师。十四年，镇守宁古塔昂邦章京沙尔呼达败之尚坚乌黑。十五年，复败之松花、库尔瀚两江之间。十七年，巴海大败之古法坛村。然皆中道而返，未获剪除，以故罗刹仍出没不时。廷杰按：乌扎拉村，在今伯利下六百五十余里松花江北岸银山地方。呼玛尔，即瑚玛尔河，在雅克萨城东南数百里。库尔瀚，即瑚尔汉乌鲁苏河湾，在③黑龙江城东南。达呼尔原驻扎处谓之库尔塔部，则松花、库尔瀚两江之间，当即今黑龙江入混同江处黑河口附近地也。尚坚乌黑、古法坛村二地今无可考。

　　十八年设船厂于吉林，命昂邦章京萨儿吴代监造船舰，将以水师征罗刹也。康熙初，罗刹犯境，自牛满河东抵恒滚，侵扰黑哲、奇勒尔等部。又有自北海来之罗刹，与费雅喀人战，又胁取俄伦春部质子。廷杰按：牛满河即牛满江，④侵扰赫哲、奇勒尔等部，又与费雅喀人战，则自今

---

① "达"，抄本误脱，据藩属等本补。
② "已"，江海本作"亦"，此据抄本和上图本。
③ "在"，抄本作"即"，此据藩属、江海、上图本。
④ "牛满江"，藩属、江海、上图本误作"斗满河"，据抄本改。

黑河口以下、混同江以北、大兴安岭以南诸地，皆受侵害。自北海来之罗刹，当由索伦河海湾逾大兴安岭，抵恒滚河也。十三年，自吉林移水师分驻黑龙江地方。十五年，因俄罗斯贡使，谕以严禁罗刹，勿扰边境。而罗刹恃雅克萨为巢穴，犹迁延不去。二十年八月，遣副都统郎谈、公彭春率兵往达虎尔、索伦，觇视情形，谕曰：罗刹犯我黑龙江一带，侵扰民人，昔发兵进讨，未获翦除。近闻蔓延益甚，过钮满、恒滚诸处，至赫真、斐雅喀虞① 人住所，侵掠不已。尔等此行，可声言捕鹿至达呼尔、索伦，一面遣人赴尼布楚，谕以捕鹿之故，一面详视陆路远近，沿黑龙江行围，径薄雅克萨城下，勘其情形，度罗刹② 断不敢出战。尔等还时，其详自黑龙江至额苏哩水程，并访自额苏里《通志》额苏里城在黑龙江城西北八十余里，何氏《方略》注在黑龙江城东北四百十里。廷杰按：卓伦河下、精奇里江上有额苏里河，《通志》盖指其入江之处而言，何氏则指其发源之处而言，故方隅里到虽不同，实同此一地也。至宁古塔道路，偕萨布素往勘以闻。寻郎坦疏言：臣等从达呼尔墨尔根诸边围猎而行，凡十六日至罗刹雅克萨城，从黑龙江顺流回，凡十五日至爱珲城。观水势，从爱珲至雅克萨，舟楫可通，无险阻之患，两岸俱可牵缆而行。从爱珲至黑龙江、混同江汇合处，马行可半月程。从两江会口至雅克萨城，马行可一月程，舟行逆流可三月程。时尚未置驿站，故道里如此。十二月戊子，命尚书伊桑阿赴宁古塔督修战舰。庚子，郎坦等回奏，攻取罗刹甚易，发兵三千足矣。上谕：兵非善事，宜暂停攻取，调乌拉、宁古塔兵一千五百名，并置造战舰，发红衣炮、鸟枪及教之演习者，于爱珲、呼玛尔二处建立木城，与之对垒，相机举行。所需军粮，取诸科尔沁十旗、锡伯、乌拉之官屯，约得一万二千石，可支三年。且我兵一至，即行耕种，不至匮乏。爱珲城距索伦村落不

---

① "虞"，抄本误作"处"，据藩属、辽海、上图本改。
② "刹"，抄本作"杀"。

远，五宿可到，其间设一驿，俟我兵将至精奇哩乌拉，令索伦接济牛羊，甚有裨益。如此则罗刹不得纳我逋逃，而彼之逋逃者且络绎来归，自不能久存矣。寻命镇守宁古塔等处将军巴海、副都统萨布素统兵前往。二十二年三月庚戌，命造船运粮松花江，上谕大学士觉罗勒德洪等①曰：馈运乌拉军糈，自辽河溯流运至等色屯，随同蒙古之力陆路运至伊屯门，船载顺流运至松花江，甚善。其定议以闻。寻以勒德洪等议未周详，复令盛京刑部侍郎噶尔图等自巨流河至等色屯验视辽河深浅，宁②古塔副都统瓦里虎等自伊屯口至③伊屯门、伊尔门河口验视水势。寻噶尔图奏：辽河可行三丈之船，请以此式于巨流河渡口造船六十艘。瓦里虎奏：伊屯河可行三丈五尺之船，吉林地方伐木造船百艘，由伊屯河运米松花江。上允之。四月己卯，巴海等奏言：爱珲、呼玛尔距雅克萨城辽远，若驻兵两处，则势分道阻，难于防御。且过雅克萨有尼布楚等城，罗刹倘水路运粮增兵救援，更难为计。宜乘其积储未备，速行征剿。况罗刹杀我斐雅喀居民，④留嫚书而去。俟造船毕，度七月初旬能抵雅克萨城下，否则驻扎墨克顶诸地，遣人观其形势。上以所议不合，命将军巴海留镇乌拉，以副都统瓦礼祜偕萨布素往，俟抵彼相势奏请进兵。旋经王大臣等议：爱珲、呼玛尔之间额苏里地方，可以藏船，且有田垅旧迹，即令大兵建立木城，于此驻扎，并设四驿。在额苏里索伦村落⑤之间。从之。寻谕：在爱珲建城永戍，豫备炮具船舰，令设斥堠于呼玛尔，如罗刹船由黑龙江下，我舟师尾击甚易，以萨布

---

① "等"，抄本脱，据藩属、辽海、上图本补。

② "宁"，抄本误作"深"。

③ "至"，抄本误作"自"。

④ "斐雅喀居民"，辽海本误作"雅斐喀居民"，抄本作"斐雅喀民"，此据藩属、上图本。

⑤ "落"，上图本作"庄"，抄本无，据藩属、辽海本改补。

素为镇守爱珲等处将军。九月丁丑上谕：来年运锡伯诸地粮米于额苏里，止用猎户，必致稽迟。萨布素等业以来年六月前兵食赍行，今又停止进征，应量拨萨布素等军前水手，由陆路直往锡伯，俟来年冰①解与猎户协运。十月甲子，遣官勘视设驿地方。户部奏：爱珲至乌拉设十驿，但设驿之地不行相度，难以悬议，应俟来年三月雪消，遣户兵二部、理藩院官各一员，并令宁古塔将军选熟知地势者偕行，就近派郭尔罗斯二旗、杜伯尔特一旗向导各二人，详加丈量。上允之。寻遣户部郎中包奇、兵部郎中能特、理藩院郎中额尔塞前往。

　　十一月癸未，将军萨布素等奏：牛满河之奇勒尔奚鲁噶奴等杀十余罗刹，携其妻子来归；又俄伦春之朱尔铿格等于精奇哩乌拉杀五罗刹，并获其鸟枪；又闻斐雅喀人击杀罗刹甚众。十二月丙辰，命自包衣庄拨米一万石，至科尔沁漠尔浑屯存储。二十三年正月，遣官兵剿抚牛满罗刹。萨布素等奏：牛满罗刹抵恒滚河，同来自北海之罗刹与费雅喀战，退居河洲。若不速计剿抚，则赫真、费雅喀、奇勒尔人民必被残害，且恐罗刹复增发前来。宜乘四月冰解时，即遣夸兰大二员率官兵三百人，并发红衣炮四具，令附近恒滚口费雅喀噶克当阿等向导抵罗刹所据地，先行招抚，不即归降，则尽剿灭，如罗刹闻风先遁，所发之兵即乘机安辑赫真等处人民，未经来附者亦招抚之。上报可。萨布素等旋②奏：夸兰大鄂洛纯等今年正月十一日抵罗刹地方，遣宜番等造其居，开③谕之先，取其鸟枪二十具并俄乐春留质之子三人，④遂招抚罗刹米海罗等二十一人，送京

---

① "冰"，抄本误作"兵"。
② "旋"上，抄本衍一"处"字。
③ "开"，抄本误作"闻"。
④ "三人"，抄本无。

安插。五月，马喇等奏：臣至索伦，屡密询罗刹情形，皆云现在雅克萨、尼布潮二城各止五六百人，其得以盘踞多年者，惟赖额尔古纳河口至雅克萨十余处。雅克萨至布尔马夫河口十余处。筑室散居，耕种自给，因以捕貂。尼布潮田亩不登，取资纳米雅儿诸姓贡赋。喀尔喀巴尔虎人时贩牲畜等物至尼布潮，尼布潮人①亦捕貂与之交易，得以生存。至得冷白地方，耕种田亩无几，且不通水路，面食等物虽零星负载亦不足恃等情，请敕喀尔喀彻臣汗收其所部附近尼布潮者，兼禁止交易。再请敕黑龙江将军水陆并进，作攻取雅克萨状，因取其田禾，则罗刹不久自困。上以萨布素等亦以取罗刹田禾为然，如所请。七月辛巳，马喇等侦探罗刹情形奏：据生获罗刹之费要多罗云，大兵未来之先，雅克萨城已加修造，昨闻大兵进发城外，复增木栏，所在农人尽调入城内，打猎收貂亦皆罢止，田禾未熟即行刈获。因今春不见兵至，遂于旁卧一带仍旧遣人耕种，昂古墨阿山顶设五人更番瞭望。今夏，自尼布潮复增发四百人，计见在雅克萨者约九百人，在尼布潮者不知其数。又云雅克萨旧有船八艘，吉礼过里等运粮前行，被大兵擒获，故雅克萨无船。大兵未来，于野诺西讷城内复造船二百艘，各城派兵运粮，不知兵数多寡，并运往何处。吉礼过里党内人逃回雅克萨云，大兵势盛，战舰络绎不绝，众惊失措，今自尼布潮增发人众，大兵进时，不知时势若何等语。其生获罗刹一并解送京师安插。十二月乙巳，命选择藤牌官兵征剿罗刹，遣司员至山东、河南、山西三省，于安插垦荒福建投诚官兵内选择善用藤牌愿效力五百人，令地方大臣给银米赡其妻子，兼为整装遣行。又传令八旗汉军察明福建等处投诚官兵内善用藤牌及滚被片刀者，勿论主仆，开列职名并器具送部。其在天

① "人"，抄本无，据藩属、辽海、上图本补。

津郑克塽、冯锡范诸处,亦遣人察取前项人,置①器具。寻又谕:闻福建有双层坚好籐牌,移文提督施琅选取四百并片②刀,速送至京,毋误军机。

二十四年正月癸未,命都统公彭春、都统何祐等率福建籐牌兵五百人,代黑龙江兵守城种地。四月,命自墨勒根至雅克萨设立驿站。上谕议政王等:爱珲兵于是月起行,五月中旬可至雅克萨城,凡奏报军机自雅克萨至额苏里经爱珲前来,恐迂道迟回,令理藩院侍郎明爱于杜尔伯特扎赖特派兵五百人并索伦兵,酌自墨③勒根至雅克萨设驿奏报军机,庶免贻误。五月,都统公彭春等率师抵雅克萨城下,遵旨宣谕,促令归巢,罗刹迁延不去,乃分水陆兵为两翼急进攻。城中大惊,头目额里克舍等穷迫乞降,遂迁归雅库。彭春收复雅克萨城,并以逃人还。七月壬申,命自乌拉吉林至爱珲设立驿站。先是郎中包奇等奏:自乌拉吉林至爱珲,计丈量共一千一百九十五里,应设十四驿。上谕:驿递关系紧要,凡丈量当以五尺为度,今程途太远,令包奇等再驰驿前往,详加丈量。至是,包奇等奏:自乌拉吉林城至爱珲城以五尺细丈,共一千三百四十里,应设十九驿。上报可。九月,伊桑阿等遵奏自纳木尔河口至温察尔屯详勘,山野空旷,多可耕之地。其间空郭尔进屯与黑龙江近,应筑城。又勘墨④勒根附近处,有嫩江岸之墨勒根屯,可以筑城。寻议墨勒根较空郭尔进紧要,空郭尔进筑城其令停止,于墨勒根筑城。二十五年正月,罗刹复来城雅克萨地,命将军萨布素率所部兵二千往剿,并发籐牌兵及炮具至黑龙江军前。八月,萨布素遵旨回奏,

① "置",藩属、辽海、上图本作"买",此据抄本。
② "片",潘属、辽海、上图本误脱,据抄本补。
③ "墨",抄本误作"黑"。
④ "墨",辽海本误作"黑",据抄本改。

言于城三面掘濠筑垒,濠外置木桩、鹿角,分汛防御,城西对江另设一军。复派剿御之兵于东西两岸,备江路来援之罗刹,为持久计。九月己酉,俄罗斯国察罕汗上疏乞撤雅克萨之围,上许之。

二十七年五月癸酉,俄罗斯察罕汗使臣费要多罗等至色冷格地方,遣人来,期我使至彼会议。圣祖因谕索额图等曰:罗刹侵我边境,交战于黑龙、松花、呼玛尔诸江,据我属所居尼布楚、雅克萨地方,收纳逃人根特木尔等。及①兵筑城爱珲,两次进剿雅克萨,攻围其城,一切情事,玛拉可与诸臣详言之,俾洞晓其故,始知朕从事罗刹原委。至尔等奏使前往,有应酌议者,即详议以闻。索额图等奏言:察鄂罗斯所据尼布楚,本系我茂明安部游牧之所,雅克萨系我达呼儿总管倍勒儿故墟,原非罗刹所有,亦非两界隙地也。况黑龙江最为隘要,未可轻忽视之②。由黑龙江而下可至松花江,由松花江廷杰按:此松花江当指吉③林以下、伯都讷以上之江而言。而下可至嫩江,南行可通库尔瀚江及乌拉、宁古塔、廷杰按:当云由黑龙江南行,可通库尔瀚及乌拉、宁古塔。锡伯、科尔沁廷杰按:当云由黑龙江西南行,可通锡伯、科尔沁。索伦、达呼尔廷杰按:当云由黑龙江西北行,可通索伦、达呼尔。诸处,若向黑龙江口,可达于海。又恒滚、牛满等江及净溪里江口,俱合流于黑龙江,环江左右,均系我属俄乐春、奇勒尔、毕喇尔等民人及赫真、费雅喀所居之地,不尽取之,边民终不获安。臣以为尼布楚、雅克萨、黑龙江上下,及④通此江之一河一溪,皆属我地,不可弃之于俄罗斯。又我之逃人根特木尔等三佐领及续逃一二人,悉应索还。如一一遵行,即归彼逃人及我⑤大兵俘获招抚者,与之

---

① "及我",据《清圣祖实录》卷一百三十五改,各本原误作"与大",文意不通。

② "之",抄本脱,据藩属、辽海本补。

③ "吉",抄本误作"杏"。

④ "及",抄本误作"又"。

⑤ "我",据《清圣祖实录》卷一百三十五补,各本皆误。

画疆分界，贸易往来。否则，臣当还，不与彼议和矣。上允之。是日，索额图等启行，寻以①喀尔喀厄鲁特争战阻道，还。

二十八②年四月壬辰，以俄罗斯使臣所遣人至，言其大使者费要多罗等前来尼布楚地方，上乃遣索额图等赴尼布楚就议。又命黑龙江兵千五百人各带仗械，由水路赴尼布楚，与索额图等会。索额图等奏言：尼布楚、雅克萨既系我属所居地，臣等请仍如前议，以尼布楚为界，此内诸地均归于我。上谕：今以尼布楚为界，必不与俄罗斯，则彼遣使③贸易无栖托之所，势难相通。尔等初议时，仍当以尼布楚为界，彼使者若恳求尼布楚，可即以额尔古纳为界。索额图等既抵尼布楚城，与俄罗斯国来使费要多罗、额礼克谢会议，彼初犹以尼布楚、雅克萨为所扩之地，固执争辨。索额图等以鄂嫩、尼布楚系我国所属茂明安诸部落旧址，雅克萨系我国人阿尔巴西等故居，后为所窃。据细述其原委开示之，因直斥其侵犯之非，复宣谕皇上好生德意，于是费要多罗等及俄罗斯国人众皆欢呼诚服。遂出其地图，议明分界事宜，共相盟誓，永归和好。索额图等以闻，圣祖命王大臣等集议，奏言：应于议定格尔必齐河诸地立碑，以垂永久，勒满、汉字及俄罗斯字、喇地讷字、蒙古字于上。今虽与俄罗斯和好，边界已定，但各省有官兵驻防之例，仍照前议于墨尔根、黑龙江设官兵驻防。疏入，圣祖从之。十二月丙子，遣官立碑于格尔必齐河诸地，其碑曰：

大清国遣大臣与俄罗斯议定边界之碑：

一、将由北流入绰尔纳即乌伦穆河相近格尔必齐河为界，循此河上流不毛之地有石大兴安以至于海，凡山南一带流入

---

① "以"，抄本误脱，据潘属、辽海、上图本补。
② "八"下，辽海本误衍"之"字。
③ "使"，抄本脱，据潘属、辽海、上图本补。

黑龙江之溪河尽属中国，山北一带之溪河尽属俄罗斯；

一、将流入黑龙江之额尔古纳河为界，河之南岸属于中国，河之北岸属于俄罗斯，其南岸之眉勒尔喀河口所有俄罗斯房舍迁移北岸；

一、将雅克萨地方俄罗斯所修之城尽行除毁，雅克萨所居俄罗斯人民及诸物用尽行撤往察汉汗之地；

一、凡猎户人等断不许越界，如有一二小人擅自越界捕猎偷①盗者，即行擒拿，送各地方该管官，该管官照所犯轻重惩处。或十人或十五人相聚持械捕猎、杀人抢掠者，必奏闻，即行正法。不以小故阻坏大事，仍与中国和好，毋起争端；

一、从前一切旧事不议外，中国所有俄罗斯之人及俄罗斯所有中国之人仍留不必遣还；

一、今既永相和好，以后一切行旅有准令往来文票者，许其贸易不禁；

一、和好会盟之后，有逃亡者不许收留，即行送还。

尼布楚事迹

尼布楚城，北极高五十一度四分，偏西十七分。本蒙古布拉特乌梁海茂明安诸部落游牧采捕之地，初非罗刹所有，亦非瓯脱之区也。考俄罗斯于崇德四年始略有麦嘉湖及庵雅腊河附近之地，又数年始据尼布楚城。恭绎康熙三十九年圣祖仁皇帝圣谕云：尼布楚等处原系布拉忒乌梁海诸部落之地，彼皆林居，以捕貂为业，人称为树中人。后俄罗斯强盛，遂併②吞之，已五六十年。溯查康熙三十九年庚辰，上距崇德六年辛巳恰六十年，则俄罗斯吞併

---

① "偷"，抄本误作"伦"。
② "併"，抄本、上图本误作"并"，据江海本改。

尼布楚之地当自崇德六年始。由是而东侵雅克萨，侵额尔古纳索伦诸部，垂四十年，皆恃尼布楚为巢穴。恭读康熙二十二年圣祖谕曰：大兵前临雅克萨，以朕谕旨遣人宣布俄罗斯谕之曰：不忍将尔等遽行殄灭，尔等欲各安生业，共享太平，则当即返雅库地方。以雅库为界，于彼处捕其貂皮，于彼土收其物产，勿入我边界恣意妄为。又曰：俄罗斯果能遵旨即回，以雅库为界，而我兵驻扎爱珲，则于雅克萨地方安置哨兵，令边界宁谧。二十四年正月谕曰：姑再传旨罗刹，尔等①欲相安无事，可速回雅库，于彼为界，捕貂收赋，勿复入内地。二十五年谕大学士勒德洪、学士麻尔图曰：日者大兵往征俄罗斯，破雅克萨城，释俄罗斯不诛，赦之使生还。其时，不并取尼布楚地者，盖以尼布楚画为疆索，使俄罗斯不得越尼布楚界，界外听其捕牲也。谨按：二十二年、二十四年圣谕皆言雅库，而不言尼布楚，二十五年圣谕则言尼布楚，而不言雅库，均系与俄罗斯画界之地。考《俄罗斯总记》有雅古萨部，即雅库也，亦曰亚谷斯科，亦曰亚古德斯科，亦曰雅谷。《内府图》所载惹鞠斯归，当即其地。

廷杰谨按：一作阿古，即疴哥德斯科，又曰郭列穆斯归和屯，其地北极高七十三度，偏东三度五十分。

二十五年九月，察罕汗上疏引咎，圣祖嘉其情词恭顺，又悯其属人无栖托之所，爰捐尼布楚以界之。至乾隆二十二年八月，俄罗斯因尼布楚口粮，议借黑龙江挽运。上谕军机大臣等：俄罗斯驿递来人，在理藩院呈递萨纳特文书内称：伊国东北边界居人被灾，现造船挽运，口粮必由东路尼布楚地方阴葛达河、额尔滚河及黑龙江行走，求勿拦阻等语。初与俄罗斯议定十一条内，并无逾界遣人运送什物一项，已交该衙门饬拨矣。但外夷不识事体，或已在理藩院呈递文书，遂不俟回文，即向台站人等求其放过，亦事所必有。将军

———
① "等"，藩属、辽海本误作"不"，据抄本和上图本改。

绰勒多即令台站官员晓谕伊等云：尔萨纳特衙门虽已行文理藩院，我等并未接准理藩院文书，岂敢据① 尔一面之词私放入境！假令我等口称曾行文尔萨纳特衙门，即欲进尔边界行走，尔等信乎？务须加意防守，卡座勿令私过。倘不听阻止，恃强前行，台站官员报到时，绰勒多即派官兵擒拿，照私越疆界办理。

乾隆五十八年二月，上谕军机大臣：据明亮奏，查明尼布楚城、雅克萨城原委一折，该处境地既经松鄂托与俄罗斯使臣议以雅克萨城内属，尼布楚城属俄罗斯，并令将向在雅克萨之俄罗斯尽撤回伊察罕汗地方，现在雅克萨曾否设卡拨人往② 守，著明亮等查明奏闻。廷杰谨按：松鄂托即索额图③译文对音字。考尼布楚城即古乌洛侯地，《北史》：真君四年，乌洛侯遣使朝贡。《四夷传》：勿吉在高句丽北，失韦在勿吉北千里，地豆于在失韦西千余里，乌洛侯在地豆于之北，去代都四千五百余里，西北二十日行有于已尼大水，所谓北海也。廷杰按：勿吉即窝集，亦即乌稽，今宁古塔东北、混同江以南地。失韦，今黑龙江口，至雅克萨上下地。地豆于，今呼伦贝尔以西喀噜伦河诸地。于已尼，即惹尼色，亦即伊聂谢之转音字。今俄地有伊聂谢河，源于柏海尔湖，所谓北海当即指此湖也。又曰：乌洛侯国西北有完水，廷杰按：即黑龙江。东北流合于难水。按④：难水，即今嫩江，一作⑤脑温江，亦名诺尼江者也。今地志以嫩江入黑龙；而《北史》谓完水入难水，盖今人以黑龙为经流，廷杰按：此黑龙即指黑河口以下混同江而言。故言嫩江入之。《北史》则以嫩江为经流，故言完水入之，其实一也。今黑龙江源别名敖嫩河，亦作鄂伦河，亦即乌洛侯、乌罗浑之音转，此尼布楚之事迹也。

---

① "据"，抄本误作"遽"，据藩属、辽海、上图本改。
② "往"，藩属、辽海、上图本作"驻"，此据抄本。
③ "索额图"，辽海本误作"额索图"，此据藩属等本。
④ "按"，抄本误作"接"，据辽海、上图本改。
⑤ "一作"，抄本作"亦"，此据辽海、上图本。

分界碑文考

康熙二十八年与俄罗斯分界立碑,已详于《平定罗刹篇》后。顾世传界碑汉文与分界盟约清文有不同者。按:西清《黑龙江外纪》曰:格尔必齐河源出兴安岭,南入黑龙江河口,东岸有石勒清、汉、蒙古及俄罗斯、喇第诺五体字,康熙二十八年所立分界碑也。余尝从土人得分界盟约清文,较世传界碑汉文微有异同,昭代掌故所关,译出以备参考。其文云:

中国大圣皇帝钦差分界大臣议政大臣领侍卫内大臣索额图、内大臣都统一等公舅舅佟国纲、都统郎谈、都统班达尔善、镇守黑龙江等处将军萨布素、护军统领玛喇、理藩院侍郎温达, 会同俄罗斯察罕汗使臣俄昆尼等,在尼布楚地方公议得:

一、将自北流入黑龙江之绰尔纳即乌鲁木河附近之格尔必齐河为界,沿此河口廷杰谨按:口当为源。之大兴安岭至海,凡岭阳流入黑龙江之河道悉属中国,其岭阴河道悉属俄罗斯,惟乌地河以南、兴安岭以北中间所有地方河道,暂行存放,俟各还国察明后,或遣使、或行文,再行定议;

一、将流入黑龙江之额尔古纳河为界,南岸属中国,北岸属俄罗斯,其南岸墨里勒克河廷杰按:即《舆图》谟里尔肯河。口①现存俄罗斯②庐舍著徙于北岸;

一、将雅克萨地方俄罗斯所筑城垣,尽行拆毁,居民诸物悉行撤回察罕汗处;

一、分定疆界,③两国猎户不得越过,如有一二宵小私行

---

① “口”,抄本误作“只”。

② “斯”,抄本误脱。

③ “分定疆界”,辽海本误作“分界定疆”,此据抄本、上图和藩属本。

越境打牲偷窃者,拿送该管官分别轻重治罪,此外十人或十五人合伙执仗杀人劫物者,务必奏闻,即行正法,其一二人误犯者,两国照常① 和好,不得擅自征伐;

一、除从前一切旧事不议外,中国现有之俄罗斯及俄罗斯现有中国之人,免其互相索还,著即留存;

一、两国既永远和好,嗣后往来行旅如有路票,听其交易;

一、自会盟日起,逋逃者不得收纳,拿获送还;

一、两国大臣相会议定永远和好之处,奉行不得违误。

廷杰谨按:此文八条,末一条不过坚盟约之意,如葵邱之会,凡我同盟之人,既盟之后言归于好例耳,汉文无之。前七条乃所盟之约,如葵邱之会初命、再命、三命、四命、五命之词也。其与汉文不同者,第二条下南岸墨里勒克河,汉文作南岸之眉勒尔喀河,廷杰按:《舆图》眉勒尔喀河在滇里尔肯河南。所指之河虽异而地实相邻。其多于汉文者,第一条下汉文止于山北一带之溪河尽属俄罗斯,此则于"其岭阴河道悉属俄罗斯"下多"惟乌地河以南"八句,其余各条词意都与汉文相符。恭查雍正五年与俄罗斯定喀尔喀界会议通商定约十一条内,有乌特河等处地方暂置为两边公中地方,均不得侵占居住一条。廷杰谨按:乌特河,即乌地河也,亦名乌底河。则当日分界碑文清文实足为据。

外兴安岭山脉河道中俄分属考

何愿船曰:兴安岭亦曰新安岭,有内外二岭,内兴安岭盘旋黑龙江省境内数千里,襟带三江之左右,松花江、黑龙江、嫩江也。以山在内地,不具记。若外兴安岭则为北徼分界之山,实吉林、黑龙江二

---

① "照常",抄本误作"常照"。

省外障所系,于边防甚钜,而诸家志乘言之甚略,今故详征典实,以备掌故。按《一统志》云:大兴安岭在敫嫩河北,小肯特山东,自此绵亘而东,直抵黑龙江入海处。《会典事例》云:山之南为中国地,山之北为俄罗斯地。按《盛京通志》云:盛京统部疆域,北至黑龙江外兴安岭五千一百余里俄罗斯界,黑龙江将军所辖疆域,北至外兴安岭三千三百余里俄罗斯界,黑龙江城北至外兴安岭二千五百里俄罗斯界。今按外兴安岭横亘数千里,为北徼之大分水岭,其袤延与新疆之天山相等。然天山随地异名,盖以百数,外兴安岭则别名甚少,惟《职方外纪》有东金山之目,或以为即外兴安岭别名。然据地图,金山阿林自外兴安岭以北连峰不断,直抵东北海隅,与诸斯哈达相连,则知山脉长远几及万里,允为东北钜镇矣。又曰:外兴安岭山脉自鄂嫩河源肯特山分支东北行,连峰不断达俄罗斯境,皆曰外兴安岭。又东北曰阳[1]阿林,楚库河出焉,又东北乌的河出其北麓,又东北伊坦珠河出其北麓,此三水均西北流,注色楞格河。又东北分东西二支,西支包白哈尔湖之东之北,绕列讷河源,沿其西至北海;其东支东北行,恩吉德河出其南麓,南注黑龙江,又东北尼布楚河出焉,南流至尼布楚城注黑龙江,又东北卫底穆河出焉,西北流注于列讷河。自此分为二大支:一东行抵海,为外兴安岭;一东北抵俄罗斯之郭列穆斯科境,为金阿林。二大支之间,广袤各数千里,尽窝集也。东抵大拉该海,南与中国相接。外兴安岭一支折而东行,安巴格尔必齐河出焉,河以东属中国,河以西属俄罗斯。又东行卓罗克齐河、绰鲁纳色勒乌鲁穆河、格尔必齐河、鄂尔河、鄂尔多昆河、乌尔苏河、波罗穆达河皆出其南麓,注黑龙江,属于中国,其北麓窝集属俄罗斯。又折而东北行,有额尔格河、巴尔坦河皆出

---

① “阳”,辽海、上图本作“扬”,此据抄本。

南麓，属中国，其北麓窝集属俄罗斯。又折而东行，南麓有托克河、精奇里江诸水，属中国，北麓有拉玛河，东流注大拉该海，属俄罗斯。由是分为南北二支，其南支又分为二：一折而南行千余里，为达尔剔萨阿林阿尔吉河、乌能河、乌拉①喀河皆出西麓，钦都河、恩古里泊、宁尼河、杨奇尼河皆出南麓，二麓之水皆注黑龙江，属于中国；一折而东南行，麓水南流者曰西里穆底河、曰恒滚河、曰噶穆河，皆属中国，麓水东流者曰达温河，曰鄂和达河，曰乌拉克河，曰乌底雅河，曰鄂斯都尔纳萨河，曰阿老河，诸水皆属俄罗斯。曰乌底河，自此以南至索伦河为瓯脱地。山脉又东南行，索伦河出北麓，东注海，是为中国吉林省三姓副都统所辖地。又东南行，沿噶穆河之北岸又折而东行，抵混同江海口，其西麓、南麓水皆注噶穆河及混同江，其东麓水曰阿拉河、玛尼噶河、吉特河，其北麓水曰鄂古河、图胡鲁河，皆注于海，此皆外兴安岭之南支也。其北支东北行，沿拉玛河北岸而东，有鄂拉河、纳勒春河出东麓，注大拉该海。又折西北行，其东麓所出诸水为达达哈河、奔什纳河，山脉遂与金阿林一支相合。

廷杰谨按：《通志》于盛京统部疆域、黑龙江将军所辖疆域及黑龙江城北至外兴安岭俄罗斯界，俱详里到，而何氏于安巴格尔必齐河以东、外兴安岭以南、大拉该海以西，凡属中国之地又皆一一指明，此东北中俄分属之定界，言边防者所当究其源②也。

黑龙江察边考 额尔古纳河要害附

《黑龙江外纪》曰：黑龙江与俄罗斯分界处，岁以五六月间派齐齐哈尔、墨尔根、黑龙江协领各一员，佐领骁骑校各二员，共兵二百

---

① "拉"，抄本无，据辽海、上图本补。
② "源"，藩属、辽海本作"溯"，上图本作"朔"，此据抄本。

四十名，分三路至格尔必齐、额尔古纳、默里勒克、廷杰按：即谟里尔肯河。楚尔海图廷杰按：即呼尔罕图，在呼伦池西南。等河巡视，谓之察边。格尔必齐、额尔古纳二河，齐齐哈尔卓帐处也；默里勒克河，墨尔根卓帐处也；楚尔海图河，黑龙江卓帐处也。每齐齐哈尔协领与墨尔根协领会，墨尔根协领与黑龙江协领会，各书衔名月日于木牌，瘗山上。明年察边者取归，以呈将军副都统，又各瘗木牌以备后来考验，此为定例。又曰：察边之事，岁于七月内咨报理藩院，而边界清谧，例于年终专折奏闻。至将军惟新任者察边，馀不尔。

《龙沙纪略》曰：五月，谓每年五月。三城各遣大弁率百人巡边，三城，谓卜魁城、墨尔根城、爱珲城也。卜魁即齐齐哈尔城，今省会爱珲即黑龙江城。至鄂尔古纳河，即额尔古纳河分界处也。河以西俄罗斯境，察视东岸沙草有无牧痕，防侵界也。往返各五六十日。卜魁往者渡诺尼江即嫩江。指西北，过特尔姑尔峰兴安岭，廷杰按：特尔姑尔峰，即特尔根山，在内兴安岭上，卜魁西北。涉希尼客河、开拉里依木等河，廷杰按：依木河，即依奔河。希尼客、开拉里二河，当即此河之上流也，在呼伦贝尔城东南。草路泱漫无辙迹，辨方而行，刳大树皮以识归路。墨尔根往者，亦渡诺尼江，过兴安岭，廷杰按：过内兴安岭。盘旋层嶂中，其路径为易识。廷杰按：《纪略》曰：路多蟁，其长径寸，天无风或雨后更炽，行人尝虚庐帐以纳蟁，而宿于外，帚十数下，人始得噉。螫牛马流血，身股尽赤。马轶觅深草间，见蟁高如邱，知①其必毙，弃不顾矣。又曰：兴安岭亦曰新安岭，或曰葱岭之支络②也，盘旋境内数千里，襟带三江之左右，为众流发源。由卜魁至墨尔根、爱珲置驿岭上，巡边者渡诺尼江西北数百里，则陟降取道，松柞数③十围高，穷目力穿林而行，午不见日，石色斑驳，若赵千里画幅间物。有石洞，洞中几榻天然如琢，行者辟草得之，藉少憩焉。又曰：裹餱粮于树，归时取食之，近颇为捕牲者所

---

① "知"，抄本误作"如"，据辽海、上图本改。
② "络"，抄本作"路"，据辽海、上图本改。
③ "数"，辽海本误作"敷"，据藩属等本改。

窃，乃埋而识之。又曰：渡河伐木为筏，马冯水以过。《黑龙江外纪》曰：札哈，小船也，较威呼尤轻捷，载受两三人。相传墨尔根察边者猝遇江涨，协领那里勒泰以马革为扎哈，径渡，其后预以桦皮为之，犹那遗法。又曰：图洼，探路兵也。官远行，如察边之类，例有图洼为前导，其精干者马上望之，能测数里外有无泥水，是否当迂路行，亦一长也。图洼，哨望之谓，切读成一①字乃合。**爰珲往者，从黑龙江溯流北上②折而西，过雅克萨故墟，至界碑。** 廷杰按：《纪略》曰：察哈岈峰，在黑龙江东北隅，山形如剖璧，面西南，背东北，峭削千寻，根插江底，土色黄赤，无寸草，腰亘两带，深黑火光出带间，四时腾炽不绝，大雨则烟煤入雨气中，延罩波上。巡边者舟过其下，续长竿取火为戏。两带相去数丈许，竿止及下带也。山背万木葱郁，蓝翠异状，虽穷冬不影。按：察哈岩峰，在黑龙江城北九百里。

廷杰谨按：二书载察边之事，俱至额尔古纳河一带，则额尔古纳河诚要地矣，况三道分赴，路途显然，今其地③又据俄人由尼布楚入混同江水路之咽喉，筹边者顾可忽乎哉。

乌底河公中地方考

廷杰谨按：康熙二十八年分界盟约，清文第一条内云：乌底河以南、兴安岭以北中间所有地方河道，暂存行放，俟各还国察明后，或遣使，或行文，再行定议。雍正五年定例云：乌特河等处地方暂置为两边公中地方，均不得侵占居住。按：乌地河、乌特河，皆即此乌底河也。

界 碑 地 考

康熙二十八年己巳十二月丙子，遣官与俄使分立界碑，其在格

---

① "一"，藩属、辽海本皆作"口"，此据抄本。
② "北上"，抄本误作"上北"。
③ "其地"，抄本无，据辽海、上图本补。

尔必齐东岸者,则《大清一统志》、《盛京通志》载之,其在额尔古纳河者,则《钦定皇朝通志》载之。《大清一统志》曰:分界石碑在齐齐哈尔城西北二千五百里、黑龙江城西北一千七百九十里格尔必齐河口东岸。廷杰按:此或有误,宜云在齐齐哈尔城西北一千七百九十里、黑龙江城西北二千五百里到方合。《盛京通志》曰:分界石碑在吉尔巴齐河口东岸。谨按:吉尔巴齐河,即格尔必齐河也,《舆图》云安巴格尔必齐河,《志》云大格尔必齐河。《钦定皇朝通志》金石略云:御制与俄罗斯定约分界碑文,康熙二十八年国书、行书、俄罗斯、蒙古、拉①提诺五种书额里古纳河摩崖。

此外,立碑地方,诸书皆未记述,惟杨宾《柳边纪略》载威伊克阿林界碑。其略曰:威伊克阿林,极东北大山也,上无树木,惟生青苔,厚常三四尺。康熙庚午,与俄罗斯分界,天子命镶蓝旗固山额真巴海等,分三道往视:一从亨乌拉入;一从格林必拉入;一从北海绕入,所见皆同,时方六月,大东海尚冻。遂立碑于山上,碑刻满洲、俄罗斯、喀尔喀文。廷杰谨按:《方略》言立界碑于格尔必齐河诸地,则不止一处明矣。《大清一统志》、《盛京通志》皆止载格尔必齐河,而不及额尔古纳,《钦定皇朝通志》止载额尔古纳河,而不及格尔必齐,盖当日珥笔诸臣各纪其所知也。或遂疑康熙时本无立碑威伊克山之事,谓杨宾草野传闻,未足为据。而何愿船《北徼界碑考》以杨宾系康熙时人,亲至黑龙江所记,必有所本,且曰我圣祖神灵首出,威加四海,格尔必齐河界碑系在黑龙江北岸,额尔古纳河界碑系在黑龙江南岸,皆在黑龙江②一省之西北境,其黑龙江③省之东北隅袤延数千里,断无不立界碑之理,则其勒石于威伊克山有必然者。然疑其山当在外兴安岭极东北隅近北海处,则又未为翔实也。

廷杰谨按:《平定罗刹方略》康熙二十七年五月癸酉,上命内大

① "拉",藩属、辽海、上图本误作"捷",据抄本改。
②③ "黑龙江",辽海、上图本作"龙江",此据抄本。

臣索额图、都统公国舅佟国纲及尚书阿尔尼、左都御史马齐、护军统领马喇往主其议,并派八旗前锋兵二百、护军四百、火器营兵二百,每翼前锋参领一员、署前锋参领一员、署前锋侍卫二员,每旗护军参领二员、署护军参领六员,每翼火器营协领一员、参领一员,每旗章京一员,令都统郎坦、班达尔沙、副都统纳秦、扎喇克图率之偕往。何氏《北徼界碑考》则云二十七年五月时,俄罗斯使臣费要多罗等至色冷格地方遣人来,期①我使至彼集议。圣祖命内大臣索额图、都统公佟国纲、尚书阿尔尼、左都御史马齐、护军统领马喇往主其议,并率翰林部属等官暨西洋官二员、兵万余人前往,均谓以噶逆阻道,还。《方略》又载二十八年四月,复遣索额图等赴尼布楚就议,官兵同往者量增于前,又命调黑龙江兵千五百人各带仗械,由水路赴尼布楚与索额图等会。十二月丙子,遣官立碑于格尔弼济河诸地。西清《黑龙江外纪》载分界盟约清文云:中国大圣皇帝钦差分界大臣议政大臣领侍卫内大臣索额图、内大臣都统一等公舅舅佟国纲、都统郎谈、②都统班达尔善、镇守黑龙江将军萨布素、护军统领玛喇、理藩院侍郎温达,会同俄罗斯察罕汗使臣俄昆尼等,在尼布楚地方公议得,云云。合诸书观之,则当日分界大臣官属甚众,《柳边纪略》所云固山额真巴海三人不过镶蓝旗一旗之员,固属可信。且康熙二十八年己巳于十二月遣官,则立碑当在二十九年。《纪略》云康熙庚午,亦与《钦定皇朝通志》金石略云康熙二十九年相符,又言时方六月,情事亦合。

廷杰又按:亨乌喇即吞河,从此入者,由齐齐哈尔东逾内兴安岭,顺吞河入混同江也。格林必拉即格楞河,从此入者,由爱珲旧城东逾外兴安岭南支,顺格楞河入混同江也。北海即指索伦河东海

---

① "期",抄本误作"斯"。
② "都统郎谈",抄本误脱。

湾,从此绕入者,由雅克萨城东北至钦都河源,上外兴安岭,东抵索伦河口,沿海滨绕入混同江也。盖威伊克阿林在混同江南岸奇吉泊下,今其地名特林,即威伊克阿林之合音。界碑巍然尚存,并有一碑额曰"永宁寺",亦勒满、蒙、汉数体字,当系立界碑时所建,固非在外兴安岭极东北隅近北海处也。今三姓人贸易东海者多知之,亦多见之,惟王守礼、守智兄弟亲至碑所,思揭其文,因被俄夷禁阻未果,故其弟守信能为余述其详云。① 据此,则由混同江北岸濒海至索伦河,由索伦河至格尔必齐河源,外兴安岭上诸处亦必有碑,故《方略》以立界碑于格尔弼济河诸地该之。惜有识者不及见,及见者不能识,即威伊克阿林之界碑,犹几至湮没失传耳。

黑龙江险要

何愿船《黑龙江省形胜论》曰:廷杰谨按:省即齐齐哈尔城,亦名布魁② 黑龙江为东三省之一,在京师东北三千三百余里,古肃慎氏遗墟,汉鲜卑,魏勿吉,隋黑水靺鞨,唐黑水府,宋契丹,辽上京,金蒲与路,元开元路,明朵颜卫,皆其地也。我朝初入版图,屡为俄罗斯属部罗刹所侵掠,圣祖遣使宣谕,仍负固。乃发大军,由吉林水陆并进,逼所据尼布楚城。寻纳款乞盟,以兴安岭为界,廷杰谨按:当云以外兴安岭为界。于是东南至吉林,西至蒙古喀尔喀车臣汗部,北至俄罗斯,广轮数千里,镇以重臣,屯以劲旅,以齐齐哈尔为省会,而墨尔根、黑龙江、廷杰谨按:此指黑龙江城,今称爱珲。呼伦贝尔、布特哈、呼兰五城隶之。二百余年来,与吉林、奉天为唇齿,屹然称重镇。

《黑龙江城形胜论》曰:黑龙江,国语曰萨哈连乌喇,初为都会,

① "今三姓人"至"述其详云"五十二字,当为原稿所有,藩属、辽海、上图本均无,今据抄本补入。
② "魁"下,辽海本有"也"字,抄本、上图本无。

因以名省。嗣将军移驻齐齐哈尔,而黑龙江城设副都统以涖其治,今通称其地为爱呼,以附近有爱珲古城,转珲为呼也。城在齐齐哈尔城东北八百里,所辖之境甚广,凡外兴安岭发源之溪河,南入混同、黑龙二江者,皆其境也。自恒滚河以东,归三姓副都统辖,牛满河以西,如钦都河、精奇里江皆名川也。雅克萨城、乌鲁苏穆丹城、爱珲城,皆昔年要镇也,均在辖内。北至俄罗斯凡二千里,其地势则左枕龙江,右环兴安,允为东省屏藩,北门锁① 钥,是黑龙江城之形胜也。

《呼伦贝尔城形胜论》曰:呼伦贝尔,一作呼伦布雨尔,通称海兰儿。盖其地有池,一曰呼伦,一曰贝尔,官军屯驻二池间,因以名地。而谓之海兰儿,则指凯喇尔一河,亦音转也。昔辽太祖金龊一箭,定都兹土,所谓上京临潢府诸迹虽已无存,稽之史册,宋人奉使契丹,固尝往来斯地,则拘墟之士动谓江塞从古不通中华,其谬可知。地在齐齐哈尔西北八百四十里,东至吉尔起克山西南,皆接蒙古喀尔喀车臣汗境。西北二百二十里为额尔古纳河,与俄罗斯接壤。其地势则北控俄罗斯,南抚喀尔喀,山河险阻,并重龙江,是呼伦贝尔城之形胜也。

廷杰谨按:黑龙江城即爱珲,其地北极高五十度一分,偏东十度五十八分。旧辖雅克萨城,北极高五十三度弱,偏② 东六度四分。爱珲西南八百五十里,为今省会齐齐哈尔城,亦称卜魁。卜魁北四百三十五里,为墨尔根城。卜魁西北八百四十里,为呼伦贝尔城。又西北二百二十里,为额尔古纳河,定例每年卜魁、爱珲、墨尔根三城察边,必至其处。自咸丰八年在爱珲城与俄人立约,顺黑龙江至东海口北岸,悉为俄属。然额尔古纳河扼俄人由尼布楚城入东三省水陆之

---

① "锁",江海本误作"销"。
② "偏",抄本误作"伦",据辽海、上图本改。

咽喉,旁乌河当雅克萨之冲,①爱珲城居三方水路之会,三方:一由西北尼布楚城,顺黑龙江而下;一由东南黑河口,逆黑龙江而上;一由东北索伦河海口,逾兴安岭,顺精奇里江至爱珲旧城也。黑龙江上下二路,人皆知之,精奇里江一路,则知之者鲜。查咸丰十一年六月十二日,三姓副都统在乌苏里江与夷官吉成克勘立界碑,该夷所献夷字地图,由索伦河口水道西南约一度河之南岸,有一圆②点,谅系台站。自此点起,有一红线,谅系陆路,向西南行约一度,分而为二:一向正西行二度强,折而西北斜行约一度,至一江沿止。以黑龙江地图按之,当系钦都河上游。一向西南斜行约二度强,又分而为二,一向西北曲折行四度,至一江沿止。以黑龙江地图按之,当系宁尼河。一向正南偏东行一度强,至一江沿止,以三姓③地图按之,当系兴滚河上游。钦都、宁尼二河俱入精奇里江,南至爱珲旧城,入黑龙江,故曰爱珲居三方水路之会也。查康熙二十二年萨布素奏:牛满罗刹抵恒滚河、同来自北海之罗刹与费雅喀战,乃知罗刹当日进兵,即由海道入索伦河,逾兴安岭,抵兴滚河,至赫真、费雅喀、奇勒尔诸部也。兴滚河,即恒滚河。黑河口与吉林分松江之险,是皆有关于边防,筹江省者其可忽诸!

附　函　一　封*

此书始于光绪十年冬月,成于十一年三月,在未侦探俄界之先。多取材于《开国方略》、《大清一统志》、《皇朝通典》、《圣武记》及《方舆纪要》、《朔方备乘》、《登坛必究》诸书,外有《古迹考》一卷,如黄龙府故址在今长春厅北,上京会宁府故址在今阿勒楚喀城西南,唐渤海大氏都城在今宁古塔城西,他如咸平府、率宾府、显州、信州、五国城诸处自来史论家未能确指其地者,廷杰皆躬亲考验,

---

① "冲",抄本作"衢",此据辽海、上图本。
② "圆",抄本误作"图",据藩属、辽海、上图本改。
③ "三姓",辽海本误作"姓三",据藩属等本改。
* 此件据嘉业堂抄校本著录,为他本所无。标题为编者所拟。

汇为一编。因奉札游俄,未及誊真,谨将已缮各篇,分为上下二册,敬台鉴,伏维政其疵谬,不胜切祷。

　　　　　　　　　　　　　　　　　　　　　　　曹廷杰顿启

西伯利东偏纪要

（光绪十一年十月）

上希元夑文*

　　密探俄界情形委员候选州判曹廷杰谨禀钦差侯爷将军爵前敬
禀者：窃卑职于光绪十一年三月二十五日在靖边后路营中，由后路
统领葛胜林奉到三月二十二日①密札一件。内开：饬职变装前往
伯利一带，密探俄界情形，即游行其境，凡彼兵卒之强弱众②寡与
夫道路之险易，某某为彼之咽喉要害，均著在在留意，默识于心。往
返无须拘定时日，总宜探察明白始可回报等因。当即遵照指授机
宜，订期四月十三日启程前往，呈报在案。嗣③于四月二十七日入
俄界，即顺松花江至东北海口，复由海口溯流入黑河，至海兰泡地
方，仍顺黑河返伯利，溯乌苏里江过兴凯湖，经红土崖由旱道至海
参崴，坐海舟入岩楚河海口，于九月初八日入珲春界，九月三十日
抵省，共在俄界一百二十九日。谨遵密札，探得一百一十八条。凡
彼东海滨省所占吉江二省地界，兵数多寡，地理险要，道路出入，屯
站人民总数，土产赋税大概，各国在彼贸易，各种土人数目、风俗及

---

　　*　小方壶本著录此文，与振绮、辽海等本文字略有出入，然内容大体相同，故不
一一校出。标题为编者所加。

　　①　"二十二日"，抄本误作"二十日"，据振绮、辽海本改。

　　②　"众"，抄本误作"多"，据振绮、辽海本改。

　　③　"呈报在案。嗣"，小方壶本无，据抄本、振绮、辽海本补。

古人用兵成迹，有关于今日边防与夫今日吉江二省边防可以酌量变通，或证据往事堪补史书之阙者，皆汇入其中，终以有事规复一策。不揣冒昧，谨缮具清册一本，并绘图八分，恭呈宪鉴。敬请爵安。

卑职廷杰谨禀

光绪十一年十月　日

批：据阅图说及笔记各条，于俄界情形详明赅备，迥与寻常游历不同，具有深心，殊堪嘉尚。仰候核定，随折呈览。① 缴图记存。

十月二十六日②

西伯利东偏纪要一一八条

一

一、查徐尔固地方，在黑龙江入松花江处东北沿，距三姓约七百里。松花江从西南来，经其前向东流。黑龙江从西北折到正西入松花江，有二口：下口即在徐尔固江沿，水浅不能行舟；上口在徐尔固上六十五里，松花江南岸莫宏库地方西北，俄人轮船俱由此③口出入。松花江水色浑黄，黑龙江水色深黑，至此合流，黄水在南，黑水在北，行七百余里至伯利，二色始融。

徐尔固西南二方④无山，东北二方⑤有山，围绕如城垣状。北

---

① "览"，振绮、辽海本无，据抄本补。
② "十月二十六日"，振绮、辽海无，据抄本补。
③ "此"，本误作"北"，形近而误。其他各本均作"此"。
④ 档案甲、乙本"方"作"面"，此据振绮、辽海、小方壶和抄本。
⑤ 档案甲、乙本"方"作"面"，此据振绮、辽海、小方壶和抄本。

山自外兴安岭分枝，向南迤逦①而来，西分精奇里、牛满二大江入黑河，东分恒滚、格林、库鲁三江入松花江。其山至徐尔固正北数十里，落为平阳。凡东北数十里外之②山，皆其③麓也。东面数十里外街基、④额图诸山，由长白山东北分枝，经哈尔巴岭，出牡丹江东、兴凯湖西，曲折向东北行，尽于松花江南沿，与北山同为黑龙、松花二江门户，诚形胜地也。

俄人于此立镇，名迷海郎西苗斯克，设玉斯颇兰一员，总⑤理诸事。统兵官一员，带实数兵二百名，驻扎镇东二里江沿。其处大小官共二十四员。有巨炮二座，⑥长九尺，口径三寸，在玉斯颇兰署前。粮房、军械房各一所，在署东北。铁线房一所，在署西北。通共房舍三十余所。其西三里许俄屯人民四十余家，其东五里许俄屯人民七十余家，土木营造，垦地迁民，方兴未艾。然南岸为三姓边地，其西南九十余里为拉哈苏苏屯，旧有巨炮二尊。其东六十余里额图，石砬斗峙江沿⑦，上有古人炮台、壕堑，皆为险要所关。有图。⑧*

二

一、查海兰泡地方在旧黑龙江省城，即今爱珲城北七十里黑河

----

① "迤逦"，辽海本误作"逦迤"，据档案甲、乙本和振绮、小方壶本改。
② "之"，振绮、辽海、小方壶、抄本、俄情本无，此据档案甲、乙本补。
③ "其"，俄情本误作"共"，形近而误。
④ 档案甲、乙本"街"作"该"，同音异译，此据振绮、小方壶、辽海本。"街基"，他书又作"改金"、"街津"。
⑤ "总"，档案甲、乙本作"统"，此据振绮、小方壶、辽海、俄情本。
⑥ "座"，档案甲、乙本和俄情本作"尊"，此据振绮、小方壶、辽海本。下同。
⑦ 各本皆作"江沿"，档案甲、乙本和俄情本作"江南沿"，此据振绮、辽海本。
⑧ 振绮、辽海本"有图"作"有图进呈"。
* 本条档案甲、乙本为第一条。

东。天时寒暖与东北海口庙尔地方同，每年霜降前后封江，立夏前后开江，但地冻六七尺，芒种后必尽解透，不似庙尔夏至时仅解二三尺耳。俄人呼黑河为暗木录。自咸丰四年五月十二、三日，摩力摇付犯境后，次年即于海兰泡立屯成聚成都，称为不拉好为十亲四克，一名把拉云省斯克。现有房舍二千八百八十八所，内有官房①十四处，外有喇嘛庙二座，颇为华丽。设固毕尔拉塔一员，专主其地，今归伯利统辖，署在黑河屯卡伦对岸，江边有树，中间即署当面也。银库总管一员、俄名嘎士那旦。②铁线总管一员、俄名居勒嘎木。律例总管一员、俄名苏达。堂司总管一员、③税库总管一员、俄名阿革粹次。班克一员、即借贷庄。公议会总爷④一员、俄名革勒注。给照总管一员、俄名巴士波勒⑤达。仓官一员、俄名不拉位四克。屯官一员、俄名一士不拉勿泥克。站官一员、俄名士他拉士。库官一员俄名文金丹士克。理民厅官一员、即巴立祠官。狱官一员、官医生一员、俄名多何都鲁。教官一员；俄名士戈保。炮官十三员，管炮兵二百名；步兵官十三员，管步兵二百名；马兵官十九员，管马兵四百名。兵房、教军场俱在黑河屯关帝⑥庙对岸，距江沿约半里许。子药军械房三处，俱在兵房西北山脚地窖内，相距不及二里。上山即大狱，在黑河屯关帝庙上约二里对岸。粮仓二所，在黑河屯关帝庙对岸江沿，即兵房⑦西南。盐仓一所，在其旁。银库一所，在洋船码头东向直进第四条街口道北。其处仅有大炮四位。又黄河、即精奇里江，俄呼也出。黑河交汇之处，有

①　"房"，俄情本误脱。
②　"嘎士那旦"，档案甲、乙本和俄情本误作"嘎士那且"，此据辽海本。
③　档案甲、乙本无"堂司总管一员"，此据振绮、小方壶、辽海本。
④　"总爷"，小方壶本作"总管"，此据档案甲、乙本和俄情本。
⑤　"勒"，俄情本误作"勤"，形近而误。
⑥　"帝"，档案甲、乙本无，据振绮、小方壶、辽海本补。下同。
⑦　"兵房"，振绮、小方壶本误作"房"，此据档案甲、乙本和辽海本。

大房二所，①一为机器磨面房，一为教馆。

按：海兰泡地方，居黄、黑二河交汇之间，背北面南，黄河居左，黑河居右，拥二江之水利，为东北之咽喉。先②代所置黑水府，或即在斯。今入俄界，垦地尽膏腴，居民已殷富，市廛喧阗，一大都会。幸黑河以西，皆我版图。黑河自此以上，深不及二丈，宽不及二里。呼玛尔河一带，林木尚未斩伐，俄人于此视为固有，防堵实未尽善，一旦有事恢复，黑河之险，我皆可据。黄河以内，尚有旗民居住，并有爱珲各屯人，每年入河伐木之役，未尽禁阻，此或投间抵隙之机乎！有图。③*

<h1 style="text-align:center">三</h1>

一、查伯利地方，在三姓东北千六百余里乌苏里江入松花江处东岸，时令与三姓同，较三姓微暖，俄人名曰克薄诺付克。光绪初年，始设固毕尔拉塔，专主其地。光绪十年，改设一泥拉拉固毕尔拉塔，总理东海滨省等处事宜。街道占居四冈三涧，凹凸不平。其一泥拉拉固毕尔拉塔署，在第二冈将尽头处。西北半里许，有戴土石山，俯瞰江流，名曰上宏叩，④险要与额图相仿，俄人于此疏林藩院为游观之所。又西北行半里许宏叩尽处，有机器房，俄名马思利，专备修理枪炮、轮船之⑤用。由机器房北行一里余，至第四冈山头，有子药房二所，中储子药甚夥。由机器房东行半里许，上冈即养病院，贫人有病者，送入院内，官给医药饮食以养之。院后有

---

① "所"，据档案甲、乙本、小方壶本校，振绮、辽海本作"洞"。
② "先"，档案甲、乙本均误作"元"，此据振绮、小方壶、辽海本。
③ 振绮、辽海本"有图"作"有图进呈"。
＊ 本条，档案甲、乙本亦为第二条。
④ "上宏叩"，档案甲、乙本作"上虹口"，此据振绮、小方壶、辽海本。下同。
⑤ "之"下，小方壶本有"所"字。

大兵房十所，每所可容数百人，常驻兵千名，号四千。兵房东北隅有常川取用军械子药房二所。固毕尔拉塔署西南山麓，有储粮大仓三：二储官粮，一储商粮。粮仓前即轮船码头。由此东北行，进穷棒子沟，为该处冲要。东南行约一里至庙上，华人买地建庙，供奉关圣、江神、山神①画像，有草舍数十间，可容数百人。庙前江沿系华人码头，商船俱泊于此。再由此东南行约一里山冈偏坡处，有大库二，尽储开花炮、后膛炮、哈乞开斯枪、炮车、子药箱车，②极为宏富，昼夜常有一二人执枪梭巡，未尝少停。凡粮仓、子药房、军械房、大狱、大官③衙署皆然。闻伯利于有事时，可得实数兵三千名，缘官商服役诸人，平日不与操练，临事皆听调遣也。其处房舍现有一千二三百所，日新月盛，岁更不同。听差固毕尔拉塔十一员，小官二百余员。该国夙称东海滨省，今即定于此处为都会。惟其地居松花、乌苏里二江之总汇，华商夏行船，冬跑冰，俄人势不能禁。又东南、东北、正东三面不及数里，林木阴翳，尚属鸿荒，倘图恢复，出奇其在斯乎？有图。④*

四

一、查红土岩地方，在兴凯湖西沿适中之处。正南循铁线道二百二十九里弱（俄里一百零三里）为双城子，正北偏西二百里为蜂蜜山。由山西北行六百里至三姓，有孔道。由山正西行四百余里，抵宁古塔。由山正东偏南行二百余里，至龙庙子，其处为兴凯湖出口，水流一线，曲折万千，轮船入湖道必经此，有华民七八家，对岸

①　"关圣、江神、山神"，档案甲、乙本作"诸神"，此据振绮、辽海本。
②　"箱车"，据档案甲、乙本校改，振绮、小方壶、辽海本皆误作"车箱"。
③　俄情本"官"下又衍一"官"字。
④　振绮、辽海本"有图"作"有图进呈"。
*　本条，档案甲、乙本亦为第三条。

即为俄界。红土岩天气和蔼，万物发生，比① 三姓每早半月。沿湖一带旷野无垠，皆有田垅旧迹，俄人于此立镇，名曰甘冥俄里薄诺付，通呼里薄诺付。东北距伯利俄里② 七百六十四里，每里一千六百步，以华里七百二十步除之，实距一千六百九十八里弱。乌苏里江轮船行至里薄诺付而止，有俄房百余所，设有民词官、铁线官、领兵官，共实数兵八十名。兵房一所在屯正北岭上，再北有军械房一所，湖水浅时，轮船泊此。屯正东③ 湖沿，有食仓二、盐仓一，湖水深时，轮船泊此。其处有华人百余名，华商二十余家。又南二里，俄屯百余家，亦有华人服苦者。

　　按：兴凯湖周八百里，与洞庭埒，而冬夏不涸，尤为可观。盖来源之远大不及洞庭，出口细小则比洞庭尤有含蓄也。闻④ 前二十余年，有宁⑤ 古塔猎户孙某，至红土岩南，见湖面浮出一人，状貌异常，执戟四顾，苍黄入水。旋有几筵肴馔罗列波心，二女出坐对饮。猎者以为妖，燃枪轰之，顷刻不见。忽大雷电以风，湖边毙一大鱼。猎者是时亦震恐昏迷，不知人间事，甦以告人，数日亦死。此事之不经而亦足以传奇者。进呈。⑥*

五

　　一、查赵老背地方，在红土岩南四十三里，双城子北六十里，皆以俄里计数。为自红土岩至双城子第三站，独有站房一所，专管

---

　　① “俄情本“比”误作“此”。
　　② “里”下，档案甲、乙本有“共”字。
　　③ “东”，辽海、档案甲、乙本误作“北”，此据振绮、小方壶本。
　　④ “闻”字以下至条末，档案甲、乙本皆略；俄情本“闻”下有“土人云”。
　　⑤ “宁”，俄情本误作“蜜”。
　　⑥ “进呈”，抄本无，据振绮、辽海本补。以下凡有“进呈”、“咨”、“入奏”字样，同此，不再另注。
　　＊ 本条，档案甲、乙本为第七条。

来往迎送之事。站东五、六里有俄屯名马得克，俄民三四十家，驻①有实数马兵五六百名。以该处南通双城子、海参崴、彦楚河诸处，东通阿勒干、夹皮河、苏城沟诸处，实为兴凯湖以南陆路咽喉，故据险扼要，以防不虞也。进呈。*

六

一、查双城子在红土岩正南二百二十九里弱，东南距海参崴俄里九十六里，正西距三岔口华里一百四十里。由三岔口向西偏北行四百八十里至宁古塔，由三岔口向西南行五百里至珲春。双城子以东西二城得名。相距四里许。俄人占东城，其城以土为之，高可丈余，城南北长，东西短，其东西二面城上，各有大土堆二十，每堆相距九十步。南北二面城上各有土堆八，②每堆相距七十步。西城南城外③尚有土壕三道。④俄兵皆驻城内，共计实数炮兵五百、马兵五百、步兵一千，兵房九所、仓房四所、马房二所、官房五所、兵士住家房二十余所。城外东北隅，俄街五层，俄房五六百家，喇嘛庙一，⑤军械子药房二所在庙南里许。城北有华人丁字形街三道，计华商二三十家，常聚华人数千。西城俄人亦曾居之，多不利，今以为安葬之处。其东南里许，有德商火磨房一，汽机一动，共激三磨，⑥每日磨麦四十六石，皆华人照理。⑦院内有古碑。

按：双城子为古肃慎国地，亦为女真部地，唐为北沃沮，明为建

州卫、野人卫交界之处，国初属瓦尔喀部。《大清一统舆地图》：东城曰傅①尔丹，西城曰朱尔根。未知创自何时。今此碑字迹剥蚀，仅存"其台"二字，台字旁写，必有缺文。②相传原文有"宽永十三年，湖北进马三千匹"二③语，谛视之惟"宽永十三年湖北进马"九字尚仿佛可识，"三千匹"三字已属乌有。查"宽永"为日本国号，岂此地早为日本窃据欤？其曰"湖北"，当指兴凯湖以北，非今内地湖北也。详观碑所，知为日人④古墓，碑⑤乘以最巓，旧有石人、石马在其前，今被俄人毁坏，并将碑之上截凿为阶磉，距碑北丈余，有古墓形，亦被俄人发掘丈余，迄无所见，掩之。⑥惜书史无征，又被俄人侵占耳。考该⑦处节气比红土岩更早数日，土地膏腴。惟东南皆山，徐则平冈盘旋，中多旷土，俄人名其城曰玉果斯克。设有理民事官、仓官、站官、医官、铁线官、兵官、边界官，廓米萨尔住此。盖以徙民垦地为先，即以固海参崴之后路也。有图。⑧*

七

一、查虾蟆塘在双城子东南八十三里强，即俄里三十七里，东南距海参崴俄里五十九里。其处为绥芬河入海门户，扼海参崴陆路咽喉。俄人屯⑨实数兵一千名，有兵房二所、子药房一所、粮仓

---

①　"傅"，辽海本误作"传"，据档案甲、乙本改。
②　"必有缺文"，档案甲、乙本作"疑有颙笔"，辽海本"文"误作"交"，此据振绮、小方壶本。
③　"二"，俄情本作"之"。
④　"人"，据档案甲、乙本改，振绮、江海、小方壶和抄本皆作"本"。
⑤　"碑"上，辽海本误衍一"无"字。
⑥　"掩之"，辽海本误作"之掩"，据档案甲、乙本改。
⑦　"该"，辽海本误作"误"，据档案甲、乙本改。
⑧　振绮、辽海本"有图"作"有图进呈"。
*　本条，档案甲、乙本为第四条。
⑨　"屯"，档案甲、乙本作"现屯"，此据振绮、小方壶、辽海本。

一、①军械库一、②铁线房一。③北一线通双城子、红土岩，至伯利。
南四线通海参崴，内有一线，行数十里，分向西南，即通蒙古街、彦
楚河等处地方也。该处为由双城子至海参崴第二站。俄民二百余
家，华人三四百名，皆服苦营生。俄人轮船，每于七日内由海参崴
两至其处。惟屯北二里，有两山东西对峙，相去约三里许，绥芬河
绕西山之东麓而南流。俄人屯兵于④屯南，距此处尚六七里，有
事时亦必争之险也。图见海参崴.*

<h2 style="text-align:center">八</h2>

一、查海参崴在双城子东南二百一十三里强，即俄里九十六
里。西南由海道距彦楚河约三百余里，距珲春约四百余里，俄名那
吉洼斯托克。坐东北向西南，海口形如撮箕，⑤长约十里，宽约六
七里，出口处宽四里。口外数里有大岛，名亢岛，⑥长七十余里，宽
二三十里不等。天然形势，八风不忌。其街为曲尺形，房舍一千七
八百所，有日本、高丽、德国、美国、法国诸商，华人多至二万八千
名。系光绪九年俄官稽查总数，本年约二万人。商以广东为巨，人以山东为
多。有华街三条，俄人设固毕尔拉塔总理该处事宜。后山有望远
楼二，以防不虞，便于瞭望。固毕尔拉塔署在南望远楼山麓道南海
沿，其东有粮房十余所、兵房十余所、总理各事公署一所、听差官员
公署一所、养病院一所。其西山冈大道东，有理民⑦事衙门。衙门
对面冈平处，为日本领事衙门。折而南，有兵房六七所。再南二

---

①②③　"一"下，档案甲、乙本有"所"字。
④　"于"，振绮、小方壶、辽海本无，据档案甲、乙本补。
*　本条，档案甲、乙本亦为第七条。
⑤　"撮箕"，档案甲、乙本作"箕"，此据振绮、小方壶、辽海本。
⑥　"亢岛"，辽海本误作"囗"，据档案甲、乙本改。下同。
⑦　"民"，俄情本无。

里许，有储子药军械大库二，与伯利埒。山后二里山凹处，名清沟子，为陆路咽喉，有守卡实数兵二百名，营中置有大炮。由此北下，道东有俄民数十家，对屯西北海沿，有大房三四所，有兵看守，亦藏军械、军粮。海参崴共屯实数兵二千余名，时海口有小兵轮六艘，每艘可①载二百五十人。闻其处大小兵轮共十四只，往来无常，大兵轮四只，每只可载五百人，小轮如前，然皆以木为之，非铁甲也。本年八月二十九日，有日本兵轮一只驶至此处，言因该国疫疠大作，至此避灾。固毕尔拉塔署前海中，距岸不及半里。有整理轮船机器一座。华街东南即华人码头，有华船三四十只，俱号三叶板，每只可载六七万斤。口内两岸有炮台六七处，东岸适中之地，有堆积煤炭房数所。亢岛对岸，②两边各有炮台。由日本领事衙门向西直行一里许，即绥芬海口，有后膛③巨炮一尊，口径八寸，长一丈八尺，身④高五尺，系本年秋初由海道运来。

该处天时比双城子尤为和畅。洋商房舍俱仿上海规模，土木之功，方兴未艾，再数年后当⑤与上海比美，宜俄人有"宁弃本国京城，不弃那吉洼斯托克"之语也。昼则车马喧阗，夜则灯火达旦，气象万千，何俄人之善于择地哉！倘有事于此，陆路仅西北一道，自虾蟆塘来，出入山涧，林木参天，且道旁掘有暗井，步兵万难轻进，非出奇制胜不可。水路海口，虽多炮台，可置水雷。⑥然彼之兵轮皆木，我若于图们江口，仿长江水师舢板，候西南风驶至其处，五时

---

① "可"，档案甲、乙本无，据振绮、小方壶、辽海本补。
② "岸"，档案甲、乙本作"口"，此据振绮、小方壶、辽海本。
③ "后膛"，据档案甲、乙本补，振绮、辽海、小方壶和抄本皆无。
④ "身"上，振绮、辽海等本有"后膛"二字，据档案甲、乙本删。
⑤ "当"，档案甲、乙本作"或可"，此据振绮、小方壶、辽海本。
⑥ "虽多炮台，可置水雷"，档案甲、乙本作"虽有炮台、水雷"，此据振绮、小方壶、辽海本。

可到。水雷可以不忌风利，即不得泊，得势则直捣巢穴，失势则退泊口外诸岛，自图们江口至海参崴海中诸岛，①相距各数十里不等。或亦彼之所不及料欤！有图。*

九

一、探三岔口地方在双城子正西一百四十里，宁古塔正东偏南四百八十里，为中俄分界之处。俄名格尔理斯，亦名巴大斯克，屯有实数马、步兵约五百名，俄民约百余家。进呈。**

十

一、探得蒙古街即蒙武河，为绥芬海口西北之支河，在三岔口正南二百余里，东北距虾蟆塘俄镇二百余里，西南距阿济密俄镇亦然。其处有俄民二百余家，华人千余，俄人屯马、步、炮兵共实数千名②于此。进呈。***

十一

一、探阿济密地方在海中大多壁岛、小多壁岛西北，与珲春东北黑山背卡伦连界，东北距蒙古街俄镇二百余里，西南距彦楚河俄镇称是。其处有俄民百余家，华民数十家，俄人屯实数兵一千名，马、步、炮均备。进呈。****

———————————

① "诸岛"，振绮、辽海、小方壶本无，据档案甲、乙本补。
* 本条，档案甲、乙本为第五条。
** 本条，档案甲、乙本为第七条。
② "共实数千名"，抄本作"共千"，此据振绮、小方壶、辽海本。
*** 本条，档案甲、乙本为第七条。
**** 本条，档案甲、乙本为第七条。

十 二

一、查摩阔崴在彦楚河海口内，东南距海口约二十里，北距彦楚河俄镇三十里，西北距珲春一百二十里。其南数里，有二石山生于海口内水中，平列如门，与长江东西梁山相似，但形势较小。商船出入，莫不由斯。俄人名摩阔崴地方为默些①止。有俄人②三十余家，华人百余名，大粮仓二所在屯东南，兵房二所在屯西北，常驻实数兵五百名。进呈。*

十 三

一、查彦楚河俄呼言其，在珲春东南九十里，东③北距阿济密俄镇二百余里，轮船由海参崴至此半日可到。其处屯有实数马、步、炮兵一千名，俄商数十家，俄民百余家，华商数家，华民数百，粮仓、军械、子药库均备。进呈。**

十 四

一、查札依地方在伯利下一千五百三十余里，混同江至此折向正北流，其南二十余里，东岸有湖号札依侯温。黑斤、济勒弥人等语，侯温犹言湖也。④其北七十里东岸亦有湖号奇吉侯温，即奇吉泊，径约六七十里。东逾山岭二十余里为库页海峡。俄人初得东海滨地时，于奇吉设立重镇，名马林义斯克，市廛云连，议凿东岭以通海

① "些"，俄情本作"靴"。
② "人"，俄情本作"民"。
* 本条，档案甲、乙本为第七条。
③ 俄情本无"东"字。
** 本条，档案甲、乙本为第七条。
④ 档案甲、乙本无此注，此据振绮、小方壶、辽海、俄情本。

道,后迁庙尔,其议遂寝。土人有"先有奇吉,后有庙尔"之语。今则日就萧条,仅存居民数十家,昔之市廛,已①鞠为茂草矣。札依地方,俄名沙费②斯克。其处有俄房三十余所,设玉斯颇兰官一员,总理上下诸屯事务。俄官嘎勒泥斯克曾充其任,颇有声名,后任海参崴事。其先并有俄兵八百名驻此,俄官鱼吉甫管之。现俱调往伯利,仅留二十余名防守,尚有大炮四座、粮房一所、兵房一所、子药房一所。进呈。*

十　五

一、查庙尔地方在伯利东北二千二百七十馀③里,凡外兴安岭以西、以南,长白山④以东、以北诸水⑤俱于此处总汇,再向东偏南行百余里,即出海口。⑥口内有天然八岛,天气晴明时,立岛上以远镜望之,可见库页岛高山。

庙尔气候极寒,每年霜降前后封江,立夏前后开江。本年六月初十、十一等日,已届大暑节,凿平阳地三尺许,冻犹⑦未解,其有水沟涧,去浮沙四五寸,即见坚冰。日午可着单衣,早晚寒甚,非皮袭不暖。前于五月二十六、二十七、二十八等日,在阿吉、博尔毕⑧

---

① "已"上,振绮、辽海、小方壶本有一"今"字。
② "费",抄本误作"实",据振绮、辽海、小方壶和档案甲、乙本改。
＊　本条,档案甲、乙本为第七条。
③ "馀",振绮、辽海、小方壶本无,据档案甲、乙本和抄本补。
④ "山",振绮、辽海、小方壶本脱,据档案甲、乙本和抄本补。
⑤ "诸水",振绮、辽海、小方壶本误作"诸山",据档案甲、乙本和抄本改。
⑥ "口",振绮、辽海、小方壶本误作"岛",据档案甲、乙本和抄本改。
⑦ "犹",档案甲、乙本误作"尤",据振绮、辽海、小方壶和抄本改。
⑧ "阿吉,博尔毕",振绮、辽海、小方壶本误作"阿博、尔毕",据档案甲、乙本和抄本改。

等处地方，审定九点① 初刻，日甫入地，十点② 二刻，舱内方须燃灯。夜观天象，但见白光半圆，约径数十丈。由亥转子，由子转丑，以手对照，二三寸内可见掌纹，惟子正前一刻、后一刻间稍暗。丑初三刻，天色已曙，丑正四刻末，日又出地。至庙尔地方，以有度罗盘竖立测之，北极实出地五十二度强，距前测日时，已十余日，而③ 日出入时刻④ 尚不甚相远。

其处形势，北面⑤ 高山，距街约二十里落⑥ 为平冈，山北数十里，即大拉该海，南⑦ 面江宽约二十余里，有二砂如蟹螯，弯铺江心，西砂之头有炮台，即上砂尽处也。其内可泊巨舟数万。江南沿高山平列，远望为一字，正岸自江心视之，则数十山头一齐朝拜也。江自西向东，西面砂内有小河，砂外即混同江，东面有大山弯抱。

距庙尔约二十余里有俄屯名青得利，居民数十家，⑧ 江自此略⑨ 折而南，若庙尔地方建立南向都会，⑩ 诚足以擅江海之利，固藩篱之门也。⑪ 俄人于此设镇，名利格来斯克，街道东西约长六里，南北宽一里有奇，共街四层。有喇嘛庙一所，在江沿街道适中之地，甚为华丽。有旧设固毕尔拉塔署，前二年移固毕尔拉塔至伯

① "九点"，'档案甲、乙本作"亥初"，此据振绮、辽海、小方壶和抄本。
② "十点"，档案甲、乙本作"亥正"，此据振绮、辽海、小方壶和抄本。
③ "而"，据档案甲、乙本补，振绮、辽海、小方壶和抄本无。
④ "刻"，据档案甲、乙本补，振绮、辽海、小方壶和抄本无。
⑤ "面"，振绮、辽海、小方壶本误脱，据档案甲、乙本和抄本补。
⑥ "落"，辽海本误作"约"，小方壶本误作"结"，据档案甲、乙本和抄本改。
⑦ "南"，抄本误脱，据振绮、辽海、小方壶、档案甲、乙本补。
⑧ "有俄屯"至"数十家"，据档案甲、乙本校改，振绮、辽海、小方壶和抄本均作"有青得利俄屯数十家"。
⑨ "江自此略"，振绮、辽海、小方壶本作"江自此"，档案甲、乙本作"江至此略"，此据抄本。
⑩ "若庙尔地方建立南向都会"，档案甲、乙本作"是庙尔地方"，此据抄本。
⑪ "也"，振绮、辽海、小方壶和抄本无，据档案甲、乙本补。

利, 此署遂空。现有玉斯波兰主之, 署在喇嘛庙西。道北有巴利祠一所, 建高楼以望远, 在喇嘛庙正北第三条街。军械、子药库, 粮仓、兵房, 俱在巴利祠西, 有大小官数员主词讼、取票、收税及一切往来公文诸事。先有实数兵数千, 自固毕尔拉塔移至伯利, 其兵亦多调往, 现存实数兵① 三百名。有炮台三处: 一在江心沙洲上, 一在庙尔东三里许江北沿, 一在对岸南山尽头处, 正对北岸炮台, 与江心炮台成"品"字形。各有炮位、子药房, 以沙尔达士十数名守之。又有马思利、堆粮房各一所, 在② 喇嘛庙下江沿。该处昔最繁富, 今则渐近寥落, 华人住此者不过数人, 往来贸易者常不满百人。有广东商人数家, 日本人数家, 高丽人数家, 惟高丽改服。俄人尚有千余家, 美国大商数家, 又有吕宋黑人数名。俄人重海参崴而轻此处, 诚以地气甚寒, 更有冈札德加部及库页岛, 足固海外门户, 故两利相权耳。有图。*

十　六

一、探库页岛有山产煤, 俄人名曰沙哈林。凡隶东海滨省犯重罪者, 俱发往此处掘煤, 日给黑捏饽③ 四两, 最为苦楚。有实数兵百余名守之, 该处有华人二百余名, 其南数百里即堆依河。进呈。**

十　七

一、探堆④ 依河在库页岛西适中之地, 即舆图伊对河。俄人于

---

①　"兵", 振绮、辽海、小方壶本无, 据档案甲、乙本和抄本补。

②　"在", 振绮、辽海本无, 据档案甲、乙本和抄本补。

*　本条, 档案甲、乙本为第六条。

③　"黑捏饽", 即俄文 Хцеб 之音译, 此处指黑面包。

**　本条, 档案甲、乙本为第八条。

④　"堆", 俄情本误作"埠"。

此设官总理通岛事务,迁移俄民数百家居此。常驻实数兵三百名,炮台、粮仓、子药房俱全,为轮船自日本海入混同江必由之路。进呈。*

十八

一、探哈四第力地方,在混同江出口南行约百余里西岸海沿,即舆图尼满河口。有俄民百余家,俄人驻兵二百余名守之,实数约六、七十人。进呈。**

十九

一、探嘎沙古斯克地方,在混同江出口南行约八百余里西岸海口内,与札依侯温东西相值,俄人徙民数百家居此,驻兵四百名,实即一百人也。进呈。***

二〇

一、探因拔纳斯克地方,在嘎沙古斯克①南八九百里,东北距库页岛堆依河约五百余里。其处海口宽平,可泊巨舟,与嘎沙古斯克无异。有俄民八九十家,俄兵三百名,以实数核之,共七十五人。进呈。****

二一

一、探刀平河疑即舆图夹皮河之转音。在海参崴东北八百余里,旱道

---

　*　本条,档案甲、乙本为第八条。

　**　本条,档案甲、乙本为第八条。

　***　本条,档案甲、乙本为第八条。

　①　"克",据档案甲、乙本补,振绮、辽海、小方壶和抄本无。

　****　本条档案甲、乙本为第八条。

舆海参崴不通，惟向西北有道至赵老背，分往红土岩、双城子诸处。又有铁线道，至乌苏里江、尼满河口等处。其处屯有俄兵三百余名，实即八十余人也。进呈。*

二二

一、探阿勒①干在海参崴东北一千五百余里，其处有大海口，与因拔纳斯克同。俄人数百家，②华人千余名，屯兵百余，号五百。由海道通海参崴，有旱道分通尼满河、赵老背诸处。进呈。**

二三

一、查俄人海兰泡、徐尔固二处，与江省爱珲连界，共实数兵一千名。伯利、红土岩、双城子、三岔口、蒙古街、阿济密、彦楚河等处，与吉省宁、珲、姓③三城接壤，共实数兵八千五百八十名。庙尔、堆依河、沙哈林、哈四第力、嘎沙古斯克、因拔纳斯克、海参崴、虾蟆塘、摩阔崴、阿勒干等处，分④防海口，共实数兵五千余名。札依居伯利、庙尔水路之冲，赵老背扼伯利以南陆路之要，二处共实数兵六⑤百余名，通共实数兵一万五千余名。观其布置大势，趋重双城子、海参崴、彦楚河一带。进呈。***

---

　*　本条，档案甲、乙本为第八条。
　①　"勒"，俄情本误作"勤"。
　②　"数百家"，辽海本误作"数家百"，据档案甲、乙本和抄本改。
　**　本条，档案甲、乙本为第八条。
　③　"姓"，抄本误作"眷"，据振绮、辽海、小方壶和档案甲、乙本改。
　④　"分"，抄本误作"江"，据振绮、辽海、小方壶和档案甲、乙本改。
　⑤　"六"，抄本误作"二"，据振绮、辽海、小方壶和档案甲、乙本改。
　***　本条，档案甲、乙本为第九条。

二 四

一、查各处俄兵俱呼沙尔达士，亦讹呼臊达子。步兵、炮兵皆系该夷种类，马兵多以改装奇勒尔、俄伦春、蒙古、回民及该国雅库斯克人今东海滨华人俱讹呼月空国，其人须眉面目与奇勒尔同。充之，皆短衣长裤，章身无余，头戴平顶圆帽，深可二寸，顶大口小，前加半月形黑漆皮，便于蔽额。足履皮靴，[1] 踵底增皮数层，厚寸余或二寸，藉以铁圈，用钉固之，走则铿铮有声。操练时身著白褂，帽蒙白[2] 套，裤则一色皆黑。惟马兵裤自腰至足外踝缝黄布一条，宽约二寸。步兵专持带刺皮尔丹枪，即哈乞开斯枪，腰挂宝剑。马兵或执丈余长枪，或执铜帽火枪，腰挂腰刀。炮兵专挂腰刀，衣之两肩各用青布一方，宽约二寸，长约四寸，书俄字二三于其上。[3] 其头目，[4] 两肩则或用[5] 灰色，或红色，或黄色，或用纹锦，或盘金丝，亦皆有字，大约以官阶为区别。当额帽簷下漆皮上小长圆帽花，亦分[6] 铜、银、金三种，用金、银者，中嵌珠玉宝石，颜色亦异。惟马队头目，足后平施铁距。

闻该夷兵制，寓兵于农，择其幼壮者挑之。数十年以前，每人必当兵三十年，始遣回归农，仍听调遣。嗣以不便身家，改十五年，又改七年，现定五年。当兵时，食官衣官。冬给毡袜一双，夏给皮靴二双，[7] 岁给零用俄帖三张零八十子。俄帖一张合中钱一串二

①　"靴"，抄本误作"鞋"，据档案甲、乙本改。
②　"白"，振绮、辽海、小方壶本误作"古"，据档案甲、乙本和抄本改。
③　"于其上"，据档案甲、乙本改，振绮、辽海、小方壶和抄本皆误作"载之"。
④　"目"，据档案甲、乙本改，振绮、辽海、小方壶和抄本皆误脱。
⑤　"用"，振绮、辽海、小方壶本无，据档案甲、乙本和抄本补。
⑥　"分"，振绮、辽海、小方壶本无，据档案甲、乙本和抄本补。
⑦　"双"，振绮、辽海、小方壶本均作"支"，此据档案甲、乙本和抄本。

百文,① 三张零八十子即中钱四串五百六十文,现又裁去八十子。衣食而外,别无长物,故俄兵善偷,不惟华商恶之,即该夷商民,② 亦莫不切齿。其兵皆夏住棚冬住房。进呈。*

二 五

一、查俄兵操练,步兵各背毡衣一套,俄名西发,由肩上斜络③肋下,每操皆然,马兵、炮兵亦同,以练行军负衣、负粮之力。手执枪,腰佩刀,分合进退,坐作击刺,与淮军营所习④ 德国操法无异。其异者,于百人中以二十五人出队,前冲约二里许,立坐各放一排枪,后七十五人飞奔追及,立放一排枪,前二十五人又复前往。如是者数次,步伐正⑤ 齐,以⑥ 练足力,且备冲锋接应之用,此在徐尔固目见者。

其打靶也,靶以木为之,高七尺,宽四尺,中画人形,共立四靶于距⑦ 二百四十步处,⑧ 命四兵为一排,各执皮尔丹枪打之。其距靶旁数丈处有数人看靶,中在人身外则以白标记扑之,中在人身则以红标记扑之。每一排立打一枪,蹲打一枪,伏地打一枪。每枪皆听洋号举枪,听叽喇⑨ 落火,中身者约七成,⑩ 中身外木靶者约二

---

① "文",档案甲、乙本无,据振绮、辽海本补。

② "该夷商民",振绮、江海、小方壶本作"该处夷商",此据档案甲、乙本和抄本。

* 本条,档案甲、乙本为第十条。

③ "络",档案甲、乙本作"搭",此据振绮、辽海本。

④ "淮军营所习",档案甲、乙本作"中国淮军所习","习",档案甲、乙本外,振绮、辽海、小方壶本皆作"刻",此据抄本。

⑤ "正",档案甲、乙本,振绮、抄本皆误作"止",据辽海、小方壶本改。

⑥ "以",据档案甲、乙本改,振绮、辽海、小方壶和抄本皆误作"足"。

⑦ "距",抄本无,据振绮、辽海、小方壶、档案甲、乙本补。

⑧ "处",抄本无,据振绮、辽海、小方壶、档案甲、乙本补。

⑨ "叽喇",档案甲、乙本作"口哨",此据振绮、辽海、小方壶和抄本。

⑩ "成",档案甲、乙本、他本皆作"层",此据振绮、辽海、小方壶和抄本。下同。

成，不中靶者约一成，立受谴责，此在庙尔目①见者。

炮兵单操与克虏伯炮操法相合，马、步、炮兵合操，步兵平列，马兵出两旁，炮兵护炮车，子②药车在后。步兵前进，马兵从③两旁冲锋，左④向前冲右，右向前冲左，各绕炮兵之后归本位。步兵即时分开，左右各距马队不远，平列为四。炮兵从中出，勒马向后，以炮轰前。马队分两翼前进，⑤步队遂合为一，炮兵复后。鼓乐，收队，各兵歌咏，俱中音节。此在伯利目见者。

又各处兵房附近地方，俱有长方大木架一座，高二丈余，宽一二丈，长三四丈不等。四面各间三四尺横一木以为固。每东西或南北两面，各有一梯，斜搭架顶。早晚令马、步、炮兵依次东上西下，或南上北下，数次而止。其无梯两面，则使之抛钩挂于架上，缒绳而上，⑥缒绳而下。询其制，为练上坡下岭⑦足力，并爬⑧城垣之用。进呈。*

二　六

一、查各处市镇兵营，俱无城垣、壕堑，惟双城子驻兵于傅⑨尔丹古土城内，然亦冯陵旧堡，未经修理。进呈。**

---

① "目"，抄本误作"立"，据振绮、辽海、小方壶和档案甲、乙本改。
② "子"上，抄本衍一"子"字。
③ "从"，振绮、辽海本误作"后"，据档案甲、乙本和抄本改。
④ "左"上，抄本有"在"字。
⑤ "前进"，辽海本作"进前"，此据档案甲、乙本和抄本。
⑥ 此句据档案甲、乙本补，振绮、辽海、小方壶和抄本无。
⑦ "上坡下岭"。档案甲、乙本作"上下"，此据振绮、辽海、小方壶和抄本。
⑧ "爬"，据档案甲、乙本改，此据振绮、辽海、小方壶和抄本本作"扒"。
* 本条，档案甲、乙本为第十一条。
⑨ "傅"，辽海本误作"传"，据档案甲、乙本和抄本改。
** 本条，档案甲、乙本为第十二条。

二　七

一、查东海滨各海口地方,仅有大兵轮四艘,小兵轮十艘(详海参崴说下)。进呈。*

二　八

一、查各处炮台①俱置炮于平地,盖以四柱小亭,②或竟暴露。惟炮兵之炮载以车,操毕即随子药箱车藏于军械库。进呈。**

二　九

一、查俄人饲马不用谷草,凡平甸草丰之处,令附近兵民刈积于野,宁腐勿缺,各处皆然。惟由红土岩至海参崴一带,无二三里无草堆数十者,黑龙江西岸多俄人草堆,乌苏里江西岸所见不过一二。③进呈。***

三　十

一、查各处俄屯俱有粮仓,其有官有兵之处,或屯二三仓至十余仓不等。仓长十余丈,宽二三丈,高二丈余,并有军械、子药各库,惟伯利、海参崴二处库储极宏。进呈。****

＊　本条,档案甲、乙本为第十三条,小方壶本无此条。

①　"台",振绮、辽海、小方壶本作"兵",此据档案甲、乙本和抄本。

②　"盖以四柱小亭",档案甲、乙本作"上覆以盖",此据振绮、辽海和抄本。

＊＊　本条,档案甲、乙本为第十四条。

③　"无二、三里"至"不过一二",档案甲、乙本作"草堆尤多",此据振绮、辽海和抄本。

＊＊＊　本条,档案甲、乙本为第十五条。

＊＊＊＊　本条,档案甲、乙本为第十六条。

三 一

一、查俄人国初犯境，由克薄诺付倡之，止在混同江以北及东北近海费雅喀诸地，未入乌苏里江一步。今以其名名伯利，定为东海滨省，志其朔也。咸丰时犯境，由摩力摇付倡之，初乘隙而恐以势，继因人而唊以利，涓涓未塞，遂成江河。然勿论官、商、兵、农，循理以刚强遇之，则顺而亲，若徒以柔弱处之，则逆而横。所谓虏性犹犬羊，震之以威则惧而逸，示之以怯则骄而聚，俄人①其信然哉！②摩力摇付得东海滨地后，膺显爵，今三江轮船数十艘，独摩力摇付船岁修不坏，示不忘也。峇。*

三 二

一、查松花、黑龙、乌苏里三江，自摩力摇付犯境后，俄人共造③火轮船四十六艘，近来已坏十一艘，实存火轮三十五艘。其船皆以木为之，或包铁叶，皆用柴火。三江之沿，④每间⑤数十里，必有俄民伐取近山大木，析薪备用。每立方⑥五尺，值俄帖三张。轮船止载官商，均不载货载兵。载货⑦载兵大船名曰巴纳嘎子，每一艘可载数十万斤，每一轮船可拖带大船六七艘，每年往返上下，一轮约得俄帖十余万张。内有官船十一只，系该国王资本，获利尽以

---

① "俄人"，档案乙本无，据俄情、振绮、辽海和抄本补。
② "哉"，档案乙本作"欤"，此据振绮、辽海和抄本。
* 本条，档案乙本为第三十六条。
③ "造"，振绮、辽海、小方壶本无，据档案乙本和抄本补。
④ "沿"，振绮、辽海本误作"船"，据档案乙本和抄本补。
⑤ "间"，抄本无，据档案乙本、振绮、辽海本补。
⑤ "立方"，档案乙本作"堆"，此据振绮、辽海和抄本。
⑦ "载货"，抄本无，据振绮、辽海、小方壶和档案甲、乙本补。

归王。咨*

三 三

一、查该国人民迁居各处，均由尼布楚入黑龙江①分往伯利以下、乌苏里江以南诸地。富者多由轮船，贫者均于格尔必齐河一带伐木为筏。本年七月中旬，俄民携家带眷②乘筏，顺流③而下者，共十余家，尚舣筏海兰泡江沿。咨。**

三 四

一、查各处招民，凡贫民由俄界来者，每家官给俄帖五百张，牛二头，五年以后照数缴还。其站车、站爬犁诸费，由所过之处摊派，惟坐轮船须自备价。咨。***

三 五

一、查江吉二省旧地，现属俄夷东海滨省各处屯站，自伯利顺松花江至庙尔共五十三。自伯利入乌苏里江，过穆陵河口入兴凯湖，至红土岩，共三十六。自红土岩顺铁线道至海参崴，西南与宁、珲交界，抵图们江，合红土岩北一屯，共二十六。自双城子北第一站以东，兴凯湖入乌苏里江④处以南，尽海滨阿勒干西诸地，共三十六七。自伯利西溯松花江北岸至黑河口，又⑤溯黑河东岸、北岸

＊　本条，档案乙本为第三十七条。

①　"江"，抄本误脱，据振绮、辽海、小方壶和档案乙本补。

②　"携家带眷"，档案甲、乙本作"携眷"，此据振绮、辽海和抄本。

③　"顺流"，档案甲、乙本无，据振绮、辽海和抄本补。

＊＊　本条，档案甲、乙本为第十七条。

＊＊＊　本条，档案乙本为第三十八条。

④　"江"，抄本误脱，据档案甲、乙本补。

⑤　"又"，据档案甲、乙本改，振绮、辽海、小方壶和抄本皆作"即"。

至额尔古纳河入黑龙江处，共七十二。自外兴安岭东索伦河口，向东南抵恒滚河，尽恒滚河①口，共十二。自庙尔出海，顺海沿南至因拔纳斯克地方及隔海库页岛，共十余。通共大小屯站二百四十有奇。进呈。*

三 六

一、查俄人迁居江吉二省旧地总数，光绪九年，七十三万余名口。本年三四月间，因英夷搆衅，或回本国，稽数不及七十万，秋间事平复稽，共八十万名口有零，官与兵不在此数，此询之稽查户口俄官而知者也。咨。**

三 七

一、查该夷东海滨省土产，黑龙江以北、以东，产大麦、小麦、荞麦、苓大麦，苓大麦宜作铃铛麦。土豆、黑豆、红豆、豌豆、苏子、小米、糜米、白菜、菠菜、芹菜、芥菜、葱、蒜、韭、薤、葵、撒兰、西洋白菜。食以大麦、铃铛麦、土豆②为大宗。山多松、桦、柞、椴、榆，产貂皮、麛、狼、马鹿、堪达韩、四不像，出木耳、蘑菇。近水多杨、柳，江少鱼。自伯利至庙尔产③大麦、荞麦、苓大麦、土豆、小米、④白菜、葱、蒜、韭、薤、萝卜、撒兰、西洋白菜。食以苓大麦、土豆为大宗，富者间食美国白面及三姓白面。⑤山多松、桦、柞、椴、榆、杨，产狐、貉、貂⑥皮、

---

① "尽恒滚河"，振绮、辽海、小方壶本无，据档案甲、乙本和抄本补。
* 本条，档案甲、乙本为第十八条。
** 本条，档案甲、乙本为第十九条。
② "土豆"，抄本无，据档案乙本补。
③ "产"，振绮、辽海、小方壶本无，据档案乙本补。
④ "小米"，辽海、小方壶本误作"小菜"，据档案乙本和俄情本改。
⑤ "及三姓白面"，据振绮、辽海、小方壶本补，档案乙本和抄本无。
⑥ "貂"，振绮、辽海、小方壶本无，据档案乙本补。

水獭、猞猁狲、熊、罴、虎、豹、豺、狼、獐、狍、貂熊、黄鼠、灰①鼠。自阿吉以下②混同江南北无马鹿，多堪达韩，北岸多四不像，惟恒滚河产黑狐，近水多杨、柳，沿江扑鱼不可胜食，松花江海口出青黄鱼骨、海豹皮，海滨③多海牛、海马、海虎。自伯利至海参崴各处，产大麦、荞麦、小麦、土豆、黑豆、黄豆、黄粱、赤粱、豌豆、苏子、小米、白米、白菜、菠菜、芹菜、芥菜、葱、蒜、韭、④薤、萝卜、胡萝卜、撒兰、西洋白菜。食以小麦面为大宗，富者间食日本、上海粳米。山多松、桦、柞、椵、榆、杨，产狐、貉、貂皮、⑤水獭、猞猁狲、熊罴、虎、豹、豺、狼、獐、狍、黄鼠、灰鼠。兴凯湖以北，多马鹿，以南多花鹿，出人参、木耳、蘑菇、莪、麻，近水多杨、柳。乌苏里江多鱼，沿海出海参、海菜、蟹肉，海多海豹、海牛。按俄人喜饮酒，锺无大小，必一饮而尽。醉则或歌或哭，或起或伏，丑态万千，不可殚述。尤喜华人烧酒，多醉至死，或失业废事，今禁之甚严。茶皆自中国成砖运来，饮时必掺白糖和牛乳，无贫富贵贱皆然。肉食惟牛、鸡、鹅、鸭、鱼，间食羊，少食猪者。进呈。*

三　八

一、查该国近分六大部，伯利居一，其⑥凤称东海滨省地，始卜于奇吉，继⑦迁于庙尔，光绪十年定于伯利，统辖乞塔、尼布楚、⑧

---

① "灰"，振绮、辽海本作"黑"，此据档案乙本。

② "自阿吉以下"，振绮、辽海、小方壶本均误作"阿勒干"（奥尔加），此据档案乙本和抄本改。

③ "滨"，抄本无，据档案乙本补。

④ "韭"，振绮、辽海、小方壶本无，据档案乙本和抄本补。

⑤ "貂皮"，振绮、辽海本误作"豹皮"，据档案乙本补。

* 本条，档案乙本为第三十九条。

⑥ "一、其"，振绮、辽海本误作"似倒"，据档案乙本和抄本改。

⑦ "继"，抄本误作"地"，据档案乙本改。

⑧ "楚"，振绮、辽海、小方壶本误脱，据档案乙本和抄本补。

系划该国东悉毕尔属地。① 海兰泡、海参崴系江吉二省属地。② 四固毕尔拉塔。凡兴安岭以南黑龙江、乌苏里江以东及三姓所属海以外③ 库页岛诸地,皆隶焉。官职曰④ 一泥拉拉固毕尔拉塔,每年俸帖四万张,华人呼为总督,亦称大将军,见其用汉文出示,冠以大俄国总理军务统辖文武威镇东海滨大将军衔。现任系哗哏人,名巴兰罗付,有大战功,⑤ 该国王深为信任。闻其来东海时,该国王命其因地制宜,不必拘定成宪,凡无关于军国大⑥ 事者,无庸奏闻,故禁令律条,近来多所更改。进呈。*

三九

一、自四月二十七日入俄界以后,每遇俄官、俄商、俄民询及春月海参崴事,皆云不畏英吉利,惟闻欲⑦ 约中国合攻,人之众寡不敌,殊觉可畏。⑧ 据云:以俄人一当华人十,两败俱伤,俄难抵华,此众口一词之实在情形也。进呈。**

四十

一、见俄人各处有刘永福登坛图、刘永福打胜仗图、刘爵帅省三克复基隆炮台图。⑨ 据云,华人此次打仗,从古所未闻。凡外夷

---

① "系划该国"一句,档案乙本无,据抄本和辽海本补。
② "系江吉二省"一句,档案乙本无,据抄本和辽海本补。
③ "外"下,各本衍一"图"字,此据小方壶本改。
④ "曰一",辽海本误作"且",据档案乙本和抄本改。
⑤ "功",振绮、辽海、小方壶本皆误作"名",据档案乙本和抄本改。
⑥ "大"下,抄本误衍一"计"字。
　* 本条,档案乙本为第四十条。
⑦ "惟闻欲",档案甲、乙本作"惟畏英",此据振绮、辽海和抄本。
⑧ "殊觉可畏",档案甲、乙本无,据振绮、辽海和抄本补。
　** 本条,档案甲、乙本为第二十五条。
⑨ "见俄人"至"炮台图"一段,档案甲、乙本无,据振绮、辽海、小方壶和抄本补。

战胜，见白旗则止而不追。此次华兵在越，有①一二日不食，追至二三百里者。又云：法人以重价雇日本人三千、黑夷三千，俱战死越南，无一返者。述此二事，莫不变色咋舌。又云：法人不知自量，尽在海面行劫，与胡匪无异。此五六两月，②闻诸：各处俄人之口者也。进呈。*

四 一

一、查海参崴、双城子、彦③楚河等处俄人，多于春季回国，秋间仍返故地。此次顺黑河至伯利，又由伯利至红土岩，同船官商大半俱是。咨。**

四 二

一、探该国重武轻文。其理民事管取票收税诸文职官，或雇他国人充之，至高官显爵，非有武功不能得。加级至百品为止，由战功至七八十品，封荫罔替。现在该国王亦止九十余品，东海滨总督巴兰罗付固有六七十品者。咨。***

四 三

一、查该国喇嘛甚为有权，凡有俄屯即有喇嘛庙，庙费皆民间募化，视数之多少，为庙之大小。市镇则发国帑④修之，每须俄帖

① "有"，辽海本误脱，据档案甲、乙本和抄本补。
② "两月"，振绮、辽海、小方壶本作"月间"，此据档案甲、乙本和抄本。
* 本条，档案甲、乙本为第二十五条。
③ "彦"，抄本误作"产"，据档案甲、乙本改。
** 本条，档案甲、乙本为第二十四条。
*** 本条，档案乙本为第四十一条。
④ "帑"，俄情本误作"币"。

二三十万张。称庙为破荷犹如他，犹华① 言天神住房也，俄称天为破荷，称住房为犹如他亦称成拉过付。称喇嘛为巴吉斯克，亦称泼卜，大约即活佛之转音。其人左衽长衫，大领长袖，蓄发不束，分垂耳后，手执杖，冠如戏台中军盔，为民祈禳，专司化导。官无大小，服公服见之，喇嘛必以手画其额，为之祓除，虽国王亦然。多藏、满、汉、蒙古文，平常语译以俄字，以备各处宣教，能与各总督及该国王通行文书，陈各处利弊，王与官均不得绳以法律，但不操刑名之权。咨。*

四 四

一、查各处向无大辟重典，有犯重罪者，发往库页岛_{俄名萨哈林。}掘煤，次则发往近处，次则鞭笞。如定罪笞五十，则取柳② 条五十合为一束，一下而止，馀无别刑。本年二月间，东海滨省总督巴兰罗付改为杀人者死，用木架悬一绳，将白布蒙犯人面，入头绳③ 缘中缢之，旁袤以枪。禁赌，禁饮华酒，禁④ 吸洋⑤ 药，律令甚严，虽显官有犯者，立治以罪。五月间，伯利下四百余里多林地方，缉获该国重犯六人，即前数年乱国者，解至伯利缢之。咨。**

四 五

一、查该国官、商、兵、农、⑥ 越行本管地方，均须取票，远人如境者亦然。又贩运货物，莫不纳税。东海滨省属地，除乞塔、尼布

---

① 俄情本"华"下有"人"字。

* 本条，档案乙本为第四十二条。

② "柳"，档案乙本作"藤"，此据振绮、辽海和抄本。

③ "头绳"，抄本误作"绳头"，据振绮、辽海和档案乙本改。

④ "禁"，据抄本补，振绮、辽海、小方壶、档案甲、乙本皆无。

⑤ "洋"下，振绮、辽海、小方壶本有"烟"字，此据档案甲、乙本和抄本。

** 本条，档案乙本为第四十三条。

⑥ "农"，抄本误作"民"，据档案乙本改。

楚勿论外,近年伯利岁入票税俄帖十八万余张,海参崴岁①入票税俄帖五十余万张,海兰泡岁入票税俄帖二十六万余②张,庙尔岁入票税俄帖十余万张。田赋、狗马诸税,不在此数。咨。*

四　六

一、查各处每地一垧抵中国三垧,每年纳赋俄帖三张零二十五子。黑龙江、乌苏里江南尽海沿,皆已田连阡陌,居积至富,惟伯利以下至庙尔,每屯垦田不过数十垧而已。其狗马之税,除马队之马无税外,凡官、商、农养马一匹,每年纳俄帖五张,③名曰官马,断无私畜者。狗则纳税不纳税,④听其自便,每犬一头每岁纳俄帖一张,颈系皮绦铜铃,即曰官狗。倘旁人有故劳毙⑤官马一匹,赔俄帖七十张。因噬人击毙官犬一头,赔俄帖三张。若无故劳毙官马,击毙官犬,照故犯例赔⑥价,发往他处,著为令,⑦私狗不与焉。咨。**

四　七

一、查铁线道每百步即二百小步。立一高柱,以擎铁线,每间十六柱,立一矮柱,头作三楞,两面书俄字以记里数,东来者认东面,

---

① "岁",振绮、辽海、小方壶本误脱,据档案乙本和抄本补。
② "余",辽海本脱,据档案乙本和抄本补。
* 本条,档案乙本为第四十四条。
③ "俄帖五张",抄本误作"俄税五帖张",据档案乙本改。
④ "税",抄本无,据档案乙本补。
⑤ "劳毙",振绮、辽海、小方壶本误作"毙",据档案乙本和抄本改。
⑥ "赔"下,抄本误衍一"则"字。
⑦ "令",抄本作"例",此据振绮、辽海、小方壶和档案乙本。
** 本条,档案乙本为第四十五条。

西来者认西面，勿庸若内地行人逢人问道，①此该国以一千六百步为一里之实证也。考俄人知权而不知量，无石、斗、升、合诸名。其市镇、村落各设官称一具，形若天平而甚大，以铁为之。凡买卖交易至数十斤以上者，必至其处过称。号十二两为一②分头，四十分头为一甫特，各处一律，无此轻彼重之殊。其尺曰阿纳申，每一阿纳申合中国营造尺二尺二寸有奇。交易以俄帖为尚，次用该国洋圆，每一圆合银五钱八分。又次用该国红铜子，大者若洋圆，曰皮打克，一子值小铜子五，即克别克，二十子换俄帖一张；小者若制钱，无孔，曰克别克，一子合中钱十二文，五子值一皮打克；外有值小铜子三之中铜子。俄帖张半换五八洋银一圆，二圆合华银一两，然不用华银，惟外夷洋圆兼用之。进呈。*

四 八

一、查伯利以西有铁线，顺松花江北岸至黑③河口，再④顺黑河东岸通海兰泡，上至尼布楚以达该国京城。伯利东北有铁线，顺松花江南岸下达庙尔。庙尔有铁线入海，一通库页岛，一通冈札德加。伯利以南有铁线通兴凯湖入乌苏里江处，一循乌苏里江源通阿勒干等处，一入兴凯湖。由红土岩经双城子至虾蟆塘分为四线：一通彦楚河抵图们江；一通海参崴；一通上海；其一不知通何处。每年必差官巡查两次，线柱朽坏者易之。查各处铁线通文报而外，兼寄各色人等私信，每一里约取小铜子三文，每年获利尽以归

---

① "东来者"至"逢人问道"段，档案乙本作"以便行人"，此据振绮、辽海和抄本。
② "一"，振绮、辽海、小方壶本误脱，据档案甲、乙本和抄本补。
* 本条，档案乙本为第四十六条。
③ "黑"，振绮、辽海、小方壶本无，据档案甲、乙本和抄本补。
④ "再"，据档案甲、乙本，他本均误作"即"。

公。① 进呈。*

四　九

一、查各处驿站，大站相② 距俄里二十六七里，小站相③ 距俄里十四五里。唯自红土岩至双城子，自双城子④ 西南至彦楚河、东南至海参崴，自尼满河口以上由乌苏里江西沿至阿勒干等处，各有驿路，宽平如砥，稍有凹凸，即遣俄兵修理。其顺黑龙江、乌苏里江下至松花江，以迄庙尔，顺铁线道可以步行，无大驿路，江沿俱设有站房。夏月，轮船通行，无人经管；冬月，由江心跑站爬犁，与陆路站车同。其站各有马数十匹，陆路有车及爬犁各四五具，江沿止有爬犁，无论华人、俄人，但取站车、站爬犁票，至站即送。驾以三马，奔驰如飞，每一日夜可行华里七百。每⑤ 行一俄里一马给该国铜子三，曰特林克别克，特林谓三，克别克谓铜子，每一铜子合中钱十二文，行旅便之。进呈。**

五　十

一、查东海滨省相通各道，由伯利溯松花江入黑河口，上至尼布楚，为一道。夏由轮船，冬由冰道。顺松花江北岸、黑河东岸北岸⑥ 有铁线路，可通徒行。其中由黑河东岸海兰泡地方，溯精奇里江上外兴安岭，至索伦河口，又别为一道，水路、陆路兼行。由伯利顺松花江行三十余里，北入库鲁河，行八百余里登山，经格林河源，

① "查各处"至"归公"一段，档案甲、乙本无，据振绮、辽海和抄本补。
＊ 本条，档案甲、乙本为第二十一条。
②③ "相"，抄本脱，据档案甲、乙本补。
④ "自双城子"，振绮、辽海、小方壶本误脱，据档案甲、乙本和抄本补。
⑤ "每"下，振绮、辽海、小方壶本衍一"人"字。
＊＊ 本条，档案甲、乙本为第二十条。
⑥ "北岸"，档案甲、乙本无，据俄情、振绮、辽海和抄本补。

陆行四百余里入恒滚河上游,即由恒滚河沿向东北行五百余里,又折而北行二百余里逾小岭,由陆路向北偏西行九百余里,即至索伦河,为一道。此国初俄人败归之道,水陆兼行,黑斤与俄人均有述之者。本年三月间,海参崴备战,有小轮船数支,入库鲁河探道,黑斤人多耻笑之。由伯利顺松花江西入恒滚河,行一千七百余里,与由库鲁河经恒滚河逾小岭之陆路会,亦至索伦河,为一道。其未抵恒滚河①陆路之先,夏由轮船,冬由冰道,如履平地。由伯利下至庙尔;夏由江轮登海轮,南岸并有铁线道,通步行,为一道。冬月海冻无所通,此由伯利通该国之道也。

由伯利入乌苏里江,至穆陵河口上西南入兴凯湖,至红土岩,夏由轮船,冬由冰道,即由红土岩陆路南至双城子,再由双城子陆路分往海参崴、彦楚河诸处,此为一道。其半途由穆陵河口上顺乌苏里江西沿,由陆路南至阿勒干等处,又于半途分道,由陆路西通赵老背、双城子等处,此为歧②道。由伯利至穆陵河口以上,③并无陆路可通。由海参崴、庙尔两处,海轮通东④海滨各口及萨哈林,遂东历大洋,抵冈札德加部。南历⑤南洋,经大西洋,入波罗的海,抵该国京城,或经红海入黑海,亦抵该国属部。

其由西北海经正北,历墨岭⑥海峡东北包冈札德加部入混同江口者,每年闻⑦止五、六、七月可以行船,余多冻。故由此道者,每年止一次,此该省相通之道路也。进呈。*

① "河",据俄情本补。
② "歧",振绮、辽海本误作"岐",据档案甲、乙本和抄本改。
③ "上",抄本误作"下",据档案甲、乙本改。
④ "东",振绮、辽海、小方壶本无,据档案甲、乙本和抄本补。
⑤ "南历",振绮、辽海、小方壶本误脱,据档案甲、乙本和抄本补。
⑥ "墨岭",振绮、辽海本误作"黑领",据档案甲、乙本和抄本改。
⑦ "闻",振绮、辽海、小方壶本作"间",此据档案甲、乙本和抄本。
* 本条,档案甲、乙本为二十二条。

五　一

一、查江吉二省通俄界之道,在珲春者二:一向南出彦楚河、图们江二口,由海船向东北,抵海参崴,此为水路一道;一向东南至彦楚河俄屯,即由俄人站道东北,至阿济密、蒙古街、虾蟆塘,向北偏东至三岔口,为陆路一道。在宁古塔者三:一向东偏南至三岔口;一向正东①至红土岩;一向东偏北至蜂蜜山东,皆陆路。在三姓者三:一向东南出蜂蜜山;一向正东出挠力河,此为陆路;一顺松花江抵徐尔固及伯利,此为水路。在黑龙江者三:一由齐齐哈尔察边旧道出额尔古纳河②口;一由卜魁驿路出爱珲城及大黑河屯;一由呼兰河向东北,由小道亦出爱珲城,此为正道。其吞昂河、都鲁河等处,踏荒向北行数日,俱可抵黑龙江,则间道也。进呈。*

五　二

一、查自双城子东南至海参崴,陆路二百余里,皆出入山洞,多丛林密树。俄人又于海参崴③西北一百余里内,凡路在两山间者,俱于其旁④掘暗井,且有虾蟆塘扼水路之冲,一旦有事,此道不可轻出。咨。**

五　三

一、查俄人重海参崴,有"宁弃本国京城,不弃那吉洼斯托克"

---

① "正东",辽海本误作"东正",据档案甲、乙本和抄本改。
② "河",据档案甲、乙本补,振绮、辽海、小方壶和抄本误脱。
* 本条,档案甲、乙本为第二十三条。
③ "崴",辽海本误作"岁",据档案甲、乙本和抄本改。
④ "旁",抄本误作"中",据振绮、辽海和档案甲、乙本改。
** 本条,档案乙本为四十七条。

之语。诚以该国全境居北黑道① 内外,各处海口,多以冰冻不利行
舟②,唯海参崴码头,南距北黄道约十九度有奇,天时和畅,口外数
里海水不冰,可以通行亚细亚、欧罗巴以南诸地,比该国黑海码头
气候尤暖,道路尤近,更有高丽、日本动其狡焉思启之心,此谚语所
由来也。进呈。 *

五 四

一、查光绪九年夏初,有俄官一员带领差役人等,由黑河顺混
同江北岸丈量荒地,于十年③ 秋初,丈至札依地方,调回本国。凡
平原可耕④ 之地,至今尚插有标记。咨。 **

五 五

一、查东海滨等处,呼米利坚为阿美利堪。光绪十年秋间,有
阿美利堪人至海滨⑤ 克平通木基、英门河等处游历月余,遇奇雅喀
喇甚厚,并以重价购取该处衣服、器用等件回国。据俄商云,奇雅
喀喇地方,纵横各千余里不等,既阻中华声教,又不肯心服俄人。
阿美利堪此举,似有收拾该处人心之意。咨。 ***

五 六

一、查外⑥ 兴安岭以南,黑龙江以东,恒滚河以西、以北,旧有

---

① “道”,抄本误作“河”,据档案甲、乙本改。
② “行舟”,抄本作“舟行”,据档案甲、乙本改。
* 本条,档案甲、乙本为第二十六条。
③ “年”,抄本误作“月”,据档案甲、乙本改。
④ “可耕”,辽海本作“可耕可种”,此据档案乙本和抄本。
** 本条,档案乙本为第四十八条。
⑤ “滨”,抄本误作“平”,据档案乙本改。
*** 本条,档案乙本为第四十九条。
⑥ 俄情本误脱“外”字。

奇勒尔、俄伦春二种，其人皆乘四不像逐兽扑貂，善逾山涧。俄人于前数年逼令改装，拨充马队，诚因材器使之术也。四不像者，蹄似牛不像牛，头似马不像马，身似驴不像驴，角似鹿不像鹿，不刍不豢，唯食石花。该处人养之，用则呼之使来，牧则放之使去，性驯善走，德同良马，①亦异物哉！咨。*

五　七

一、查该国西悉毕尔、东悉毕尔两省，与回部、蒙古接壤，有迁居该处改装者，俄人亦拨充马队，殆以善于骑射，驰逐如飞，故因其势而利导之耳。咨。**

五　八

一、查黑龙江东岸旧有高丽二百余家，共三千余人，在彼垦地②至富。前数年，俄人欲逐出境外，高丽无所归往，隐忍改装，俄人恐其为患，又勒令散处俄屯，今③高丽人犹有不愿者。咨。***

五　九

一、查双城子西、三岔口东，有高丽民四、五百家，共数千人，在彼耕种为业。前因岁饥，曾食俄人官粮。本年五月，俄人欲重利征

---

① "良马"，俄情本误作"马良"。
* 本条，档案乙本为第五十条，辽海本误与第五十五条合为一条。
** 本条，档案乙本为第五十一条。
② "地"，俄情本误作"木"。
③ "今"，抄本脱，据振绮、辽海、小方壶和档案甲、乙本补。
*** 本条，档案乙本为第五十二条。

还，①逐出境外，否则改装。此辈呼吁无门，竟改俄装。闻改装②之后，俄人拟将此辈徙至东北海口，分屯各处，③此辈又慄慄畏惧。嗟乎！俄人于奇勒尔、俄伦春、回部归顺之人，则徙于伯利、海参崴等处为兵，于黑河改装高丽则析而四散。今欲于此辈仍用此智，其防患未然之术欤！咨。*

六 十

一、探海参崴东北百余里秦孟河，又东北六百余里苏城沟，有华民百余家，在彼种田营生，多历年所。本年秋间，因苏城沟华人有为匪者，杀死俄人一家九口，报经俄官已将凶犯数人④弋获。又带兵往二处，将华民尽行驱逐，火其芦舍，收其田里，迁俄民安受其成。一害一利，相权最审。唯地⑤非昆冈，何于华人玉石俱焚乎？⑥进呈。**

六 一

一、探苏城沟长七百余里，宽百数十里不等。内有古城，曰苏城。相传为宽永建都之所，此于书史⑦无征，然以所见双城子宽永碑及济勒弥人等至日本穿官之说按之，则其说亦属可信。咨。***

---

① "重利徵还"，辽海本误作"重征还"，小方壶本误作"利重征还"，此据档案乙本和抄本。
② "装"上，抄本有一"俄"字。
③ 此句，俄情本作"分处各屯"。
* 本条，档案乙本为第六十条。
④ "数人"，抄本无，据振绮、辽海和档案甲、乙本补。
⑤ "地"，辽海本误脱，据档案甲、乙本和抄本补。
⑥ 此条下，辽海本误衍一条，今删。
** 本条，档案甲、乙本为第二十八条。
⑦ "史"，抄本误作"吏"，据档案乙本改。
*** 本条，档案乙本为第六十一条。

六 二

一、查双城子有宽永残碑。详①双城子说下。咨。*

六 三

一、查伯利下四百余里,松花江中洲上通呼巴汊。敦敦地方薙发黑斤屯,又下八百余里北岸阿吉地方,又下约②六百余里南岸普禄地方,又下二十余里北岸乌活图地方,三处俱不剃发黑斤屯,四屯各有铜坛一件,呼曰奇勒革特二拉荡,云系先代取革居陪嫁之物,以为传家至宝。查国初羁縻诸部有入京娶妇一节,今四屯遗有铜坛,故老传闻如咏。於戏,前王不忘之什!③咨。**

六 四

一、查庙尔上二百五十余里,混同江东岸特林地方,有石砬壁立江边,形若城阙,高十余丈,上有明碑二:一刻"勅建永宁寺记",一刻"宣德六年④重建永宁寺记",皆述太监亦失哈征服奴儿干海及海⑤中苦夷事。论者咸谓明之东北边塞,尽于铁岭、开原,今以二碑证之,其说殊不足据。谨将二碑各揭呈一分。咨。***

---

① "详",抄本作"说见",此据振绮、辽海和档案乙本。
* 本条,档案乙本为第六十二条,小方壶本无此条。
② "约",振绮、辽海、小方壶本无,据档案乙本和抄本补。
③ "什",抄本误作"件",据振绮、辽海、档案乙本改。
** 本条,档案乙本为第六十三条。
④ "宣德六年"为"宣德八年"之误。
⑤ "海",振绮、辽海、小方壶本误脱,据档案乙本和抄本补。
*** 本条,档案乙本为第六十四条。

六　五

一、查勅建永宁寺碑阴有二体字碑文，其碑两旁有四体字碑文，唯"唵嘛呢叭咪吽"六字，汉文可识，余五体俱不能辨。考杨宾《柳边纪略》载威伊克阿林界碑，其略曰：威伊克阿林，极东北大山也，上无树木，惟生青苔，厚常三四尺。康熙庚午，与阿罗斯分界，天子命镶兰旗固山额真①巴海等分三道往视：一从亨乌喇入，一从格林必拉入，一从北海绕入，所见皆同。时方六月，大东海尚冻。遂立碑于山上，碑刻满洲、阿罗斯、喀尔喀文。按《纪略》言碑刻三体文，未详所纪何事。今此碑共六体文，②非廷杰浅见所能测，谨揭呈一分。③咨。*

六　六

一、查永宁寺基今被俄人改为喇嘛庙，④二碑尚巍然立于庙西南百步许。庙后正东二十余步山凹处，有连三炮台基一座，南向据混同江之险。壕堑皆在。庙西北约百步，有土围一道，土壕二条，周数百步，中有土台，亦似炮台基，西北向可堵海口及恒滚河口水道来路。恒滚口在特林下十余里西岸，其江长二千余里，与⑤西入黑龙江之精奇里江、牛满河，东入混同江之格林江、库鲁河，共发源于外兴安岭南枝。俄人由索伦河⑥海口南行八、九百里可入此江

---

① "额真"，振绮、辽海、小方壶本皆误作"额其"，据档案乙本和抄本改。
② "碑共六体文"，曹廷杰此处有误，实则碑共四体文，即汉、蒙、女真、藏四体。
③ "谨揭呈一分"，小方壶本无此句。"揭"，辽海本误作"撂"。此据档案乙本和抄本。
* 本条，档案乙本为第六十五条。
④ 一八八〇年，永宁寺被沙俄毁掉，改建为东正教教堂。
⑤ "与"，振绮、辽海、小方壶本均误脱此字，据档案乙本和抄本补。
⑥ "河"，振绮、辽海、小方壶本作"江"，此据档案乙本和抄本。

上游。揭碑时，有嘛喇铺拉果皮与土著济勒弥种六、七人在旁观望，均谓此碑系数百年前大国平罗刹所立，土人以为素著灵异，喇嘛斥之。咨。*

六 七

一、查由特林喇嘛庙西北下山，沿江行里许，有石岩高数丈，上甚平旷，有古① 城基，周约二三里，街道形迹宛然，瓦砾亦多，今为林木所翳，非披荆履棘不能周知。特林上六十里东岸莫胡抡 地方，有温泉，距江沿十二里。咨。**

六 八

一、查由特林向东南溯流而上，约二百一十里混同江东岸前坎地方，有古② 城基，周三四里，对岸为无底侯温下口，地名乌活图，有不剃发黑斤数十家。东北海潮入江至此而止，混同江至此一③ 束，西北行五十余里，两岸皆山，宽不及二里。惟前坎下二十里东岸鳇力地方，有平原，圆径二十余里，四围皆大山，耸若城垣，江流由坤过乾，作弯抱形。由鳇力东进山口，逾大岭，一日程可达海沿，俄人于此立屯，现仅六七家。前坎古城内有俄民数十家。咨。***

六 九

一、查徐尔固下六十余里松花江南岸额图地方，有石砬子二

---

  * 本条，档案乙本为第六十六条。

① "古"，档案乙本作"土"，此据振绮、辽海、小方壶和抄本。

  ** 本条，档案乙本为第六十六条。

② "古"，档案乙本作"土"，此据振绮、辽海、小方壶和抄本。

③ "一"，抄本误作"以"，据振绮、辽海，小方壶和档案乙本改。

  *** 本条，档案乙本为第六十八条。

座，高约十余丈，耸峙江边。西一砬略高，形若覆钟；东一砬稍矮，若覆釜。二砬顶上俱有土壕，土人呼曰卓罗哈达韦克和屯，证以国语，犹言石砬顶上城也。其处据形势要害，松花、黑龙二江合流经其下，上下数里，俱无沙洲。细观之，知为古人用兵炮台，形迹显然。南面有平冈平原，可屯数万军，并有车道上通富克锦等处，下通挠力河口。其地属三姓界。对岸稍下有俄屯百余家，名七盘阔斯克。咨。*

七 十

一、查由额图顺流东下四十里，松花江南岸青得林地方，有古城基，周数里，亦属三姓界内，与额图同据松花①江险要。俄人由黑龙江出入，不能越此二处。按：松花江南岸，自三姓下一百五十余里起，至乌苏里江入松花江处止，约一千四百余里，皆旷野平原，多草少树。唯自徐尔固下二十余里对岸街基地方起，至青得林下数里止，上下六七十里皆山。又乌苏里江入松花江上口通江地方，有山数十里，今附近山饶材木，俄人每于封江时，越界私砍，以备轮船之用。②窃考青得林，亦作奇讷林，即喜鲁林与锡喇忻之转音。天命元年，大臣安费扬古、扈尔汉自黑龙江旋师招服锡喇忻路，当即在此。咨。**

七 一

一、查三姓下一百三十里松花江南岸城子地方，有古城基。由

　　＊　本条，档案乙本为第六十九条。
　　①　"花"，抄本误脱，据振绮、辽海、小方壶和档案乙本补。
　　②　"今附近"至"轮船之用"一句，档案乙本与俄情本置于本条末；"材木"，俄情本误作"材才"。
　　＊＊　本条，档案乙本为第五十三条。

此顺江沿向东行十里，为达卜库屯。天命元年，大臣安费扬古、扈尔汉自黑龙江旋师招服塔库路。崇德七年，沙尔虎达、珠玛喇招降塔图库屯，当即此地。咨。*

七二

一、查三姓下三百五十余里，松花江南岸瓦里豁通地方，有古城在平地冈上，因冈为城。西北至东南纵约三里，东北至西南横约二里，成长方形，东、西、南三面土城高约二丈，濠深亦二丈。① 惟正东一② 隅，城基最高，西北一面临江，高二丈余。城中东北方有圆台，高约五丈，③ 周十余丈，中有凹形，圆径丈余，深约五尺，为尖凹底。城中又有壕二道，深七、④ 八尺，相距数丈。由东至西，中亘一隄。城西南九里，平地有大山一座，名打狐呼兰。正东一里，平地有小山一座，名将军台。江中有洲七：正北一，上三，下三。南距山脚约百余里，北面不见山影。东北顺大江极目无际，诚膏腴之地，形胜之区也。其处有居民数家，近来入旗当差，然不知耕种。咨。**

七三

一、查松花江北⑤ 岸乌通河、都鲁河之间，有古城基在平地，南距江沿里许。按：都鲁河即《舆图》都尔河，乌通河即《舆图》乌尔河。由乌通河顺江沿西行三十余里，有小河，今无名，当即《舆图》

* 本条，档案乙本为第五十四条，文末略有残缺。
① “丈”，振绮、辽海、小方壶本误作“尺”，据档案甲、乙本和抄本改。
② “一”，振绮、辽海、小方壶本无，据档案甲、乙本和抄本补。
③ “丈”，振绮、辽海、小方壶本作“尺”，此据档案甲、乙本和抄本。
④ “七”抄本无，据振绮、辽海、小方壶、档案甲、乙本补。
** 档案甲、乙本无此条。
⑤ “北”，辽海本无，据档案甲、乙本和抄本补。

富尔涧河。天命元年七月,大臣安费扬古、扈尔汉,率兵二千征东海萨哈连部,行至乌勒简河,刳舟二百,水陆并进。乌勒简即富尔涧也。今由此数河向北踏荒而行三五日均可达黑龙江。乌通河在瓦里豁通对岸偏东数里。咨。*

七 四

一、查三姓下新设富克锦城①地方,即崇德七年沙尔琥达、珠玛喇招降之福提希屯。又下之黑河口对岸七七卡②屯,即同时招降之斡齐奇③屯。西南距拉哈苏苏十五里,④有咸丰九年十月吉林将军景所铸巨炮二尊,一名靖边将军,一名镇远将军。其处为三姓水路门户,驻兵不少。⑤咨。**

七 五

一、查伯利正东千余里海滨⑥奇雅喀喇地方,有英门河,其处有地名额赫,国初屡征东海瓦尔喀部额赫库伦即此。天聪九年,所征额勒约索地,额勒即《舆图》额勒河,约索即《舆图》约色河。二河今无此名,然当距额赫不远。咨。***

---

　　*　档案甲、乙本无此条。
　　①　"城",振绮、辽海、小方壶本无,据抄本补。
　　②　"卡",振绮、辽海、小方壶本皆脱,据档案甲、乙本和抄本补。"七七卡",今称齐齐喀"。
　　③　"斡齐奇",《清实录》作"洼齐奇",振绮、辽海、小方壶本皆误作"斡齐奇"。
　　④　"里",抄本误脱,据振绮、辽海、小方壶和档案甲、乙本补。
　　⑤　"少",抄本误作"多",据档案甲、乙本本改。
　　**　档案甲、乙本无此条。
　　⑥　"海滨",抄本作"滨海",此据档案甲、乙本。
　　***　档案甲、乙本无此条。

七六

一、恭查国初屡次征服瓦尔喀部诸地,绥芬路即今绥芬河。雅兰、锡林二路即《舆图》锡林河、雅兰河,在今海参崴东北海滨。额勒约索路即《舆图》额勒河、约色河,在今伯利正东海滨奇雅喀喇地方,其处英门河内,今①有额赫地名,当即先年所征额赫库伦也(今附近有平地一段,土人相传为老汗王驻扎处,不敢践履或②即当年营基)。瑚叶路即《舆图》呼雅河,在乌苏里江源,今其地仍呼胡叶河。穆陵路即今③莫力河,诺罗路即今挠力河,俱在乌苏里江西岸。乌尔固辰路即《舆图》库尔布新,在今莫力河对岸。尼满阿库里④路即《舆图》尼满河,今讹呼驿马河。阿万路即《舆图》阿翁河,在今挠力河对岸。通在乌苏里江东岸。乌札拉部,在今伯利下六百里金山、银山两岸,银山下尚有乌札拉地名。此用兵陈迹,皆由宁古塔分道前进,于今日吉省边务甚有关系者。咨。*

七七

一、恭查国初征索伦、平罗刹两大役,其进兵道路俱于今日江省边防最切,谨汇二篇附入廷杰所拟《东北边防辑要》下册内另呈。咨。**

---

① "今",振绮、江海、小方壶本无,据抄本补。
② "或",据抄本补,振绮、江海、小方壶和档案甲、乙本无。
③ "今",振绮、江海、小方壶本脱,据抄本补。
④ "阿库里",振绮、江海、小方壶本作"阿库里库",此据档案甲、乙本和抄本。
* 　档案甲、乙本无此条。
** 　档案甲、乙本无此条,小方壶本亦无此条。

七 八

一、查由伯利东北行俄里二百七十里,至松花江南岸俄屯麻宜美斯克地方,其处有山,华人称金山。俄人尝于此采金,因金苗不旺,未兴大工。① 对面北岸为波兰侯温出口处,有山产银,华人呼银山。其处银矿甚富,人有窃取者辄昏迷不能下山,俄人屡至皆然。与金山南北对峙,内有侯温,外瞰江流,亦松江关要也。银山下有乌扎喇地方② 名,顺治九年驻防宁古塔章京海色,率所部击罗刹战于乌扎喇村,当即其处。咨.*

七 九

一、查伯利下四百余里,松花江南岸卧牛河内东北二百余里磨勒木地方③ 产金。俄商简勒甫—名梭革江。于光绪九年系该国一千八百八十三年。至彼开采,因无道运粮,未大兴工。又由卧牛④ 河东南行约八九百里,至他勒马苏地方,山岩多白金,如钟乳石形,满铺岩面,奇雅喀喇人曾取之以为耳环,比银尤坚而重。咸恐有神为祟,不敢再取,僻在深山,俄人无知之者。咨.**

八 十

一、查黑龙江东牛满河上游,有俄人金厂二:俄呼金厂为布利斯克。一名泥满斯克,由甘殷泥专办,甘殷泥系该国王合夥贸易之名;一名

---

① 此句,俄情本作"未大兴工"。
② "方",抄本与俄情本无此字。
 * 档案甲、乙本无此条。
③ "方",振绮、江海、小方壶本无此字。
④ "牛",振绮、江海、抄本脱,据小方壶本补。
 ** 档案甲、乙本无此条。

布金布利斯克，布金，人名，此厂系此人查出，故以其名名之，现卖与甘般泥专办。① 二厂俱同治中年出，泥满厂每年可得金七十余甫特，布金厂每年可得金三十余甫特，共销苓大麦十余万甫特。专喂马用. 运粮，夏由黄河水道，② 冬由牛满河冰道。进呈。*

八　一

一、查黑龙江东北精奇里江上游，精奇里江，今通呼黄河，俄呼也也。有俄人金厂二：由黄河水道一千四百余里至耶是干般泥金厂，每年可得金百余甫特；其西二百余里，有萨八什泥过付金厂，每年可得金二百余甫特。二厂俱同治末年出，每年约销苓大麦十余万甫特。运粮，夏由黄河轮船，冬由冰道，萨八什泥厂与日林德③厂共一总领。进呈。**

八　二

一、查黑龙江北雅克萨城，俄名阿勒巴金，其东二百余里日林德④地方，俄人有金厂一，名为力胡阿木炉士干般泥，每年可得金二百余甫特，约销苓大麦十五万甫特，运粮⑤俱由旱道。进呈。***

---

① "现卖与甘般泥专办"，振绮、辽海本误作"现卖与甘般泥殷"，小方壶本作"现卖与甘般泥"，据档案甲、乙本和抄本改。

② "道"下，振绮、辽海、小方壶本衍一"船"字。

* 本条，档案甲、乙本为第三十三条。

③ "日林德"，振绮、辽海、小方壶本误作"日德林"，据档案甲、乙本和抄本改。

** 本条，档案甲、乙本为第三十三条。

④ "日林德"，辽海本误作"日德林"，小方壶本误作"日德林"。据档案甲、乙本和抄本改。

⑤ "粮"下，俄情本衍一"年"字。

*** 本条，档案甲、乙本为第三十三条。

八 三

一、查混同江西岸恒滚河口内,有俄人金厂二:一距河口二百余里,曰米墨勒金厂;一距河口千余里,曰沙美郎金厂,皆俄人七居果付开采;每年共得金百余甫特,共销荅大麦四、五万甫特。运粮仍由海兰泡顺黑龙江入松花江进恒滚河① 口。二厂俱光绪元年出,先招华人采办,现俱② 逐出。进呈。*

八 四

一、查海参崴东南百余里海中③ 青岛,先年出金最旺,华人偷采者多至数万。俄人争此岛甚力,累与构衅,后归俄人独办,金遂渐稀,近年不过百余人在彼沙汰而已④。进呈。**

八 五

一、查混同江北岸七厂,每厂约二三千人。其初探得者报该国王,候旨采办,国王不命采者。此人于开采⑤ 后,每一分头即十二两。由承办人给俄帖三张零七十五子,承领采办者,每金一两,该国王给俄帖三十张或三十余张。其厂内一切费用,皆由承领人自备。每厂有兵数十名或百⑥ 余名,看守费用亦由承领人出。每年有钦差至厂查询利弊,丝毫不能自私。承领人亦不得苛待劳金人等,每劳

---

① "河",据档案甲、乙本补,振绮、辽海、小方壶和抄本本无。
② "俱",辽海本脱,据档案甲、乙本和抄本补。
* 本条,档案甲、乙本为第三十三条。
③ "海中"二字,抄本无,据振绮、辽海和档案甲、乙本补。
④ "已",辽海本误作"己",据档案甲、乙本和抄本改。
** 本条,档案甲、乙本为第三十三条。
⑤ "采",据档案甲、乙本改,振绮、辽海、小方壶和抄本皆作"厂"。
⑥ "百",档案甲、乙本作"二百",此据振绮、辽海、小方壶和抄本。

金一人，每月得俄帖四、五十张不等。查俄帖统由该国王发给，通行六大部，凡买金与官俸、官饷，皆给此帖，无民间私行印用者。闻该国王将各处用帖买回之金，铸为大小金①钱，以备大商不时换帖。其六大部一切票税、田赋诸正供，仍用帖解库，故俄境人民喜用俄帖。进呈。*

八　六

一、查黄河金厂本②年三月间在海参崴雇华人三百名至彼服役，五月间到该处。咨。**

八　七

一、查黑龙江省西北，额尔古讷河入黑龙江处附近，有墨河③金厂，系江省界。本年六月间，有俄官孤备奉该国王命往遣俄人带俄兵数百名，并有解送军械火药俄官名瓦革斯木特，询悉遣散金匪后，即将此兵驻扎墨河对岸俄屯薄克诺付克地方，以防俄人越界采金者。其先，伯利总督于五月初旬，由海参崴回署后，即往该处代国王买金，闻共买④五十余甫特，每一两为额金卓勒你克，每十二两为额金分头，每四十分头⑤为额金甫特。额金，犹华言一也。咨。***

---

① “金”上，振绮、辽海、小方壶本皆衍一“铜”字。
* 本条，档案甲、乙本为第三十三条。
② “本”，抄本误作“每”，据辽海、小方壶本改。
** 档案甲、乙本无此条。
③ “墨河”，即“漠河”，抄本误作“黑河”，振绮、辽海本误作“墨”，此据档案乙本改。
④ “买”下，振绮、辽海、小方壶本有一“金”字，此据档案乙本和抄本。
⑤ “头”辽海本误脱，据档案乙本和抄本补。
*** 本条，档案乙本为第五十五条，文之前部，略有残缺。

八 八

一、此次入黑河时有俄官二员，一名①林魁士帖，一名②瓦革斯木特。出黑河时，有俄官六员，一名③巴阿克申，一名④沙拉金，一名⑤撒拉申，一名⑥一万罗付，一名⑦也米力一万罗付，一名⑧阿溜克三多罗付等，与之同船，甚为浃洽。均问江吉边荒，何以无人垦种？廷杰⑨答以国家养兵牧马之地，闻将来拟移兵屯田，作为营田。该俄官等均称善，不觉变色。进呈。*

八 九

一、见俄官孤备往查墨河⑩金厂时，见随员二人，在轮船用仪器测量松花江南岸地势。从依江地方上至莫宏叩止，随测随绘，山之高下，江之曲折，皆入图中。并询地名及居人种类，又问由莫宏叩入松花江有兵多少，屯兵之地距此若干，⑪转问北岸何以不测？曰⑫久已测定。及入黑河，问何以不绘？亦曰久已绘定。进呈。**

九 十

一、探闻俄人欲修铁道通中国，其初意在由恰克图至张家口，

---

① "二员，一名"，抄本脱，据档案甲、乙本补。
② "一名"，抄本脱，据档案甲、乙本补。
③ "六员，一名"，抄本脱，据档案甲、乙本补。
④⑤⑥⑦⑧ "一名"，抄本皆脱，据档案甲、乙本补。
⑨ 俄情本无"廷杰"二字。
＊ 本条，档案甲、乙本为第二十四条。
⑩ "墨河"，振绮、辽海、小方壶本皆误作"黑河"，此据档案甲、乙本和抄本改。
⑪ "干"，辽海本误作"千"，据档案甲、乙本和抄本改。
⑫ "曰"上，辽海本有一"答"字。
＊＊ 本条，档案甲、乙本为第三十一条。

以蒙王①不允，此议已寝。其次由海兰儿②经伯都讷，通奉天、高丽。其次由爱珲经富克锦至红土岩抵图们江。其次③则顺黑龙江东岸至徐尔固，又顺松④花江北岸至伯利，再由乌苏里江东岸通海参崴，拟于二、三年内兴工。按俄人此举若成，不但经商获利无穷，即兵之进退，亦皆电掣风驰，恐高丽日本⑤未必能安枕也。进呈。*

九 一

一、探闻俄人拟于外兴安岭东索伦河海口添设重镇，不久即当举行，其处现名木格卡⑥斯克。咨。**

九 二

一、查海参崴西南、图们江东北，海中大小数十岛，俄人现俱插立标记，禁止华民叉海参、捞⑦海菜、取蟹肉诸大利，欲藉以征取重税也。咨。***

九 三

一、查彦楚河海口内西南寒奇地方，向为华民海道码头，俄人

①　"蒙王"，此据小方壶本，档案甲、乙本作"蒙部"，振绮、辽海本作"蒙古王"。
②　"海兰儿"即"海拉尔"，振绮、辽海、小方壶本均误作"海兰泡"，据档案甲、乙和抄本改。
③　"其次"二字，档案甲、乙本作"如中国不肯借道"，此据振绮、辽海、小方壶和抄本。
④　"松"，抄本误作"红"，据档案甲、乙本改。
⑤　"日本"，档案甲、乙本无此二字，据振绮、辽海、小方壶和抄本补。
＊　本条，档案甲、乙本为第三十二条。
⑥　"卡"，辽海本误作"卞"，据档案乙本和抄本改。
＊＊　本条，档案乙本为第五十六条。
⑦　"捞"，此据档案甲、乙本，振绮、辽海、小方壶和抄本作"拈"。
＊＊＊　本条，档案甲、乙本为第二十九条。

近派俄兵数名在此稽查出入货物，以为征收税务张本。昔之华民成邑成聚者，今皆散处他处。咨。*

九四

一、探闻俄人于黑顶子地方分界狡展，其意在由旱路通高丽，由高丽窥日本。①咨。**

九五

一、查日本人在俄界海参崴、双城子、伯利、庙尔四处者女多于男，合计不满三百名，其余各处无之。咨。***

九六

一、查高丽人在俄界者，除②黑龙江东数百家、双城子西数百家已改俄装不计外，③其余在各镇贸易、各屯服苦及自彦楚河至阿勒幹沿海一带种田者，合计尚不止万人，惟至海兰泡以上遂无高丽人。④咨。****

九七

一、查德国人在俄界贸易者，惟海⑤兰泡、双城子二处开设火

---

　*　本条，档案甲、乙本为第三十条。
　①　"由高丽窥日本"六字，档案甲、乙本无，此据振绮、辽海小方壶和抄本。
　**　本条，档案甲、乙本为第二十七条。
　***　本条，档案乙本为第五十七条。
　②　"除"上，辽海本误衍一"东"字。
　③　"外"，抄本脱，据档案乙本补。
　④　"人"，抄本脱，据振绮、辽海本补。
　****　本条，档案乙本为第五十七条。
　⑤　"海"，抄本误脱，据振绮、辽海、小方壶和档案乙本补。

磨二家,海参崴巨商二家,其余各处无之。咨.*

九 八

一、查美国人在俄界贸易者,庙尔、伯利、海兰泡、海参崴四处各有巨商数家,其余各处无之。咨.**

九 九

一、查法国人在俄界贸易者,惟海参崴一处有 法① 商 三 家。咨.***

一〇〇

一、查吕宋人在俄界者,惟庙尔有数名。咨.****

一〇一

一、查各处并无英商,惟闻每年有英国海轮数艘,驶至库页岛及冈札德加部外海面扑鲸。咨.*****

一〇二

一、查俄界各国俱无领事,惟海参崴地方② 有日本领事官一员。咨.******

---

* 本条,档案乙本为第五十七条。
** 本条,档案乙本为第五十七条。
① "法",振绮、辽海、小方壶本作"巨"。此据档案乙本和抄本。
*** 本条,档案乙本为第五十七条。
**** 本条,档案乙本为第五十七条。
***** 本条,档案乙本为第五十七条。
② "地方",辽海本脱,据档案甲、乙本和抄本补。
****** 本条,档案甲、乙本为第三十四条。

一〇三

一、查本年八月底①有日本兵轮一只，驶至海参崴海口。见海参崴说下。咨。*

一〇四

一、查各处俄人种类不一，有黄色鬓发鬈眉、隆额深目黄睛者；有白色鬓发鬈眉、隆额深目碧睛者；有红黄色鬓发鬈眉、隆额深目或黄睛或碧睛者；有如上三色鬓发鬈眉、曲额黑睛者；有黑色鬓须眉、曲额黑睛②如华人者，独此种鬈不连鬓。其男皆截发仅留寸余，蓄髯髭鬈髯，使之卷曲为美观。间有年少剃鬈，修饰容貌者。皆以小铜片为十字形，长寸余宽二分许，③系于项下当心，以奉耶苏。冠平顶圆帽，以皮遮额制见前俄兵下。亦有如近日京师冬帽平顶样帽檐，壁立三寸许，紧贴帽身，檐蒙黑羊皮以为官帽者。大官于耳上帽边插金花，或一支，或二支，小官无之。兵卒迎接上司亦戴此帽，冬夏皆然。见官则去之，以为敬。短衣长裤仅足周身。齐民夏衣皆红、白色，冬用灰色、青色。官衣冬夏皆青，间用灰色。裤则一律如其衣。足著皮靴，无袜，踵底厚寸余或二寸。官之品级视帽花、肩牌为大小，不须臾离。有圆领左衽衫，衮长及膝下，衮领或高五寸，可以藏头，以便御寒。女人蓄发，作双辫盘顶如髻，富贵者用各样花纹锦绣为圆圈数重盘髻下；覆以冠，如高丽纱帽，又以各色纹锦为花朵形饰之。自颈及乳背亦用各色纹锦被之。衣皆小袖细

---

① "底"，辽海本误脱，据档案甲、乙本和抄本补。
* 本条。档案甲、乙本为第三十五条，小方壶本无此条。
② "睛"，抄本误脱，据振绮、辽海、小方壶和档案乙本补。
③ "宽二分许"，抄本脱，据档案乙本补。

腰,束以带,著长裙及地,腰间摺叠最多,下宽大①容步有余,著革履,不履丝而曳缟。贫贱者皆以方幅花巾蒙头露面,夏用红白洋布,冬用灰青毡呢为衣,亦有圆领左衽衫袋,惟无袴,围以布幅。

婚姻由女自择,女愿从者,父母不得阻。②桑间濮上,相习成风,旁观不敢指议,本夫亦止谴责,③虽富贵者往往如此。男女均好洁,冬夏用凉水沐面。

初见通呼都鲁克(犹言朋友也);相识伸右手将指,以四指④彼此相握为礼;浃洽则紧握其手,上下者三,再则去帽为敬,再则左手执帽避置腰下,屈右手将指,又略屈四指遮右鬓,⑤礼极于此。家奉耶苏,入门则去帽,屈右手无名指、小指,撮将指、食指、中指,先点额,次点心,次点右肩下,次点左肩下,如是者三,食毕亦然,入喇嘛庙亦然。不知揖让跪拜,官与商见,⑥礼皆平行。待兵极严,兵失仪或违令,用刑最酷。

农民垦地以马以锄,养牛仅取乳觺杀。⑦每七日为礼拜,官、商、兵、农均不执事,饮食歌舞各从其愿,市镇乡村半皆醉人。每年又有大节气数次,每次各数日,亦如礼拜。最喜华人烧酒,禁令极严。通嗜好⑧饮茶,日三次,食日二次,以黑捏饽为正宗。

字用三十六母,去一不用,共三十五母。合二母、三母、四母以成声,书皆横行,从左向右接读。妇孺亦多识字,于各国事迹,能道其详。

---

① "大",抄本脱,据档案乙本补。
② "女愿"至"父母不得阻"一句,档案乙本无,据振绮,辽海、小方壶和抄本补。
③ "旁观"至"谴责"一句,档案乙本无,据振绮、辽海、小方壶和抄本补。
④ "将指,以四指",档案乙本无,据振绮、辽海、小方壶和抄本补。
⑤ "鬓"下,档案乙本有"鹄立",此据振绮、辽海和抄本。
⑥ "官与商见",辽海本作"与官商见",小方壶本作"与官见",此据档案乙本和抄本改。
⑦ "觺杀",小方壶作"不觺杀",振绮、辽海本无此二字,据档案乙本和抄本改。
⑧ "通嗜好",档案乙本和抄本误作"通无嗜好",据振绮、辽海、小方壶本改。

至该国古今沿革制度，无不通知。唯无文法，询以文章诗赋，则茫然莫解。所崇教门不一，大要以喇嘛专司化导，为民祈禳。

词讼入官，立传被告到案，判其曲直，令两造心服而去。有罪者，立即鞭笞发遣，无株连拖延胥吏作奸之弊。凡人理屈，皆直言无隐，不敢颠倒是非，谓恐获罪于天，此则俄俗之可取者也。咨。*

一○五

一、查自①伯利东北行一千二百余里，至阿吉大山以上，沿松花江两岸居者，通称黑斤，亦呼短毛子，共约五、六千人。其男皆剃发，女未字则作双髻，已字则垂双辫，鼻端贯金环，语言多与国语同。衣服亦悉如制度，唯喜用紫色袖口，束以花带，宽②二三寸。足著鱼兽皮乌喇，自膝至踝，或蓟色布或蓟鱼皮为花，下连乌喇如靴。男人亦多带耳环，稍形③奇异。无文字，削木裂革以记事。不知岁时朔望，问年则数食达莫嘎④鱼次数以对。

夏捕鱼作粮，冬捕貂易货，以为生计。捕鱼以网以钩，驾一叶扁舟，名曰几喇，皆用妇女搬⑤桨。捕貂下箭如弩，貂动其绳则射之，百不失一，射鼠、鹿、狐、貉、水獭皆然。善睐⑥牲趴，见趴则迹之必获。以数犬驾舟形木架，长一丈二尺，宽一尺余，高如之，曰狗爬犁。雪甚则施踏板于足下，宽四寸，长四五尺，底铺鹿皮或堪达韩皮，令毛尖向后，以钉固之，持木篙撑行雪上不陷，上下尤速。冬

---

*　本条，档案乙本为第五十八条。

①　"自"，振绮、辽海、小方壶本无，据档案乙本和抄本补。

②　"宽"，振绮、辽海、小方壶本皆无此字，据档案乙本和抄本补。

③　"形"下，振绮、辽海、小方壶本误衍一"其"字。

④　"达莫嘎"，辽海本作"达嘎"，此据档案乙本和抄本。

⑤　"搬"，抄本误作"撤"，据振绮、辽海、小方壶和档案乙本改。

⑥　"睐"，振绮、辽海、小方壶本作"睐"，据档案甲、乙本和抄本改。

夏所止之处，取树皮或草为小屋，有安口（桦皮为之，捕牲① 住）、搓罗（草盖圆② 棚，捕鱼住）、傲苟（冬行晚宿所住，或布或树皮为之）、胡莫纳（桦皮小圆棚，夏捕鱼住）、麻衣嘎（不剃发黑斤捕鱼小棚）、刀伦（同上）、③ 阿吉嚷莽（行船时晚宿岸上小布棚）诸名。平居④皆草房，在江沿，有暖炕，门置晾⑤ 鱼木架。得⑥ 鱼则划为四片晾之，以其一带鱼头脊刺⑦ 作狗食。按：东北海口有大鱼长一二丈，大一二围，其头有孔，如江豚，涉波孔中喷水，高一二丈，訇然有声，可闻数里，黑斤、济勒弥人通呼为麻勒特鱼，谓此鱼奉龙王旨，送鱼入江，以裕民食，不准回海。其人皆不知岁月，特以江蛾为捕鱼之候，每于江面花蛾变白蛾时，时值五月，麻勒特送乌互路鱼入江。江面青蛾初起时，⑧时值六月至七月半，送七里牲鱼入江。江面小青蛾再飞时，时值⑨七月半至八月底，送达莫嘎鱼入江，皆至格林河口而返。其送也，每三四为群，相去里许，逆流而上，奔波喷浪，势甚汹涌，故乌互路等鱼率群上行，不敢稍止，每日逆流可六七百里。今俄人于庙尔地方，初见乌互路等鱼时，即由电线报知伯利，三日则鱼至伯利下四百里南星地方，再半日伯利可⑩以得鱼，⑪是其验也。此三项鱼到时，济勒弥及黑斤人 等，于江边水深数尺⑫处，多植木桩横截江流，长或二三丈、四五丈不等，亦有作方城形。江沿一面无桩者，名曰冈杠，平水面下系以袋网，次日乘小舟取之，每一冈杠可得数千斤。

---

① "牲"下，抄本有一"用"字，此据振绮、辽海、小方壶和档案乙本。
② "圆"，振绮、辽海本误作"用"，据档案乙本和抄本改。
③ "同上"，振绮、辽海、小方壶本无此二字，并误"刀伦"与"阿吉嚷莽"为一，此据档案乙本和抄本。
④ "居"，抄本误脱，据振绮、辽海、小方壶和档案乙本补。
⑤ "晾"，振绮、辽海本误作"掠"，据档案乙本和抄本改。
⑥ "得"上，抄本误衍一"行"字。
⑦ "刺"，振绮、辽海、小方壶本无，据档案乙本和抄本补。
⑧ "时"，抄本脱，据振绮、辽海、小方壶本补。
⑨ "值"，振绮、辽海、小方壶本误作"至"。据抄本改。
⑩ "可"下，抄本衍一"以"字。
⑪ "鱼"，振绮、辽海、小方壶本作"食"，此据档案乙本和抄本。
⑫ "尺"，振绮、辽海、小方壶本皆作"文"，此据档案乙本和抄本。

又或以圍网，或以撒网，一举可得数百斤、①数十斤，均以小舟载回。男妇大小各持小刀于江沿，将鱼划为四层，穿一头作孔，随穿木棍上，置架上晾之作旨，蓄以御冬。至麻勒特鱼，其先济勒弥人等原以奉旨送鱼，不敢捕取，近二十年来，俄人不信此说，设法取之，济勒弥人等从而效之。每于风浪大作时，乘舟扬帆，持叉踪捕，俟出水时，以叉叉之，叉尾系以长绳，俟鱼力困怠，牵至江沿，或售或食，不敢携入室中，恐有神祟，俄人亦尔也。若夫坐快马持叉取鱼，则以剃发黑斤及旗喀喇人等为最，尝于波平浪静时往江面，认取鱼行水纹，抛叉取之，百无一失。虽数寸鱼，亦如探囊取物，从旁观之，不知何以②神异若此也。其快马以桦皮为之，长丈余，宽约二尺，两头渐窄，才容一人，其快如风。至于青鱼、黄鱼即《诗》所谓鳣，七里鲋鱼即《诗》所谓鲔，通混同江③人，皆以数寸大钩，系于径数寸长④丈余木上，置之江中取之，与川江无异也。亦多鲤，通混同江⑤人于⑥七里鲋、青黄鱼俱生食之。⑦

　　不识金银钱谷之利，富者蓄蟒缎羔皮以自侈，间有藏先代所遗甲胄及昔年充乡长、姓长官给顶戴文凭者，喜饮酒，醉则出其所有，夸耀于家人邻里之前，妄自尊大。子弟远行或自外归来，皆右⑧执壶、左捧杯，请父母兄嫂坐，依次跪进一巡，再酌则父母兄嫂仅各粘唇，令子弟自饮。以嘴亲子弟两脸为欢。⑨亲戚往来以抱见为礼，见官商则皆跪拜。好淡巴菰，无医药，唯事跳神祈禳。按：跳神之俗，通松花、黑龙、乌苏里三江至东北海口皆然，高丽人亦从之。其俗于有病时请叉妈至

---

①　"数百斤"，辽海本作"百数斤"，此据档案乙本和抄本。
②　"以"，振绮、辽海、小方壶本脱，据抄本补。
③　"混同江"，振绮、辽海、小方壶本皆误作"混江"，据档案乙本和抄本改。
④　"长"，抄本误作"及"，据振绮、辽海、小方壶和档案乙本改。
⑤　"混同江"，振绮、辽海、小方壶本皆误作"混江"，据档案乙本和抄本改。
⑥　"于"，抄本误作"与"，据振绮、辽海、小方壶和档案乙本改。
⑦　"俱生食之"，档案乙本无，抄本作文中夹注，振绮、辽海、小方壶本作正文，此据抄本。
⑧　"右"下，振绮、辽海、小方壶本有一"手"字。
⑨　"以嘴亲子弟两脸为欢"，档案乙本无，据振绮、辽海、小方壶和抄本补。

家，左手执跳神鼓，如京师腊鼓样，以铁丝贯钱数十，系于鼓，胁肩曲身而行，右手援桴鼓之，使钱相撞有声。腰系围裙至地，又以皮系铜铃铁镯施于后腰裙上。叉妈先作祝语，旋自作狐鼠诸山精言，争显道法，或遂以利刃入病人患处，甚有截身为两断者，刀出即愈，此伯利以上松花、黑龙二江俗也。黑斤地方叉妈不自作祝语，先以数人装叉妈样，绕室而行，叉妈忽下炕为怪异状，以两足左右跳荡，不进不退，吃火与鱼头，饮酒与狗血，任其所欲。又自以低答，刃末向腹，使数壮士执末刺之，数壮士皆仰跌于地，而赤腹无伤。问其术，金谓搜温①额奇赫诸神，喜跳荡为乐，久不跳，神则为祟，故家有怪病，跳神即愈。叉妈男女俱为之，亦有假此以惑人者。②刻木奉先置炕头，岁久则送入林中，更刻木肖鸡、鸭、狗、猫形，又为人骑马形，盛以木匣，藏于家，名曰额奇赫，亦曰搜温。冬入山捕貂，则出悬林木上，杀猪奠酒而跪祷之。又以银或铅为二小人，长寸余，悬胸前，专称额奇赫，有事设座设奠，祈福佑，甚验。又刻木为熊、虎形，置林中，家有病或有吉庆事，则抱置炕上，陈饮食，跪祷，旋送原处。又刻木为人形，曰喀勒喀马，夏③得青黄鱼则陈饮食，焚僧克勒香而敬之，专称搜温。

亲④丧，则子翦发尖。夫丧，则妻缠白巾，⑤衣褴褛，待安葬以终丧。后遂⑥弟妻兄嫂、兄妻弟媳，甚至翁媳相配，曰西勒弥。聘娶，⑦男携酒壶入女家，先饮，后议银两数目。上者以绸缎、羔皮代，次者⑧以布。女与父母俱允，即同宿一夕，再约期送女，不亲

① "温"，振绮、辽海本误作"神"，据档案乙本和抄本改。
② "按跳神之俗"至"假此以惑人者"，档案乙本无，抄本作文中夹注，振绮、辽海、小方壶本作正文。
③ "夏"，抄本误脱，据振绮、辽海、小方壶和档案乙本补。
④ "亲"下，辽海本衍一"衍"字。
⑤ "巾"，抄本作"布"，此据振绮、辽海、小方壶和档案乙本。
⑥ "遂"，抄本误脱，据振绮、辽海、小方壶和档案乙本补。
⑦ "娶"，档案乙本误作"聚"，据振绮、辽海和抄本改。
⑧ "者"，振绮、辽海、小方壶本无，据档案乙本和抄本补。

迎。时有同妆妇女三四，即乘船至门前，步行入户，女即执酒敬客，客以布为礼，亦敬翁姑兄嫂。陪嫁用桦皮为筐筥木杓。生子无论冬夏皆用冷水沐浴。忌出痘，一人偶发，则合屯皆避居他处，或送出痘之人于林木中，为小屋居之，愈然后归。按：生子出痘之俗，通①黑斤、济勒弥、俄伦春、奇勒尔、奇雅喀喇诸人皆然。②

　　其一姓一乡各有长，有不法不平诸事，则投姓长、乡长，集干证公议处置。其法：杀人者死，余则视事之大小定布帛③服物之多寡，令理屈者出之，名曰纳威勒，至十头为止。小事纳一头二头，大事则纳十头，约值银数两至百两以内。公议云然，两造心服，姓长、乡长始以杖叩地，遂成铁案，否则再议，有至数日数月不决者。

　　妇女用布一幅，曰勒勒，自喉下至膝下，④宽以盖两乳为度。腰以上，翦色布或鱼皮为花贴之，腰以下，用铜片圆径一寸及二寸许者，共二十余枚，各凿云纹孔，呼曰空盆，以次垂布上。富者用绳贯珠，贫者贯铜叩，系勒勒于颈后，走⑤则丁冬有声，闻一二里。以不好洁为贞，不然即冒不韪之名。考《通志》有额登喀喇，当统此辈而言，特此辈今不披发耳。向至三姓进貂，自入俄界后，俄⑥人俾喇嘛惑以天主之说，屡⑦令改装，赖华商维持，其间不从。近有二三人通俄语，服俄服，充通事，以诱群辈者。容。*

---

① "通"下，振绮、辽海、小方壶本有一"界"字，抄本无。
② "按生子出痘之俗"至"诸人皆然"，档案乙本无，抄本作文中夹注。
③ "帛"，抄本误作"泉"，据振绮、辽海、小方壶和档案乙本改。
④ "下"，振绮、辽海、小方壶本无，据档案乙本和抄本补。
⑤ "走"，抄本误作"去"，据振绮、辽海、小方壶和档案乙本改。
⑥ "俄"，俄情本误作"乘"。
⑦ "屡"，俄情本作"累"。
＊ 本条，档案乙本为第五十九条。

一〇六

一、查自阿吉大山顺松花江东北行，又西北行，共约八百余里，至黑①勒尔地方以上，沿两岸居者，通呼长毛子，共约二三千人。风俗习尚与剃发黑斤同，惟语言各异。男不剃发，垂辫。染济勒弥俗，以弄熊为乐，遂分两类。《通志》：自宁古塔东北行千五百里，居混同江、黑龙江两岸者，为赫哲喀喇。又东北行四五百里，居乌苏里江、混同江、黑龙江三江汇流左右者，曰额登喀喇，其人披发，鼻端贯金环、衣鱼兽皮，陆行②乘舟，或以舟行冰上，驾以犬，所谓使犬国也。其语言③与窝集异，无文字笔墨，裂革以记事，如古之结绳然。地产貂。又曰：自宁古塔水路至其部东北界，共四千五百余④里，今以里到按之犹合，特昔称额登喀喇，今区剃发黑斤与此不剃发黑斤为两地耳。向至三姓贡貂，后至赏乌绫⑤木城处穿官，今入俄界，情形与剃发黑斤同。咨。*

一〇七

一、查自黑勒尔以下西北行，又东行南折至海口，共约六百余里，松花江两岸旧为费雅喀喇⑥人所居，今则合俄伦春、奇勒尔⑦二族，凡迁居江沿者，统称济勒弥，凡四、五千人。男不剃发，女未嫁则束发垂背如锥，出嫁则合双辫，横束脑后。语言又与不剃发黑

---

① 俄情本误脱"黑"字。
② "行"，抄本误作"者"，据振绮、辽海和档案乙本改。
③ "言"，抄本脱，据振绮、辽海和档案乙本补。
④ "余"，振绮、辽海、小方壶本无，据档案乙本和抄本补。
⑤ "绫"，振绮、辽海、小方壶本和抄本皆作"绫"，据档案乙本改，下同。
* 本条，档案乙本为第七十条。
⑥ "喇"，档案乙本、抄本无，据振绮、辽海、小方壶本补。
⑦ "尔"上，抄本误衍一"弥"字。

斤异，俄伦春、奇勒尔二族，又能各为本部语言，与济勒弥异，亦无文字、医药，不知岁时朔望，生计习尚半与①黑斤同。常夏乘小舟，至海岛及②各处河汊，冬乘爬犁至索伦河以南俄伦春、奇勒尔诸地贸易。每家蓄犬数十头，以备使用，择其力衰性劣者食肉，以衣其皮，夏月③亦不去身。喜弄熊，呼曰马发，多以重价购养，聚邻里亲朋射杀为懽，虽百里外亦多至者。其俗造室落成或迁居，则射狗熊。封江时，出门捕牲或贸易，合屯公为大祭，则射马熊，用④木雕槽如舟，长六七寸，宽三四寸，曰俄通喀，圆如钵者曰柯当，浅如椀者曰木格苏。先食熊头于野，以敬长老，余则聚食于家，出胸佩木人、家藏木像奠之。妇女惟食熊髀，身不净者远之。食毕，仍藏木椀于林中或岩下，家储恐有不祥，近来食麻勒特鱼亦然。⑤

亲丧，则削木拟像，但具口眼，衣以熊皮，置炕头，饮食必以少许供口内，亦备衾褥以安寝。夫丧，妻亦如是，增系一犬于木像旁，待积数棺安葬。方终丧，遂从西勒弥俗。又刻木为二小人，长二寸许，挂于心，有事祈祷多验。又有木刻熊、蛇、猩猩等形像，无搜温、喀勒喀马诸名。跳神叉妈能于密室令人见星月，⑥又以皮条长数丈许，置壁隙，使幼壮数十室中执之，皮条由壁隙自行出外，幼壮不能挽，户外亦阒其无人。喜烟酒，婚嫁亦如黑斤，性不好洁，面垢不知洗，衣垢不知浣。门前皆有晾鱼木架，夏月过之，鱼腥犬矢气味极恶。

国初，与库页岛各族至阿吉上三百余里莫尔⑦气对岸赏乌绫

---

① “与”，俄情本误作“箇”。
② “及”，抄本误作“各”，据振绮、辽海、小方壶和档案乙本改。
③ “月”，俄情本作“日”。
④ “用”辽海本误作“为”，据档案乙本和抄本改。
⑤ “其俗造室落成或迁居”至“亦然”，档案乙本无此段，抄本作文中夹注，振绮、辽海、小方壶本作正文。
⑥ “月”，振绮、辽海、小方壶本作“日”，此据档案乙本和抄本。
⑦ “尔”，振绮、辽海、小方壶本作“莫”，此据档案乙本和抄本。

木城处,受衣物服饰之赏,名曰穿官,后亦贡貂。又此辈自述,二十年以前,每年渡海至西山国穿官, 黑斤、济勒弥①人等,呼日本为西山国。即以木城所受衣物服饰贡于该国,该国命官至所止海滨,赏黄狐、水獭、白貂诸皮, 彼此授受俱跪,携皮回家,俟②明年木城穿官卖之,亦至三姓城。自③罗刹来,不许我等穿官,见木像则焚,见弄熊则阻。又欲我等截发易服,心实不愿,女人畏忌更甚,惟望大国如数百年前将罗刹尽驱回国方幸。据此,则费雅喀地曾④兼隶日本,证以苏城沟古城、双城子残碑,觉日本夙称北征五十余里,亦非无因。且康熙初罗刹与费雅喀人战,朝廷屡遣大臣剿灭,至今传闻不失其实,犹见祖宗之流泽孔长也。其人昔皆敬畏华商,今或有倚俄反噬者。咨。*

一○八

一、查俄镇因拔纳斯克以南、阿勒幹以北、伯利以东,纵横各千余里奇雅喀喇地方,共约四、五千人,通呼二腰子,语言与黑斤、济勒弥又异,亦无文字、医药,⑤削木为节以记事。男女均蓄发作辫,从耳后分垂肩前,即自耳下用红绳束辫如双椎,令垂乳上。又以彩线或鬎鱼皮为穗,上贯五色圆粒如珠,系于椎下颈后,以绳贯珠或小海蚌及铜叩三四串,横连双椎。有丧,则解椎使垂。置棺平地用木挤之,华人以为木葬。知人伦,无西勒弥俗。婚姻由父母定,令男至女家宿数夕,携以归。衣服裁制悉如黑斤,惟女人喜用

---

① “弥”,抄本误脱,据振绮、辽海、小方壶和档案乙本补。
② “俟”,振绮、辽海、小方壶本作“候”,此据档案乙本和抄本。
③ “自”上,振绮、辽海本有“及”字,小方壶本有“或”字,此据档案乙本和抄本。
④ “曾”,振绮、辽海、小方壶本无,据档案乙本和抄本补。
＊ 本条,档案乙本为第七十一条。
⑤ “药”,抄本误作“乐”,据振绮、辽海、小方壶和档案乙本改。

紫色，旧穿钱边为小圆孔，以饰衣缘。近来听华商言，亦以小海蚌
及铜叩代之，穿右鼻兰台，贯以金环，胸前亦间挂勒勒空盆。每月
必避人独坐数日，虽本夫亦不敢近。性皆好洁，勤浣衣沐浴，[①]嗜烟
不嗜酒。问姓，多牛与王，自谓系中国牛皋、王贵之后，不知何时人
避世来此。 黑龙江爱珲城附近，有窦姓人，自谓系窦尔敦[②]之后，与此均未见记载
者。刻木为鸟张翼形，立木柱上，以为祖。悬小铅椎于心，号妙翁居
革得，祈祷甚验。跳神鼓大如籐牌。叉妈为抽掣状，立而不行，吃
火[③]自刺，并口吐蛇蛙于鼓上，旋吸而吞之，以示异。亦刻木为熊
虎等形，画以彩文，跳神时出而奠之。

　　无庐舍，游处山林及江海之滨。冬用树皮、夏用布为棚以居，
刳杨为舠，善使鸟枪、木弓、桦矢、低答。弓以黄瓤木为之，性直不弯，长五
尺，盈握为度。用麻绳或皮作弦，弛则直，亦如矢。矢以蜂桦为之，长视左手至左肩，镞
长视食指，本窄末宽，约四分。低答以木为之，长七尺余，头贯利刃如枪。[④]每与虎豹
熊罴[⑤]斗而杀之，黑斤、济勒弥人不及也。衣食俱仰给于华商，曰
弗纳子。黑斤、济勒弥亦同。以貂皮、鹿茸、鱼骨为偿债之资，蓄猎犬，
少狗爬犁。冬著踏板，行山林捕牲极力。遇不平事，则聚能言诸人
公议处置，令理屈者输财帛以寝事，曰白他巴哈。东海诸地，惟此部
未被俄人侵占，亦无愿随俄俗[⑥]者。咨。*

---

①　"勤浣衣沐浴"，此据抄本，他本皆作"勤浣沐"。
②　"敦"，俄情本作"东"。
③　"火"，抄本误脱。
④　"弓以黄瓤木"至"利刃如枪"，档案乙本、抄本作为文中夹注，振绮、辽海、小方
壶本作正文。
⑤　"熊罴"，振绮、辽海、小方壶无。据档案乙本和抄本补。
⑥　"俗"，振绮、辽海、小方壶本无，据档案乙本和抄本补。
*　本条，档案乙本为第七十三条。

一〇九

一、查乌苏里江两岸约有黑斤四、五千人,语言衣服生计习尚旧与伯利下① 剃发黑斤同,近与华人久处,遂变华俗。谨守条规,一听华人之命,恶俄人② 甚严。但不事耕种,惟喜捕牲捕麌,其性情犹③ 有殊耳。咨。*

一一〇

一、查华人在俄④ 界者,海参崴约二万人,光绪九年稽数至二万八千余名。双城子约二千余人,光绪九年稽数至八千余名。伯利约二千人,光绪九年稽数至四千余名。⑤海兰泡约千余人,徐尔固约百余人,贸易松花、乌苏里两江者约千余人,居乌苏里江东⑥ 岸及南滨海沿一带者,共约二万余人。进呈入奏。**

一一〇

一、查华人在俄界者,唯伯利、红土岩、双城子、海参崴、彦楚河五处,共计大小肆店三百余家,各立门市坐贾营生。外有自⑦ 三姓贩运货物,通行松花江至东北海口,行乌苏里江至穆稜河口以上者,共二百余家,皆于江沿盖有房舍,以货物易各处貂皮、鹿茸、鱼骨、狐、貉、海豹、水獭、灰鼠、黄鼠等皮,⑧分售伯利、三姓等处,名

---

① "下",振绮、辽海、小方壶本无,档案乙本和抄本补。
② "人",振绮、辽海、小方壶本无,据档案乙本和抄本补。
③ "犹",抄本误脱,据振绮、辽海、小方壶和档案乙本补。
＊ 本条,档案乙本为第七十二条。
④ "俄",俄情本误作"侵"。
⑤ "名",振绮、辽海、小方壶本作"人",此据档案乙本和抄本。
⑥ "东",据俄情本补。
＊＊ 本条,档案乙本为第七十四条。
⑦ "自",俄情本无。
⑧ "皮",振绮、辽海、小方壶本无,据档案乙本和抄本补。

虽坐贾，实则行商。更有自三姓分往二江以货易货春去秋回者，每年亦约千余人。此三项①人以商贩为业者也。其余在俄镇诸人，大半服苦觅食，多有嗜好，赌风最盛，押宝、押会各设专局，间有亡命逃匿其中，此游民情形也。②

　　若夫散入山林，古所谓树中人与林木中百姓者，③则有采葳、定碓、木营、菜营④、棒椎营五项。采葳者，专采大山野葳，曰挖棒椎。定碓者，设木为碓以捕牲，曰定碓房。木营伐木，俟山水发时，赶流⑤放至各处售卖。菜营拣菜，于柞木多处伐倒，俟生木耳往收。棒椎营种葳，取人葳子种入土中，培养灌溉，不令见日，约十余年后，方可获利。或有移种野葳小苗，俟年久取出者，曰顿树根。此五项人，⑥或行或居，每结⑦数人为伴，入出甚深，皆称穿山沟，亦曰跑腿子，⑧辛苦备尝，存亡靡定，殆以虎口余生，与木石居，与鹿豕游者乎。至于乌苏里江以东及南滨海沿一带各山沟口，诸人各有房舍，半带室家，皆以务农为先，夏兼捕鹿，冬则捕貂，以为生计。

　　各沟俱有头目，曰沟大爷。又数沟公立一头目，曰总大爷。有事时，则以木牌递传，不日可以共聚，名曰⑨转牌。沟中杀人者死，滋事者逐。规矩简严，虽至亲亦无所私。皆云此法遗自老把头，号

---

① "项"，振绮、辽海、小方壶本误作"姓"，据档案乙本和抄本改。
② "也"，振绮、辽海、小方壶本误脱，据档案乙本和抄本改。
③ "者"，振绮、辽海、小方壶本无，据档案乙本和抄本补。
④ "菜营"，抄本误脱，据振绮、辽海、小方壶和档案乙本补。
⑤ "流"，振绮、辽海、小方壶本无，据档案乙本和抄本补。
⑥ "人"，辽海本误脱，据振绮、小方壶、档案乙本和抄本补。
⑦ "结"，辽海本误脱，据振绮、小方壶、档案乙本和抄本补。
⑧ "跑腿子"，辽海本误作"跪腿子"，据振绮、小方壶、档案乙本和抄本改。
⑨ "曰"，抄本误脱，据振绮、辽海、小方壶和档案乙本补。

日沟规。行不必裹粮、居不必防盗，道不拾遗，夜不闭户，居然别有天地。其先，① 俄人甚② 畏此辈，近被奸人揭③ 破机关，有逐渐侵占之势。咨。*

一一二

一、查海参崴有文殿奎一人，双城子有孙福、小成子二人，红土岩有崔明善、李短辫子二人，海兰泡有旗丁一人，皆诵俄言，服俄服，行俄行，去发留须，借以讹诈华人。然除文殿奎以④ 外，多因避罪逃生，无能为大患者。文殿奎粗知文义，凡海参崴、双城子一带俄人用汉文出示，皆其手定。本年三月，因华人在俄界者向无俄票，教俄官勒令华人一律取票，每人票一张俄钱一串，有官给护照者验票俄钱三百文，商贾门面货物票增至二三十串不等，皆令每年一换。彼之一言，兴俄人之大利，贻⑤ 华人之大害，人人切齿，道路以目，然亦不过害及俄界华人，犹未足为大患也。

查彦楚河有华商刘福，伯利有华商纪凤台二人，俱未改装，华貌俄心，意不可测。刘系吉林人，家住省西，身处俄镇，内地苟有⑥ 举动，俱一一为俄人言之。前将军铭、督办吴招民实边之意，因此人探明转告，故俄人于近年专仿其法，迁民于双城子、彦楚河一带，垦田养兵，为足兵足⑦ 食之计，遂至黑顶子分界一事愈形狡展。纪

---

① "其先"，振绮、辽海、小方壶本无，据档案乙本和抄本补。
② "甚"，抄本作"最"，此据振绮、辽海、小方壶和档案乙本。
③ "揭"，振绮、辽海、小方壶本作"识"，此据档案乙本和抄本。
＊　本条，档案乙本为第七十五条。
④ "以"，档案乙本和抄本无，据振绮、辽海、小方壶本补。
⑤ "贻"，振绮、辽海、小方壶本作"则贻"，此据档案乙本和抄本。
⑥ "刘系吉林人"至"内地苟有"一段，档案乙本作"刘福贸易俄镇，凡内地"，此据振绮、辽海、小方壶和抄本。
⑦ "足"，抄本误脱，据振绮、辽海、小方壶和档案乙本补。

凤台系山东黄县人,在伯利开立①和成利②字号,交结俄官最密,③各处俄人无不知有纪凤台者。华人贸易下江,④不经其手以分利,每被俄害。娶三姓某氏女为妇,上下无常,凡边防一切事宜,无不周知。与俄官言,必故讳其足壮声威者,傅会一二小事,张大其词,菲薄不已。⑤向华人言俄事,则反是。故俄人昔年敬畏华人,近来大反其局,欺虐日甚,狡谋日张,皆此人导之也。华人闻名无不唾骂,然又谓当面若⑥小鸟依人,不忍弹指。此次三至伯利,彼皆款洽殷勤,复馈送广藤鞋一双,糕饼四盒,洋鱼四匣,又代觅轮船,私情甚为可感,然以大义揆之,实为边防之患,谨以实陈。容。*

一一三

一、此次至海参崴,住广商吉祥店内,询问该处情形,据⑦店主陈华銮、店夥林星南、邓甫臣等云,俄人欺凌日甚,缘无领事官为之领袖,又有汉奸数人导俄行凶,故俄人于华商诛求苛索,于华民驱逐侵侮,任其所欲。若于俄界设立领事,将华商、华民取俄票一节,订为取领事票,廉俸即觉有余;否则,商民岁捐,著为章程,无庸耗费国帑,况日本于此处已设有领事。阅上海点石斋所印《中俄和约》,条内有若别处设立领事,亦听中国之便等语,倘得上达朝廷,于俄界设立领事,实商民之幸。廷杰查该商等所称,均非无见,谨

---

① "立",抄本脱,据振绮、辽海、小方壶和档案乙本补。
② "利",抄本误作"立",据振绮、辽海、小方壶和档案乙本改。
③ "密",档案乙本、小方壶、抄本作"审",此据振绮、辽海本。
④ "贸易下江",振绮、辽海本作"下江贸易",此据档案乙本和抄本。
⑤ "傅会"至"菲薄不已",档案乙本无。"已",辽海本误作"己",此据振绮和抄本。
⑥ "若",抄本误作"如",据振绮、辽海、小方壶和档案乙本改。
＊　本条,档案乙本为第七十六条。
⑦ "据"下,振绮、辽海、小方壶本均衍一"云"字。

以实陈。入奏。*

一一四

一、查黑河口为江吉二省门户，在三姓东北七百里，当水路之冲，凡顺黑龙江而下逆混同江而上者，此处实扼其咽喉。若移兵驻松花江两岸拉哈苏苏屯，东北距黑河口二十五里。则二省门户益固。入奏。

一一五

一、查蜂蜜山在三姓东南六百里，与宁、珲成犄角之势，于三姓为陆路之门。若移兵驻守，有事时，南可断①双城子、海参崴之后路，北可据伯利之上游，似于边防大有裨益。入奏。

一一六

一、查通江地方，在三姓东北一千四百余里，其处为乌苏里江上口，西南距蜂蜜山约一千五、六百里，东距伯利九十里。若移兵于此，与蜂蜜山及拉哈苏苏二处成鼎足之势，似可预杜俄人借地修火车道之意。入奏。

一一七

一、查江省西北额尔古讷河入黑龙江处，扼俄人由尼布楚入东三省水陆之咽喉，旁乌河今呼平果河。当雅克萨之冲，二处向无防兵。本年因墨河金厂遣散金匪后，由莫力勒柯河至额尔古讷河入黑龙江处，即顺黑龙江南岸下至大黑河屯以上，设立二十四卡伦，以防

---

* 本条至第一百一十八条，档案甲、乙本皆无。
① "断"，振绮、辽海、小方壶本作"扼"，此据抄本。

俄人犯边,洵为尽善尽美,钦佩莫名。① 第查俄人现于薄克诺付地方古额尔古讷河入黑龙江处北岸稍下。添设重兵,我即宜于新设博罗哈达② 卡伦,多添防守,西可以堵俄人由额尔古讷河察边旱道至卜魁之路,东可备旁乌河御雅克萨之接应,且有事时,可断截黑龙江水道,是一增益间而三善③皆备。俄人又因已设卡伦不及介意,然则墨河金厂或者天欲借以严边防乎! **入奏。**

一一八

一、查有事时,江省由卜魁驿路、呼兰小道,可出爱珲,抵大④黑河屯,直捣海兰泡。吉省珲春出图们江口、彦楚河口,由海道捣海参崴,由旱道捣⑤取彦楚河、阿济密、蒙古街、虾蟆塘四处。宁古塔由旱道出三岔口,取双城子、三姓,水陆并进,取徐尔固、⑥伯利二处。其出奇制胜之方,莫若于黑龙江呼玛尔河上数百里、黑河口内俄屯克敳林那玉果斯克上二百余里及乌苏里江兴凯湖口龙庙子下数百里,令人伐木塞江,以断俄人水道。盖三处河身极狭,两岸树木极多,龙庙子水深不过丈余,可下木桩搪树。黑龙江二处水深不及二丈,平抛大锚⑦十余,上系大树,即可横江,若各处⑧塞至二三十里远,冰牌不能冲动,冬夏遂难通行,此水路策也。旱路则以奇兵出赵老背,深沟高垒,扼其咽喉,令南北不相接济,先将各处铁线约期截断,俄人即善用兵,有不望风逃走者哉! 其万全之策,在以江

---

① "钦佩莫名"四字,俄情本及小方壶本无,据振绮、辽海和抄本补。
② "达",振绮、辽海、小方壶本无此字,此据抄本。
③ "三善",小方壶本误作"二善",振绮、辽海本误作"一、二善",据抄本补。
④ "大",振绮、辽海、小方壶本无,据抄本补。
⑤ "捣",抄本无,据振绮、辽海、小方壶本补。
⑥ "固",抄本误脱,据振绮、辽海、小方壶本补。
⑦ "锚",振绮、辽海本误作"猫",据小方壶和抄本改。
⑧ "若各处",振绮、辽海、小方壶本作"若可",此据抄本。

吉二省额兵固守各城要隘，各路冲锋出奇，须五六万人，可以一鼓而下。先留由库鲁河及精奇里江至索伦河二道为俄人归路，然后由乌苏里江至松花江规复旧境。入奏。

吉江二省与俄交界图说*

吉林、宁古塔、三姓、伯都讷、黑龙江（即爱珲）、雅克萨各城，谨遵康熙庚寅辛卯间台臣测定北极高度列入纬线，东西偏度列入经线，每方一格准经纬各一度，每度纵横各当地上二百五十里。其吉省之珲春、阿勒楚喀、乌拉、拉林、长春厅、双城厅、五常厅、宾州厅、伊通州、敦化县等处，江省齐齐哈尔、呼伦贝尔、布特哈、墨尔根、呼兰厅、巴彦苏苏等处，则各以方隅里到通之。自安巴格尔必齐河源循外兴安岭直抵索伦河海口，其所画红线系康熙二十八年议定界，外兴安岭以南属中国，以北属俄罗斯。自额尔古讷河入黑龙江处起，顺黑龙江入松花江至伯利，即溯乌苏里江入兴凯湖至蜂蜜山南折至岩杵河西南止，所画红线系咸丰时两次议定界。黑龙江以南以西属江省，以北以东属俄罗斯；由黑河口至伯利，松花江以南属吉林，以北属俄罗斯；溯乌苏里江入兴凯湖至岩杵河西南，以西属吉林，以东属俄罗斯所有。[1]吉江二省水道皆从湖北书局所刻舆地图录出，间有里到不合者改之。至俄道水道则从俄罗斯地图，参以游历访问，实系确凿，故多与旧图不同。但法兵首重地利，若于无关紧要诸处概行注明，反多混淆，是以谨将俄人屯兵之地作○，惟伯利作□，特林作●，莫胡掄温泉、沙哈林煤厂亦作●，吉江二省边要作◉，省会作□，各城作○，现在靖边五路作●，以清眉目。图中黑线皆铁线道，惟索伦河口黑线系旱道。

---

* 此文录自抄校本《东北边防辑要》附图。

① "所有"，原误作"有所"，据文意改。

徐尔固图说*

徐尔固，俄名迷海郎西苗斯克。设玉斯颇兰一员，管理民事；统兵官一员，带兵二百名，驻扎屯东二里江沿。有巨炮二座，在玉斯颇兰署前；有粮房、军械房各一所，在署东北。诚松花、黑龙二江之津要也。然南岸为三姓边地；其西南九十余里为拉哈苏苏屯，旧有巨炮二尊；其东六十余里，额图石砬斗峙江南沿，上有古人炮台壕堑，皆为险要所关，特为图出。

伯 利 图 说**

伯利，俄名克薄诺付克。光绪初年始设固必尔拉塔，专主其地。光绪十年改设军机拉拉固必尔拉塔，总理乞塔、尼布楚、海兰泡、海山〔参〕崴各处一切事宜。

庙 尔 图 说***

庙尔，俄名利格来斯克。旧设固必尔那塔官主之，前二年移至伯利，其署遂空。其先有实数兵三千，自固必尔那塔移至伯利，其兵亦多调往他处，现存实数兵三百名。有炮台三处：一江心，一南岸，一北岸。仓粮、军械房俱全。

特林，在恒滚口上十里，有古碑二，并有炮台、营壕旧迹，土人及俄人皆谓数百年前大国平罗刹所立，稍下里许山冈上有古城基。

---

* 此文录自抄校本《东北边防辑要》附图。
** 同上。
*** 同上。

海兰泡图说*

海兰泡，俄名不拉好为十亲斯克，一名把拉云省斯克，在黑龙江城上七十里黑河东。俄人于咸丰五年至此，初立屯舍，后设固必尔拉塔，专主其地，今归伯利统辖。现有房舍二千八百十八所，屯兵八百余名。河西为黑河屯，民舍六十余间。

双城子图说**

双城子，俄名玉果斯克。设有理民事官、仓官、站官、医官、铁线官、兵官，边界官廓密萨尔住此地。有东西二城，俄人占东城。其城以土为之，高可丈余，俄兵皆住城内。共计兵房九所，仓房四所，马房二所，官房五所，兵丁住家房二十余所。共计炮兵五百，马兵五百，步兵一千。子药军械房二所，在城东北隅里许喇嘛庙之南。

海参崴图说***

海参崴，俄名那吉洼斯它克。西南海口宽四里许，口内宽六、七里，长约十里，水深二、三丈，俄人商船、兵船俱泊于此。进口两岸有炮台六、七处。其街为曲尺形，军械房在西岸街头山脚，兵房十余所，常住兵二千余名，以固必尔那塔总理其事。后山顶有望楼二。西北山凹处，名清沟子，为陆路咽喉，有兵二百名驻扎。再西北一百一十八里为虾蟆塘，系绥芬海口门户，俄人有兵千名守之，海船常至其地，其间陆路由山洞通行，最为险要。

---

* 　此文录自抄校本《东北边防辑要》附图。
** 　同上。
*** 　同上。

附一：醇亲王奕譞奏折[*]

光绪十一年十月二十八日戌刻，奉军机大臣密寄大学士直隶
总督一等肃毅伯李、钦差大臣督办东三省练兵事宜福州将军穆、盛
京将军并管奉天府府尹庆、吉林将军希、黑龙江将军文，光绪十一
年十月二十二日，钦奉慈禧端佑康颐昭豫庄诚皇太后懿旨：前据军
机大臣总理各国事务衙门会同神机营王大臣，遵议东三省边防事
宜暨请派防军移扎凤凰边门等处各摺片，业经饬雷正绾一军移扎
凤凰边门，择要安扎。兹因穆图善卓著勋劳，熟悉东三省事宜，谕
令来京陛见。现在该将军业经到京，已降旨授为钦差大臣，会同东
三省将军办理练兵事宜，各城副都统以下均归节制。东三省筹边之
策，今昔异宜，从前斥堠之设多在中路北徼，自咸丰年间分界后东
路边防日形吃重。近十年来筹饷练兵陆续布置，该三省土客籍凡
及九万人，兵力不为不厚，岁需饷银三百七十三万，饷项不为不多，
亟应破除积习，厘定章程。据王大臣等定议整顿练军、筹备火器、
核定军饷，所陈三端尚属切要。穆图善膺此重任，先将整顿练军一
事切实经理，即就该三省已练之军详加挑选，汰弱留强。查照王大
臣等所议，每省以五千人为率，更番练习，统期一兵得一兵之用。至
多练步队，参用民勇各节，并著悉心筹画奏办。所需添购火器及应
用饷项，随时与海军衙门、总理各国事务衙门会商筹备。练军未成
以前，该三省应办事宜及本省之饷，仍责成庆裕、希元、文绪认真筹
办。榷盐、开矿、屯田各节，如果办理得宜，尤为天地自然之利。各
该将军身任地方，均属分内应为之事，并著确切商办，不得因穆图
善督办练军，至将地方诸事率行推诿。滦州、乐亭等处防军能否移

---

[*]　据振绮、辽海本著录整理。

调珲春,近日情形应否添扎劲旅,著李鸿章、希元分别确查具奏。至水师与陆军互相犄角,极关紧要,已饬李鸿章先练北洋水师一支,所有新到之定远等轮船及丁汝昌原有水师,应在何处驻扎操演,著李鸿章筹定具奏。总之,办事以核实持久为主,立法虽善,尤在得人。当此时势多艰,边防紧要,该将军等其各振作精神,同心协力,绸缪未雨,安不忘危,一切应办事宜随时互相商榷,务臻尽美,以付委任。王大臣原摺片,均著钞给阅看。将此密谕穆图善,并由五百里密谕李鸿章、庆裕、希元、文绪知之。钦此。遵旨寄信前来。

和硕醇亲王臣奕等跪奏:为遵议东三省边防事宜,恭摺密陈,仰祈圣鉴事。光绪十一年六月十八日,钦奉慈禧端佑康颐昭豫庄诚皇太后懿旨:东三省边防事宜,著军机大臣、总理各国事务衙门会同神机营王大臣妥议具奏。钦此。仰见圣心廑念边陲,防微虑远,钦佩莫名。臣等窃惟防边之要,首在审地势,察敌情,先事图维,择要布置,而选将练兵尤其亟务也。东三省统辖至广,盛京十四城为边门者二十余,吉林八城为边门者四,黑龙江六城旧设卡伦七十一。从前中俄立界于尼布楚,开市于恰克图,斥堠之设多在中路北徼,而东方则晏然无事也。自咸丰年间分界以后,黑龙江以北、乌苏里江兴凯湖以东,数千里之地悉归俄属,于是吉林、黑龙江二省遂无师船出海之口,而边事因之日亟矣。且图们江一带界址至今犹多缪轕,边情反复,势难久持。

查黑龙江省与俄之阿穆尔省一江之隔,其省城在海兰泡,与我黑龙江副都统所驻之城相望,沿江上下皆敌垒也。吉林省与彼之东海滨省毗连,其新设酋长驻海参崴、双城子,又别屯兵于岩楚河、摩阔崴诸处,而此驻扎伯利之重酋联络其间。其两省额兵度已不少,常招练屯垦客户,编为民兵,以辅其不足。近且偪珲春为垒,开通图们江东岸以窥朝鲜北境,行船松花江以窥三姓上游,情殊叵测。

吉林所最要者，珲春一城与俄逼壤，其西南接连朝鲜之庆源、庆兴两府，一苇可杭，毫无隔障。三姓一城，水路上距伯都讷之三岔口一千余里，自三岔口西南陆路由蒙古郭尔罗斯界径从草地，直抵奉天之法库边门，不及千里，最为便捷。然则该两处最为注意，一以保护朝鲜北境，一以屏蔽我松花江上游伯都讷腹地。此吉林大略情形也。

黑龙江为吉林唇辅，上游有内兴安岭一带为之阻隔，设防宜在下游，旧设卡伦今存四十七处，多在呼伦贝尔以西。今既画江为界，则卡伦宜改设东北。又将军远驻齐齐哈尔，北距黑龙江八百里，控制非便，则副都统之任较重。此黑龙江大略情形也。

奉天、吉林皆界朝鲜，吉林以图们江为界，奉天以鸭绿江为界。旧设凤凰、叆阳、碱①厂、旺清、英额、威远六边门，为扼要之地。今水路则趋重旅顺口、大连湾一带，陆路则自同治六年奏明勘荒开垦以后，边门以外耕廛栉比，设官置戍，直抵鸭绿西岸，非厚集兵力，水路②犄角，不足以顾根本而护藩邦，而腹地防营似可酌量并省，以节饷力。此奉天大略情形也。

臣等查光绪六年经户部、总理衙门奏定请饬下各省每年协拨东北边防经费二百万两，虽解不足额，然部垫拨之款数实相当。今试以东三省兵数计之，历据该将军等先后奏报，奉天经制额兵二万二千八百余名，练军马步队及巡捕勇丁又一万三千一百余名，而雷正绾、宋庆等军之食江浙、河南饷者独不与焉；吉林额兵，现据册报一万一千余名，乌拉打牲勇丁四千余名，练军四千余名，外马步练军四千五百馀名……（以上原缺）以三省通计之，共有土客兵籍几

①　"碱"，振绮本误作"城"，据辽海本改。
②　"路"，疑当为"陆"之误。

及九万人，兵力不可谓尚单。以饷数计之，奉天地丁、粗货、厘洋税、船规岁入银一百三十一万四千余两，又各省协拨银实能到十一、二万两；吉林岁入之款四十五万六千余两，又部库拨银九十万两，部库垫发银二十八万两，各省协拨银实能到银六、七万两；黑龙江岁入之数约银三十六万六千一百余两，又部库拨银三十万两，各省协拨银实能到五万至八万两不等。是东三省岁需饷三百七十三万，客军之费独不在内，饷力不可谓不厚。当此艰难支持之秋，任兵事者自宜加意整饬，庶兵归实用，费不虚糜。

臣等公同商酌，现在筹边之策约有三端：一曰整顿练军。查三省本已各有练兵，然多寡不等，训练不齐，日久无事，渐至骄惰，仍恐有名无实。自宜立定章程，重加训练，每省以五千人为率，汰弱留强，化散为整，调集合操，务臻精熟。一年后，撤半归伍，续调二千五百名以补之。次年，再撤半补半。以三年计之，可为练军一万人，自此更番练习，周而复始，可一律整齐。向来东省长于马队，现在审时度势，仍以步队为宜。练军中，练马队五分之一，相辅而行。其原有马队较多之处，可酌量裁改。所用枪枝，以七响洋枪、六转手枪相间练习。此于筹防之中仍寓以节饷之意，俟将来帑项充裕，每省可推广万人作为常川防军，俾资捍卫。至三省民籍甚众，每至流而为匪，倘择其材勇，招集编伍，亦可潜消内患。如果办有成效，即以代客军之用，是以一举而两得也。一曰筹备火器。从前旗营习弓箭、火枪，盖自泰西竞尚枪炮，月异日新，其迅疾致远，实为行军利用。总理衙门上年正月间行文，通查各省练军火器，先后据盛京将军咨报，捷胜、长胜等营练军及调驻客军计练习前后膛洋枪者四千余名，炮兵一千一百余名；吉林将军咨报册开边防马步各营练洋枪、洋炮者共五千三百余员名，练军马步各营则练洋枪者约三千人；黑龙江将军咨报，所有练军西册，前经奏调洋枪、洋炮教习，常川操演五千名。是三省操演业已兼用新法，现计三省练军需用洋炮各五千尊、后膛洋枪各四千枝，除各该省现有洋枪、炮外，尚短若干，应即如数筹备。应用子药，由津局选拨。至洋枪名目不一，用法亦不同，需择其最宜者用之，将来逐渐改为一律，则器良而技熟，临敌不至参差矣。一曰核定军饷。查三省饷需以吉林最多，奉天次之，黑龙江较少。奉天以本入款抵用，添拨无多。黑龙江入款拨款过半。吉林则入款不及十之三，拨款逾十之七。盖自东北设防以来，岁饷已加增不少矣。现拟三省各练兵五千人，应就各该省旧有之饷从实核计，如有不敷，奏明由户部拨给专款，其购买枪炮之需，由部筹拨，俾资应用。以上之事，应如何妥定章程，一律举办，拟请旨特派知兵大员会同三省将军详细筹议，奏明办理。

再：奉天沿海产盐，市价最贱。近来每年征收盐厘银十七、八万两，似尚可酌量加增，借济饷项。又闻奉天宽甸一带铅矿颇旺，若令本地土人开采，官征其课，果能办理得宜，实于裕国利民两有裨益。又从前伊犁养兵之费，半资屯田，其法以旗汉兵每年分拨四成屯田，六成差操，更番为之，故可持久。吉林荒地极多，借使于经制兵内仿伊犁成法，抽调若干成拨地垦荒，凿渠灌溉，以资生计，双城堡即其明验。凡此皆于边务有裨，应由简派大臣会同该将军察酌情势，奏请施行。臣等遵议，缘由合词恭摺覆陈。是否有当，伏祈皇太后慈鉴训示。谨奏。

光绪十一年七月二十日

再：总理衙门前以驻防朝鲜之兵撤回，朝人颇有戒心，当即亟商李鸿章以筹备之策。旋据覆称：奉天边门仅有东边道两营，未堪大敌，可否请旨饬下雷正绾马步九营就近移扎鸭绿江西岸，择要布置，以备朝俄有事，进据平壤，与北洋水陆各营互为声援等语。

查平壤朝鲜旧都，地居该国适中，在今汉江郡城之北，贡道径达凤凰边门。现在金州之旅顺口，有丁汝昌等水军与宋庆等六营互为犄角，兵船不时往巡仁川、江华一带，以壮声势。而陆路兵力尚单。目前海氛已息，营口防务较松，拟请旨饬调雷正绾一军移扎凤凰边门以外，择地扼守，用备缓急。此外与滦州、乐亭等处防军能否移调，请饬李鸿章酌度具奏。至珲春地处极边，屏蔽朝鲜北界，最为冲要。依克唐阿一军训练多年，应著成效，并请饬下吉林将军确查珲春近日情形，应否派扎劲旅，务即不动声色，妥筹布置。他如广西巡抚张曜，久驻西陲，熟悉俄人情形，所部马步十四营率多百战之余，蒋东才所部四营、冯南斌所部二营亦均健可用，宜俟滹河工竣，暂令屯扎近畿，以厚兵力。至丁汝昌等水师尚嫌单弱，凡海道可通之处，非得力轮船，水师难资策应。现在德国所购定远、镇远、济远等船，将次抵华，拟饬下李鸿章先在北洋练成水师一支，开定规制，将来逐渐推广，庶水陆相辅，防务较有把握，所有筹护属藩事宜，谨附片密陈，伏乞慈鉴。谨奏。

附二：希元奏派员侦探边情地势
摘要密陈三十五条由*

吉林将军① 希奏为遵旨派员侦探边情地势摘要密陈恭摺仰祈圣鉴事：

窃奴才于光绪十一年三月十三日承准军机大臣字寄，光绪十一年三月初五日奉上谕：希元奏中俄疆域毗连，东西横亘万里，防务莫重于吉林。至伊犁、塔尔巴哈台、库伦、黑龙江各城，无事自宜慎固封守，有事即须合力图维等语。所见甚是，思患预防，必须为未雨绸缪之计。该将军大臣等，务当督率所属，于交涉事件，持平

---

* 此据档案甲本所拟标题，振绮、辽海本作"进呈侦探俄情各条疏"。
① "吉林将军"，档案甲本原作"奴才"，此据振绮、辽海本。

妥办，毋起衅端。平时整顿营伍，并边防情形地势，留心侦察，随时密陈。一面互相知照，设遇有警，候旨择宜进取。在我则声势联络，在彼则应接不遑，庶足壮军威而弭外患①等因。钦此。遵旨寄信前来。

　　奴才跪读之下，仰见庙算深远，先期必胜之至意，钦悚莫名。遵即密饬候选州判曹廷杰，轻骑减从，改装易服，前往俄界侦探。去后兹据该州判禀称：三月二十五日在靖边后路防营差次，奉札密探俄情。当由三姓起程，于四月二十七日入俄界，②即顺松花江至东北海口，复由海口溯流入黑河至海兰泡地方，仍顺黑河返伯利，溯乌苏里江，过兴凯湖，经红土崖，由旱道至海参崴，坐③海舟进岩杵河海口，于九月初八日入珲春界，十月十二日回省销差。计在俄界一百二十九日，往返道路一万六千余里。所探各处兵数多寡，地势险要，道路出入，屯站人民总数，土产赋税大概及各国在彼贸易，各种土人数目④、风俗，一一备录，共得八十五条，缮册绘图，禀覆前来。奴才伏查俄夷夙称东海滨省近年始定伯利，其乞塔、尼布楚、海兰泡、海参崴等处悉力经营，均成重镇。而伯利、海参崴、海兰泡尤与吉江两省逼近根本之区，关系甚重，筹边设备城⑤不可一日稍缓者也。该州判身历其境，所称各节均系实在情形，但头绪纷繁，未敢仰渎宸聪，除照录原册咨送军机处备查外，谨摘其最要者三十五条，敬缮清摺，并原图八分，恭呈御览。理合会同奴才依克唐阿

---

① 此处上谕又见《清德宗实录》卷二〇五，个别字句略有出入。
② "界"，振绮、辽海本作"境"，此据档案甲本。
③ "坐"，振绮、辽海本误作"皆"，据档案甲本改。
④ "数目"，振绮、辽海本误脱，据档案甲本补。
⑤ "诚"字，振绮、辽海本误脱，据档案甲本补。

恭摺密陈,伏乞皇太后、皇上①圣鉴。谨奏。奉旨留中。②

　　　　　　　　　　光绪十一年十二月初八日③

附三：希元遵查边防情形折*

　　奴才希元跪奏为遵旨确查边防情形恭折密陈仰祈圣鉴事：

　　窃奴才于光绪十一年十月二十八日承准军机大臣密寄光绪十一年十月二十二日,钦奉慈禧端佑康颐昭豫庄诚皇太后懿旨：珲春近日情形应否添扎劲旅, 著希元确查具奏。该将军等其各振作精神,同心协力,绸缪未雨,安不忘危,一切应办事宜,随时互相商榷,务臻尽善,以副委任。王大臣等原折片,均著钞给阅看等因。钦此。遵旨寄信前来。奴才跪读之下,仰见圣虑周祥,巩固边陲之至意。

　　窃维当今时势,外洋各夷几合宇内为一战国,英、法、德、美虽素称雄,然量力比权,不过燕、赵、韩、魏、齐、楚之列,且重洋迥隔,进退维艰,势不足为中国患。惟俄罗斯疆域广大,占据亚细亚、欧罗巴、亚美利驾北黑道内外各地,其亚细亚诸部尚足包我三面,近复结连日本,意图朝鲜,设使任其所欲,为患伊于胡底。顾除亚美利驾一隅而外,其在亚细亚、欧罗巴诸地,汉唐多入朝贡,元代尽列藩封,则是俄夷各部并非人迹难到、武功难施之区。今西路新疆底定,尚有重兵,足资捍御；北面蒙古间以瀚海,该夷断难轻进；独东省为根本重地,逼近俄垒。由尼布楚顺黑龙江至徐尔固地方,即循松花江至伯利,复溯乌苏里江抵红土崖,彼皆设有屯站,夏由轮船,冬由冰道,数日可通。其尼布楚以西至该国京城二万五千余里,水

有轮船,陆有铁路,一月内外亦可径达。是由该国至红土崖不过两月,再由红土崖南至海参崴、西南至图们江,现有驿路宽平如砥,乘站车分往二处,不须二日。现据候选州判曹廷杰禀称探闻俄人又拟借地修道,其意欲由海兰儿经伯都讷通奉天、高丽,次则由爱珲经富克锦抵红土崖;如中国不允所请,即由黑龙江、乌苏里江东岸通海参崴,定于二三年内兴办等语。奴才伏思俄人此举若成,不但经商获利无穷,即兵之进退亦皆电掣风驰,恐朝鲜不能安枕者患犹小,根本重地防守益艰者患实大。况俄人素重海参崴,有甘弃本国京城,不弃海参崴之语。诚以该国各处海口多因冰冻,不利行舟,惟海参崴码头天时和畅,口外数里海水不冰,可以通行亚细亚、欧罗巴以南诸地,较之该国黑海码头气候尤暖,道路尤近,故悉力经营,极思狡启。若不先事预防,诚无以隐戢其心。

奴才于本年二月间密陈合力图维之策,已蒙圣明采纳。但敌情叵测,趋重双城子、海参崴、岩杵河一带,诚如圣谕所谓东路边防日形喫重者也。阅王大臣原奏,有近且逼珲春为垒,开通图们江东岸以窥朝鲜北境,行船松花江以窥三姓上游各等语。奴才伏查珲春距岩杵河俄镇九十里,由岩杵河东北行二百余里至阿吉密,又二百余里至蒙古街,又二百余里至虾蟆塘,俄人于此四处各屯实数兵千名。由虾蟆塘东南行百余里至海参崴,由虾蟆塘西北行八十余里至双城子,二处各有实数兵二千余名。由双城子西行百四十里至三岔口,由岩杵河东南行三十里至摩阔崴,二处又各有实数兵五百名。皆与珲春逼近,水陆二路一日俱可达图们江,是其兵备趋重已可概见。依克唐阿一军虽经训练,可资得力,然靖边中,前两路驻扎珲春实止步队五营、马队二营,以所有人数计之,不过三千人,若以敌兵较之,不及三分之一。则添兵以御前敌,兼顾朝鲜北境,诚为急务。此珲春实在情形也。

至松花江上游伯都讷之三岔口，诚为东省腹地，若于江省西北额尔古讷河入黑龙江处新设之博罗哈达卡伦多添防守，西可以堵俄人由察边旱道至卜魁之路，东可以备旁乌河御雅克萨之接应，有事时即可截断黑龙江水道。又于东北爱珲城及与海兰泡隔江之大黑河屯二处添设劲旅，以御俄人顺黑龙江而下、逆黑龙江而上及顺精奇里江而下三路来往之冲，则江省边防始固，不但伯都讷腹地无旱道之忧，且可杜俄人由海兰儿经伯都讷通奉天、朝鲜借地修道之意，此保护腹地陆路策也。由伯都讷顺流至三姓一千二百余里，由三姓顺流至黑河口又六百余里，始与俄界徐尔固地方接。江宽水浅，中多沙洲，河身正流曲折一线，驶轮诚属不便，故自分界以来，俄船入此江者不过一、二次，水路似不足虞。惟前设防军驻扎三姓下三十里巴彦涌地方，距黑河口太远，前设富克锦城，距徐尔固亦尚二百余里，较之俄人逼近边界设镇屯兵，未免相形示弱。况由三姓至通江，其松花江南岸地方实一千四百余里，除因达穆河以上二百余里，归三姓旗地外，余皆奇勒尔人等所居，地广人稀，未尝开垦。由通江至蜂蜜山，其乌苏里江西岸实一千五、六百里，芒芒坰野，竟少居民。若于黑河口、蜂蜜山、通江三处移兵驻扎，不但与俄人旗鼓相当，可以预杜由爱珲经富克锦抵红土崖借地修道之意，且于将来开矿、屯垦诸务均有裨益。盖黑河口为吉江二省门户，当伯都讷腹地水路之冲，凡顺黑龙江而下逆混同江而上者，此处实扼其咽喉，若移兵驻松花江南岸拉哈苏苏屯，则二省门户益固，即伯都讷腹地可以无虞，此保护腹地水路策也。

蜂蜜山在三姓东南六百里，与宁、珲成犄角之势，于三姓为陆路之门，若移兵驻守，有事时南可断双城子、海参崴之后路，北可据伯利之上游，诚为险要所关。通江地方在乌苏里江入松花江上口，西南距蜂蜜山一千五、六百里，东距伯利九十里，若移兵于此，有事时可以直捣伯利,且与蜂密山及拉哈苏苏互为声援,边陲自固。

奴才与依克唐阿往复函商,本拟举办,因原设防军不敷分布,且裁兵节饷方虞宸虑,未敢仰渎。今奉慈谕著于应办事宜认真筹办,复据州判曹廷杰侦探禀复情形,与奴才所见略同,拟请于黑河口、蜂蜜山、通江三处各添步队二营、马队一营,其现驻巴彦通之靖边后路三营,拟裁马、步各一营,归入新添九营内,仅留步队一营,以守炮台,兼顾三处后路。唯珲春应添劲旅及拟添九营内不敷七营,或由移调,或另招民勇,或挑选西丹,伏候圣裁。

奴才世受国恩,天良具在,凡分内当为之事,自当恪遵慈训,尽心办理,断不敢因穆图善奉命东来,致将地方一切事宜稍涉推诿,有负委任。所有遵旨确查边防情形,谨会同奴才依克唐阿合词恭折密陈,伏乞皇太后、皇上圣鉴,训示遵行。谨奏。

光绪十一年十二月初八日

再密陈者:查康熙二十八年议定中俄以外兴安岭为界;雍正五年以乌特河以南、外兴安岭以北中间隙地为两边公共地方。乾隆二十二年八月,俄罗斯因尼布楚口粮议借黑龙江挽运,经理藩院议驳,边陲遂晏然无事。咸丰时,俄人乘机窃发,黑龙江以北、乌苏里江兴凯湖以东数千里之地悉为彼有。近且诡谋日张,于图们江一带界址故意狡展,而兵力复趋此一隅,是其居心叵测,诚如王大臣所奏边情反复,势难久恃者也。

顾奴才详考舆图,证以所闻,凡水陆之险,我皆可据。设一旦有事,欲图规复,唯有查照奴才所陈合力图维之策,东路江省由卜魁驿路、呼兰小道出爱珲,抵大黑河屯,直捣海兰泡;吉省珲春由旱道取岩杵河、阿吉密、蒙古街、虾蟆塘四处,由图们江、岩杵河水道多备船只,径取海参崴,再得铁甲船数艘相辅而行,声威尤壮;宁古塔由旱道出三岔口,取双城子、三姓,水陆并进,取徐尔固、伯利二处。其出奇制胜之方，莫若于黑龙江呼玛尔河上数百里、牛满河下二百余里及兴凯湖口龙庙子下数百里，令人伐木塞江，以断俄人水路。盖三处河身极狭，两岸树木极多，龙庙子下水深不过丈余，可下木桩以遏树，呼玛尔河上、牛满河下二处水深不过二丈许，平抛大锚十余，上系大树，即可横江。若各处塞至二三十里，冰牌不能冲动，冬夏遂难通行。此水路策也。旱路则以奇兵出赵老背，深沟高垒，扼其咽喉，令南北不相接济，先将各处电线约期截断。其西北两路，一由伊犁、塔尔巴哈台，一由库伦，同时进取，以牵其势，俄人即善用兵，有不望风而靡者哉！其万全之策，在以北洋及奉省重兵保护朝鲜，兼制日本；吉江二省分兵各守要隘，以备策应；再添劲旅五、六万人冲锋出奇，可一鼓而下；第须先留库鲁河及精奇里江至索伦河二道为俄人归路，防其铤走反噬。倘俄人败归求和，务先列款以要彼，或酌易旧约，或另订新条，则权操自我，使彼不得肆其故智，逞其狡谋，庶足以震天威而弭边患。奴才亦知和战之机，安危所系，万不敢侈谈兵事，轻启衅端。但审时度势，有不得不予为规画者，谨就管见所及，附片密陈，伏乞圣明采择。谨奏。

东三省舆地图说

（光绪十三年）

东三省舆地图说序

题补注图说后*

光绪癸未莅吉林，明年督办边务，又明年奉命派员游历俄界，曹令廷杰捧檄前往，于吉江两省与俄交界地方，悉心查访，往返七阅月，周历二万里，归来时饬作《简明图说》，随摺进呈，形势险要固已瞭如指掌，然於古今沿革、山川驿路各名，未及详注也。今朝廷轸念东陲，布置经营至周且备，凡属臣民莫不思殚竭愚忱，上慰宵旰。顾三省地舆向无合图，亦少善本，筹边聚米，非可臆谭。爰嘱曹令将前图补注，付之剞劂，俾留心时务者知所依据焉。

时光绪十三年月日

　　　　　　古开平希元赞臣氏识于吉林节署①

图 说 正 讹**

曹令《补注图说》既成，细加察核，山川城池俱准经纬度数，古今沿革考据详明，颇称善本。惟自安巴格尔必齐河至黑河口，黑龙江以北、以东水道，从咸丰十一年俄官吉成克所绘地图录出，较直

省地图水道为多,因不识俄文,未能悉注。又阿卜湖、穆稜河源、绥芬河源各宜移向北半度,海参崴、图们江口、岩楚河以纸幅太隘,形势未能吻合,另有分图可据。江省墨尔根、呼兰、绥化、巴彦苏苏四处,道里稍有未符,容饬考订更正,识者鉴之。

希元又识

补 注 图 说[*]

　　舆地之学,非图不明,非说不显,非准之经纬度数,则方隅里到必多不合。湖北书局所刻《东北三省舆图》,于奉吉二省交界之威远堡门外一带,吉江二省交界之松花江一带,皆龃龉不相接。且松花江水道自格林河以下,迤向东北入海,无折向北流又西北流再折而东南之势。俄人所绘东海滨省图,又皆详于彼界,而于我东三省地方则俱从略。廷杰此图盖取齐氏《水道提纲》、何氏《朔方备乘》、张氏翠微山房所载 测定各处经纬度数,列为大纲,然后参合各图所绘山水作为细[②] 目,似较中俄两图为胜。顾于未经测定度数之

---

①　强自学斋本《东三省地理志》希元序,与《"题补注图说后"》内容有异,著录于后,以供参考。

东三省地理志序

　　癸未之春元莅吉林,奉命督办军务。中俄交界之地犬牙相错,交涉事件动多掣肘,据情入告,派员游历俄界。曹令廷杰熟谙边情,捧檄前往,于吉、江、盛京三省与俄接壤地方,悉心查探,往返七阅月,周历二万里,并采取俄国地图,参以游历访闻,又经几年,始成《地理志》一书。考据详明,形势险要瞭如指掌,进呈乙览,颇蒙宸赏。方今朝廷轸念东陲,布置经营不厌详备。顾三省地志向无善本,备边筹防久形隔阂,夫以圣朝天运发祥之区,两国争战之地,尺寸之土不可让人,得此界限分明裨益良多。爰饬曹令复加校雠,印行问世,俾留心时务者知所依据焉。

时光绪十三年正月十四日
古开平希元赞臣氏序于吉林节署

[*]　"补注图说"一文,问影楼本作"图识",且置于全书末,此从藩属、辽海、上图本。

②　"细",问影楼本误作"纲",此据藩属、辽海、上图本。

处，不免稍有参差。补注既成，以呈赞臣爵督将军，[1] 幸蒙政其疵谬，爰亟考订里数附录于左，以便重刻更正焉。至图中各处地方沿革险要，因纸幅太隘，不能遍为之说，容俟续刊，用公同好。

楚北曹廷杰谨识

考 定 里 数[*]

由宁古塔向东偏南行四百八十里，至三岔口中间，过穆棱河，又过小绥芬河，然后抵瑚布图河口，[2] 即三岔口也。由宁古塔西行八十里至沙兰站，东南三十里为东京城，正南三十里为阿卜湖。由吉林东北行四百八十里至双城堡，偏北为多。由吉林东北行四百九十里至阿什河，偏东为多。双城堡正东距阿什河一百三十里。呼兰厅西北距卜魁六百余里，西南距双城堡一百八十里，东南距阿什河一百六十里。绥化厅在呼兰东北一百六十里。巴彦苏苏在绥化厅西[3]方一百二十里，西距呼兰一百六十里。由卜魁东北行七站四百三十里至墨尔根，由墨尔根东北行五站三百四十九里[4]至黑龙江站。由伯都讷正北偏东五百余里至卜魁，由伯都讷正东偏北行一百六十里至得胜陀，距拉林河口四十里。由得胜陀正东偏南一百二十里至双城堡。松花江自三岔口东北流二百五十余里南岸为拉林河口，又二百里北岸为呼兰河口，又东北五十里南岸为阿什河口，又四百余里为玛延河，又一百余里为牡丹江，三姓城在焉。以

---

① "将军"，问影楼本无，据藩属、辽海、上图本补。

* "考定里数"一文，强自学斋本无，据问影楼、辽海等本著录。

② "口"，问影楼本无，据藩属、辽海、上图本补。

③ "西"，藩属、辽海、上图本误作"丙"，据问影楼本改。按今之方位，巴彦苏苏当在今绥化东南。

④ "里"，问影楼本无，据藩属、辽海本补。

上考订里数，再按宁古塔、吉林、伯都纳三①处列入，经纬度②为纲，山水为目，庶几图与地合，不致贻笑方家云。

廷杰又识③

图　例*

图中省城作◉，府作▣，直隶厅作◈，厅作▢，州作◇，县作○，驿站作△，蒙古部落作⊗，古城作●，俄屯作×，分界线作〳〵〴〴，电线道兼驿路作＝，驿路作一，边疆要害，无论中外作品。

国初征服吉江二省各部考

恭查我朝天女④发祥在今敦化县东鄂多哩城，《舆图》作额多力城，今通呼敖东城，亦作阿⑤克敦城地方，国号满洲，为开基之始。至太祖高皇帝居瓜尔佳城，旧名赫图阿拉，在今奉天苏克素护河、嘉哈河之间。其时，满洲国五部：曰苏克素护河，曰浑河，曰栋鄂，⑥曰完颜，曰哲陈，皆相距不远。天命、天聪、崇德年间，以次削平各部，如长白山国、扈伦国、东海渥集部、卦勒察部、萨哈连部、索伦部，皆圣功神武，足以震耀千古者。⑦

考长白山国二部：曰鸭绿江部，居鸭绿江两岸；曰讷殷部，有珠

---

① "三"，同影楼本误作"之"，据藩属、辽海本改。

② "度"下，同影楼本有"数"字。

③ "廷杰又识"，同影楼本无，据藩属、辽海、上图本补。

* "图例"一文，同影楼、强自学斋本无，据藩属、辽海等本著录。

④ "女"，同影楼本作"元"，上图本作"玄"，此据藩属、辽海本。又："恭查我朝"，强自学斋本作"国朝"。

⑤ "阿"，同影楼本作"呼（一作阿）"。

⑥ "栋鄂"，同影楼本作"栋鄂河"，此据藩属、辽海、上图本。

⑦ "皆圣功神武，足以震耀千古者"，同影楼本作"神武圣功，皆足震耀千古者"，此据藩属、辽海、上图本。

舍里，即松花江上源额赫额因、三音额因地方。额因，一作讷延，即讷殷之转。珠舍里，即乌苏①城也。扈伦国四部：曰哈达，即今奉天海龙厅②哈达城，其威远堡门外③哈达城，今称南城子地方，乃明之南关哈达也；曰叶赫，即叶赫站；曰辉发，即辉发河源之辉发城；曰乌拉，即乌拉城。三部皆在吉林境内。东海渥集部：④曰虎尔喀，即今牡丹江两岸及三姓下数百里松花江南岸地方；曰瓦尔喀，其地自图们江源抵图们江口，自乌苏里江源抵乌苏里江口，皆隶焉。盖二部皆属东海渥集，非此外别有渥集部也。魏氏源谓东海国部三有渥集部，误矣。至谓瓦尔喀河入鸭绿江，滨海两岸皆瓦尔喀部，尤属支离。⑤说详《东北边防辑要》。东海卦勒察部，在今伯都讷境。东海萨哈连部，即今黑龙江爱辉城以下至黑河口两岸，及自三姓音达穆河以下至乌苏里江口松花江南岸各地方也。索伦部，则今黑龙江两岸及齐齐哈尔全境是。

中俄东边界段说

康熙二十八年，与俄罗斯分界，自安巴格尔必齐河口溯源至外兴安岭，东抵索伦河海口，其南皆属中国，其北皆属俄罗斯，所立界碑在安巴格尔必齐河东及额尔古讷河西。其顺黑龙江抵黑河口，复由黑河口顺松花江至东北海口，凡江以北地方属俄罗斯。此咸丰八年爱珲约也。其由乌苏里江口溯流入松阿⑥察河，过兴凯湖，由白稜河口至瑚布图河口，再抵图们江口，其东属俄罗斯，其西属

----

① "乌苏"，同影楼、强自学斋本作"乌苏里"，此据藩属、辽海、上图本。
② "海龙厅"，强自学斋本作"裁义门内"。
③ "外"，同影楼本无，据藩属、辽海、上图本补。
④ "部"，强自学斋本作"二部"。
⑤ "离"下注文，同影楼、强自学斋本无，据藩属、辽海、上图本补。
⑥ "阿"，同影楼本误脱，据藩属、辽海、上图本补。

中国,此咸丰十年北京约也。至于图们江口内去海滨三十里之处,立土字界碑,其南属俄罗斯,其西俄与朝鲜接壤,其北属中国,则光绪十二年始①定。

吉江二省旧地现属俄国② 东海滨
省各处屯站数目

自伯利③顺松花江至庙尔,共五十三。自伯利④入乌苏里江,过穆稜河口,入兴凯湖至红土崖,共三十六。自红土崖顺电线道,至海参崴西南与宁、珲交界抵图们江,合红土崖北一屯,共二十六。自双城子北第一站以东、兴凯湖入乌苏里江处以南,尽海滨阿勒干诸地,共三十六七。⑤自伯利西溯松花江北岸至黑河口,即溯黑河东岸、北岸⑥至额尔古纳河入黑龙江,⑦共七十二。自外兴安岭东索伦河口,向东南抵恒滚河,尽恒滚河口,⑧共十二。自庙尔出海,顺海沿南至因拔纳斯克地方及隔海库页岛,共十余。通共大⑨小屯站二百四十有奇。此光绪乙酉廷杰游历时案俄图访得之数,此后新屯不与焉。⑩

---

① “始”,强自学斋本作“所”,此据藩属、辽海本。
② “国”,强自学斋、上图本作“夷”,此据藩属、辽海本。
③ “伯利”,强自学斋本误作“伯剌”,据藩属、辽海、上图本改。
④ “伯利”,强自学斋本作“白利”,此据藩属、辽海本。
⑤ “六七”,强自学斋本作“七”,此据藩属、辽海本。
⑥ “东岸、北岸”,强自学斋本作“东北岸”,此据藩属、辽海本。
⑦ “江”下,问影楼本有“处”字。
⑧ “口”,问影楼本误脱。
⑨ “大”,强自学斋本误作“十”,据藩属、辽海本改。
⑩ “此光绪乙酉”至“此后新屯不与焉”一句,强自学斋本无。

窝稽说

今辽水东北尽海滨诸地，凡林木丛杂，夏多哈汤，人马难以通行之处，皆称窝稽，亦曰乌稽，亦曰渥集、①阿集。知两汉之沃沮，南北朝之勿吉，隋唐之靺鞨，皆指此也。查两汉沃沮有南北之分，当以长白山为限，在山南者为南沃沮，在山北者为北沃沮，谓尽在高丽者非也。《北史》勿吉粟末部与高丽接，伯咄在粟末北，安车骨在伯咄东北，拂涅在伯咄东，号室在②拂涅东，白山在粟末东南。以地理考之，粟末部即今吉林乌拉一带，缘松花江旧名粟末水也。白山部即长白山。伯咄部即今伯都讷，《金史》作部渚浂，皆伯咄之转也。拂涅部即今宁古塔西南八十里古城，俗称东京城，亦称佛讷和城。按《辽史》东京辽州始平军，本拂涅国城，明时有佛讷赫卫，皆指此也。安车骨③部即安楚拉库路，据《通志》在阿勒楚拉之西。号室部应在今绥芬河以东④一带。又有黑水部，在安车骨北，即今黑龙江地也。隋唐靺鞨各部与勿吉同。唐之渤海大氏，本粟末靺鞨附高丽者，先天中为渤海郡王，始去靺鞨号，已尽得靺鞨各部地。天宝末，徙上京，直旧国三百里，都呼尔罕海之东，临忽汗河，此为肃慎故地，曰上京龙泉府，亦即拂涅部地。故至今吉林各古城，土人通呼曰高丽城，盖因渤海曾附高丽，非高丽实有吉林地也。

二圣墓说*

宁古塔西南沙兰站驿路旁，有大冢，俗呼二圣墓。廷杰向疑为

---

① "渥集"，藩属、辽海本无，据问影楼本补。
② "在"，藩属、上图本误作"枉"，此据辽海本。
③ "骨"，强自学斋本误作"国"，据藩属、辽海本改。
④ "以东"，强自学斋本无，据藩属、辽海本补。
* 《二圣墓说》一文，问影楼、强自学斋本无，据藩属、辽海等本著录。

即宋二圣所葬之处,然考《宋史》建炎元年四月,金人以二帝北去,由滑州至燕山,馆於延寿寺。十一月,迁于霤部。二年八月,命二帝赴上京,见金主于乾元殿,徙之韩州。四年七月,徙二帝于五国城。逾月,太上皇后郑氏崩。绍兴五年,上皇卒于五国城,年五十四,遗言欲归葬内地,金主竟不许。九年七月,皇后邢氏崩于五国城。十二年春二月,金主以何铸、曹勋之请,许归徽宗及郑后、邢后之丧与帝母韦氏。[①]八月,至临安。十月,攒三丧于会稽永固陵。二十六年六月,靖康帝卒于金。乾道七年三月,金葬钦宗于巩洛之原。是徽宗之丧明已归宋,惟钦宗葬金巩洛之原,不知何地,[②]故未敢断。光绪甲午,廷杰奉讳旋里,检《图书集成》坤舆典第一百三十二陵寝纪事,《辍耕录》载至元二十二年乙酉八月杨辇发寝之事,十一月复发徽、钦、高、孝、光五帝陵。初,徽、钦葬五国城,数遣使乞请于金人,欲归梓宫,凡六七年而后许以梓宫还行在。高宗亲至临平奉迎,礼官请用安陵故事,梓宫入境即承之以椁,仍纳衮冕翠衣于椁中,不改敛。从之。至此,被发掘徽、钦二陵皆空无一物,徽陵有朽木一段,钦陵有木灯檠一枚而已,二帝遗骸浮沈沙漠,初未尝还也。乃知向疑二圣墓即二圣所葬之处者,可以征信不疑。

　　廷杰光绪十一年游俄界,由珲春至吉林,道经张广材岭,即塞齐窝稽岭,东极峻,有道盘旋而上,宽约二丈余。驮夫告杰曰:此道开辟最久,相传金人令宋人修治以奔丧者。杰详视形迹,默识于心,以《宋史》二圣既已南归,又有此道为奔丧之路,则沙兰道旁之二圣墓,岂当日厝葬之处,相沿而传至于今与!兹阅《辍耕录》载发

---

①　"氏"下,藩属本误衍一"丧"字。
②　《宁安县志》卷三摘引《二圣墓说》,於"不知何地"下有"但已在今汴省,系属关中矣"一句。

陵之事，则二圣墓实即徽、钦二圣之葬处，其当日所归之椟，盖空椟耳。然则沙兰二圣墓，亦当即巩洛之原，其处距鄂多哩城不过四、五百里，实隶我朝发祥地界之内，特识於此，以俟博雅君子考订焉。

戊戌仲春①偶识

长 白 山 说*

长白山在吉林城东南六百里，国语称果勒敏珊延阿林，朝鲜呼白头山，顶有潭，曰他们泡，为鸭绿、混同、图们三江之源，古名不咸山。《山海经》：大荒之中有山，名不咸，有肃慎氏之国。《晋书》肃慎氏在不咸山北是也。又名徙太山，《魏书》勿吉国有徙太山是也，又名太白山。《唐书》粟末②水源於太白山是也。

冷 山 考**

《宋史》洪皓使金，金人流递冷山十五年。《方舆纪要》谓山在故黄龙府北。《松漠纪闻》宁江州去冷山百七十里，又有谓冷山距会宁二百里者。以地望诊之，黄龙为今之农安城，宁江州为今之乌拉城，会宁府为今之阿什河白城，则冷山应在今五常厅山河屯巡检地方界内，北至白城约二百里，西南至乌拉城约百七八十里，又西南则农安城也。

庚寅正月识

---

① “仲春”，藩属、辽海本误作“春仲”，据文意改。
* 《长白山说》，问影楼、强自学斋本作《长白山考》。
② “末”，辽海、上图本误脱，据藩属本补。
** 《冷山考》一文，问影楼、强自学斋本无，据藩属、辽海等本著录。

挹娄国、越喜国考

铁岭县南六十里懿路河,一作奥娄河,《通志》谓即挹娄国。秦汉时尽[1]有肃慎氏诸地,六朝及隋自立为越喜国,唐归渤海,为兴州,今设懿路站。

黑水部考[*]

《寰宇记》:勿吉国,后魏通焉,亦谓之靺鞨,在高句丽北,亦古肃慎国地,凡七种,六曰黑水部,在安车骨西北。黑水[2]全盛时,分为十六部落,又以南北为枫地。开元十三年,安东都护[3]薛泰请于黑水靺鞨内置黑水军,续更以最大部落为黑水府,仍以首领为都督,诸部刺史隶属焉,中国置长史,就其部落监领之。十六年,赐其部落都督姓李氏名献诚,授云麾将军兼黑水经略使。其界南至渤海国德理府,北至小海,东至大海,西至室韦,南北约二千里,东西约一千里。廷杰按:今爱珲城以西为古室韦地,则自今黑龙江以东俄界海兰泡,东至庙尔地方,凡混同江之南北两岸,皆古黑水部落,惟东西地约径三千里,不止一千里也。

庚寅正月识

开元开原辨

《元史》:开元路古肃慎之地,隋唐曰[4]黑水靺鞨。唐初,渠长阿固郎始来朝,后乃臣服,以其地为燕州,置黑水府。其后渤海盛,

①　"尽",问影楼本无,据藩属、辽海本补。
*　《黑水部考》一文,问影楼、强自学斋本无,据藩属、辽海等本著录。
②　"水"下,上图本有"部"。
③　"都护",藩属、上图本误作"护",据辽海、问影楼、强自学斋本改。
④　"曰",强自学斋本误作"日",此据藩属、辽海本。

靺鞨皆役属之。又其后,渤海渐①弱,为契丹所攻,黑水复擅其地,东滨海,南界高丽,西北与契丹接。《元一统志》:南镇长白之山,北浸鲸川之海,三京故国,五国旧城,亦东北一都会也。开元劲捷善战,习尚射猎,有狗车木马,轻捷利便。木马,形如弹弓,长四尺,阔五寸,一左一右,系于两足,激而行之雪中冰上,可及奔马。狗车,以木为之,其制轻简,形如船,长一丈,阔二尺,以数狗曳之。二②者皆行于冰雪中。据《地理志》,开元路即唐黑水府,是开元在今黑龙江地面。据《一统志》三京五国狗车木马云云,则由长白山至黑龙江,凡东北滨海诸地,皆隶开元路也。狗车木马,今自③三姓以下尚仍旧俗。

又按:元初乙未岁立南京万户府,治黄龙府。至元四年更辽东路总管府。二十三年改为开元路。是移开元于今农安城,已④非黑水之旧。厥后徙治开元,盖因辽河以东早已割隶开元路,藉为辽东保障。明洪武中,改元⑤为原,于此设开原卫,今为开原县。读史者每以今之开原视元之开元,则失之远矣。

怀德县即信州考

《全辽志》:开原东北至信州三百十里,今有城,周一里,门八,土人犹呼为信州城。《松漠纪闻》:由济州一百八十里至信州北。《蒙古游牧记》:信州故城在科尔沁左翼中旗东南三百八十里。据此,是今怀德县治即故信州城也。《一统志》据《辽史》,信州自是古

---

① "渐",藩属、辽海本作"浸",此据问影楼本。
② "二"上,问影楼有一"此"字。
③ "自",强自学斋本作"日",此据藩属、辽海本。
④ "已",问影楼、强自学斋本作"又",藩属、辽海本误作"己"。
⑤ "元"下,问影楼本有"字"。

越喜地,在今开原南,转驳《全辽志》非是,误矣。怀德县,今[1]工人通呼买卖街。

八面城即韩州考

《蒙古游牧记》:科尔沁左翼中旗东南四百七十里,有阿拉马图城,周六里三百步有奇,门四。《一统志》谓此城近开原边外,疑即旧韩州城。穆[2]案:旧《盛京通志》韩州本藁离国,旧治柳河县,高丽置颠颉府,领颠、颉二州,渤海因之。辽太宗置三河、榆河二州,圣宗并二州置韩州东平军,领柳河一县。金因之,领临津、柳河二县,元废。明于此置站,在开原县城之西北。又按:《金史》辽以河为名,有杞[3]河、柳河。今考其河,即县界之内辽河、外辽河也。辽河至此分为二,故有杞河、柳河之称,南流近承德县界合为一。今无杞河、柳河[4],惟称巨流河。

廷杰案:[5]道光元年,吉林将军富俊赴昌图厅八面城查办地亩案件,得一出土铜镜,周篆"内清斯外昭明,光辉象夫[6]日月,心忽扬而顾照,虽[7]塞而不泄。长毋[8]相忘,见日之光"三十一字,背面铸楷书"韩州刺史"四字,是八[9]面城即金之韩州无疑。

石 碑 岭 说

石碑岭,在吉林城西二百十余里伊通边门内,金娄室墓[10]碑

---

① "今",据强自学斋本补,藩属、辽海、上图本皆无。
② "穆",强自学斋本误脱,据藩属、辽海本补。
③ "杞",强自学斋本作"构",此据藩属、辽海本。下同。
④ "河"下,强自学斋本有"名"。
⑤ "廷杰案",强自学斋本无,据藩属、辽海本补。
⑥ "夫",同影楼、强自学斋本误作"天",此据藩属、辽海本。
⑦ "虽",强自学斋本误作"雅",此据藩属、辽海本。
⑧ "毋",此据辽海本,他本皆误作"母"。
⑨ "八",强自学斋本误作"北",此据藩属、辽海本。
⑩ "墓",强自学斋本误作"墓",此据藩属、辽海本。

也,碑有"葬于济州之东南奥吉里"一语。查济州为黄龙府,即农安城。今由石碑岭向北偏西行一百六十里至农安,是与碑文相符也。杨氏《柳边纪略》载其墓在船厂西二百里之薄屯山,① 道里尚② 不甚悬殊,乃谓黄龙府治应在今石头河、双杨河之间,则失之远矣。说详《黄龙府考》及《得胜陀瘦碑记》内。

扶馀府、黄龙府、夫馀路、扶馀国考

《后汉书》:扶馀国,在元菟北千里,南与高句丽、东与挹娄、西与鲜卑③ 接。《三国》《魏志》:扶馀去汉元菟郡千里,南与高句丽、东与挹娄、西与鲜卑接,北有弱水,方可二千里。《新唐书》:扶馀,契丹道也。扶馀故地为扶馀府。《辽史》:东京龙州黄龙府,太祖平渤海,次扶馀城,有黄龙见于城上,更名黄龙府。《金史》:收国元年正月,太祖自将亲攻黄龙府。八月,次混同江,无舟,乘马径涉,遂克黄龙。天眷三④ 年,改济州利涉军,以太祖涉济故也。大定二十九年,改隆州利涉军。贞祐初,升为隆安府。明《一统志》:龙安一秃河,在三万卫西北金山东。⑤《全辽志》:龙安城在一秃河西金山东。《册说》:城周七里,门四,阯尚存,旁有塔,亦名农安。今吉林省西北二百八十里农安城,在伊通河西二里,城基与《册说》合,西门外半里有农安塔。知农安、龙安皆沿隆安而易其字者也。是扶馀府、黄龙府即今农安城无疑。至金之扶馀路,当在今齐齐哈尔城东呼兰迤北一带,《金史》:夫余路南至上京六百七十里,东至瑚

---

① "薄屯山",问影楼本误作"薄也山川",此据藩属、辽海本。

② "尚",问影楼本无,据藩属、辽海、上图本补。

③ "西与鲜卑",藩属、辽海、上图本无,据问影楼、强自学斋本补。按《后汉书·扶余传》此下尚有"北有弱水"四字。

④ "三",据强自学斋本改,藩属、辽海、上图本皆误作"二"。

⑤ "东",据藩属、强自学斋本补,辽海、问影楼、上图本无。

尔喀路一千四百里是也。

按《新唐书》云扶馀故地为扶馀府，是渤海平扶馀时以农安城为扶馀府，犹非扶馀国王城也。《辽史》《地理志》：通州安远军，①本扶馀国王城，渤海号扶馀，太祖改龙州，圣②宗改今名，统安远、归仁、通远、渔谷四县。金，州废，县并入归仁，属咸平府。《辽东行部志》：归仁县，《辽史》为安州。《一统志》：归仁故城，在咸平府北旧安州，金皇统三年改为县，后废，故址犹存。《全辽志》：开原北陆路第三站曰归仁站，即归仁故县也。据此，是归仁县即辽之安州，亦曰通州安远军，本扶馀国王城所在，知扶馀国应在今昌图府奉化县界内，不得以渤海之扶馀府为扶馀国也。③

得胜陀碑说*

得胜陀，金太祖誓师之地也。考金起混同江按出水，即今阿勒楚喀地方。《金史》：太祖十三年始起兵攻辽，先次寮晦城，诸路军皆会于拉林水，进军宁江州。十月朔，克其城。明年收国元年，克黄龙府，遂平渤海、辽阳等五十四州。此碑盖大定二十五年追述太祖会军拉林水时誓师之事，一面刻汉文，一面刻缺笔汉字，不可识，当系女真字。在拉林河西岸七里，④距入松花江处四十里，亦⑤名额特赫⑥噶珊。国语：额特赫，胜也；噶珊，乡村也。⑦今呼石碑崴

---

①　"军"，藩属、辽海、上图等本误作"毕"，据《辽史》地理志卷三十八改。

②　"圣"，藩属、辽海、上图等本误作"理"，据《辽史》地理志卷三十八改。

＊　《得胜陀碑说》一文，强自学斋本标题作"得胜陀碑记"，此据藩属、辽海本。

③　"按《新唐书》云"至"扶馀国也"，此段系《扶馀国考》内容，藩属、辽海、上图本误脱，据问影楼、强自学斋本补。

④　"七里"，藩属、辽海、上图本无，据问影楼、强自学斋本补。

⑤　"亦"，问影楼、强自学斋本作"旧"，此据辽海、上图本。

⑥　"赫"，藩属、辽海、上图本作"胜"，此据问影楼、强自学斋本。

⑦　"国语：额特赫，胜也；噶珊，乡村也"一句，藩属、辽海、上图本无，据问影楼、强自学斋本补。

子，另有记。

得胜陀瘮碑记*

得胜陀，金太祖誓师之地也，大定二十五年立石。考《金史》《本纪》，金之先居肃慎地，有混同江、长白山。按：辽人久灭渤海，据扶馀府宁江州诸地。金之先应居今吉林城东南长白山以北，为古肃慎地也。始祖居完颜部布尔噶水之涯，布尔噶水，应即今宁古塔至三姓之江，古称瑚尔哈河。瑚亦作库，一作呼，一作虎。哈亦作喀。瑚布、哈噶音固相近。《吉林舆图》：旧宁古塔城西，有布尔哈城，疑即金始祖所居。按：布尔噶原作仆斡，斡音凭，仆斡与忽汗音近。《唐书》：渤海王都临忽汗河，魏氏源以为虎喀即忽汗①之音转，廷杰则以为今称牡丹江。牡丹亦即忽汗、仆斡之音转也。弟博和哩居札兰。考《金史》昭祖耀武于率宾、札兰之地，所至克捷。太宗天会二年，命徙札兰路都贝勒完颜忠于率宾水，世宗大定十一年以札兰、率宾相去千里，既居率宾，不可忘本，遂命亲管明安名曰札兰明安。按：率宾水即今绥芬河，率宾原作恤品，又作速频，与绥芬皆对音字，知率宾国故阯即绥芬河双城子地方是也。既去札兰千里，又据《景祖本纪》，札兰在阿勒楚喀东南，是札兰应在今宁古塔、珲春界内。追献祖徙海古勒地，近阿勒楚喀。定居于阿勒楚喀按：阿勒楚喀即按出虎之对音，今呼阿实河，与按出虎音近远，金太祖所谓居按出虎水之上是也。之侧。即今阿勒楚喀城西南八里古城旧阯，国语呼珊延和屯，今通呼白城，《通志》作翁鄂洛城，金之上京会宁府也。城周二十里，内有子城，周四里，宫殿遗迹宛然可见。按翁鄂洛，译言河湾也。昭祖耀武至于青岭、白山，景祖稍属役诸部，自白山，即长白山。叶赫、即今叶赫站，古叶赫国也。图们、即图们江。札兰、②托卜、古伦三地应在今吉林东南、宁古塔西南，《金史》所谓东南至于伊勒呼、海兰、札兰、托卜、古伦是也。之属，以至五国之长按：五国博和哩国、博诺国、鄂

罗穆国、①伊勒图国、伊勒希国也。今三姓为五国头城,自三姓下至乌苏里江入松花江处,尚多古城旧址,其四国当不外是。皆听命。是时辽之边民有逃而归者,铁骊、骊,一作利。铁利国应在今铁岭县境。元《一统志》:蒲河,在沈阳路,源出铁利国蒲谷是也。契丹盛时,俘其国人处于黄龙府东北。《辽史》:祥州瑞圣军节度,兴宗以铁骊户置,兵事隶黄龙府都部署司,指此。乌舍许亢宗《奉使行程录》:古乌舍寨,在黄龙府东二百②一十里,契丹盛时,徙其民人于托色贝勒寨北,《辽史》所谓迁乌舍于宾州也。按《行程录》谓乌舍寨枕混同江,以地理考之,应在今伊通河入松花江处红石砑高楼上地方,托色贝勒寨应在今农安城东六十里万金塔地方。之民亦逃而来归,前后愿附者众。鄂敏水富察部、按:奉天永清边门东额尔敏河,即鄂敏水,其地为富察之野。图们水温特赫部近伊们江。特克伸特布水完颜部、舍音水完颜部,二部应在今吉林、宁古塔境内。疑舍音水即《舆图》宁古塔对岸之商音水也。皆相继来附。至太祖十三年,宋政③和四年,辽天庆四年,是时金未称号,明年始④建号收国。始起兵攻辽,先次寥晦城,诸路兵皆会于拉林水,即得胜陀,太祖誓师当在此时。进军宁江州,即今乌拉城。辽萧乌纳、高仙寿战败。十月朔,克其城,铁骊部来送款。辽再遣萧嗣先屯兵珠赫店,一名出河店,即今逊札⑤堡站东北十余里珠赫城,俗呼珠家城子,金之肇州也。临白江,即混同江。与金兵对垒。太祖乘辽兵方坏凌道,潜渡混同江掩击之,嗣先兵溃,遂率众进登岸。天会八年,以太祖肇基王迹于此,建为州,曰肇州。是时,太祖命布呼等攻拔宾州,按:元《一统志》会宁府之西曰宾州,又西曰黄龙府。《松漠纪闻》自会宁府西行二百五十五里至宾州界。《行程录》:由黄龙府东行六十里至托色贝勒寨,又九十里至曼济勒噶贝勒寨,道旁有契丹旧益州、宾州空城。以地望诊之,曼济勒噶贝勒寨应在今伊尔门河会伊通河处之辈山屯西。查自万金塔东行二十余里,道旁有古城基二,相距数里,曰西小城子、东小城子,知即益州、宾州空城。又东六十里

---

① "国",藩属、上图本误脱,据辽海、问影楼、强自学斋本补。
② "百",藩属本误作"白",据辽海、问影楼、强自学斋本改。
③ "政",藩属本误作"致",据辽海、问影楼、强自学斋本改。
④ "始",藩属本误作"治",据辽海、问影楼、强自学斋本改。
⑤ "札",藩属本误作"见",据辽海、上图本改。

至靠山屯西，又六十里至红石砑高楼上地方，临混同江，与诸书方隅里到均合。**辽将彻格尔战败。乌舍楚古尔苏来降，铁骊王亦以所部降。乌达布复败彻格尔、萧伊苏于祥州东，**元《一统志》：废祥州在宾州西南，辽祥州瑞圣军，统怀德县，属黄龙府。**斡浑等两路降。明年收国元年正月，太祖自将亲攻黄龙府，取威、祥二州，**祥州见上。元《一统志》：废威州在宾州南，辽置，亦曰武宁军，属黄龙府。查今东小城子西南四十里有古城基，曰孟家城子，应即祥州旧阯。东小城子正南二十余里，有古城基，曰小城①子，应即威州旧址，盖东小城子古宾州城也。**进薄益州，**见上。西小城子即古益州城。**州人走保黄龙，取其余民以归，留罗索、**原作娄室，葬吉林城西北二百余里博屯山上，碑有"归葬济州之东南隩"一语。**尼楚赫守黄龙，上自率兵趋达噜噶城。**城近挞鲁河，即今陀喇河之他虎城，在郭尔罗斯前旗西北界内。辽圣宗太平四年春正月，如鸭子河。二月己未，猎挞鲁河，诏改鸭子河曰混同江，挞鲁河曰长春河是也。**八月，次混同江，无舟，太祖使一骑前导，乘赭白马径涉，曰视吾鞭所指而行，诸军随之以济，**相传即今逊札堡站渡松花江处，其处西南至农安城一百六十里，东北至阿什河三百七十里。**遂克黄龙府。**按：黄龙府为古扶馀国，唐渤海大氏改为扶馀府。辽太祖平渤海次扶馀城，有黄龙见于城上，更名黄龙府。**天眷三年，改辽黄龙府为济州利涉军，以太祖涉济故也。大定二十九年，更为隆州利涉军。贞祐初，升为隆安府，**《全辽志》：龙安城在一秃河西、金山东。龙安即隆安之讹。一秃河今称伊通河，城在河西二里。**城周七里，门四，今其址尚存，名农安城，旁有塔，亦名农安。**农安旧作龙安。明《一统志》：龙安一秃河在三万卫西北金山外，元将纳哈出分兵为三营：一曰榆井深处，一曰养鹅庄，一曰龙安一秃河。及大将军冯胜征纳哈出，兵驻金山，遣副将于此受其降。我朝天命九年，布木巴率属来归，会察哈尔林丹汗掠科尔沁贝勒，阿巴泰率师由郭尔罗斯境往援，至龙安塔，林丹汗仓皇夜遁，不敢复犯科尔沁及②郭尔罗斯诸部，即此处也。**设分防农安照磨一员，隶长春厅抚民

---

① "城"，辽海本误作"城"，据藩属本改。

② "及"，辽海本误脱，据藩属本补。

通判。然则农安城之即古黄龙府，盖卓卓可据，何自来史论家未能实指其地，又或谓在开原县境，《通志》。或谓在石头河、双阳河之间，杨宾《柳边纪略》。或谓在今柳条边外、昌图厅西北、赫尔苏河之北岸，张穆《蒙古游牧记》。竟于著名之区各执一词耶？今因此碑引而伸之，庶几读史之一助云。

时光绪十三年夏，展设黑龙江电线，廷杰奉[1]差至伯都讷，即《金史》部诸泺，蒙古呼那勒亨。因渡江游历郭尔罗斯前旗及农安城万金塔诸处，复由青山口过江至逊札堡站《通志》。作逊札布，《舆图》作孙查包，今呼五家子站），北行百二十里至此，见断碣卧荆棘中，其文被风霜剥蚀，不及道光三年吉林堂主事萨英额所录之全，爰手揭数分，七月丙辰朔，午刻[2]日食，未初食既昃[3]见，未正三刻十[4]分复圆。将断碣[5]侧瘞於赑屃南，使与地平，仍置原额于上以表之，俟后之君子取证焉。

　　　　　　　　　　　楚北曹廷杰彝卿氏记

金会宁府考 海古勒白城附

金之[6]上京会宁府，据《金史》及《松漠纪闻》、《北盟会编》，许亢宗《奉使行程录》所载道里考之，本[7]即今阿勒楚喀城南四里白城故址。《通志》谓在宁古塔城西南，其说实本于明《一统志》金灭辽设都于渤海上京；高士奇《扈从录》沙林东南十五里曰火茸城，金之

---

① "廷杰奉"，辽海本误作"奉廷杰"，据藩属本改。
② "刻"，辽海本作"正"，此据藩属、上图本。
③ "昃"，藩属、上图本作"星"，此据辽海本。
④ "十"，藩属本脱，据辽海、上图本补。
⑤ "碣"，藩属、辽海、上图本误作"碍"，据文意改。
⑥ "之"，同影楼本无，据藩属、辽海、上图本补。
⑦ "本"，同影楼本无，据藩属、辽海、上图本补。

上京会宁府。此皆误也。《志》又谓当在塞齐窝集左右，塞齐窝集岭上有故城址，相传为金时阙门。今张广才岭①即塞齐窝集，绵亘数百里，岭上②并无城址，则其说尤不足据。案：《金史》会宁府初为会宁州，太宗以建都，升为府。天眷元年，置上京留守带本府尹兼本路兵马都总管，东至瑚尔喀路六百三十里，西至肇州五百五十里，北至夫余路七百里，东南至率宾路一千六百里，南至海兰路一千八百里。《松漠纪闻》：自上京至燕二千七百五十里，三十里至会宁头铺，四十里至第二铺，三十五里至阿萨尔铺，四十里至拉林河。《北盟会编》：出榆关以东第三十八程至拉林河，终日之内山无寸木，地不产泉。又五里至矩古贝勒寨，尽女真人。第③三十九程至馆，去上京尚十里。许亢宗《奉使行程录》：过混同江四十里，宿呼勒希寨。三十六程自呼勒希寨东行五里，契丹南女真旧界也。八十里至拉林河，行终日无寸木，地不产泉，人携水以行，渡河五里至矩古贝勒寨。第三十七程自矩古贝勒寨七十里至达河寨。第三十八程自布达寨行二十里至乌舍郎君宅，又三十里至馆，此去北庭尚十里。

查《金史》所谓瑚尔喀路，即今三姓南一百七十里小巴彦苏苏地方，牡丹江西沿古城。肇州，即今逊札堡站东北珠赫城。率宾路，即今绥芬河双城子地方。海兰路，即今图们江北海兰河海兰城。自白城按之道里皆合。《松漠纪闻》：由白④城西行，渡拉林河。《北盟会编》、《行程录》：由拉林河东行至白城，所记道里皆百四十余。今由白城西行十里有土城名点将台，又三十里有土城名

---

① "岭"，辽海本误作"巅"，据藩属、上图本改。
② "上"，藩属、辽海、上图本误作"城"，据问影楼本改。
③ "第"，问影楼、强自学斋本无，据藩属、辽海、上图本补。
④ "白"，问影楼本误脱，据藩属、辽海、上图本补。

小城子，又三十余里有双城子，又十里单城子，又十里金钱屯，又三十里乌金屯，又十里花园地方有旧土围，又五里过①拉林河，亦约百四十里，路皆平坦，犹见甬道形迹。知花园地方即矩古贝勒寨，金钱屯即阿萨尔铺，双城子即达河寨，亦即布达寨，小城子即会宁头铺，亦即乌舍郎君宅所在，点将台即当日馆客之所。再东行十里，至白城西门，门外偏北有大土阜，今呼斩将台。查《北盟会编》第三十九程至馆，去京尚十余里，翌日马行可②五七里，一望平原旷野，又一二里，云近阙，去缴。盖复北百余步有阜，当指此斩将台也。白城西面、南面各十里，东北隅缩进五里，作凸③形。由缩进之隅至西城适中之处，复有横城一④道，横城南有子城，方约二里，其⑤南面有二土阜对峙，各高二丈余，周二十余丈。由阜间北行，有高阜七层，高各四、五尺，长约⑥二十余丈，即宫殿基也。两旁均有高阜，南北直向，即围墙基也。外又⑦各有横亘高阜数层；皆在子城内。《北盟会编》：宿闱绕，⑧高丈余，皇城也。至门，就龙台下马，行入宿闱西，⑨朝见，即捧国书自山棚东入，山棚左曰桃源洞，右曰紫极洞，中作大牌，⑩题曰翠微宫，高五七尺，以五采间结山石及仙佛龙象之形。殿七间，甚壮，额曰乾元殿，阶高四尺许，阶前作坛，方数丈，名龙墀。据此，知子城即所谓宿闱，南面二阜即所谓桃

---

① "过"，藩属、辽海、上图本误脱，据问影楼、强自学斋本补。
② "可"，强自学斋本误作"一百"，据藩属、辽海、上图本改。
③ "凸"，藩属本作"曰"，此据辽海、同影楼、强自学斋本。
④ "一"，问影楼本误作"以"，据藩属、辽海、上图本改。
⑤ "其"，藩属、辽海本无，据问影楼本补。
⑥ "约"，辽海、上图本误作"均"，据强自学斋、问影楼本改。
⑦ "又"，强自学斋本作"各"，此据藩属、辽海本。
⑧ "宿闱绕"，《三朝北盟会编》政宣上帙二十作"由阜宿闱绕"。
⑨ "行入宿闱西"，此据《三朝北盟会编》政宣上帙二十，他本皆误作"行入宿闱"。
⑩ "大牌"，问影楼本误作"大碑"，据藩属、辽海本改。

源洞、紫极洞,中间即翠微宫,北行即乾元殿也。

又:《金史》:至献祖徙居海古勒水,始有栋宇之制,遂定居于阿勒楚喀之侧。今阿勒楚喀城东北二十余里有海古水,即海古勒也,俗呼大海沟、小海沟,合流入阿勒楚喀河。至白城之称,虽史无明文,然据①《金太祖实录》云辽以镔铁为号,取其坚也。镔铁虽坚,终有损坏,惟金一色,最为真宝。金之色白,完颜色尚白,况所居按出虎水之上,於是国号金。盖因建号之初色尚白,故呼此城为白城。其时本为会宁州,至太宗始以建都升为府,天眷元年始号上京。《金史》《地理志》:上京路,即海古勒之地,此皆可见矣。按:白城,国语呼珊延和屯。《通志》作翁鄂洛城,谓不知何代所筑。张氏②《蒙古游牧记》又谓即肇州遗③址,此与明《一统志》、高氏《扈从录》皆不足置辨者也。

渤海建国地方考

《新唐书》:渤海,本粟末靺鞨附高丽者,姓大氏,高丽灭,率众保挹娄之东牟山。万岁通天中,契丹尽忠反,有舍利齐齐克仲象者,渡辽水,保太白山之东北,阻鄂抢河自固,武后封为镇国公。其子祚荣建国,自号震国王,地方五千里,尽得扶馀、沃沮、弁韩、朝鲜海北诸国。先天中,为渤海郡王,以所统为呼尔罕州,自是始去靺鞨号,专称渤海。子武艺斥大土宇,④私改年号。天宝末,徙⑤上京直旧国三百里呼尔罕海之东,建五京十五府六十二州。此为肃

---

① “据”,问影楼、强自学斋本无,据藩属、辽海本补。

② “张氏”,问影楼本无,据藩属、辽海本补。

③ “遗”,问影楼本作“故”,此据藩属、辽海本。

④ “子武艺斥大土宇”一句,各本皆误作“子武义直大图字”,据《新唐书》卷二百十九校改。

⑤ “徙”,问影楼本误作“从”,据藩属、辽海、上图本改。

慎故地，曰上京龙泉府。

贾耽曰：自安东都护府东北经古盖牟[①]新城，又经渤海王城，城临呼尔罕海，其西南三十里有古肃慎城，其北经德里镇至南黑水靺鞨千里。按：今乌拉城西北数里有土城，土人[②]呼曰高丽城，方里余，当即粟末靺鞨旧地。又案：唐有涑州，亦当在此。《新唐书》：涑州为独奏州，犹言直隶州，不辖於府事，得专达也。《通考》：涑州以其[③]地近涑沫江得名，盖所谓粟末水也。《辽史》《地志》：东京涑州渤海置，此可见矣。高丽灭，率众保挹娄之东牟山，则徙至旧挹娄国境内，在今奉天界。盖其时高丽盖苏文为乱，唐太宗亲征不克，高宗遣李勣平[④]之，故粟末得以南徙也。自万岁通天丙申至先天壬子，[⑤]共十七年。舍利齐齐克仲象父子渡辽[⑥]水，辟地五千里，以所统为呼尔罕州，应由今奉天渡东辽水至吉林鄂多哩城建国。查鄂多哩城在今牡丹江源西[⑦]岸。牡丹即仆斡、[⑧]忽汗之转，忽汗即呼尔[⑨]罕之转，则所谓鄂抡河者乃忽汗河之本名，因先天中赐名呼尔罕州始有忽汗河之称，又以呼尔罕海为众水所归，故称海以别之。

武义徙上京龙泉府，本拂捏国故城，今称东京城，亦称佛讷和城。自鄂多哩城至东京城，实三百里，故曰直旧国三百里呼尔罕海之东也。遍考此外距东京城三百里者，别无城基可当。

————————————

① “盖牟”，各本皆误作“弁”，据《新唐书》卷四十三校改。
② “土人”，同影楼本无，据藩属、辽海本补。
③ “其”，强自学斋本误作“天”，据藩属、辽海、同影楼、上图本改。
④ “平”上，同影楼、强自学斋本有“讨”字。
⑤ “子”，强自学斋本误作“于”，据藩属、辽海等本改。
⑥ “辽”，强自学斋本误作“涼”，据藩属、辽海等本改。
⑦ “西”，强自学斋本误作“两”，据藩属、辽海等本改。
⑧ “斡”，强自学斋本作“斡”，据藩属、辽海等本误作“斡”。
⑨ “尔”，强自学斋本误作“亦”，据藩属、辽海等本改。

查：武义于开元七年称大武艺，始僭号仁安，不用唐室正朔，故曰私改年号。自僭号至天宝末徙上京，已三十七年。其先曾由旧国徙居显德府，亦曰显州，即①今长白山西北那丹佛勒城地方。《新唐②书》《渤海传》：上京南为中京，曰显德府，领显、卢、铁、汤、兴、荣六州。《地理志》：③自鸭绿江口舟行百余里，乃小舫溯流④二百里至神州，又陆行四百里至显州，天宝中王所都。又正北如东六百里至渤海王城。今由鸭绿江口舟行三百余里，又陆行四百里，即至那丹佛勒城。再由此东北行六百里，即至东京城。武艺於天宝年间徙居显州，不久复徙上京，故曰天宝中王所都，又东北六百里为渤海王城也。按：今土人呼鄂多哩城为敖东城，其音亦近于鄂抡城，又呼阿克敦城，似皆鄂抡之转也。

肃慎国考

据《山海经》及《晋书》，肃慎国在不咸山北。贾耽谓渤海王城临呼尔罕海，其西南三十里有古肃慎城。今东京城西南三十里宁古塔地方⑤有古城基，当即肃慎国也。唐虞曰息慎，周曰肃慎，两汉时属挹娄，南北朝属勿吉，隋唐属靺鞨，后归渤海，辽属女真，地方数千里。女真即肃慎之转音。⑥

---

① “即”，问影楼、强自学斋本误脱，据藩属、辽海本补。
② “唐”，强自学斋本误作“旧”，据藩属、辽海等本改。
③ “地理志”，强自学斋本作“道理纪”，此据藩属、辽海本。
④ “小舫”，问影楼本作“小舟”，“溯流”，藩属、辽海本误脱，问影楼本误作“延流”，据《新唐书》卷四十三校改。
⑤ “宁古塔地方”，藩属、辽海、问影楼、上图本无，据强自学斋本补。
⑥ “女真即肃慎之转音”，藩属、辽海、问影楼、上图本无，据强自学斋本补。

阿卜湖考

阿卜湖，唐称呼尔罕[1] 海，金称阿卜萨湖，明《志》作镜泊湖，[2] 国语呼毕尔腾湖，今仍通呼镜泊湖。《通志》谓兴凯湖即镜泊，非也。

牡丹江考

牡丹江，唐作忽汗河，金称瑚尔喀，又讹和罗噶、胡里改，《通志》谓乌苏江即和罗噶江，非也。[3] 又称布尔噶，原作仆幹，国初称虎尔喀，又作瑚尔喀、呼尔喀、库尔喀，[4] 今称牡丹江，皆音之转也。

五国城考

按：五国之说不一，或谓宁古塔东松花、黑龙二江合流之处有土城焉；或以为在朝鲜北境近宁古塔有故城在山上；或以为去燕京三千八百里西至黄龙府二千一百里；或谓宁古塔相近抢头街有旧城址五疑即是也。此皆影响之谈，毫[5] 无实据。查《辽史》《营卫》、《部族志》五国部：博和哩国、博诺国、鄂罗穆国、伊勒图国、伊勒希国，是五国自当分居五地，必非一处可知。今自三姓至乌苏里江口，松花江两岸共有城基九处：一、三姓附郭旧城；一、三姓下八十余里北岸吞河固木讷城；一、三姓下三百五十余里南岸瓦里和屯，即《通志》斡里城；一、斡里城下四十余里南岸希尔哈城；一、希尔哈城下约百里北岸，有大古城；一、希尔哈城下百六十里南岸富克锦

---

① "罕"，藩属、辽海本无，据问影楼、强自学斋本补。
② "湖"，强自学斋本误作"河"，据藩属、辽海、上图本改。下同。
③ "《通志》"至"非也"一句，问影楼、强自学斋本无，据藩属、辽海、上图本补。
④ "又作"至"库尔喀"一句，问影楼、强自学斋本无，据藩属、辽海、上图本补。
⑤ "毫"，强自学斋本误作"豪"，据藩属、辽海、问影楼、上图本改。

地方，有大古城；一、富克锦下约百里南岸图斯科地方，有大古城；一、图斯科下一百八十余里南岸额图地方，有古城；一、额图下约五十余里南岸青得林，即喜鲁林地方，有古城基。

考《辽史》五国於圣宗时来附，令①居本土，以镇东北境，属黄龙府都部署司。《契丹国志》：女真东北与五国为邻，五国之东接大海，出名鹰，自东海来者谓之海东青，辽人酷爱，岁岁求之，女真至五国战斗而后得，不胜其扰。《北盟会编》：五国之东接大海，出海东青，女真每发甲马千余人，入五国界，接东海巢穴取之，与五国战斗而后得。《金史》《本纪》：景祖时，五国博诺部节度使叛辽，鹰路不通，景祖袭而②擒之。又：辽咸雍八年，五国穆延部舍音贝勒叛辽，鹰路不通，景祖伐之，舍音败走。元《一统志》：开元路，三京故国，五国旧城，东北一都会也。又云：混同江发源长白山，经渤海建州西五十里，会诸水东北流上京，下达五国头城，又东北注於海。明《一统志》：五国头城在万里卫北一千里，自此而东分为五国，旧传宋徽宗葬于此。合诸书观之，是五国故址不外三姓下九城也。《圣武记》：三姓城在宁古塔东北，五国城在焉，即肃慎故址。宁古塔而东三百里有依兰哈喇土城，即五国城故地，皆有证。③

考《宋史》建炎二年，金徙二帝于韩州，去燕京一千五百里。四年，金将立刘豫，乃徙二帝于五国城，去上④京东北千里。查韩州为今八⑤面城，去燕京实一千五百里。上京为今白城，东北至三姓五百五十余里。由三姓东北四百余里至希尔哈城，云去上京东北

---

① “令”，同影楼本作“命”，此据藩属、辽海本。
② “而”，藩属、辽海、上图本无，据同影楼本补。
③ “《圣武记》”至“皆有证”一段，藩属、辽海、同影楼、上图本无，据强自学斋本补。
④ “上”，强自学斋本误脱，据藩属、辽海本补。
⑤ “八”，强自学斋本误作“北”，此据藩属、辽海本。

千里，似即徙于希尔哈城也。然据《大金国志》宋二帝自韩州徙五国城，五国城者①在西楼东北千里。查西楼为临潢府，即今锡伯城。云在西楼东北千里，实即三姓城，与明《一统志》所指为②五国头城者相合。总之，三姓当为五国头城，自此而东乃四国分据也。

又按：五国城，辽隶黄龙府都部署司，金则改隶瑚尔哈路。《金史》《地理志》：瑚尔哈路西至上京六百三十里，天会六年徙昏德公、重昏侯於韩州，八年徙瑚尔哈路是也。

伯 利 考*

按：唐征高丽，绝沃沮千里，至颇黎。辽五国部，有博和哩国。颇黎、博和哩，音同字异也。今华人称伯利，二字皆呼波力，是与唐、辽音同。则俄之克薄诺甫克，即颇黎、博和哩，似属可据。

庚寅正月十六日识

率宾国即绥芬河双城子地方考**

《新唐书》：率宾故地为率宾府，领华、益、建三州。《辽史》：东京率宾府刺史，故率宾国地。《金史》：上京率宾路，辽时为率宾府，西北至上京一千五百七十里，东北至瑚尔哈一千一百里，西南至海兰路一千二百里。《金史》又有苏滨③水，一作恤品。明《一统志》作恤品河，在建州东南千余里，又讹速平江，又倒讹为速江平。以地望诊之，率宾、苏滨、恤品即今绥芬河也，其府路故基，即今双城子

---

① "五国城者"，同影楼本作"城"，此据藩属、辽海本。
② "指为"，同影楼、强自学斋本作"称"，此据藩属、辽海本。
＊ 《伯利考》一文，同影楼、强自学斋本无，据藩属、辽海、上图本著录。
＊＊ 此文，同影楼本题作《绥芬即率宾考》。
③ "滨"，同影楼本误作"溟"，强自学斋本误作"冥"，此据藩属、辽海本。

地方①无疑。《圣武记》:绥芬河在宁古塔之南、图们江之东入海。②

穆棱河即慕棱水说*

《金史》:拉必据慕棱水保固险阻,慕棱水即穆棱河。

断 牛 说**

奇雅喀喇,为牛皋、王贵之后,爱珲下窦家屯,为窦尔东之后,已列于《游俄笔记》中矣。世传金圣叹有断牛之谶,其子孙流窜宁古塔东北二十余里,今称金家窝棚,今东省称住处曰窝棚,亦曰窝铺,盖沃沮、窝稽转为窝处③也。有金姓人数家,称系圣叹之后,相传其先到此时,有一断碣,只刻一牛字,盖符断牛之谶云。

光绪甲午廷杰偶识

嫩江、陀喇河、喀鲁伦河、黑龙江考

附临潢府考 长春州考

嫩江,一作妹江,又名诺尼江,古名难水,亦曰那河,明人谓之脑温江,又曰忽剌温江。《龙沙纪略》:蒙古谓脑温为碧,诺尼意同。发源内兴安岭之宜呼尔山,南流一千四百里入松花江。

陀喇河,旧作陀罗河,亦曰洮儿河,有二源:北源④即陀喇河,古名崛越河,发源乌珠穆沁右翼旗东北之索岳尔济山,东南流⑤数

---

① "地方",同影楼、上图本无,据藩属、辽海、强自学斋本补。
② "《圣武记》"至"之东入海"一句,据强自学斋本补,他本无。
* 此文,同影楼本编入"杂说",此处据藩属、辽海本编排。
** 《断牛说》一文,同影楼、强自学斋本无,据藩属、辽海、上图本著录。
③ "处",原文如此,疑当为"棚"。
④ "北源",同影楼本误脱,据藩属、辽海本补。
⑤ "流",强自学斋本误脱,据藩属、辽海本补。

百里，会归喇里河入嫩江。《太平寰宇记》：东室韦部落，在崛越河之北，其水东南流与那河合是也；南源曰①归喇里河，古名完水，发源乌珠穆沁右翼旗东之瑚苏图山，东北流数百里，会陀喇河入嫩江。《寰宇记》：完水，在乌洛侯国西南，其水东北流合于难水。②《蕃中记》云完水即乌桓水是也。查乌桓本据今西辽③河两岸及归喇里河西南地方，归喇里河出其境内，故称乌桓水，又称完水。自来史论家俱指黑水为完水，又指敖嫩河为室建河，殊觉梦梦。考室建河之名始于隋唐，其时大车室韦部落傍河建室而居，故以为名。④《寰宇记》谓其河源出突厥东北界俱轮泊，屈曲东流，经西室韦界，又东经大室韦，又东经蒙瓦部落之北、落怛室韦之南，又东流与那河、忽汗河合，又东经南黑水靺鞨之北、北⑤黑水靺鞨之南，东流注于海。按：俱轮泊即今呼伦池，云室建河源出于此，是明明指今之喀鲁伦河为室建河，自发源东流经西室韦、大室韦、蒙瓦部、落怛室韦，入俱轮泊。又东北流入今黑龙江，又东流、东南流入今黑河口，皆称室建河，始与那河、忽汗河下流之水相会。又东经南北黑水靺鞨，东北注于海，《记》⑥盖未能详述耳。按：黑龙江本有二源，俱发源于库伦东之肯特山，喀鲁伦河⑦出山之东南，所谓室建河、胪朐河是也；敖嫩河出山之正东，一作鄂伦河，金元时谓之斡难河是也。

---

① "曰"，强自学斋本误作"日"，据藩属、辽海本改。

③ "合于难水"，强自学斋本作"与难水合"，此据藩属、辽海本。

③ "辽"，强自学斋本误作"潦"，据藩属、辽海本改。

④ 曹廷杰此处理解有误。按《新唐书》卷二一九"室韦传"原作："北有大山，山外曰大室韦，濒室建河。河出俱伦迤而东，河南有蒙瓦部，其北落坦部。水东合那河、忽汗河，又东贯黑水靺鞨，故靺鞨跨水有南北部，而东注于海。"是"濒室建河"，非"傍河建室而居"。

⑤ "北"，问影楼本误脱，据藩属、辽海、强自学斋、上图本补。

⑥ "记"下，问影楼本误衍一"载"字。

⑦ "河"，问影楼本无，据藩属、辽海本补。

二河相会之后,自古通称黑水,或名室建河,今呼黑龙江,国语称萨哈连乌①喇,俄称阿穆尔,音近暗木录。②知此则元魏之乌罗护、地豆于,唐之室韦二十余部及蒙瓦部,凡附此水南北居者,皆可按图而得矣。查喀鲁伦河又名胪朐河,辽之北境极於此。《盛京通志》乃谓上京临潢府当在今呼伦布雨③尔车臣汗之间。又谓乌尔缴河即涞流河,诸家多从之,是临潢府反在边外不待辨而自明者也。

　　张氏《蒙古游牧记》又谓今巴林东北一百四十里,当乌尔图绰农河会和戈图绰农河之处,有波罗城址,周二十里,内有三塔久毁,疑即古之临潢府。又以史云涞流河绕京三面,疑古城当在和戈图绰农之东岸巴林与阿噜科尔沁接界处,不知《辽④史》言涞流河绕京三面,东入曲江,其北东流为按出河。所谓⑤曲江,即今伯都讷松花江屈曲之处,按出河即阿勒楚喀河,古称按出水。是涞流入今松花江可知,若在巴林地界,则入西辽河,於史文不通矣。考《辽史》《地理志》:上京临潢府,本汉辽东郡西安平之地,太祖取天梯、博罗等三山⑥之势於苇甸,射金龊箭以识之,谓之龙眉宫。神册三年城之,名曰皇都。天显十三年,更名上京,府曰临潢。又:祖州天成⑦军,太祖秋猎多於此,始置西楼,后因建城,幅员九里,门四,西北隅有内城。《金史》《地理志》:临潢总管府,地名西楼,辽为上京,国初因之,天眷元年改为北京,天德二年改北京为临潢府路。贞元元年,以大定府为北京,置临潢路。《辽志》:临潢府,有涞流河自西

---

① "乌",强自学斋本误作"阿",据藩属、辽海本改。
② "音近暗木录",藩属、辽海本脱,据问影楼、强自学斋本补。
③ "雨",强自学斋本误作"两",据藩属、辽海本改。
④ "辽",强自学斋本误作"溱",据藩属、辽海本改。下同。
⑤ "所谓",强自学斋本作"亦名"。
⑥ "天梯、博罗等三山",《辽史》《地理志》作"天梯、蒙国、别鲁等三山"。
⑦ "成"下,问影楼本衍"戍"字。

北南流,绕京三面,东入曲江,其北东流为按出河。

今科尔沁右翼前旗东南五十里,有西伯城,亦作锡伯城,① 又作席百、席北,城② 在陀喇河、归喇里河相会之南岸,亦周九里,门四,西北隅亦有内城,陀喇河亦自西北南流,绕城三面,东入松花江正当屈曲之外。是锡伯城即临潢府,陀喇河即涞流河可知已。③ 杨宾《柳边纪略》:席百城,在船厂边门外西南五百余里,凡自船厂往墨尔根、爱珲、黑龙江者由此。按:今由吉林伊通边门、赫尔苏边门向西北往锡伯城,均④ 五百余里,里数尚合,而所云西南则非。又自直隶喜峰口、奉天法库门等处往黑龙江省,则由锡伯过,若自船厂往者,断不出此。杨氏亲历吉林、黑龙江境,乃至错讹若斯,宜乎闭户著书者于临潢、黄龙、会宁各著名之区皆影响游移,迄无实据也。

锡伯城东约四百里为郭尔罗斯前旗界,当陀喇河入嫩江之处,有他虎城,周八里有奇,门四,《蒙古游牧记》谓建置无考。查《辽史》上京有他鲁河,《金史》长春⑤ 县有挞鲁古河。辽圣宗四年春正月,如鸭子河;二月己未,猎挞鲁河,诏改鸭子河曰混同江,挞鲁河曰长春河。又《辽史》《地理志》:长春州韶阳军,本鸭子河春猎之地,兴宗重熙八年置,统县一:长春县。《金史》《地理志》:泰州昌德军,本契丹二十部族牧地,大定二十五年罢,承安二年复置於长春县,北至边四百里,南至懿州八百里,东至肇州三百五十里,县一曰长春,即辽长春州。《金史》:收国元年正月,太祖自将亲攻黄龙府,进临益州,州人走保黄龙,留罗索、尼楚赫守黄龙,上自率兵趋挞鲁

---

① “城”,问影楼、强自学斋本脱,据藩属、辽海本补。
② “城”,藩属、辽海本脱,据问影楼、强自学斋本补。
③ “巳”,强自学斋本误作“已”,据藩属、辽海本改。
④ “均”,强自学斋本误作“约”,据藩属、辽海本改。
⑤ “长春”,问影楼本误作“上春”,据藩属、辽海本改。

噶城。时①辽天祚帝率藩汉兵十余万出长春路,分五部北出骆驼口。太祖乘其未阵,三面击之,天祥大败,退保长春。太祖乘胜遂克黄龙,平渤海、辽阳等五十四州。谨按:②以上诸说,是陀喇河即他鲁河,亦即挞鲁古河,他虎城即挞鲁噶城,亦即辽之长春州韶阳军治,金复置之泰州昌德军,长春县治所在也。盖按北至边四百里推之,是③金之北边与辽至胪朐河正同,由东至肇州三百五十里推之,今自他虎城东至逊札堡站东北之珠赫城,道里亦符。且陀喇河、归喇里河合流之后,东南流数十里,即分为二派:一南流,西岸锡伯城在焉;一东南流十余里,又分一支,先合南派,又东南流二百里,至喀沙图站之东南,复合而东流百余里,又折东北经科尔沁右翼后旗南界,又东至札赉特旗南,汇为纳喇萨喇池,犹华言日月池也。池西南他虎城在焉,④为郭尔罗斯前旗地。又东流入嫩江,又东南入松花江。查纳喇萨喇池在他虎城东北数十里,今通呼月亮泡,⑤与《营卫志》所载鸭子河泺东西二十里、南北三十里,在长春县东北三十五里,适相符合,故曰陀喇河即挞鲁河,他虎城即长春州也。或问於锡伯城,则证陀喇河为涞流河,於他虎城则证陀喇河为挞鲁河。一水二名,於古今亦有征否?曰:今之西辽河,古人於上流则曰潢河,於下流则曰辽河;古之普述水,今人於上流则曰叶赫河,於下流则曰开原河。山水随地易名,古今未可枚举,何足异乎!按:《寰宇记》:完水在乌洛侯国西北,本《北史》乌洛侯国西北有完水,此皆误也,宜作西南始合,⑥另有辨。

---

① "时",问影楼本作"其时",此据藩属、辽海本。
② "谨按",问影楼本作"按",此据藩属、辽海本。
③ "是",问影楼本脱,据藩属、辽海本补。
④ "池西南他虎城在焉",问影楼本作"池西南有他虎城",此据藩属、辽海本。
⑤ "泡",强自学斋本作"池",此据藩属、辽海本。
⑥ "始合",问影楼本无,据藩属、辽海本补。

光绪十五年，廷杰官山右和顺县时，李太史子丹（桂林）修《吉林志》，函谓临潢府当以《游牧记》所指巴林波罗城为是。廷杰覆函谓，据薛映《记》，从广宁一百三十里渡湟水，又五十里渡黑水，又一百二十里过祖州，又四十里至临潢府考之，广宁即今之广宁县。从广宁三百四十里至临潢府，则波罗城实临潢故址无疑。廷杰初成《图说》时，以《通志》谓临潢当在呼伦贝尔车臣汗之间，何氏《朔方备乘》及诸家多从之，是临潢反在当日边界之外，故据涞流河东入曲江，其北东流为按出河等语，以锡伯城为临潢府，以驳诸家之误。其实薛①《记》系当日亲历其地，与《游牧记》符合，本为临潢定地。又考：按出者，译言耳环②也。按出河，谓河象耳环形。查《舆图》巴林之水泊亦有耳环③形，故知临潢以巴林为是。④廷杰⑤前据按出指为阿勒楚喀河，误也。

　　　　　　　　　　　己丑十月二十四日识⑥

赏乌绫说*

咸丰以前，伯利东北黑斤、费雅喀、俄伦春、济勒弥、奇勒尔、库叶、奇雅喀喇贡貂诸部，岁时於此处贡貂，由三姓派员往受，赏以乌绫。

---

① "薛"，藩属本误作"曰"，据辽海本改。

② "译言耳环"，藩属本误作"土耳其环"，据辽海本改。

③ "耳环"，藩属本误作"而一"，据辽海本改。

④ "故知临潢以巴林为是"，藩属本误作"故知不由矣巴林为是一不"，据辽海本改。

⑤ "廷杰"，藩属本无，据辽海、同影楼、强自学斋本补。

⑥ "光绪十五年"至"己丑十月二十四日识"一段，据藩属、辽海、强自学斋本补录，他本无。

* 此文，同影楼本列入"杂说"，据藩属、上图本编排。

使 犬 部 说 *

自音达木河,顺松花江两岸,东尽海中库叶岛各部,俱用狗车,即狗爬犁,① 所谓使犬部也。

赫 哲 喀 喇 说 **

自伯利下② 至阿吉大山,曲折约一千二百余里,沿江两岸居者,皆剃发黑斤,即赫哲喀喇也。

额 登 喀 喇 说 ***

自阿吉大山下至黑勒尔,约八百余里,沿江两岸居者,称不剃发黑斤,亦曰长毛子,即额登喀喇也。

贡 貂 诸 部 说

吉江二省旧界贡貂诸部落,若木抡,居乌苏里江两岸;若奇雅喀喇,居尼满河源;若③ 赫哲喀喇,居乌苏里江口下混同江两岸,即今剃发黑斤;若额登喀喇,居赫哲喀喇下混同江两岸,即今不剃发黑斤;若飞牙喀,居额登喀喇东北七八百里;若奇勒尔,居宁古塔东北三千里。又有使鹿鄂伦春、使马鄂伦春二部,又索伦、毕喇尔、都喇尔、打狐狸各部,皆分见於官书图说,特部落远近未尽翔实。至混同江口之济勒弥及库叶① 岛中之库页、雅丹、嵩阔洛、社② 瓦狼社瓦狼

---

*　　此文,同影楼本列入"杂说",据藩属、上图本编排。

①　"即狗爬犁",藩属、辽海本无,据同影楼本补。

**　　此文同影楼本列入"杂说",据藩属、上图本编排。

②　"下",同影楼本无,据藩属、辽海本补。

***　　此文,同影楼本列入"杂说",此处据藩属、上图本编排。

③　"若",辽海本误脱,据藩属、上图本补。

部落亦呼休文禄。③ 五部，则从未见诸记载。前年游历该处，闻之颇为诧异，因恐於古无征，未敢笔之记内。④ 嗣考《金史》济喇敏、《元史》帖烈灭，皆在东北海滨，实即今济勒弥⑤ 地方，则库页、雅丹、嵩阔洛、社瓦狼各部亦必有可考者，⑥ 因按各部所处地方图⑦ 之，以俟博雅君子取证焉。按毕喇尔、都喇尔今通称索伦，打狐狸即达呼儿。

傅⑧达里、济喇敏说*

傅达里河即乌达哩。《金史》：金之壤地封疆，东极济喇敏、乌达哩诸野人之境，应指此也。

济　勒　弥　说**

自黑勒尔顺江至海滨，约六百余里，沿江两岸居者通称济勒弥，即济喇敏也，亦杂费雅喀、奇勒尔二部人。

特林碑说之一

按《通志》载：宁古塔东北二千七百二十里殿山，又称殿山嘴，上有二碑。杨宾《柳边纪略》载：康熙庚① 午，与俄罗斯分界，固山额真巴海等分三道至威伊克阿林，一从亨乌喇入，一从格林必拉入，一从北海绕入，遂立碑于山上，碑刻满洲、俄罗② 斯、喀尔喀文。

---

① "叶"，同影楼本误脱，据藩属、辽海本补。
② "社"，《库页岛志略》卷二作"杜"。
③ "社瓦狼部落亦呼休文禄"，据同影楼本补。
④ "未敢笔之记内"，同影楼、强自学斋本作"未笔之游历记内"，此据藩属、辽海本。
⑤ "弥"，强自学斋本误作"跡"，据藩属、辽海本改。
⑥ "者"，同影楼本脱，据藩属、辽海、强自学斋、上图本补。
⑦ "图"，强自学斋本作"言"，此据藩属、本图本。
⑧ "傅"，藩属、辽海、上图本误作"传"，据同影楼本改。
* 此文，同影楼本列入"杂说"，据藩属、上图本编排。
** 同上。

今特林二碑，一刻"永宁寺记"，一刻"宣德六年重建永宁寺记"，皆述明太监亦失哈征服奴③儿干海及东海苦夷事，其小碑之阴有二体字，两旁又各有四体字，或即巴海等分界时所刻也。

特林碑说之二*

　　碑在今伯利下二千零二十里混同江东岸特林地方，西南距三姓三千五百里，东北距混同江口三百余里。其处石岩如城阙，斗峙江边，高八九丈，顶上北一小碑刻"永宁寺记"，字在北面。南一大碑刻"重建永宁寺记"，字在南面。皆述明太监亦失哈征服奴儿干海及东海苦夷事。论者谓明之东北边塞尽于铁岭、开原，并谓《明实录》、《明会典》诸书所载四百五十八卫皆属空名。今以此碑证之，其说殊不足据。其小碑之阴有二体字，两旁又各有四体字。查《柳边纪略》载威伊克阿林界④碑，谓系康熙庚午与俄罗斯分界所立，以三路往视之道计之，当在此处。然言碑刻三体字，不详其文。今此碑共六体字，惟唵嘛呢叭咪吽六字可识，余五体均不辨。且《通志》载宁古塔东北二千七百二十里殿山，又称殿山嘴，上有二碑，与威伊克阿林地方不合。其六体字是否界碑，未敢臆断。惟《明实录》载特林山卫，《通志》谓宁古塔境内，与今特林相符。又急读威伊克阿林，其音亦与特林相近。今土人相传，此碑系前数百年大国平罗刹所立，则六体字碑文或即杨宾所指之界碑也。其地有炮台、壕堑遗迹二处，一南向可堵自混同江顺流而下之路，一西北向可堵自海口及恒滚河口逆流而上之路，险要所关，已为俄有矣。

---

①　"庚"，强自学斋本误作"甲"，据藩属、辽海、上图本改。

②　"罗"，强自学斋本误作"杂"，据藩属、辽海、上图本改。

③　"奴"，问影楼、强自学斋本误作"双"，据藩属、辽海、上图本改。

*　《特林碑说之二》，据嘉业堂抄校本《东北边防辑要》著录，其他各本无。

④　"界"，抄本原误作"暑"，据文意改。

廷杰按：三姓海以外图有库叶岛，一作库页岛，《大清一统舆图》作库叶岛，附吉林图内。明《开原志》云苦兀在奴儿干海东。又见都察院经历乐叔繁家藏《明一统图》后附东北夷，其界东滨海，西接兀良哈，北抵奴儿干海，南邻朝鲜，内有兀列部。库叶、库页、苦兀、兀列皆同音异字，实仅一地。今以此碑东海苦夷证之，当以苦夷为是。

附呈：杨宾《柳边纪略》威①伊克阿林界碑，其略曰：威伊克阿林，极东北大山也，上无树木，惟生青苔，厚常三四尺。康熙庚午与俄罗斯分界，天子命镶蓝旗固山额真巴海等分三道往视，一从亨乌喇入，一从格林必拉入，一从北海绕入，所见皆同，时方六月，大东海尚冻。遂立碑于山上，碑刻满、俄罗斯、喀尔喀文。

廷杰按：亨乌喇即吞河，从此入者，由齐齐哈尔东迹内兴安岭，顺吞河入混同江也；格林必拉即格楞河，从此入者，由爱辉旧城东迹外兴安岭南枝，顺格楞河入混同江也；北海即指索伦河东海湾，从此绕入者由雅克萨城东北至钦都河源上外兴安岭，东抵索伦河口，沿海滨绕入混同江也。今特林地方距混同江②海口尚三百余里，以三路往视之道计之，其立碑似当在此。

永宁寺碑释文*

□□天之高覆四时行万物生焉地之厚载□□□
□□□焉　　　　明万姓归

　　　恭惟我

圣朝布

　□

---

①　"威"，抄本误作"威"，据文意改。

②　"江"，抄本误作"海"，据文意改。

*　录自嘉业堂抄校本《东北边防辑要》。此系所知此碑汉文碑文的最早释文。

□

上命内官　　　五至其国　　　捕海者方物朝
贡

上嘉其来赐□给赏　　　还之　　　　　　永
宁寺国民　　　也□□初复遣太监亦失哈
部众□至

□

圣天子与

天同体明如月日　　　具民悦服且整饰佛寺大会
而还也

上命太监亦失哈同都指挥康政率官军三千巨船
五十再至民皆如□□永宁寺

□□　　　皆悚惧战栗忧之以戮而太监亦失哈
等体

皇上好生柔远之德特加□□斯民谒□□其以酒
给以□物□□□於是人民老少踊跃忻感□□

□

天朝有□□之君乃□□□□我属无患矣

敢不复始□委官重造□工塑佛

　　　　国人□远近皆来顿首□曰我□□

□□无疑矣以斯观之此我

圣朝□□□□道高光舜　　　使八方四裔□

□万姓无一饥寒者其太监亦失哈都指挥康政尤

能　　　四秀□□尚矣伟欤懋哉　圣王布

德施惠非求报於百姓也郊望尝非求报於鬼神也山致其高

雨云起焉水致其深蛟龙生焉□□□其

道德而福禄归焉是故有阴德者必有阳报有阴行

者必有昭□此之谓因为文记

　　大明宣德八年癸丑　　　　碑后题名多可不辨

　　钦差□□□太监六失哈

　　　　辽东　都指挥康政

　　　　　　　　　　　　　　　　雷遇春

附:《永宁寺记》碑记释文*

汉文碑记释文

　　《永宁寺记》撰刻于明永乐十一年(1413年)。碑高 179 厘米,宽83厘米,碑侧广42厘米。正面额题"永宁寺记",横写,大字正书。碑文竖刻,凡三十行,正书,行六十二字、六、七、十二行顶二格,十一、十五行顶一格。二十行至三十行载官职姓名,比正文低十九格起书,字体较小。

　　碑文尽可能用今体字排印,另加标点、分段。缺文以方框为记;可以补出的,外加方括号;字数不明的,以删节号为记。碑文中的小号数字是碑文行次。

　　敕修奴儿干永宁寺记一

　　伏闻天之德高明,故能覆帱;地之德博厚,故能持载;圣人之德神圣,故能悦近而服远,博施而济众。洪惟我二朝统一以来,天下太平五十年矣。九夷八蛮,梯山航海,骈肩接踵,稽颡于三阙廷之下者,民莫枚举。惟东北奴儿干国,道在三译之表,其民日吉列迷及诸种野人杂居焉。皆闻风慕化,未能自至。况其地不生五谷,不产

---

　　* 据锺民岩等《明代奴儿干永宁寺碑记校释》一文著录,并据鞠德源《从〈三万卫选簿〉看明朝政府对奴儿干地区的经营》校改了"王"、"古"、"里"三字。

布帛，畜养惟狗。或野[四]人养□〔驾〕□，运□□□物，或以捕鱼为业，食肉而衣皮，好弓矢。诸般衣食之艰，不胜为言。是以[五]皇帝敕使三其国，招安抚慰，□□安矣。[六]圣心以民安而未善，永乐九年春，特遣内官亦失哈等，率官军一千余人，巨船二十五艘，复至其国，开设奴儿干都司。昔辽金畴民安故业，皆相庆曰：□□今日复见而[七]服矣。遂上□朝□□□都司，而余人[八]上授以官爵印信，赐以衣服，〔赏〕以布钞，大赉而还。依土立兴卫所，收集旧部人民，使之自相统属。

十年冬，[九]天子复命内官亦失哈等载至其国。自海西抵奴儿干及海外苦夷诸民，赐男妇以衣服器用，给以谷米，宴以酒馔，皆踊跃欢忻，无一人梗化不率者。一〇上〔复以〕金〔银〕等物〔为〕择地而建寺，柔化斯民，使之敬顺——太祖以圣□为相之〔瑞〕。十一年秋，卜奴儿干西，有站满泾，站之左，山高而秀丽。先是，已建观音堂于其上，今造寺塑佛，形势优雅，粲然可观。国之老幼，远近济济争趋一二□□高□□□□□威灵，永无厉疫而安宁矣。既而曰："亘古以来，未闻若斯。一三圣朝一四天□民之□□□上忻下至，吾子子孙孙，世世臣服，永无异意矣"。以斯观之，万方之外，率土之民，不饥不寒，欢忻感戴难矣。尧舜之治，天〔率蒸民〕，不过九洲之内，今我一五□□□□□□·□□，蛮夷戎狄，不假兵威，莫不朝贡内属。《中庸》曰："天之所覆，地之所载，日月所照，霜露所坠，凡有血气者，莫不尊亲，故曰配天。"正谓我一六〔朝盛〕德无极，至诚无息，与天同体。斯无尚也！无盛也！故为文以记，遮万年不朽云尔。一七

永乐十一年九月二十二日立一八

钦差内官：亦失哈、〔成〕□胜、张童儿、张定安

镇国将军都指挥同知：张旺一九

抚总正千户：王迷失帖、王木哈里　玄城卫指挥：失秃鲁苦、弟

秃花、妻叭麻二〇

　　指挥：哈彻里、□蓝、王谨　　弗提卫指挥签事：秃称哈、毋小彦
男弗提卫千户：纳蓝二一

　　千户：吴者因帖木儿、宁诚、马兀良哈、朱诚、王五十六、□□、
黄武、王□君、□□□……二二

　　百户：高中、刘官永奴、孙□、王得试奴、李政、李敬、刘赛因不
花、傅同、王□里帖木、韩□、张甫、金卫、□原、高迁、叶胜、□
□……二三赵锁古奴、王官音保、王阿哈纳、崔源、里三、□□□、□
〔杖〕、康速合、阿卜哈、哈赤白、李道安、□道、阎威□　　总旗：李速
古二四

　　所镇抚：王溥、戴得贤、宋不花、王速不哈、李海赤、高歹都、李
均美　　都事：席□　　医士：陈恭、郭奴　　□总吏：黄显、费□二五

　　监造：千户金双顶　　撰碑记：行人铜台邢枢　　书丹：宁宪　　书
蒙古字：阿鲁不花　　书女真字：康安　　钻字匠：罗泰安二六

　　来降快活城安乐州千户：王儿卜、木答兀　　卜里阿卫镇抚：阿
可里、阿剌卜　　百户：阿剌帖木、□纳　　所镇抚：赛因塔、把秃不花、
付里住、火罗孙二七

　　自在州千户：□剌□、哈弗里的、阿里哥出　　百户：满秃

　　木匠作头：石不哥儿、金卯白、揭英　　妆塑匠：方善庆、宋福
漆匠：李八回二八……□匠：□□、黄三儿、史信郎　　烧砖瓦窑匠：总
旗熊闰　　军人张猪弟　　泥水匠：王六十、张察罕帖木二九

　　奴儿〔干〕都司都指挥同知：康旺　　都指挥签事：王肇洲、佟答
剌哈　　经历：刘兴　　吏：刘妙胜三〇

女真文碑记释文

　　女真文碑记刻于《永宁寺记》碑阴之右侧，竖写左行，共计十五

行,一、二、三、五、六、八、十行顶二格。碑文内容系对汉文碑文的摘译,词句也间有变动,故两文文字不尽一致。由于碑文刻于明初,某些语法略异于金代石刻通行语法,字形也稍有变化。

　　现存女真文碑记已多漫漶不清,并多误字、漏字,以下释文摘录自金光平、金启孮著《女真语言文字研究》第三五六——三六五页。

第一行:

dai	mi	xa	(g)an	ni	alawa gi	nu	ru gən	ni	bua du	i—yy
大	明	皇	帝	的	救 以	奴	兄 干	的	地方 於	永 〔寧〕

tai	la	dgisu mei	bie	i	wə xə	ili	buma	dondi tʃi	abxa	də	ə	bie mie	gən
寺	造	碑	石	立	間	天	髙	而	明

gitin	na doro	ba	dafi mei	tən də	ru	?	dila mei	un	?	tuman	wei	xun	on
地	把	覆	能			厚	重	萬	生	置

go	ji	mei	?	?	?	ə	gai
養					何

第二行:

xa	(g)an	ni	uʃi	ilə	du	tuman	itə	ə	əll	xə	gi	bandi	bu xaj
皇	帝	的	恩	顧	萬	民	老	以	使 生

du	tixo	ə	lə	xi	wen	ur	(g)un	dgə	bagi	goro-on	lo	xi	nialma	ili
於	近 感	的	感 化	歡 喜		遠 方	的	人	立

da xa raʻ

归 服

第三行：

xa (g)an tə bie abxa i fə dʒə lə tai pi—iŋ gi susaŋ

皇帝 坐了 天 的 下 太平 以 五十

ania o xu ʃʳʏ mei fan mi—iŋ di xaj xu lo ti dʒu (g)u bit xə

年 矣 四面 蜀氏 船 山谷 從 路 上

tumən guru-un ni nialma mər xə tək dən bumə di dʒə uei tao ? ai

万 国 的 人 賣賜 遁貢 來着 許多 惟

uli ti dʒul ʃʳʏ nu ru gən ni fa lia du do on

北 東 奴兒干 的 部落 諸 居

第四行：

bo i gi lə mi udi (g)ə—abxa i fə dʒə lə tai pi—iŋ

佳 的 吉列迷 野人 天 的 下 太平

bə dondi bie ka kəŋ lə mei gə duru tə je lə bua goro-on

把 聞 叩頭 欲往 尺 地方 達

i iʃʳ mei dən də usu uei giʃa [米]

的 至 未能 呀

第五行：

𡆥	兂	呆	乑	斥	斗	亦	羔	全	叓	受	叓	禿
xa	(g)an	ni	alawa	gi	ilan	tʃə	hi	ə	ʃi	uŋgi	bie	ɭ
皇帝		的	勅	以	三		次		使者	遣		人

𡆥	艾	脊	全	臾	斥	舟	茁	甼	尼	呆	
(g)ə	ba	gəmu	(l)ə	xə:	gi	tə	dʒa	O	lu	sə	
民	把	皆	老		以	居		哦			

第六行：

乎	羔	半	芈	禿	𡆥	羔	全	臾	甼	呆	青	禹	伏	杵
ədʒə	ni	mudʒilan	du	il	(g)ə	ni	(l)ə	xə	O	sə	xada	ima	xai	ei
君	的	心	於	人民		的	老		哦		猶		不完	

艾	早	早	九	乖	头	毛	反	刈	泰	雨	盂	用	反	一
ə	lo	lo	uyewun	ania	nienie	əɽi	nu	in	guan	i	xa	ipi	əmu	
金	永	樂	九	年	春		内	官		示失	哈	等		一

玊	盂	伏	什	之	迅	冬	肉	甼	芈	舟	凪	反	丈	义
miŋgan	tʃao	xai	nialma	orin	ʃundʒa	amba	di	xa	du	tə	bu	nu	ru	gən
千	軍	人		廿	五	大	船	於		乘		奴	兒	干

羔	夲	芈	叓	叓	开	乖	戈	庆	麦	写	帝	𡆥	呆	使
ni	bua	du	uŋgi	bie	du	si	i	xa	fan	ili	gin	bei	sə	bitxa
的	地方	於	遣		都	司	的	衙門		設立		官		文

第七行：

叓	脊	反	条	夲	戈	肯	全	脊	全	臾	有	吳	仲	反
ʃi	gəmu	nuʃi	ba	bua	i	itə	ə	gəmu	ex	(l)ə	baxa	səmə	nialma	nu
皆	和順		地方	的		人民	皆	老		得	説是	人	

益	丕	芈	兄	羔	迆	休	反	亦	乘	仮	仮	店	叟	受	𡆥
uyu	abra	du	foun	ni	də	Sui	gə	sə	doro	goro	nu	uy	(g)un	dʒə	bəgi
天	於	日	的		升		搜		狂？			歡喜			

taŋgu fun tʃə əri nialma　da xa bie　[　] Kə Kən lə mei　gə nə　gisa
百　餘　人　服　從　叩　頭　去　呀

第八行:

xa (gɪan)　ta sa　duli bə　isɪ gisa　amba ə dʒəŋ xə
皇　帝　朝　廷　中　央　到　大　官　職

doro o　ətu uwə Ku　bo dzɪ tʃə　ali buwi nialma jə ə
印　信　衣　服　布　鈔　賜　人　桂

bondi lu xai　bua du　tuman xu　xa fan　ili bu　duɪ ə
所　生　的　地　方　於　萬　戶　衙　門　設　立　前

sa xai il (g)ə bə　sa xi　ni　Səmə　uŋgi je　i—ɣɣ
知　通)　的　人　民　把　知　道　的　說　是　使　永

lo dzua aŋia tuwə əri　nu—in guan　i
業　十　年　冬　內　官　录

第九行:

ʃr xa adi ba　uŋgi bie xai sɪ du xi　nu ru gən
失　哈　等　把　遣　海　西　從　彼　奴　兒　干

du iʃi ta la　mədə əri　ta li xi　ku i　adi xaɣa xəɣə
於　直　到　海　外　苦　哭　等　另　也

伴	羊	无	册	金	帯	伴	更	刈	丈	北	苏
nialma	du	ətu	Ku	bai	ta	ga	uli—in	bə	ali	ba
人	於	承服		柔物		錢財		把	授	

吞	夭	盂	里	冬	夕	育	全	花	昊	旻	右
Sak	dai	ʃɤ	xa	amba	oʃo	gəmu	əmdai	ur	(gi)un	dɤə	mei
完		少		大	小	皆	一同		歡喜	

夭	申	羊	口	养	伴	戻	申	刈
da	xa	du		atʃi	nialma	adi	ai	Ku
服從		於		勤勞	人	等	没有	

第十行:

〔虱〕	〔尧〕	杀	艾	土	斥	土	朴	叐	毛	刈
xa	(gi)an	ni	muŋgu—un	atʃun—un	ei	u	xatʃi—in
皇帝		的	銀		金		一切	財物

杀	守	斥	夭	享	夭	尤	奎	戈	肖	全	丈
ni	itʃə	gi	tai	ra	ra	bie	bua	i	itə	ə	bə
的	斬?	以	寺		造		地方	的	人民	把

尿	昊	臭	抹	丈	叐	丈	丰	毛	艾	抹	丈
ʃəm	(gi)un	əxa	ei	ə	bu	ru	jo	əri	buru	ei	ə
不	裏		亦		不	飢	

育	荒	羊	杀	屏	杀	叐	早	米	早	千	一
gəmə	sai	du	tu	xi	ni	səmə	i—ɣɣ	lo	dɤua	omu
皆	善	於	歸		説是	永樂	十	一

未	孔	毛	叐	丈	丈	杀	要	化	仝	乐	今
ania	boro	əri	nu	ru	gən	ni	furi	lə	man	giŋ	dɤaŋ
年	秋	奴兒干		的	西	滿涇站

杀
ni
的

第十一行：

尺	□	孟	夔	芊	[㠪]	北	刈	夆	屄	尺
xai	su	ər	gə	du	ta	ali — in		bandi	lu	xai
左		方		於	其	山		生		的

盅	夊	更	右	攵	品	芮	伟	朱	夊	桼	耒
də	ə	bie	mei	nuʃi	xuru	sai	so	dʒul	ə	guan	in
高		而		捉		爲		前		觀	音

带	牟	夊	瑷	更	天	卓	佂	右	灵	夭	龙
ta — aŋ	bə	xala	bie	tai	ra	dʒisu	mei	futici?	ra	bie
堂	把	改		寺		建		佛		塑

佟	炭	兙	平	戈	什	夏	㕔	化	右	盂	禾	耒
goro — on		ətu	xun	i	nialma	kə	kəŋ	lə	mei	dʒu	(g)u	ta
遠		近		的	人		叩	頸			祭	祀

朱	什	㡾	灵	爷	叟	乖	先	革	屏
gisa	nialmo	uŋ	igun	əll	xə	doro	sila	do	xi
叫	人	歡	喜	走	榮	罷	日	古

第十二行：

坴	志	芊	朱	带	友	毛	压	丈	长	友	[右]
sok	dʒa	du	iʃi	ta	la	il	(g)ə	bə	dʒi	la	mei?
？	世	於	直	到		人民		把		慈愛

囷	茶	丈	□	□	夭	床	申	亢	五	早	戈	民
u	dʒi	ru	?	?	gə	sə	ai	dʒul	omo	lo	i	dʒal
養育			如	是	何有	子	孫		的	世

歖	革	朱	[受]	平	老	宁	圭	叟	丈	夊	尤	夔
la	do	iʃi	da	xa	bie	xu	sun	bu	ru	bə	goi	gə
兩	於	到	服從		盡		力		把	坊	疑

dʒo bə mei｜wan｜dən də ru｜gi｜bie xa｜ili bu gisa｜[中]
以｜有 啊｜建 立 呀

tuman ania｜do｜dʒo. buru fojo lu
萬年｜於｜思念的 列刻

第十三行：

dai mi—ŋ｜i—ɣɣ lo｜dʒua əmu ania ujewun bia dʒo dʒua
大明｜永樂｜十一年九月二十

【二】dʒo inəŋgi ili
二 日 立

第十四行：

nu—in guan｜i ʃr xa｜[志] dʒa da ʃin｜dʒa—aŋ
內｜官 亦失哈｜扎答申｜張

tuŋ r｜dʒa—rŋ di—in. ŋa
童兄｜張定老

第十五行：

i｜du dʒi xuei｜tʃiən bai xu｜nu ru gən｜du si｜ʁa xai
的｜都指揮｜千百尸｜奴兒干｜都司｜鬁亨的

mialma i｜gə hu surə｜xam bitxə du｜ʁa xai｜bie ə｜dʒu ʃ bitxə
人的｜名 呼｜漢文｜鬁的｜有｜女真 叉

ʁa xai｜mialma lia—au duŋ｜ni｜dʒu ʃ｜kəŋ—aŋ ŋa
鬁亨的人｜遼東｜的｜女真｜康老

女真文碑记汉译*

大明皇帝敕於奴儿干地方建永宁寺、立碑。

伏闻天高明，〔故〕能覆地；〔地〕厚重〔故能〕养育众生。一

皇帝恩施万民，使生活得安。近处者感悦，远方者归服。二

皇帝御宇以来，天下太平五十年矣。四裔番民自水陆取道上奏，万国之人为赏赐进贡而来者，〔为数〕甚伙。唯居於东北奴儿干部落三 之吉列迷野人闻天下太平，欲往叩首，只以路远未能至。四

皇帝敕三次遣使，期人民皆安居乐业。五

君心犹以为人民安乐而未臻至善。永乐九年春，遣内官亦失哈等，率〔官〕军千人，乘巨船二十五艘，於奴儿干地方设立都司衙门。官吏六 皆和顺，地方人民皆得安乐。人每如日昇於天般欢喜。百余人众〔咸〕叩首归服。七

皇帝授以朝廷之官爵印信，赐以衣服、布钞，按土著地方设立万户衙门，使统率旧部人民。

永乐十年冬，遣内官亦八 失哈等自海西直达奴儿干及海外苦夷等处，赐男妇以衣服、器用、财物，老幼大小咸欢欣归服，无人梗化。九

〔皇帝〕以金银一切财物建寺。〔俾〕地方人民不寒不饥，皆归於善。永乐十一年秋，於奴儿干西满泾站之十 左方，其山高而挺秀，改旧有之观音堂，建寺塑佛。远近之人，叩首展敬，人〔咸〕欢喜安乐。自古十一以来，〔未有〕珍恤群黎如此者。至〔吾〕子孙之世，岂能不臣服效力而持异意哉！〔故〕刻石立碑，〔以〕垂万年之思。十二

---

*　译文摘自《女真语言文字研究》第三七五——三七六页。

大明永乐十一年九月二十二日立十三

内官：亦失哈、〔扎答申〕、张童儿、张定安。十四

〔其〕都指挥、千百户、奴儿干都司诸官员之名字，载於汉文。女真文书写人：辽东女真康安。十五

蒙文碑记释文

蒙文碑记刻于《永宁寺记》碑阴之左侧，竖写左行。额题蒙文"奴儿干永宁寺"。碑文内容亦系对汉文碑文的摘译，故较汉文碑记简略。今据《考古学报》一九七五年第二期《明代奴儿干永宁寺碑记校释》一文，摘录蒙文碑记释文于后。

原释文采用国际音标，以下几个符号有所变通：

o＝ɔ　u＝ᴜ　e—低一些，也稍后。

nurgel　juŋ　niŋ　süm-e
奴儿干　永　宁　寺

1. dai miŋ　qaɢan-u　dʒɤrlɢ　ijar　nurgel-ün　orun
大—明　皇帝的　勅　以　奴儿干的　地

ɢadʒar-a　juŋ　niŋ　süm-e〔…〕bosuɑɑdʒu
方　于　永　宁　寺　　　　文

tʃɨaɡun [...] bajiɡulba meküjin sonusbasu
石　　　树　伏　闻

[..] tŋri öndür bögetele gegegen ɢadʒar
天　高　而　明　　兴

orun-i bürkün tʃidaqu ɢadʒar [....
地把　覆　航　　地

bögetele dʒudʒaɢan tümen amitan ijar
而　　厚　　万　生灵　以

qaɢan-u [...] tümen ulus [..] amuɢul[a]ŋ ijar
皇帝的　　　万　民　　安宁　以

tegüben törügsen [.....] ojirakin [.....:
那般　生了　　　　　近者

3 qaɣan (...) tŋri jin dour-a taibiŋ ijar tabin
　　皇帝　　　　天　的　下　　太平　以　五十

ülegü od bolba (.....) sartaɣul (..)
余　年　已有　　　　　　回回

moŋɣul irged tümen ulus-un irgen (....)
蒙古　民　万　国　的　民

umar-a dʒegün eteged-ün nürgel (.....)
北　　　东　　方　的　奴儿干

4 gilemi üdigen tŋri-jin dour-a taibiŋ-i
吉列迷　野人　天　的　下　太平把

sonustʃu mörgün odsu (...) qola-jin
闻　　叩头　欲往　　　远　的

tu(l)ja kürün jadaba
因为　到　未能

5. qaɢan-u dӡrlɢa ijar ɢurban-ta [···] eltʃin
   皇帝的 勅 以 三 次 使者

   dӡarudӡu irgen bügüde-ji amuɢulaŋ
   遣 民 皆 把 安宁

   ijar saɢulɢan ba-[···]
   以 居

6. edӡen-ü boɢda [··] sedgil-dür Irgen-i
   君的 圣 心 于 民把

   amuɢulaŋ [·····] juŋ lau jisüdüger
   安宁 永乐 第九

   on qabur-un sar-a-da nuiɢon
   年 春 的 月 于 内官

   iʃiɢ-a-tan-i nigen miŋɢan tʃerig-
   亦失哈 等把 一 千 單

üd-i qorin tabun jeke oŋɢutʃa-dur
把　二十　五　大　船　于

saɢulɢadʒu nurgel-ün orun ɢadʒar-a
乘　　奴儿干的　地方　于

iledʒü dusi-jin jamun bajiɢuldʒu nojad
遣　都司的　衙门　设立　官

7 (...) bitʃig-(..) tegü(...) ɢadʒar-un
　　　　　　　　　　　　　地　的

irgen bügüde-ji amuɢulba kemen
民　皆　把　安宁了　说是

kümüd tutum tɡri datʃa naran
人　各　天　从　太阳

urɢuɢsan metü bajasultʃamu basa
升了　如同　欢喜　又

ʤaɢun ülegü kümün aɢulʤan odbasu
百　　余　　人　　会面　　去

〔...〕〔...〕jeke tʃola 〔...〕tmɢ-a
　　　　　大　　称号　　　卯信

〔...〕〔...〕sojurqadʒu
　　　　　　　赐

8. törügsen ɢadʒar-taɢan tümen-ü jamun
生了的　　地　　在　　万尸　衙门

bajiɢuldʒu urida medegsed irgen-i
设立　　先前　管了的　　民把

medetügei kemen i.lebe jun lau arbaduɢar
管也者　说是　道　永乐　第十

on öbül sar-a-dur basa nuigon iʃiq-a
年冬月　于　又　内官　亦失哈

tan-i dʒarudʒu qai si etʃe nurgel
等把　差　　海西自　奴儿干

kürtele dalai-jin gadarkin
到　　海的　　外的

9 küü gii [···] er-e em-eʃ [···] da
苦夷　　　　男　妇　　　　干

torgan degel ba [···] keregtü ed-i
缎　　衣　和　　　　用　　物把

sojurqabasu jeke ötʃüken ötegüs
赐　　　（呵）大　小　　　老

dʒalagus kiged [·····]
少　　　等

10 edʒen-ü möngün altan eldeb tabun [····]
君的　　银　　金　　［诸　种］

tan ijar süm-e bosuɢadʒu ɢadʒar-un
等 以 寺 建立 地 的

irgen-i eŋke amuaulaŋ ijar bügüde
民 把 康 宁 以 皆

sajin sedgil ijer atuɢai kemedʒü juŋ
善 心 以 说着 永

lau arban nigedüger on namur sar-a-
乐 第十一 年 秋 月

da nurgel-ün örüne eteged möŋ giŋ
于 奴儿干的 西 方 满, 泾

dʒam-un dʒegün
站的 左

aɢula törügsen öndür bögetele dʒoqis-
山 生了 高 而 适意

tu sajin-u tula uridan-u kigsen gon
好　的　因　　先前的　　進的　观

jim ger-ün gadaaʃi süm-e bosuaadʒu
音　堂的　　外　　　寺　　建五

burqan-i dʒoruʃin sagulgaba qolakin
佛　把　塑　　　　使坐了　　这的

ba ojirakin kümün mörgüdʒü bujan
和　近的　　人　　叩头　　福

eribesü bügüde amumu-dʒ-a erten
祈　　　皆　　　安宁矣　　古

etʃe edüge kürtele [...]
自　今　　至

12. irgen-i asaran tedʒijekü tegün etʃe
民　把慈　　养　　　　比那

ülegü jaqun bui köbegüd atſinar-un
余　何　有　子子　孙孙　的

üj-e-dür kürtele kütſün ögküiben〔….〕
辈　于　至　力　效

busu maqun törüdzü ker tſidaqu bitſidzu
别　歹　生　怎　能　书

tümen tümen on〔…〕delgeregülbei
万　万　年　　　　传播

13. dai miŋ juŋ lau arban nigedüger on jiſün
大　明　永　乐　第　十　一　年　九

sar-a-jin qorin qojaduqar ödür bajiqulba
月　的　第　二十二　日　建

14. dʒrlɑ ijar dʒaruadaɑsan nuiɡon iʃiq-a
　　勅　以　　被差　　内官　亦失哈

　　gidaq-a? dʒaŋ (····) dʒaŋ diŋ an
　　　　　　　张　　　张 定 安

15. (····) ba tʃeŋqu baiqu ijar dusi
　　　　　和　千户　百户　以　都司

egüdügsen ṅurgel (···) büɡüde-ji
创建　　　奴儿干　　皆　把

kitad bitʃig (···) bitʃidʒü amu
汉　文　　　　写　有

moṅɡul bitʃig-(··) arambuq-a
蒙古　　　　　阿鲁不花

ortʃiɡuluɡsan
译

蒙文碑记汉译

大明皇帝敕于奴儿干地方建立永宁寺碑

伏闻天高而明，故能覆；地〔博〕而厚，故能养亿万生灵。一 皇帝之……，致万民生息于安乐，……近者……二 皇帝御宇以来，天下太平五十余年矣。九夷八蛮……惟东北奴儿干国之三 吉列迷诸种野人，闻天下太平，欲往叩拜，只因路远，未能自至。四 皇帝敕三次遣使，俾人民皆安居乐业……五 君之圣心……使人民安宁……。永乐九年春月，特遣内官亦失哈等率官军一千人，乘巨舶二十五艘，至奴儿干地方，开设都司衙门，官吏六……其地之民皆安乐，人每如日升于天般欢喜。又百余人晋谒……授以官爵、印信……七令其故土设立万户衙门，使之统帅旧部人民。

永乐十年冬月，遣内官亦失哈等，自海西抵奴儿干及海外八 苦夷诸民，男女赐以缎衣……器用，大小老幼……欢喜……九 君复以金银诸〔物〕建寺，俾地方人民平安，皆归以善。永乐十一年秋月，于奴儿干西满泾站之左，一〇 其山高而秀丽，在旧有之观音堂外，造寺塑佛。远近之人，叩头祈福，皆安乐矣。自古以来，一一未有恩养人民如此至尽者，〔吾〕子子孙孙岂能不臣服而持异意哉。故为文以记，庶万年不朽云尔。一二

大明永乐十一年九月二十二日立一三

钦差内官亦失哈……张……张定安一四……和千户百户创建都司之奴儿干……皆书载于汉文。书蒙古文阿鲁不花一五

碑侧四体文字注音

《永宁寺记》碑的左右两侧，各刻有佛教的"六字真言"。这四体字的"六字真言"，分作两行。每行又分上下两段。左上用汉字，

左下用蒙古字，右上用藏字，右下用女真字。镌刻四体字附音如下：

汉 文	唵 am	嘛 ma	呢 ni	叭 pad	哒 mi	吽 xuŋ
蒙古文	om	ma	ni	bad	mi	quŋ
藏 文	om	ma	ni	pad	me	huŋ
女真文	am	ma	ni	ba	mi	xu

关于佛教"六字真言"的解释，美国人柯林斯《阿穆尔河纪行》记载了一种说法，这里节录如下，以供参考。①

据著名的东方学家克拉普罗思说，"唵嘛呢叭咪吽"是从印度传入西藏的一条梵文咒文的藏文写法，人们不仅经常念诵，而且到处书写、悬挂，甚至镌刻在大路旁的山岩和石块上。"唵"字是一切祷文开端的惯用语，相当于感叹词"哦"，借以表达深刻的宗教信心；"嘛呢"的意思是宝石和宝贵的东西；"叭嘛"是莲花（"叭咪"是这个字的呼格）；"吽"相当于"我们"的"阿们"。这一句直译出来的意思是：

唵嘛呢叭咪吽!

哦，莲花里的宝石! 阿们!

佛教认为，一切众生均分为六大类，即天、魔、人、走兽、飞禽和爬虫。众生不断地在六道中轮回，并根据各自的功德和罪孽，最后

① 见查尔斯·佛维尔：《西伯利亚之行》，中译本第263—266页。

达到圆满的境界,融合和消泯在佛的法身中,即融合和消泯在永恒的和普遍的灵魂中。经常虔诚地念诵"六字真言"的人,死后必避免堕入六道轮回,而立即融合在佛的灵魂中。宝石是功德圆满的象征,莲花是佛的标志,这六字或可作为一种表示要达到完美境界以与佛融合为一的愿望。因此,这句象征性的咒文引伸出来的意思是:

哦,莲花里的宝石! 阿们!

哦,愿我功德圆满与佛融合! 阿们!

佛教信仰者认为,佛是一切事物的本原,一切都是佛创造的。从佛发出的众生,有始也必有终。佛是永恒的,他显示的事物也是永恒的。此碑镌刻佛教"六字真言",乃借人们对佛教的虔诚信仰,喻意永宁寺记所记事情将永恒存在。

敕修奴儿干永宁寺碑释文*

□□天之德高明故能覆帱地之德博厚故能持载圣人之德神圣故能悦近而远来博施而济众洪惟我

朝统一以来□□□□□十年矣九夷八蛮梯山航海骈肩接踵稽颡于阙廷之下者□□□□□奴儿干国□□□译之表□□□□列播及诸种野处杂居□□□□□未能自至况其地不生五谷不产布帛畜养狗□□□□□□□□□捕杀为业食肉而寝皮□□□□衣食之艰不胜为□□□

□□□□□□□□□

□□□□□□九年春特遣内官亦失哈□率官军□千余人巨船□□五艘复至其国□□奴儿干□　　　　□

---

* 《敕修奴儿干永宁寺碑释文》,据嘉业堂抄校本《东北边防辑要》著录。标题系编者所加。这份释文是目前所知关于此碑汉文碑文的最早释文。

□　　　朝　　郡　　馀人

□　　　　　　　　十年

□　　　亦失哈载望其国□海西抵奴儿干及海外苦夷诸民赐□妇以
衣服器用给以谷□□以酒食□□□欢忻□□

□　　　　　斯民始知

□　　　　奴儿干　　　　　建观音堂于其上□造寺塑佛

□　　威　　厉疫　　　以来未闻若斯

□　　　　　之外^{率土}之民不饥不寒□□感戴□　　　　　　天之
所覆地之所载日月所照霜露所坠凡有血气者莫不尊亲故曰配天

□　　　　无尚也　　　　　云尔

　　　　　　　碑阴题名甚夥录其隐约可辨者于左

　　　　　　　　镇军将军都指挥同知□□

　　　　　　　帖木儿　　　朱诚　　　黄□

　　　　　　　刘赛□

　　　　　　康速合　阿哈　哈赤白　季道安

□都李均□　陈□郭□　　吏黄显□

监造千户金□　撰碑记行人铜台邢□书□□字阿□不花　可里阿
利　百户阿喇帖木　妆塑　匠方□□

□砖瓦匠总□□□　□□泥水□□　　罕帖木都指挥同知□□
都指挥佥事王肇□

　　　　　　　　经历刘兴　吏刘妙胜

附一：《重建永宁寺记》碑记释文*

　　《重建永宁寺记》撰刻于明宣德八年（1433年）。碑高207厘

---

　　* 《重建永宁寺记》汉文碑记释文，据锺民岩等《明代奴儿干永宁寺碑记校释》一
文著录，并据鞠德源《从〈三万卫选簿〉看明朝政府对奴儿干地区的经营》补入"玄"字。

米，宽122厘米。正面额题汉文"重建永宁寺记"，碑文竖刻，凡三十行，正书，行四十四字。一行低一格，四、七、八、十、十一、十二、十四、十五、十七行顶一格。二十二行至三十行载职官姓名，字体较小。碑阴和碑侧没有镌刻他种文字。

碑记释文体例与《永宁寺记》同。

重建永宁寺〔碑记〕一

惟天之高覆，四时行，万物生焉；地之厚载，二气合，万物育焉；圣人之至德，五常明，万姓归焉。故尧舜仁昭而□□二□□所化□，无为而治，后世□闻□者，恭惟我三圣朝布德施惠，□而愈明，天下归服，隆盛久矣。是以蛮夷戎狄，闻风向化，而朝□贡者，络绎不绝。惟奴儿干国远□四□之表，道万余里，人有女直或野人、吉列迷、苦夷。非重译莫晓其言，非威武莫服其心，非乘舟难至其地，非□□五难处其居。风俗之异，弗能备举。洪武间，遣使至其国而未通。永乐中，六上命内官亦失哈等，□锐驾大航，五至其国，抚谕慰安，设奴儿干都司，其官僚抚恤，斯民归化，遂捕海青方物朝贡。七上嘉其来，赐爵给赏，劳慰还之。朝廷尤虑未善，更命造寺，使柔化之。十一年秋，择地满泾之左，创寺塑佛，曰永宁八寺。国民仰观，忻然皆曰："我地亘古以来，未□有此□□也！"宣德初，复遣太监亦失哈部众再至。以当念九圣天子与一〇天同躰，明如日月，仁德之大，恩泽之渥，谕抚之其民悦服。且整饰佛寺，大会而还。

七年，一一上命太监亦失哈同都指挥康政，率官军二千，巨舡五十再至。民皆如故，独永宁寺破毁，基址存焉。究□之，其□人一二吉列迷毁，寺者，皆悚惧战栗，忧之以戳。而太监亦失哈等躰一三皇上好生柔远之意，特加宽恕。斯民谒者，仍宴以酒，给以布物，愈抚恤。于是人民老少，踊跃欢忻，咸啧啧曰：一四"天朝有仁德之君，乃有贤良之佐，我属无患矣。"时众议西郭〔仍〕建原寺，敢不复治。遂委官重造，命工塑佛，不劳而毕。一五华丽典雅，优胜于先。国人无远近，皆来顿首，谢曰："我等臣服，永无疑矣。"以斯观之，此我一六圣朝聪明德博，道高尧舜，存心于天下，加惠于穷民，使八方四裔，多士万姓，无一饥寒者。其太监亦失哈、都指挥康一七政尤能宽仁厚恕，政治普化，服安蛮夷。〔懿欤〕尚矣！伟欤懋哉！正谓圣主布德施惠，非求报于百姓也。郊望禘尝，非一八求报于鬼神也。山致其高，云雨起焉；水致其深，蛟龙生焉；君子致其道德，而福禄归焉。是故有阴德必有阳报，有一九隐行必有昭名，此之谓也。故为文记万世不朽云。二〇

大明宣德八年癸丑岁季春朔日立二一

钦差都知监太监：亦失哈　御马监左少监：白金　内官：范桂、潘昂、阮落、阮蓝、阮通　给事中：□昂二二

辽东都司都指挥：康政　指挥：　高勗、崔源、高□、李□、杨龙、王□、王□……康福、徐监、……二三金宝、金振、崔越、刘三、□□、□□、丁振、杨越、刘□、王□……王胜、王宣、……二四高□、□□、马旺、黄督、马□……徐□、王达　太医院医士：吕谦……二五

□□等卫指挥：蒋旺、王□、□□、杨春、陆兴、……二六

海西玄城等卫指挥：木塔兀哈、弗家奴、李希塔、木刀兀、李□马剌、□□木儿哈、……二七

……周美、□□、金海、王全……□英、□□　通事：百户康安　书丹：鄢人张犹　吏：王□、□□□、□□、□成二八

画匠：□升、孙义　木匠：□成　石匠：□□、余海　泥水匠：□□　铁匠：雷遇春……二九

〔奴儿干〕都指挥：康福、王肇舟、佟胜　经历：孙□　吏：刘观三〇

附二：曹廷杰对永宁寺碑的研究*

曹廷杰有关永宁寺碑的著作

曹廷杰有关永宁寺碑的研究，主要反映在他的流传较广的三部主要著作，即《东北边防辑要》、《西伯利东偏纪要》和《东三省舆地图说》中，此外还有两个单篇文章和两个碑文释文、一幅地图。过去，人们很少注意曹廷杰考察、研究永宁寺碑的历史，也很少对他研究永宁寺碑的思想演变进行分析、比较，同时由于受到材料的限制，把曹廷杰某些著作的成书年代也搞得混乱不堪。为了掌握曹廷杰考察、研究永宁寺碑的来龙去脉和思想发展过程，以便正确评价他的历史贡献，我们认为澄清某些错误说法，搞准确曹廷杰有关永宁寺碑著作的写作年代，是解决这一问题的前提条件。

曹廷杰涉及到永宁寺碑的第一部著作是《东北边防辑要》。关于此书的成书年代，金毓黻先生说："此书亦记中俄交界，盖为《舆地图说》之余稿，撰于光绪十一年。"[①]后来又进一步认为曹廷杰"考查吉江两省边界"，"归来撰《简明图说》"，"《边防》、《东偏》两纪要，盖为《舆地图说》之余稿。"[②]他的看法可以归纳为两点，一是说此书成于去西伯利亚调查之后，二是说此书成在《东三省舆地图说》之后，且为《东三省舆地图说》的"余稿"。这两点都是错误的。事实是此书成于去西伯利亚之前，而且是曹廷杰的处女作；如果说有什么"余稿"的话，那么《东三省舆地图说》恰恰是《东北边防辑

要》的余稿，而不是相反。

在《东北边防辑要》的序中，曹廷杰清清楚楚地注明成书时间是"光绪十一年岁在乙酉暮春之初"，[①]即阴历三月的上旬。曹廷杰之去西伯利亚，接到通知是在光绪十一年三月二十五日，已经是下旬，而且于四月十三日才起程。可见，成书于去俄之前，本来是不成问题的。为了说明这一点，我们可以再提供两个直接有力的新证据。

一件是吉林省的历史档案。去西伯利亚之前，曹廷杰在靖边后路马步全军副将葛胜林标下。光绪十一年初，吉林将军希元为组织防御沙俄侵略工作，命葛胜林绘制有关边防地图。光绪十一年二月二十五日，葛胜林在上希元的禀文中说：他回到三姓后，当即"觅倩画手"，依据当时所掌握的有关旧图进行绘制，并加"贴说"。[②]葛胜林叫人"正绘图贴说间"，曹廷杰恰好在旁观看，发表了一番很有见地的关于"舆地之学"的看法，认为旧有之图都不适合当前的需要。同时，他又说："今东三省边防关系紧要，凡战守机宜均有成迹可稽，现已会萃群书，考据详明，若得稍缓两个月，比次排类，绘图贴说，不但姓城险要可见，即东三省沿边诸路亦皆瞭如指掌。"[③]这里所说的"会萃成书，考据详明"，有待进一步"比次排类，绘图贴说"的著作，正是"参考群书，即其有关时务者辑为若干篇"，并"附己意以为说为考"的《东北边防辑要》。[④]葛胜林上希元的禀文时间是二月二十五日，距曹廷杰起程去西伯利亚还有一个多月，

---

① 见辽海本《东北边防辑要》叶一上。
② 吉林省历史档案：光绪二十一年二月二十五日《葛胜林关于中俄交界图的禀文》。
③ 吉林省历史档案：光绪十一年二月二十五日，葛胜林呈希元禀文附件。见图版二。
④ 曹廷杰：《东北边防辑要》序。

暂时放弃"绘图贴说"，仅仅"比次排类"，曹廷杰完全有可能辑稿成书，我们后来所见到的《东北边防辑要》也正是没有图的。

另一个有力的证据是嘉业堂抄校本《东北边防辑要》中曹廷杰的自述。关于抄校本顺便多说几句。这是一个很珍贵的本子，现藏北京图书馆，全书分上下两册，上册是《东北边防辑要》，下册实际为《西伯利东偏纪要》。书的首叶有"艺风堂藏书"和"吴兴刘氏嘉业堂藏书部"二印，第二叶有"云轮阁"和"荃孙"二印。"荃孙"即清代江阴缪荃孙，"艺风堂"和"云轮阁"均为其室名。"嘉业堂"为清末吴兴刘承幹刻印局名。据缪荃孙《艺风藏书续记》著录有《东北边防辑要》原稿本二册。北图所藏嘉业堂抄校本，当为缪荃孙据所见的一些原稿重新编辑抄校，后归刘承幹所有，归入嘉业堂藏书。这有以下几点可资证明。其一，上册后附有曹廷杰呈送此书的书信和禀文各一、碑文释文二、"特林碑说"文一，均为现在通行各本所无，但写作年代又大都在《东北边防辑要》之后，可见当为据原稿辑录。其二，上册中"界碑地考"一条，比现在通行本多出一段文字，显系原稿所有，后被删去（内容详见本文第二节）。可是缪荃孙和刘承幹的钤记，谁在先，谁在后呢？根据缪荃孙曾亲睹曹廷杰某些原稿，抄校者为缪荃孙的可能性大。而且抄校本现在保留的藏书标签，署"嘉业堂藏书　史部　地理类　抄校本二册　东北边防辑要　不分卷　楚北曹廷杰撰"。也可以说明此书的最后所有者为嘉业堂，而缪荃孙抄校在前。

抄校本上册《东北边防辑要》后附书信一封，未署时间和收信人，估计写于光绪十二年，收信人可能是希元或葛胜林等人。信中云："此书始于光绪十年冬月，成于十一年三月，在未侦探俄界之先，多取材于《开国方略》、《大清一统志》、《皇朝通典》、《圣武记》及《方舆纪要》、《朔方备乘》、《登坛必究》诸书。""因奉札游俄，未及誊真,谨将已缮各篇分为上下二册。"① 另一件为禀文,从内容推断,可能也写于光绪十二年,② 其中说道:"廷杰于光绪九年投效吉林,蒙吉林将军派办边务文案,公余暇日留心边事。凡东三省地理险要与夫古人用兵成迹有关于今日边防者,皆不揣谫陋,荟萃成书,名曰《东北边防辑要》。"抄校本所附书信、禀文对《东北边防辑要》的写作年代给了最清楚的说明。

综上所述,《东北边防辑要》的写作时间为光绪十年十一月至光绪十一年三月初,缮写成册则在光绪十二年。因此,可以断定,书中涉及到永宁寺碑的"界碑地考"一文,反映了曹廷杰未去西伯利亚之前对永宁寺碑的见解。还应该说明的是,《东北边防辑要》中的个别篇章写于去西伯利亚之后,这就是"征索伦"和"征罗刹"两篇,这一点曹廷杰在呈送《西伯利东偏纪要》时已明确指出:"国初征索伦、平罗刹两役,其进兵道路俱于今日江省边防最切,谨汇二篇附入廷杰所拟《东北边防辑要》下册内另呈。"③ 同时,从各种材料推断,继《西伯利东偏纪要》呈送御览之后,《东北边防辑要》也曾上呈吉林官员,供当时边防工作参考。

涉及到永宁寺碑的第二本著作,是《西伯利东偏纪要》,又名《俄界情形》或《伯利探路记》,金毓黻说是:撰于查勘中俄交界时"④ 大体不差。瑷珲和北京条约之后,沙俄又继续觊觎中国新疆,并耀兵东北,进行武力威胁。在这种历史形势下,曹廷杰来到了东陲防俄重镇的三姓。沙俄侵华的历史和野心,边务工作的实际接触和体验,激发了曹廷杰的爱国热情和对沙俄侵略者的仇恨,

---

① 北京图书馆藏:嘉业堂抄校本《东北边防辑要》第 1 册。
② 北京图书馆藏:嘉业堂抄校本《东北边防辑要》第 1 册。
③ 《西伯利东偏纪要》,辽海本叶二十五下。
④ 《辽海丛书总目提要》叶九上。

引起了对东北边疆沿革和军事地理形势的关心，因此他积极蒐集、研究有关这方面的情况。《东北边防辑要》就是在这种情况下写成的，他所以被派去西伯利亚进行考察，也正是由于他对东北历史地理的熟稔和关心。这次西伯利亚之行促成了《西伯利东偏纪要》的诞生。

光绪十一年四月二十七日，曹廷杰自松花江口附近的徐尔固进入东西伯利亚，九月八日回至珲春，九月三十日到达吉林，十月十二日销差。①呈送《西伯利东偏纪要》调查报告的时间，曹廷杰自署十月，由希元转送到军机处的时间，是光绪十一年十二月十八日。②从前前后后的时间可以断定，《西伯利东偏纪要》完成的具体时间确系光绪十一年十月。

据曹廷杰禀文所述，《西伯利东偏纪要》包括"绘图八分"、文"一百一十八条"。③细察此书通行本有关条文和现存军机处档案附图，仅有图六幅，即"庙尔图"、"海参崴图"、"双城子图"、"伯利图"、"徐尔固图"、"海兰泡图"。如果加上一度单行的"吉江二省与俄交界图"，目前所能看到的也仅止七幅，抄校本《东北边防辑要》即把此七图合收在一起。吉林省历史档案记载，光绪十一年二月，曹廷杰应葛胜林的要求，曾"将所拟东三省舆地险要图暂绘大概形势"，呈送吉林将军希元。④此图现无下落，第八图是否即指此，有待进一步研究。现存七幅图中，有关永宁寺碑位置的是"庙尔图"，图旁附有简要说明。

该书的条目，通行各本共收一百一十八条；⑤与曹廷杰自述相

---

① 《西伯利东偏纪要》，辽海本叶四十六上。
② 故宫博物院明清档案部：军机处奏折。
③ 《西伯利东偏纪要》叶一下。
④ 吉林历史档案见葛胜林禀文。
⑤ 辽海本于第60条后多出一条，系误出，应删去。

合。希元摘其要者"共得八十五条"，"送军机处备查"，又"摘其最要者三十五条　缮清折并原图八分恭呈御览"。① 这里所说的三十五条，与现存档案呈御览清折的条数相符，但是它实际上包括了通行本一百一十八条中的五十六条，即把某些相关或同类的条目合并到了一起。② 此三十五条或五十六条中，没有收进有关永宁寺碑的条文。至于"八十五条"，希元的两分奏折和吉林省历史档案都说是送军机处八十五条，③ 但与现存军机处奏折保存的条目不符。该档是在呈御览的三十五条之外，又增加了四十一条，④ 共为七十六条。即便以三十五条实为五十六条、四十一条实为四十七条计算，总计也应为一百〇一条。无论如何与"八十五条"之说均不符，可能是当时计算有误。一百〇一条中包括了现行本中全部有关永宁寺碑的条目，即《西伯利东偏纪要》的第 65、66、67、68 等条。

---

① 希元：《进呈侦探俄情各条疏》。

② 用中国数码表示档案三十五条的条目顺序，阿拉伯数码表示通行本一百一十八条的条目顺序，其合并情况如下：

一(1)、二(2)、三(3)、四(6)、五(8)、六(15)、七(4、5、7、9、10、11、13、12、14)、八(16、17、18、19、20、21、22)、九(23)、十(24)、十一(25)、十二(26)、十三(27)、十四(28)、十五(29)、十六(30)、十七(33)、十八(35)、十九(36)、二十(49)、二十一(48)、二十二(50)、二十三(51)、二十四(41、48)、二十五(39、40)、二十六(53)、二十七(94)、二十八(60)、二十九(92)、三十(93)、三十一(89)、三十二(90)、三十三(80、81、82、83、84、85)、三十四(102)、三十五(103)。

③ 吉林省历史档案：光绪十七年十月吉林边务文案处请移付曹廷杰侦探俄情八十五条存查由。

④ 所增加的四十一条与通行本条目的关系如下：

三十六(31)、三十七(32)、三十八(34)、三十九(37)、四十(38)、四十一(42)、四十二(43)、四十三(44)、四十四(45)、四十五(46)、四十六(47)、四十七(52)、四十八(54)、四十九(55)、五十(56)、五十一(57)、五十二(58)、五十三(70)、五十四(71)、五十五(87)、五十六(91)、五十七(95、96、97、98、99、100、101)、五十八(104)、五十九(105)、六十(59)、六十一(61)、六十二(62)、六十三(63)、六十四(64)、六十五(65)、六十六(66)、六十七(67)、六十八(68)、六十九(69)、七十(106)、七十一(107)、七十二(108)、七十三(109)、七十四(110)、七十五(111)、七十六(112)。

曹廷杰谈到永宁寺碑的第三本著作是《东三省舆地图说》，又名《东三省地理志》。关于此书，金毓黻说是曹廷杰"考察吉江两省边界，凡七阅月，历二万里，归来撰简明图说，随文进呈，即《东三省舆地图说》也。《边防》、《东偏》两纪要，盖为'舆地图说'之余稿。"① 新出《辞海》(征求意见稿)在《东三省舆地图说》条目下说："清末曹廷杰撰，作者于光绪十年(1884年)奉派考察吉林、黑龙江两省与帝俄边界，绘成简明图说，后又补加说明，并附以作者关于东三省的条陈十六条，于光绪十三年(1887年)刊为此书"。② 金毓黻的说法把事实完全弄颠倒了，《辞海》的说法也不全面，特别是曹廷杰于光绪十年绝无"奉派考察"之事，明显是光绪十一年之误。

曹廷杰研究历史地理，比之前人有两个突出的特点，一是把文献和实地考察结合起来，一是文图结合。最早写作《东北边防辑要》时，他就打算"绘图贴说"，后来由于去俄，没有搞成。写作《西伯利东偏纪要》时确有"简明图说"，但也不是指现在所看到的《东三省舆地图说》一书，而是指附呈的"绘图八分"，现存七幅图中，每幅图左侧均有六十至五百多字的说明。"归来撰简明图说"，即指此图与说明，而非《东三省舆地图说》；"随文进呈"，是指随《西伯利东偏纪要》的部分条文，进呈八幅带有简要说明的地图，也不是进呈《东三省舆地图说》。

实际上现在所见到的"辽海丛书"本《东三省舆地图说》各篇成书时间是很复杂的，大体包括了三部分。第一部分的写作时间与《东北边防辑要》相同。根据是，抄校本《东北边防辑要》所附曹廷杰书信，一方面指出今天所见到的《辑要》一书"始于光绪十年冬月，成于十一年三月"，同时又指出"外有《古迹考》一卷，如黄龙府

① 金毓黻：《中国史学史》第269页，商务印书馆1957年版。
② 《辞海》"地理分册"(历史地理)第299页。

故址在今长春厅北,上京会宁府址在今阿勒楚喀城西南,唐渤海大
氏都城在今宁古塔城西,他如咸平府、率宾府、显州、信州、五国城
诸处,自来史论家未能确指其地者,廷杰皆躬亲考验,汇为一编。"
这就是说,今天所见《东三省舆地图说》中的"扶余府、黄龙府、扶余
路、扶余国考"、"金会宁府考(海古勒白城附"、"渤海建国地方考"、
"开元开原辨"、"八面城即韩州考"、"五国城考"、"率宾国即绥芬
河双城子地方考"等篇均成于去俄考察之前,即光绪十年冬月至光
绪十一年三月初之间。有关古迹考的部分,原来可能是作为《东北
边防辑要》的一部分,后来改收入《东三省舆地图说》。

　　第二部分写于光绪十五年至光绪二十四年之间。这一部分为
"皇朝藩属舆地丛书"(1903 年)、"问影楼舆地丛书"(1908 年)等早
期刊本所无,明显是金毓黻编辑"辽海丛书"时重新搜集的曹廷杰
的札记,以其性质相近而编在一起。因为文末多注有写作年代,极
易识别:

　　1.《嫩江、陀喇河、喀鲁伦河、黑龙江考》所附案语(写于己丑
〔1889年〕十月二十四日)

　　2.《冷山考》(写于庚寅〔1890 年〕正月)

　　3.《黑水部考》(写于庚寅〔1890 年〕正月)

　　4.《伯利考》(写于庚寅〔1890 年〕正月十六日)

　　5.《断牛说》(写于甲午〔1894 年〕)

　　6.《二圣墓说》(写于戊戌〔1898年〕仲春)

　　7.《得胜陀瘤碑记》(此篇文末署楚北曹廷杰撰,未标年代。据
《增订吉林地理纪要》,约写于光绪十三年。)从时间上看,上述各篇
的写作年代正是曹廷杰任山西和顺县知县至吉林呼兰木税总局经
理的期间。

　　除去一、二两部分,余下各篇应该是写于光绪十一年末至十三

年间,这是毫无疑问的。

在《东三省舆地图说》一书中, 与永宁寺碑有关的篇章, 只有"特林碑说"和"库页岛说"两篇, 写作时间当在《西伯利东偏纪要》成书后不久,光绪十二年左右。

据传,曹廷杰还有涉及到永宁寺碑的第四种著作,即《曹廷杰日记》。最早提到这部书的是一八九一年出版的《吉林通志》,① 在转录了有关永宁寺碑的一段论述后,署明引自《曹廷杰日记》。一九二七年,金毓黻在日记中也提到曹廷杰"所著书有数种,曰《西伯利东偏纪要》,曰《日记》,曰《东三省舆地图说》"。② 他很可能是从《吉林通志》中知道了《日记》的书名,因此并没有引述此书内容。此后提到《曹廷杰日记》的还有一九三五年出版的石荣暲的《库页岛志略》,③ 一九四七年发表的鸟居龙藏的《奴儿干都司考》④ 等书。鸟居龙藏的文章说,光绪十一年曹廷杰去特林调查,"于其《曹廷杰日记》中"记述了永宁寺碑的情况。

但是,所谓的《曹廷杰日记》一书,遍查不得,也不再见于其它书著录。我们倾向于认为不存在这本著作。理由之一是, 鸟居龙藏、石荣暲等人所引述的《曹廷杰日记》文字,完全是对《吉林通志》的转引或部分转引,他们并没有看到这部书,也没有提供这部书存在的其它根据和新的内容。鸟居龙藏本人实际上把《曹廷杰日记》看作就是《西伯利东偏纪要》。其次,金毓黻的著录是不足为据的,一是他没有亲自看到此书,当时对曹廷杰著作的情况并不熟悉,民国十六年他说有《日记》一书时连《西伯利东偏纪要》一书也没有看

---

① 《吉林通志》卷一二〇叶四十二上——四十三上。
② 《静晤室日记》戊集,民国十六年五月十四日条。
③ 石荣暲,《库页岛志略》,1935年版,叶十、十一。
④ 《奴儿干都司考》,见《燕京学报》第33期第7页。

到,民国二十年底还误以为《东北边防辑要》"即《西伯利东偏纪要》之别名也。"① 而且此后他再也没有讲到存在《日记》的问题。关键在于如何看待《吉林通志》的引述,因为问题都是从这里产生的。《吉林通志》中所谓《曹廷杰日记》的一段文字,讲的是永宁寺碑的情况,就文字内容来说,与现在看到的曹廷杰其它记述,大体相同,文字也多雷同。前面一部分是对《西伯利东偏纪要》有关永宁寺碑记载的合并,甚至字句都几乎无甚变动;后面一部分与新发现的《特林碑说》相近(内容详见后述)。总之这段文字既非完全抄自某一本书,内容又不完全独立,而且迄今为止没有发现有关《曹廷杰日记》的其它文字,因此我们估计是曹廷杰应《吉林通志》之约所写的一段札记,这段札记是曹廷杰根据已写各篇内容略加编纂而成,并于文末署有时间,于是《吉林通志》编者以意断之,标为《曹廷杰日记》。在"辽海丛书"本《东三省舆地图说》中,金毓黻收进了光绪十五年十月二十四日曹廷杰的一条札记:"光绪十五年,廷杰官山右和顺县时,李太史子丹(桂林)修《吉林志》函谓临潢府当以《游牧记》所指巴林波罗城为是,廷杰覆函谓……"。可见曹廷杰曾与《吉林通志》编者书信往来,讨论某些学术问题。因此《吉林通志》所录标以《曹廷杰日记》的一段文字,很有可能也是光绪十五年左右约曹廷杰所写。《吉林通志》不仅得到此条有关永宁寺碑的记载,而且看过曹廷杰的碑文拓片。基于上述,我们把《曹廷杰日记》只看作是曹廷杰有关永宁寺碑的单篇札记。

有关永宁寺碑的第二篇单行文章,是收入抄校本《东北边防辑要》文末的"特林碑说",全文近二百字,按体例本应收入《东三省舆地图说》,实际上它比已收入的"特林碑说"一文详明得多。所以未

---

① 《静晤室日记》戊集四,民国十六年五月十四日条,见该条上民国二十年十一月所加眉批。

收,恰恰说明写成在光绪十三年《东三省舆地图说》刊行以后,没来得及收进去。此文具体写作时间还应在光绪十五年以后,即《吉林通志》所谓《曹廷杰日记》之后,因为它更详细、系统,显然是在前者基础上修改而成的。

两块碑文释文,当成于光绪十一年至十五年间,即《吉林通志》所出释文之前。

以上即为目前所能见到的曹廷杰有关永宁寺碑的著述,共计七种三本书,两篇文章,两分释文,一幅图。前前后后完成的时间长达十五、六年之久,最早的是光绪十年,最晚的当在光绪二十四年之前。

曹廷杰如何得知永宁寺碑的存在

谁是永宁寺碑的最早发现者?鸟居龙藏说是日本人,[①]麦利霍夫说是俄国人,[②]其实都不是。

是不是曹廷杰呢?也不是。如果一定要说谁是最早发现者的话,那么应该是中国的当地群众,特别是明永乐以来经常往来于黑龙江和松花江间的东北普通群众。不过,事实上不存在所谓发现者的问题,因为中国群众对于存在于特林的两块石碑早已有所了解,当地人民更是司空见惯,无需别人去进一步发现。曹廷杰的贡献是,在群众提供情况的基础上,第一个对碑址进行了比较全面的实地考察,拓取了碑文,并进行了初步的科学研究,对永宁寺碑的主要内容、重要意义的揭示和传播起了很大作用。

曹廷杰什么时候知道有永宁寺碑的?回答是在去东西伯利亚

---

① 鸟居龙藏:《奴儿干都司考》,见《燕京学报》第33期第39页。
② 麦利霍夫:《明帝国对女真人的政策》,载《中国和邻国》文集第268页,莫斯科1969年版。

进行考察之前。如前所述，去俄之前写成的《东北边防辑要》"界碑地考"一文已提到永宁寺碑的问题。①初读此文会产生许多疑问：曹廷杰既然尚未前去特林调查，他怎么会知道特林有碑，"碑额曰'永宁寺'"的？他的"惜有识者不及见，见者不能识"的感慨就何问题而发？永宁寺碑既有"见者"，又是谁？他说特林碑"几至湮没失传"，那就是说还没有湮没失传，这又指的是什么呢？这些问题的存在，大概也就是某些研究者断定《东北边防辑要》写成于去东西伯利亚之后的一个重要因素。嘉业堂抄校本《东北边防辑要》中新发现的"界碑地考"的原文，为我们解决了上述疑问。这是一个接近原稿的本子，它保存了曹文的某些原始面貌。与通行本《东北边防辑要》中"界碑地考"对照，文字几乎完全相同，只是在"固非在外兴安岭极东北隅近北海处也"至"据此则由混同江北岸濒海至索伦河"两句间，抄校本多出下面五十二个字：

　　　　"今三姓人贸易东海者多知之，亦多见之。惟王守礼、守智兄弟亲至碑所，思拓其文，因被俄夷禁阻未果，故其弟守信能为余述其详云。"②

这是一条非常珍贵的史料，它告诉我们曹廷杰去俄之前，对永宁寺碑的记叙是从群众口中了解的，反映了曹廷杰在研究工作中"躬亲考验"，注重调查，尊重群众发现的科学态度。同时，它也说明对于永宁寺碑，不仅当地人民日常习见，"以为素著灵异"，③常常"对石碑遥拜"，④而且远在三姓的内地人民同样"多知之，亦多见之"，甚至"思拓其文"，"永宁寺"三个字就是他们首先识别出来的。

---

① 《东北边防辑要》"界碑地考"，见辽海本叶十八上——叶二十上。
② 见《东北边防辑要》抄校本"界碑地考"。
③ 《西伯利东偏纪要》叶二十三上。
④ 《东鞑纪行》中译本第 19 页。

对于永宁寺碑，曹廷杰说是当时"三姓人贸易东海者多知之，亦多见之"，这是完全符合历史实际的，从目前掌握的材料看来，至少从清初开始已是如此。

三姓（依兰），在东北地区，曾是内地和边疆各民族间进行物质文明交流的枢纽。在清末以前，三姓的商业，"实为东北路冠，凡东边各城镇之商人及远东之土人皆贸易于此，不愧有三姓京之俗称也。①俗称之为"三姓京"，足见其做为商业中心的重要地位。曹廷杰时代由于沙俄吞并了黑龙江以北、乌苏里江以东的领土，居住在当地的华人大批被逐，华商也遭到排斥，三姓做为商业中心的地位曾受到极大的影响。但是三姓仍不失为与黑龙江下游和乌苏里江以东地区进行贸易往来的重要商业城市。除去在俄占领的一些较大城市内有三百余家华商店铺"坐贾营生"外，还有"自三姓贩运货物通行松花江至东北海口、行乌苏里江至穆棱河口以上者共二百余家，皆于沿江盖有房舍"，他们用内地的货物换取当地所产的貂皮、鹿茸、鱼骨、狐貉、海豹、水獭、灰鼠、黄鼠等，分售于伯利、三姓等处。这是一种半行、半坐的商人，既于沿江有固定店铺，又往来各地购售。第三种是纯粹的行商，他们"自三姓分往二江，以货易货，春去秋回"，"每年亦约千余人，此三姓人以贩商为业者也。"②从商人数量之多，可以想见三姓贸易之兴盛，与各地往来之频繁。

关于三姓和内地人民频繁往来于黑龙江下游一带的情况，在一些沙俄侵华分子的著作中也有所记载。一八五五年，非法窜入黑龙江的马克曾说："阿穆尔河沿岸居民谈到松花江畔的各个城市时，提到最多的是依兰哈拉城，他们有时也把这座城叫作依彻霍通。汉族和满族商人从这个城市，同时也从松花江畔的其它城市

---

① 民国九年修《伊兰县志》，见"职业·商业"。
② 《西伯利东偏纪要》叶九。

出发,来到阿穆尔河,运来中国工业产品和松花江沿岸地区的某些商品。夏秋两季,这些商人的相当多的船只,满载货物往来行驶于阿穆尔河中游和部分下游地区。①马克的调查只到奇集为止,却断定中国内地商人没有到达黑龙江口的基里亚克人地区,这是毫无根据的。因为,三十年后,即使在沙俄侵占了这块地方,极力排斥、驱逐华人的情况下,庙街华人的商业"渐近寥落",但每年往来贸易于此的华人行商仍近百人,并有"广东商人数家"。②商人之外,马克还不得不承认"很久很久以来,满洲官员每年都从松花江来到阿穆尔河,沿河而下,向边疆居民征收赋税,直至基立亚克人居住的地区"。③同时,"一些满珲人、基立亚克人和阿穆尔河沿岸的果尔特人,每年自己也作商业旅行,以期直接获得他们需要的物品。他们乘船先沿阿穆尔河然后沿松花江溯江而上,通常不越过依兰哈拉城,他们在这个城市落脚,并用他们运来的毛皮和其它商品交换足供他们一年消费的粮食和奢侈品。"④涅维尔斯科依、间宫林藏等人在他们的著作中也都提到了中国的官员、商人和当地少数民族频繁往来贸易的情况。

内地官员、商人的前去,边疆少数民族的到来,当然会对所见到的特林碑的情况进行广泛的传播,甚至做为神异之物加以渲染,因而很多人了解永宁寺碑的存在,这是不言而喻的事情。不过,对永宁寺碑情况的传播,也是有个历史发展过程的。当黑龙江中下游还没有出现沙俄侵略者的足迹的时候,人们对特林石碑并没有给以足够的注意,因为历史发展还没有提出这种要求来,加上碑文

---

① 马克:《黑龙江旅行记》第 137 页,圣彼得堡 1859 年版。
② 《西伯利东偏纪要》叶九。
③ 《黑龙江旅行记》第 137 页。
④ 《西伯利东偏纪要》叶九。

漫漶以及由几种文字刻成等情况妨碍了人们的认识，所以当时对于永宁寺碑的情况一般还仅限于群众的口头流传，政府官员、学者文人对这方面的注意是很不够的。沙俄的侵入使形势发生了变化，它激起了人们对祖国边疆的关切，那里的历史沿革、文物遗址、风俗民情等成了人们经常谈论关心的对象。正是在这种形势下，永宁寺碑开始引起了中国官方和学者文人的注意，因而也随之开始见于文字的记载。最后，当沙俄把这一片广阔的土地完全吞并之后，人们的关心就更加深切起来，并促使一些学者积极致力于边疆史地的研究。永宁寺碑之成为重要研究课题是历史发展的必然趋势。曹廷杰对永宁寺碑的研究，就是适应这种历史形势而出现的。

总之，就有清一代来说，人们对永宁寺碑的关心、了解和研究，伴随着沙俄侵略的加深和中国人民对祖国疆土的日益关切而不断深入，由民间口头流传逐渐转向见于文人的文字记载，由一般的记述逐渐转向科学的研究。我们这样说，是有史实根据的。

在清代的历史文献中，最早对永宁寺碑加以记述的，过去认为是杨宾的《柳边纪略》，实际上是比它早得多的吴兆骞的《秋笳集》。《秋笳集》中的作品，除《春赋》而外，均写于顺治十五年至康熙二十年流放东北期间，作者耳闻目睹了早期抗俄斗争的情况，因而诗中保存了许多不见于一般文献记载的珍贵史料，深深值得注意。其中有两首诗涉及到了永宁寺碑。《送阿佐领奉使黑斤》一首，根据作者诗注和前后各诗比较，并结合当时历史背景，约写于康熙四年到六年之间。阿佐领的情况待查，诗中说他即将"按塞"出使黑斤，"持檄遥颁五国东，挥鞭直历千山外"。毫无疑问，这次出使，是针对沙俄的入侵，对黑龙江下游地区的中国各少数民族进行安抚，传达清政府防御、抗击沙俄侵略的旨令。作者诗中自注道："老羌屡侵掠黑斤、非牙哈诸种，宁古岁出大师救之。康熙三年五月，大将军巴公乘大雪袭破之于乌龙江,自是边患稍息。"巴公即指巴海,这一次斗争情况这里不准备多说。吴兆骞的诗就写于这一次斗争之后的几年。在说完阿佐领出使的意图后,作者着力描写了直到"海东陲"的黑斤、非牙哈地区的山川地理、民俗风情。他一方面说到近海一带居民"金环岛户雕为屋,石砮种人鱼作衣"的生活状况,同时又写到当地"曲栈荒林纷积阻,剥落残碑昧今古"的地理、交通和文物遗址等情况。"曲栈"一句描述了通向"海东陲"路途的遥远艰难,而在这路途的末端便出现了"残碑"。"残碑"即指永宁寺碑,"剥落"、"昧今古"说的正是永宁寺碑由于风雨剥蚀碑文漫漶,不易识别,年代不明,这同此后中外较早的一些记载是完全相同的。比这一首时间还要早一些的,是《送巴参领》一首,原诗如下:"萧萧铁马嘶,万里出榆溪,战气随旌旆,边心入鼓鼙。迹荒青海外,驿断雪山西,上将铭功处,残碑待尔题。"① 因为这首诗编在顺治十八年写的《辛丑七夕》后的第四首,又是写的即将出战,可能即指康熙三年五月的那次战斗。"残碑"明显系指永宁寺碑。作者满怀着爱国热情,期待巴海大获全胜,把沙俄侵略者彻底驱出国境,打到黑龙江口一带,在永宁寺碑上"铭功"而还。在这里,"残碑"所在不仅是取得最后胜利的象征,而且也反映出人们已把"残碑"做为祖国疆土的一个重要标志。

"剥落残碑昧今古"、"残碑待尔题",表明吴兆骞已知道永宁寺碑的位置和状况,但他并没有去过特林,显然是从人们传说中知道的。既已入诗,足以说明永宁寺碑流传之广,给人印象之深。可以想象,在巴海、阿佐领等官场人中,在与吴兆骞同样被流放的文人中,必然也都熟知永宁寺"残碑"的存在,否则"残碑"就成了一个谁

---

① 《秋笳集》卷二,粤雅堂丛书本叶二十一。

也不了解的无意义、无出处的典故,作者绝不会以之入诗。

在吴兆骞之后,杨宾于《柳边纪略》中记载了尼布楚条约签订后,人们对于永宁寺碑的传说情况:"己巳年,人传飞牙喀一碑,本属汉文而译为满,不能录大要,其地为二岗国,十年教养之后立此碑版"①"二岗"即"奴儿干"之异译,"飞牙喀"清代通指居住在黑龙江下游的中国少数民族。"飞牙喀一碑"当指永宁寺碑无疑,"人传",说明群众的广泛传说。由于碑文以几种文字记载,字迹漫漶,限制了人们对其历史和内容的进一步了解。

不能不引起人们注意的是,这两次有关永宁寺碑的记载,都是与抗俄斗争紧紧联系在一起的,表明中国人民在侵略者临境的情况下,对边疆土地的关心。同时也应指出,这些记载又都是以群众的了解和传播为基础的,但兆骞和杨宾并非永宁寺碑的发现者。

此后,官方的文献中也开始正式著录了永宁寺碑的情况。如乾隆元年编撰的《盛京通志》记载"海边古城"时指出,它位于宁古塔"城东北三千余里,在混同江东南入海处,城外有元时石碑,路远莫考其详。"②"城"即特林古城,城外"元碑",可能即指同时镌有蒙文的永宁寺二碑;退一步说,即使指现已遗失的元碑,也必然包括同在一起的明代二碑在内。乾隆和嘉庆年间的《大清一统志》也都载有"殿山:在宁古塔城东北二千七百二十里,上有二碑。"③

上面所说的"残碑昧今古",说明人们曾亲至碑所,试图加以识别而没有成功。"人传",反映了群众对永宁寺碑的广泛传播。但是由于当时这些地方还是中国的土地,永宁寺碑的重要意义还没有完全显露出来,因而没有引起官方的进一步注意,特别是没有引

---

① 《柳边纪略》卷四,辽海本叶五下——叶六上。
② 乾隆元年编撰《盛京通志》,第十五卷"城池"。
③ 乾隆《大清一统志》第45卷"吉林山川";嘉庆《大清一统志》第97卷"吉林"。

起一些学者的进一步注意,去进行实地考察研究,因而对永宁寺碑的内容还不是十分太清楚的。

十九世纪中叶,随着沙俄侵华的加紧,中国人民对沙俄侵略危险的认识日益深刻。一些有远见卓识的爱国人士,如林则徐便大声疾呼:"终为中国患者,其俄罗斯乎?吾老矣,君等当见之!"[1] 外患当头,促使一些学者开始积极从事边疆史地的研究和著述,《圣武记》、《朔方备乘》等书的出版,《盛京通志》、《大清一统志》等书的增修,既反映了人们对祖国疆土的关切,也反映了对沙俄侵略的忧虑。瑷珲和北京条约之后,形势益加紧急,连腐朽无能的清政府对沙俄侵略者的嚣张气焰也深感忧心忡忡。"是时防俄孔亟",因此自光绪七年起,清政府任命吴大澂专职督办吉林边务。至光绪十年,"俄人日肆侵占",气焰有增无已。清政府一再命令东北官员"平时整顿营伍,并于边情地势留心侦察"。在这种形势下,曹廷杰在边务工作中目睹沙俄的嚣张气焰,痛心祖国部分大好河山的丧失,促使他积极留心边事,研究边防和疆界的沿革。他不仅充分利用自己的历史知识,而且注意调查访问,王氏兄弟关于永宁寺碑的情况,他就是这样得来的。当时,对于永宁寺碑,亲眼看到的人很多,听到的人更不在少数,但是曹廷杰能够予以重视,进行研究,并加以著录,这是他比同时学者的更加可贵之处。

在国外,十七世纪,俄国人斯帕法里曾依据侵入中国领土的哥萨克匪徒的传闻,记下了距黑龙江口"两天路程"的"一个悬崖上"有三块"带有汉文铭刻的石碑";[2] 一八〇八年日本人间宫林藏,在亨滚河口对面的山靼卫(即特林),看到"江岸高处,有黄土色石碑

---

① 转引自程演生:《奉使俄罗斯日记》序。
② 尼·哥·斯帕法里:《到中国的路线》,转引自巴德雷《俄国·蒙古·中国》第2卷第268页。

两座"；① 一八五七年，美国人柯林斯在"离尼古拉耶夫斯克上游一百三十哩"处，看到有"六百多年前成吉思汗"时代的三座"古碑"；② 一八六一年，英国人拉文斯坦做了与柯林斯大体相似的记载③……。但是，真正对永宁寺碑做了比较全面、科学的考察和记述的，曹廷杰是第一个，他的功绩是众所公认的。同时也不应该忘记，中国群众一直知道永宁寺碑的存在，中国文献资料对永宁寺碑早有文字记载，曹廷杰的考察研究是对群众已知情况的吸收和发展。我们肯定曹廷杰的考察、研究成绩，我们更要肯定他的注重实地调查、尊重群众见闻的科学研究态度。

曹廷杰对永宁寺明碑研究的贡献

曹廷杰开拓了对永宁寺碑的研究工作，他的贡献主要表现在，通过实地考察，第一次提供了永宁寺碑及碑址周围的详细情况；第一个对碑文进行了拓制，使之传播于世，引起人们的重视；第一个对碑文的汉字进行了识别著录；最后，也是对碑文内容、历史价值进行科学探讨的开拓者。下面，我们分别简单谈谈这几方面的情况。

曹廷杰对碑址的考察十分认真、细心。他明确指出，从庙尔上溯"二百五十余里混同江东岸特林地方，有石砬壁立江边，形若城阙，高十余丈，上有明碑二"。永宁寺原有建筑于 1880 年被沙俄毁掉，改建为东正教教堂，曹廷杰称之为"喇嘛庙"，二碑"巍然立于庙西南百步许"。庙的正东二十多步山凹处有连三炮台基一座，西北

---

① 间宫林藏：《东鞑纪行》第 50 页，1942 年东京版。
② 柯林斯：《阿穆尔河之行》，转引自查尔斯·佛维尔：《西伯利亚之行》中译本第260—261 页。
③ 拉文斯坦：《俄国人在黑龙江》第 193—197 页，1861 年伦敦版。

有壕堑、土围、土台等遗迹。他还指出，由永宁寺西北下山，沿江行一里多地，"有石岩高数丈，上甚平旷，有古城基，周约二、三里，街道形迹宛然，瓦砾亦多"。这就是当年奴儿干都司衙署的所在地，发现这一点是十分宝贵的，它进一步丰富了永宁寺碑建立的历史背景材料。当时，这一地方已为"林木所翳，非披荆履棘不能周知"，曹廷杰能够发现它，反映了研究态度的严肃、认真和不畏劳苦的精神。尤其应该指出的是，他还在永宁寺碑研究史上第一次绘制了"庙尔图"，对永宁寺碑的位置作了准确的标注。①

其次，曹廷杰对碑文进行了拓制，这一贡献是很大的，后来永宁寺碑能够引起中外学者的重视主要也是由于这一拓片及其部分释文的公布。他明知"俄夷"曾禁止中国人拓制，当时中俄关系又十分紧张却不顾一切，大胆进行拓制；勇敢精神值得称赞。关于拓片，《西伯利东偏纪要》仅云"将二碑各拓呈一分"，未说明总计分数。《吉林通志》记载："此碑本，海内惟两分：一为曹氏所藏，碑侧之文已失一纸；一为光绪十二年六月，曹氏呈送总理各国事务衙门之本，其文尚全。"②按《吉林通志》所记拓片情况犹有未实。一是其中一分，所送为军机处，非总理各国事务衙门。军机大臣虽可兼总理各国事务衙门之职，但二者并非一个机构。拓片于光绪十一年十月随文附呈在给军机处的七十六条之中。当时，七十六条"照录原册送军机处备查，"③其原件今天仍在军机档中，可见当初碑文拓片也一定是在军机处。

二是曹廷杰个人所藏的一分之外，还有几分拓片，《吉林通志》没有提到。曹廷杰拓碑的情况，甘药樵在《明奴儿干永宁寺二碑

---

① 见抄校本《东北边防辑要》。
② 《吉林通志》卷120"金石志"。
③ 故宫明清档案部：军机档，光绪十一年十二月八日希元奏折。

跋》中讲得最清楚。一九一一年，甘与曹在吉林相见，当时曹廷杰
"以明奴儿干永宁寺二碑拓本见示"，甘阅后为之作跋。跋文中说，
曹廷杰在特林共拓印了六分永宁寺碑文，其中"一呈希侯（元），一
呈枢府，一呈总督，一自藏，余二本为喇嘛持去呈俄政府，海内无第
五本，盖彝卿自述如此。"① 这就是说，曹廷杰带回来的拓片共为四
分。送给希元的一分，过去没有记载。呈枢府的一分，即给军机处
的一分。呈"总督"的一分，当指送给吴大澂的一分。吴曾任湖南
巡抚，故以总督尊称之。吴大澂的一分拓片，系光绪十二年吴大澂
来吉林时所得，他在三月十五日日记中写道：

　　　"曹彝卿别驾廷杰以手拓混同江东岸古碑四纸见赠。其
　　一大碑，正书，上有'重建永宁寺记'六字横列，文多剥蚀不可
　　读。有'太监亦失哈'五字，'伟欤懋哉'四字……。其一小碑，正
　　书，上有'永宁寺记'四字横列，首行'敕修奴儿干永宁寺碑'九
　　字尚可辨，余漫漶。"②

他还提到碑上的蒙文、女真文及曹廷杰所述碑址情况，并称赞说：
彝卿采访俄事至此，并手拓二碑以归，亦可谓壮游矣!"可惜的是所
有这四分拓片现均下落不明。其中一分，传云归金毓黻所有。金毓
黻的部分书籍和碑文拓片于一九六三年转归东北文史研究所，文
化革命中颇有散失。现查已无永宁寺碑拓片，仅于金毓黻的书籍
和手稿中搜出部分拓片照片，约为据曹廷杰原拓所摄。③ 其余几分
有待我们按照上述几个线索继续进行查找。④

　　第三、谈谈曹廷杰对碑文汉文的释文。对于碑文中的蒙、藏、

---

　　①　转引自《库页岛志略》叶十一下——十二下。
　　②　吴大澂：《皇华纪程》，殷礼在斯堂本第十七册叶十六。
　　③　见图版九。
　　④　又，据传云，哈尔滨师范学院历史系曾有一份曹廷杰的永宁寺碑拓片，也已散
失，不知确否。

女真文，曹廷杰"俱不能辨"，只有"汉文可识"。那么，他对于两块碑的汉文有没有一个比较全面的释文呢？有人可能认为《吉林通志》的释文即曹廷杰提供的，我们认为曹提供利用的只是拓片，文由《吉林通志》编者自己释出。更重要的是目前已发现了曹的原始释文，与《吉林通志》所载出入极大。这就是嘉业堂抄校本《东北边防辑要》附录的永宁寺二碑释文。① 这里，可以把这个释文同一八九一年出版的《吉林通志》、一九三二年出版的《黑龙江志稿》中关于永宁寺碑文释文的字数做个简单的比较，便可看出他们并非出自一手，而是随着研究的深入，所识之字越来越多。

	嘉业堂抄校本《东北边防辑要》	《吉林通志》②	《黑龙江志稿》③
《永宁寺记》释文字数	362	468	897
《重建永宁寺记》释文数字	344	432	677

相比之下，曹廷杰识出之字最少，足证时间也较早。曹的释文不仅字数少，而且颇有一些误识之字。但是也有一些曹廷杰识别对了的字，而两个通志都没有识出，从这一点可以看出，后者的释文绝非来自曹廷杰。举个例子，《永宁寺记》"梯山航海"一句中的"梯"字，有的同志指出："诸录本皆未录此字，唯园田一龟《满洲金石志稿》于□上方注'梯'字。今核对诸拓片影本，该字尚存'梯'字的左旁右上残笔。"④ 其实，在曹廷杰的释文中早已清清楚楚地识出了

① 见图版十。
② 《吉林通志》卷120"金石志"。
③ 《黑龙江志稿》卷62"艺文志·附金石"。
④ 《考古学报》，1975年第2期第36页。

这个"梯"字。再如《重建永宁寺记》中"恭惟我圣朝"的圣字，有的同志也说："'圣'字诸本未录，今补入。"[1] 同样，这个"圣"字在曹廷杰的释文中也是清清楚楚标出了的，无需今天再予增补。总之，曹廷杰的释文在今天仍有一定参考价值，特别是作为永宁寺碑的第一个释文，应给予充分的肯定。

最后，谈谈曹廷杰对碑文内容的研究，关于这个问题，他的看法是有个发展过程的。

去东西伯利亚实地考察之前，根据群众的介绍，结合文献的记载，他推断特林就是《柳边纪略》所说的威伊克阿林，永宁寺碑就是尼布楚条约签订后，康熙二十九年"遣官"所立的威伊克阿林界碑。[2] 尽管由于条件限制，他无法对碑文详加考证，因而所断定的史实有错误，但把永宁寺碑做为中国管辖区域的重要历史依据，开拓了此后研究的正确方向。

光绪十一年，从东西伯利亚考察回来后，他的认识有了新的发展，首先明确了两块碑是明代的遗物，"皆述太监亦失哈征服奴儿干海及海中苦夷事"。因而他的论证也又有了新的发展："论者咸谓明之东北边塞尽于铁岭、开原，今以二碑证之，其说殊不足据。"利用明碑考证明代的疆土所至，这个研究方向也是正确的，并为后来研究者所普遍接受。同时，他也比较客观地附记了其它两种可能的推断，一是是否与威伊克阿林界碑有关，"非廷杰浅见所能测"，二是当地少数民族"谓此碑系数百年前大国平罗刹所立"。他只是附带提到上述两点，并未加以可否，比较谨慎。但是，在"庙尔图"说明中则又仅仅摆出了"大国平罗刹所立"说。可见，这时他的看法尚未完全固定，时而倾向于前说，时而又倒向后说。

---

① 《考古学报》1975 年第 2 期第 54 页。
② 《东北边防辑要》，辽海本叶二十二下。

关键就在于他解决不了《柳边纪略》威伊克阿林界碑与现存永宁寺碑之间时代的差距，摆脱不了杨宾记载的影响。

《吉林通志》所引的"曹廷杰日记"，可做为曹廷杰对永宁寺碑看法的又一发展。在此文中，他比较了实际存在的明代寺碑与记载中清代界碑的异同，感到两个碑所载字体数目有出入，因此特林碑"其是否即杨氏所谓威伊克阿林界碑，未敢肊断"这是一种否定的怀疑。但是他又感到两个时代的碑"道里相合"，位置似乎相同，因而他又想弥缝二者时代的差距，使永宁寺碑一身而二任，即一方面承认永宁寺碑实实在在是明碑，又推想康熙时代的界碑即以"文刻于明人旧碑之上耶?"当然，不认识女真等少数民族文字，也是造成曹廷杰这种误断的一个因素。

到了《东三省舆地图说》中的"特林碑说"和"库页岛说"等文，曹廷杰虽然还是沿续了使永宁寺碑一身二任的做法，把碑侧的文字推断为"或即巴海等分界时所刻也"。但同时又据《唐书》、明《开原志》、明《一统志》等文献，对碑文中的"东海苦夷"作了考证，证明苦夷即苦兀、兀列、库页，这是曹廷杰对碑文内容研究领域的新的扩展，也是他在碑文利用上的第二个功绩。

反映了曹廷杰最后看法的，是嘉业堂抄校本所附的"特林碑说"，全文近二百字，是曹廷杰记述永宁寺碑最长的一段文字。在此文中，曹廷杰进一步驳斥了一些错误的说法："论者谓明之东北边塞尽于铁岭、开原，并谓《明实录》、《明会典》诸书所载四百五十八卫皆属空名，今以此碑证之，殊不足据"。把明代东北疆域的研究具体结合卫所的分布，用永宁寺碑的存在肯定了卫所的设置和实际管辖区域。这就不仅肯定了明代文献记载的正确，而且也对《满洲源流考》等当时所谓"权威"著作的某些论述提出了不同的看法。他所利用的历史文献也愈益广泛起来，使得他的论证更加确凿有力。但是,杨宾的威伊克阿林界碑一直缠绕着曹廷杰的头脑,使他总是企图把两个时代的石碑拉在一起,这是他在永宁寺碑研究上始终未能克服的一大缺陷。

总起来说,曹廷杰对永宁寺碑碑文研究的贡献可以归纳为以下几点:

1.正确指出了碑文的时代和主要内容;

2.利用碑文研究明代东北的疆域;

3.肯定了明代一些文献对东北疆域记载的正确;

4.把碑文同唐以来的文献结合起来进行考证。

曹廷杰是清末民初杰出的东北历史地理学者,也是一位富有爱国热情的政治思想家。有关他的生平、思想和著作,过去由于材料的限制,曾长期被淹没忽视。现在,有关曹廷杰的档案材料及其某些著作的发现,将使我们有可能对这一问题进行深入的探讨。提出曹廷杰与永宁寺碑的问题,就是我们在这方面的一个尝试。尽管今天对永宁寺碑的研究已经相当深入,但是曹廷杰筚路蓝缕的开创之功是不可抹煞的。

库叶岛说

按:《唐书》流鬼国南邻莫曳部,明《开原志》苦兀在奴儿干海东,明《一统图》东北夷有兀列部,特林碑有东海苦夷之语,《吉林舆图》作库叶岛,一作库页岛。莫曳、苦兀、兀列、苦夷、库叶、库页,皆同音字也。

虾夷岛说

虾夷岛,即虾夷国。《寰宇记》:虾夷,海岛中小国也,其人须长四尺,尤善① 弓矢,插箭於首,令人戴瓠而立,数十步射之,无不②

中者。唐显庆四年十月,随倭国使人入贡。前年游历时,传闻此岛
於康熙年间, 屡随库叶岛人至三姓下松花江南岸贡貂,受赏乌
绫,③今入日本。

库 叶 岛 考

《后汉书》:北沃沮海中有女国。《唐书》:日本东北限大山外即
毛人国。明《开原志》:苦兀在奴儿干海东,人身多毛,其邻吉里迷,
即济勒弥,又作帖烈灭,今名额里野。④日本《万国史记》序:阿波冈
本监辅单身航北海,历览唐太⑤全岛。皆即此库叶岛也。⑥

对 马 岛 说

《东藩纪要》:由朝鲜庆尚道东莱⑦至日本对马岛,水程四百七
十里。康乾之间,岛中日人至釜山浦互市,其先代日高连兵,皆缘
此岛太近之故。

济 州 岛 说

《东藩纪要》:全罗道南悬一岛,设济州治之,幅员四百余里。初
有高、梁、夫三姓人分处其地,新罗法兴王赐国号耽罗,后服⑧事百
济,再事新罗,后属於元,复还高丽。明末为李氏增置旌义、大静二
县,西北为黑山岛。《宋史》:由浙江定海县入洋,顺风五百,可抵黑

---

① "善",辽海、上图本作"喜",此据藩属、问影楼、强自学斋本。
② "不"下,强自学斋本有"命"字。
③ "乌绫",强自学斋本误作"此岛",据藩属、辽海本改。
④ "又作帖烈灭,今名额里野"一句,据强自学斋本补,他本无。
⑤ "太",问影楼本误作"木",强自学斋本误作"本",据藩属、辽海本改。
⑥ 强自学斋本将《库页岛说》并入此条之末,合作《库页岛考》。
⑦ "由朝鲜庆尚道东莱",问影楼本作"由朝鲜东莱而南",此据藩属、辽海本。
⑧ "服",问影楼本脱,据藩属、辽海本补。

山。案济州岛距海南县海程约二百余里。

郁 陵 岛 说

按：郁陵岛在朝鲜东海中，① 即古于山国。《东藩纪要》：于山国在溟州正东海岛，或名郁陵岛。《舆地胜览》：郁陵岛地方百里，土地饶沃，一名武陵，又名羽陵，在蔚珍县正东海中。又《纪要舆地说》：江原道下郁陵岛，本② 于山国都，后属新罗，东附于山，石不戴土，③ 民不堪耕。其南有蔚山岛，有明经略杨镐④ 败倭於此境之北。按：由蔚珍县东十里虚坮口⑤ 地方，向东舟行百里，至郁陵岛，其岛东西六十余里，南北四十余里。

鸭绿江、佟佳江、高句丽、高丽考_{建国地方附}*

鸭绿江旧名马訾水，佟佳江旧名盐难水。《太平寰宇记》高句丽下马訾水，一名鸭绿水，源出东北靺鞨白山，水色似鸭头，故俗名之。去辽东五百里，经国内城南，又西与一水合，即盐难水也。二水合流，西南至安平城，入高丽之地，以此水最大，波兰清澈，所经津济皆贮大船，其国恃此以为天堑。其水凡阔三百步，在平壤城西北四百五十里，辽水东南四百八十里。

按：高句丽本出於夫馀，其先祖朱蒙弃扶馀东走，渡普述水，至纥升骨城遂居之，号曰高句丽国，因以高为氏。查扶馀国在今奉化

---

① "在朝鲜东海中"一句，据强自学斋本补，他本无。

② "本"，问影楼本、强自学斋本作"即"，此据藩属、辽海本。

③ "土"，藩属、辽海本误作"山"，据问影楼、强自学斋本改。

④ "杨镐"，问影楼本误作"镐高"，强自学斋本误作"锡镐"，据藩属、辽海、上图本改

⑤ "虚坮口"，强自学斋本作"废虚扣口"，此据藩属、辽海、上图本。

* 此文，问影楼、强自学斋本无，此据藩属、辽海、上图本著录。

县界内，云弃而东走，知普述水即开原河，纥升骨城即明时哈达城，今为海龙厅城，土人犹通呼曰高句丽城也。其国於汉魏时，据有东辽河以南、浑河以北、鸭绿江东西各地。魏正始初，句丽王位宫寇西安平，毌[1]邱俭将万人出玄菟讨之，战於沸流，在今朝鲜平安道成川地方。六年，俭复讨之，位宫奔沃沮，俭使王颀绝沃沮千余里，到肃慎南界，刻石纪功，又刊丸[2]都山，铭不耐城而还。位宫五世孙钊与慕容皝战，大败，仅以身免。皝乘胜追至丸都，焚其宫室，旋徙都国内城。其后，慕容宝以句丽王安为卑州牧，封辽东、带方二国，王遂略有辽东郡。

晋安帝义熙中，安之孙高琏，遣长史高翼献赭白马，以琏为都督营州诸军事、高丽王、乐浪郡公，自是始有高丽之称，已并汉之辽东、玄菟、乐浪三郡为高丽境土。东晋以后，王居平壤城，亦曰长安城，其城随山屈曲，南临浿水，在辽东东南千余里，今属平安道。此外，国内城、汉城皆为别都。隋唐时靺鞨附之，东西六千里，盖并靺鞨而言，非高丽果有六千里之地也。今通化县东鸭绿江西岸，有大城基，《盛京舆图》作破城子，应即国内城。宽甸县南九连成一带，应有安平城故址。知此，则《寰宇记》谓鸭绿水出高句丽东北靺鞨白山，经国内城南，又西合盐难水西南流，至安平城入高丽之地，皆可通矣。

辽 水 考[*]

考辽水有大辽、小辽之名，大辽水即今东辽河，其源为赫尔苏河，出围场岱扬阿登山；小辽水即今浑河，其源为苏克素护河，出英

---

① "毌"，上图本误作"母"，据藩属、辽海本改。
② "丸"，各本皆误作"九"，据文意改。下同。
* 此文问影楼、强自学斋本无，据藩属、辽海、上图本著录。

额边门外，西南流，过奉天府南，会太子河，入①巨流河。太子河，即古大梁水。《太平寰宇记》高句丽下，大辽水源出靺鞨国西南山，南流至安市，小辽水源出辽山，西南流。又有大梁水，在国西，出塞外，西南流，注小辽水。是知今赫尔苏河发源之岱扬阿登山，即靺鞨国之西南山。东辽河与西辽河相会之处，旧为安市城。苏克素护②河发源之戈尔敏珠墩岭，旧名辽山。太子河源之东，鸭绿江西岸破城子，即高句丽国。缘句丽旧都纥升骨城，被慕容皝焚毁，徙都国内城，《记》故指此为高句丽国，谓大梁水在国西也，说详《鸭绿江、佟佳江③考》内。柳条边塞始自秦时，大梁水源本出塞内，因自高句丽国而言，故曰出塞外也。

松　花　江*

松花江水道，自格林河以下径向东北入海，无折向北流又西北流再折而东南之势。

水　陆　险　要**

威海、烟台、天津、大沽口、北塘、旅顺、搭连湾、营口、山海关、凤凰门、仁川、熊川海口、济州岛、庆兴、密占、小绥芬河、蜂蜜山、土门江、对鸟④岛、郁林岛、釜山海口、庙尔、通江、三姓、伯利、徐尔固、拉哈⑤苏苏、黑龙江，即爱珲。海兰泡、雅⑥克萨城

---

① "入"，辽海本误作"八"，据藩属、上图本改。

② "护"，藩属、上图本误脱，据辽海、问影楼、强自学斋本补。

③ "佟佳江"，藩属、辽海、上图本误作"佳佟江"，据问影楼、强自学斋本改。

* 《松花江》一文，藩属、辽海、强自学斋、上图本无，据问影楼本著录。

** 《水陆险要》一文，藩属、辽海、强自学斋、上图本无，据问影楼本著录。

④ "对鸟"，原文如此，疑当为"对马"。

⑤ "拉哈"，问影楼本误作"哈拉"，据文意改。

⑥ "雅"，问影楼本误作"萨"，据文意改。

电线兼驿*

自旅顺至牛庄有金州、复州、熊岳、盖平、营口；自山海关至牛庄有西林、察水河、东关集、宁远、塔山、小凌河、十三山、间阳、广宁、高平；自牛庄至凤皇有海城、辽阳、浪子山、甜水、连山、通远堡；自牛庄至吉林有海城、辽阳、十里河、奉天、懿路、高丽铺、开原、棉花街①站、赫尔苏、伊巴丹、苏翰延、伊勒们；自吉林至宁古塔有尼什哈、乌拉、额赫戈、拉发老爷岭、退搏、②伊克苏、鄂摩和索罗、搭拉、毕尔罕、③沙兰；自宁古塔至密占有新官地、玛尔瑚里、老松岭、萨奇库、瑚珠岭、哈顺、大坎子、穆克德和、密占；自吉林至黑龙江即爱珲。有尼什哈、乌拉、金珠鄂佛罗站、④舒兰河、法特哈、腾们勒哲库、蒙古、图赖站、逊扎⑤堡、蒿子、舍里、伯都讷、墨馨、新站、古鲁、塔勒哈、多嗹、温托珲、特穆德赫、黑龙江省城、搭拉尔、宁年、拉哈、博尔多、喀穆瓦、伊札喀、科喀尔、喀尔喀图、库穆楞、额叶尔、黑龙江。即爱珲。

驿**

自蒙古向北偏东转南至宁古塔有腾们勒哲库、⑥蒙古喀伦、多欢、萨库里、费克图、宾州厅、塞勒佛特库、伊⑦斯亨、富尔浑、崇古尔

---

* 《电线兼驿》一文，藩属、辽海、强自学斋、上图本无，据问影楼本著录。
① “街”，原误作“衢”，今改。
② “退搏”，原误作“退搏”，今改。
③ “毕尔罕”，原误作“墨尔罕”，今改。
④ “金珠鄂佛罗站”，原误作“金珠、鄂佛罗站”，今改。
⑤ “扎”，原误作“北”，今改。
** 《驿》一文，藩属、辽海、强自学斋、上图本无，据问影楼本著录。
⑥ “腾们勒哲库”，原误作“腾们勒、哲库”，今改。
⑦ “伊”，疑当为“佛”。

库、鄂勒图木索、庙噶珊、三姓城、太平庄、武斯河、小巴彦苏站、莲
花泡、二道河、细鳞河、沙河子、鲦头岔、萨尔浒城；自伯都讷至呼兰
有墨馨、新站、博尔济哈、察布齐勒、鄂尔多图、布拉克、札喀和硕；
自广宁至奉天有小黑山、二道井、白旗堡、新民、巨流河、老边；自新
民至法库门有严千户屯；自奉天至兴京有噶布拉村、塞非、穆喜。

威　　海*

威海在文登县北九十里，东为长峰口，西为郝庆口，皆可藏泊
海舟。而长峰口之外，有刘公岛、衣岛共九岛，对面夹峙，名曰双岛，
口足避海浪，比郝庆口尤胜。明人於此设卫备倭，今与旅顺口_{一作}
_{搭连湾}。为天津第一重门户。

烟　　台**

烟台在福山县东北二十里，有故城，明人备倭设奇山守御千户
所，即此。东北有平地，接连海中之罘岛。东南有崆峒、烤姥、桄子、
养马各岛连峙海中，足以遮蔽风浪，与奉天、金州之搭连湾，皆可以
藏泊大舰，为天津第二重门户。

杂说二十条***

卧牛河即和罗河，犇牛河即多罗河，青得林河即喜鲁林河，①
挠力河即诺罗河。

自通江上至音达木河千余里，旧皆奇勒尔人等所居，现归新设

---

　*　《威海》一文，藩属、辽海、强自学斋、上图本无，据问影楼本著录。

　**　《烟台》一文，藩属、辽海、强自学斋、上图本无，据问影楼本著录。

　***　《杂说二十条》一文，藩属、辽海、强自学斋、上图本无，据问影楼本著录。

　①　"河"，据文意补。

富克锦协领统辖。

牛满江即斗满河。外兴安岭南俄伦春皆服乘四不象，所谓使鹿部也。

旧爱珲城东、南、北三面有旗丁四十余屯，统名段山屯，长百余里，宽数十里不等，不入俄界。

精奇里江，通呼黄河，俄名也也。海兰泡，俄名不拉好为十亲四克，一名把拉云省斯克。

额木尔河，今称漠河。博克讷什克，俄屯，俄人新设兵。哈拉尔河，通呼海兰儿河。[①] 铁线道东通海兰泡、伯利、海参崴、庙尔等处，西达该国京城。

呼雅河即瑚叶河。锡林河，今呼西浪河。

库尔布新河即乌尔固辰路。兴凯河，[②] 俄称海堪。

马得克即赵老背。蜂蜜山，宁、姓二城旱路门户，最为紧要。

已和里河，今呼鄂肯河。

古城即瑚尔哈路。瑚尔哈河，今呼牡丹江。

拉林河即涞流河。

渤海上京龙泉，古佛捏国，辽金东京路，今呼东京城。珠赫城即肇州。

三道街即金曲江县；阿什河即按出虎水；农安，古黄龙府；锡伯城即临潢府；白城，金会宁府；拉发老爷岭即那木窝稽；阿勒坦额墨勒即大孤山；张广才岭即塞齐窝稽；破城子，古高丽都城；伊穆逊即汪清河。

长春厅抚民通判辖巡检一员、农安分防照磨一员，本郭尔罗斯前旗辅国公地界，向与公旗纳租，并无征收，设官专理民事，归吉林

① “河”，据文意补。
② “河”，当为“湖”之误。

统辖。

　　昌图府领县三：怀德、奉化、康平，府属八面城照磨一员，康平、郑家屯主簿一员，本蒙古博王、达尔罕王二旗地界，向与王旗纳租，并无征收，府县各官专理民事，归奉天统辖。

　　伯都讷同知驻孤榆树。

　　懿路，古挹娄国。叶赫，古叶赫国。

　　伯利，俄名喀兰诺付克。

　　拉哈① 苏苏，水路门户。雅② 克萨城，俄名阿喇巴金。

附：胡思敬戊申跋*

　　自日俄构难，谈边防者佥以陪都根本为忧。曹大令廷杰尝奉檄勘履俄界，著有《西伯利东偏纪要》一书，稿藏外部，余未之见也。是编亦勘界时所作，观其辨证古今，虽未脱经生考据余习，而指陈三省疆里险要，读其书如亲历其境，实有裨于今日兵防屯垦之用。旧有图，今佚，存其识语于后，亦可见其用心之勤，有前辈专家所不及者。

　　　　　　　　　　　　　　光绪戊申夏胡思敬跋

---

① "拉哈"，问影楼本误作"哈拉"，据文意改。

② "雅"，问影楼本误作"萨"，据文意改。

* 此跋，据问影楼本著录。

日 记 一 则[*]

　　庙尔上二百五十余里混同江东岸特林地方，有石礧壁立江边，形若城阙，高十余丈。上有明碑二：一刻敕建永宁寺记，一刻宣德八年重建永宁寺记，皆述太监亦失哈征服奴儿干海及海中苦夷事。碑阴有二体字碑文，碑侧有四体字文，惟唵嘛呢叭咪吽六字汉文可识，馀俱不能辨。考杨宾《柳边纪略》载威伊克阿林碑，言威伊克阿林极东北大山也，上无树木，惟生青苔，厚常三四尺。康熙庚午与阿罗斯分界，镶蓝旗固山阿真巴海等分三道往视，一从亨乌喇入，一从格林必拉入，一从北海绕入，所见皆同，遂立碑于山上，碑刊满洲、阿罗斯、喀尔喀文。

　　按：《纪略》所言碑刻三体字，今此碑实六体字，其是否即杨氏所谓威伊克阿林界碑，未敢臆断。然以所载三路往视之道计之，则道里相合。亨乌喇即吞河，从此入者，由齐齐哈尔东逾内兴安岭，顺吞河入混同江也；格林必拉即格楞河，从此入者，由爱浑旧城东逾外兴安岭南支，顺格楞河入混同江也；北海即指索伦河东海湾，从此绕入者，由雅克萨城东北至钦都河源上外兴安岭，东抵索伦河口，沿海滨绕入混同江。盖威伊克阿林在混同江南岸奇吉泊下，今其地名特林，即威伊克阿林之合音，岂分界时即以三体字文刻于明人旧碑之上耶。

---

　　[*]　据《吉林通志》卷一百二十著录。

麻特哈鱼*

（光绪二十一年十二月）

麻特哈鱼，即辽、金史《本纪》所载之牛鱼也。《本草纲目》：牛鱼生东海，其头似牛。《清一统志》云：牛鱼出女直混同江，大者长丈余，重三百斤，其肉脂相间，食之味佳。又《异物志》云：南海有牛鱼，一名引鱼，重三四百斤，状如鳢，无鳞，鳍背有斑文，腹青色，知海潮。盖南海名引鱼，引字之义，与赫斤人驱逐群鱼说亦相合。《本草》载肉无毒，主治六畜疾疫。

原教浅说**

（光绪二十八年四月）

身字说

中国古篆㐆，即今文身字，盖缘隶楷多变古篆之形，而失制字真义者也。今第就身字论之，实兼六书之三而成此一字。⺄即今文人字象形，亦兼寓阴阳相合之理。左丿，丿象阳清轻上升。右乀，乀象阴重浊下降，会意。⊂如人腹象形，一谓人腹中有此一，指事。儒教所称执中，《易》黄中同。道教所称守中，《庄子》环中同。释教所

---

* 录自魏声龢《吉林地志》附“鸡林旧闻录”卷二第二页。又见《湖北文征》（稿本）第十三卷（三）。

** 据北京图书馆藏抄本《拟放姓属荒地章程》标点整理。

称空中，《金刚经》是中同。皆指此一所在之处而言。以其在人身此身字专指身体而言。之中，故称曰中。然知有此中，而不聚精会神以执之、守之，精而曰聚，神而曰会，非穷理遏欲闲邪存诚工夫纯熟者不能，此乃尽性至命之初基也。则中虽自在而精神无归，灵性不免外散，孔子曰：操则存，舍则亡，出入无时，莫知其乡。儒不能成圣成贤，释道不能成仙成佛。故儒曰执，道曰守，释曰空而又空，又曰真空不空。第著意以执之守之，著意以为不空，则必杂见闻声臭于其中，不合上天之载，何能尽人以合天！故尧舜曰惟一，孔门曰一贯，孟子曰夫道一而已矣。道曰守一得一，释曰归一，又曰制之一处无事不办，皆指此身中之一而言。夫此一者，不见不闻，无声无臭，语其大则天下莫能载，语其小则天下莫能破，放之则弥六合，卷之则退藏于密。天地人皆此一所生，惟人当于天地之间，体此一以成三才。孔子之所谓仁，曾子、子思之所谓诚，孟子之所谓性善，几希。《易》所谓性命，即美在其中之美。三教之所谓道，西教之所谓独一不二真宰，天主、耶稣现虽分门而立，教之宗旨则同。即回教亦一独一不二为宗，盖别天主而自立门户者也。皆指此一而言。究之此一在人果何指乎？即虚灵不昧之神若不至虚，即不至灵；若不虚灵即非不昧。盖人之良心本至虚至灵，稍不虚灵即有昧心之事憧憧往来于胸中。故无论圣凡仙俗，总以不昧良心为第一要着。是也。此神至虚至灵，原天之所赋，故称天命。当其在天则曰帝、曰真宰，赋之于人则曰性。故曰天命之谓性，率此性则曰道，修此道则曰教。今天下六大教皆不外此，若舍此而言教，不入于邪即酿为乱矣。俗语讲道不离身，打铁不离砧，最为有味。然此就身字⊏形而言，尚非制字本义。本义在㲋字丿笔，盖指事会意令人触目警心者。详考圣贤修身、养身、保身、守身、爱身诸训，皆指㲋字丿笔而言，非如近世多以身体为身者。人能修之、养之、保之、守之、爱之，在儒则可学圣贤，在释道则可学仙佛，在西教则灵魂可返天堂，所谓顺则生人，逆则成仙者，此㲋字丿笔实制字本义也。时光绪壬寅二月初吉，因增补《公法源流图说》于《万国公法释义》之首，推其源始于一，恐初学者不知一之所在而蹈於空寂也，著《身字说》以明一在人身，地球六大教均同此理，伏望博雅君子诲正焉。

儒教心传说

中华俗语云：人不可三心二意。此虽迩言，最宜深察。人果知心之何以有三，意之何以有二，时时返观内省，使三心统归一心，二意总归一意，则可以入德，可以入道，可以希贤，可以希圣，可以希天。范围曲成，参赞位育，皆分内事。欲知三心，观志、忠、忘三字自明；欲知二意，观阴阳升降自知。就人身言之，呼为阳升，吸为阴降，阴阳对待也。内自省视，主乎升降之间者，无极也，即太极也。原夫阴阳合德，刚柔有体，天之明命，入乎其中。所谓人，受天地之中以生，所谓命也。《正字通》：脐：子初生所系也。断之为脐带，以其当心肾之间，前值神阙，华人俗语曰肚脐眼，医书曰天枢。后值命门，故谓之脐。盖子在母腹，藉母呼吸之气，渐吹渐长。母吸则子由脐而吸至於囟，母呼则子由囟而呼至于脐，呼吸皆与母气相通，是谓先天。魏校曰：子在母腹，诸窍尚闭，唯脐内气囟与之通骨独未合。既生则窍开，口鼻内气，尾闾为之泄气，囟乃渐合，阴阳升降之道也。按内同纳。弥月而生，口鼻窍开，呼吸之气自与天通。脐带虽断，囟门未合，是谓先天之终，后天之始。《诗》：母也天只。按：人当急迫危难疾病呻吟时，不呼母即呼天者，盖穷则返本，出于至诚，不假思。为吾华固然，想各国亦必如是。是时纯一无伪，是为赤子。其心常在丹田，故耳无闻，目无见，手足无运动，心神无思虑，是为赤子之心。自此气渐充心，渐上囟门，渐合神明，至於中心。《记》王，中心无为也，以主至正。盖心居中而称王，是谓天君道之。守中者，守此也。释之空中者，空此也。《素问》鬲肓之上中有父母，指此。声以诱其耳，色以诱其目，臭味以诱其口鼻。后天用事，先天日漓。然情欲未开，知识未广，心虽漓乎丹田，究尚在於此中。所知者号良知，所能者号良能。孩提之童知爱其亲，及其稍长知敬其兄，见有合乎情理之事则亲而近之，见有拂乎情理之事则畏而远之，是为良心，亦称天良。此后气愈充，心愈上，神明至于肉团之心。即五脏所指为心者。耳、目、口、鼻摇於外，七情六欲战于中，情窦一启，神明不能归于丹田，昼则寓於二目，寐则潜于两肾。二肾中间曰命门。《素问》七节之旁中有小心。《易》：洗心退藏於密。所谓密与小心者，皆指命门而言。按：《素问》七节之旁上添肾在二字，则义更明。精不能固，神不能完，私欲蜂起，蔽厥良心，实违禽兽不远。古之先知先觉教人明善复初，特以神明到肉团之心者指为人心，以神明到小心中者指为道心。俗语心不可高，指肉团之心言。心要放下，指小心言。盖惟大人能不失赤子之心，若常人良心既蔽，则心常在上，即忐字。甚则放心与外，莫知其乡。但能先求放心归于肉团心内，再下至于命门，即忑字，自然躁释矜平，有小心翼翼之态。故凡戒人者，必曰小心。《孟子》：尽心知性，言人将人心洗除净尽，自能知性也。存心养性，言人将道心省察留存，自可养性也。人心在上，道心在下，皆属后天，不能与先天相通。欲通先天，必聚精会神於忠。心即忠字。心能归中，自可复见赤子之心。自古大圣大贤皆以此为归着处。其心传十六字，盖曰人心至危，危者须使之安，道心至微，微者须使之著。既安且著，精即生焉。五行家言天一生水，盖阴阳之气相感而生也。何以明之？人于极寒时出行于外，鼻间清水自生。又试于极热时以磁缸磁盆盛冰，缸盆之外水珠自涌。又，中国自长城以北，每年小雪以后，立春以前，屋内极暖，屋外极寒，凡窗纸、玻璃之内冰雪自现。观此数者，自明阴阳相感，天一生水之理。考万物之生皆始于水。《道德》：上善若水。《易》：继之者善也。二善字似即指真水而言。精生神至，合而为一，处乎吾身之中，人能执守此中，归于至诚，即能前知，合乎上天之载。故曰人心惟危，道心惟微，惟精惟一，允执厥中。由尧舜至于汤，由汤至于文王，由文王至于孔子孟子，皆以此为心传是为道统，此儒教宗旨也。

按：二意者，人气由心下降则思静，是为己土；人气由肾上升则思动，是为戊土。一动一静，互为其根者，是为中心之王。阴符八卦甲子，神机鬼藏。按八卦指后天乾坎艮震巽离坤兑而言。乾坤艮巽居四维，坎离震兑则居子午卯酉之位。子即当坎，午即当离，卯即当震，酉即当兑。地支十二，子午卯酉居四正，丑寅辅艮，辰巳辅巽，未申辅坤，戌亥辅乾，附于四维，是地支全也。天干有十，壬癸辅子，甲乙辅卯，丙丁辅午，庚辛辅酉，附于四正。共得其八，戊己无位，归於中宫。是八卦甲子。此甲子盖举甲以统干，举子以统支，非六十花甲之甲子也。数应三十者，因坎离震兑隐於子午卯酉之位，合八为四，君临四正；戊巳归中，纳于坎离，以成造化。天地造化只凭坎离水火之气，不藉金木。金木者，水火之交也。土则分寄于水火金木之末，辰戌丑未是也。主宰乎金木水火之中者，戊己是也。《黄庭经》：金木水火土为王，盖为金木水火以土为王也。止得二十四，以应二十四气。每月二气，为十二月。三气一节，合为八卦。卦属水火者各一，属金木土者各二，合为五行。木生则含水，死则生火。金击之则生火，熔之则成水。考五金产处莫不生水。土则无乎不在。是五行实止水火也。水火者，阴阳也。阴阳互为其根，即造化之主宰也，故曰神机鬼藏。《参同契》曰离己日光，坎戊月精，在人心肾相交，即是戊己二意。

按：儒教有指心为天，而非以上天当之者，以后天之离居先天之乾也。有指肾为地，而非以下地当之者，以后天之坎居先天之坤也。如《论语》：天下归仁。《大学》：明明德於天下。外之为王道，天下当指世间言。内之为圣功，天下当指心下言。《中庸》：天地之道可一言而尽也。此天地，就至诚说，非指天地。下支天地之道节，乃指天地言。又，天下之大本，天下之达道。《孟子》：塞於天地之间，居天下之广居，立天下之正位。《易》：天地絪缊。观下文言致一也句，则此亦非指天地言可知。皆应以天当心字看，以地当肾字看，司马子微云：虚无一窍，号元关，正当人身天地间。方知人入道之门，即此中心。心中之一，在人得之则曰性，在天与之则曰命。欲明性命之理，莫如明《易》。以上三说，皆幼承庭训，不敢以告人者。今因西教盛行，特敬述之，以质之环球论道之士焉。

道教释教西教说

按儒教精一执中，不过明善复初，神注丹田，<small>此神即收回之放心，所谓气质之性是也。</small>与先天之元精元气会和，复还原神，<small>此神即人所秉之自天者，所谓天命之性是也。</small>自能先知先觉，为圣而不可知之神，但不侈谈出有入无，如道之金丹，释之金仙耳。《大学》止于至善者，止此也。《中庸》率性谓道者，率此也。《论语》隐居求志者，求此也；行义达道者，达此也。《孟子》：穷则独善其身，达则兼善天下者，善此也。位育参赞，范围曲成，均不外此。故修道为教，惟就学问、经济、日用、伦常之理著为训诫，为世大法，不语神怪惑世诬民。《春秋》之书神怪者，皆据实事，意在戒人，非虚谈也。祀典之载神祇者，皆有功德于人，意在报本，非淫祀也。圣贤功用尽于此处。<small>以上七此字皆指元神而言。</small>释道于此复将元精、元气、元神养至玄之又玄，空而又空。三年九载，精气化尽，止存元神，由脐下升至於囟，道则破顶，释则现於眉目之间，脱去凡胎，<small>脱胎均从囟门而出，释教所以有摩顶授记处。</small>成为仙佛。得其道者，无论入世出世，皆独修深藏，不欲人知。或於脱胎之后游戏人间，醒世破迷，初不强人从己以炫其术。其有未曾脱胎，假托神奇，妄谈祸福以惑人心者，皆由邪魔附体，酿成乱阶。王难一到，神即不灵，《首楞严经》论之最详。古之蚩尤、殷郊、张角、孙恩、柳泌、赵归、真林、灵素等辈，近世之白莲、八卦等教，先后一辙，良可慨叹。顾《左传》有听民听神之辨，《中庸》有祯祥妖孽之分。中国明理之儒，莫不知之。即深抉道释之精者，亦与儒教无甚悖谬。故中国治世，专崇儒教，而道释亦准其自习，以其理一也。西教以独一不二为宗，与中国之儒及道释不忤而合。其教之本源，岂有殊哉！惟不言性命，专言人之所秉於天者惟灵魂。灵魂居脑，行善则升於天堂，为恶则不然。其说似与道释相出入，而於儒教中心、赤子之心未经论及。尝试平情论之，譬如造房然，先於下层填石灌灰、必在平地之下，是为房基，可喻赤子之心；次於中层立柱筑墙，必在平地之上，房顶之下，是为房身，可喻中心；次于上层施檩安椽，盖瓦建瓴，必在房身之上，是为房顶，可以喻脑。儒教由赤子之心至于中心，分为人心道心，再任其散于耳目口鼻。放之於外，则为常人；收此放心，复归于中，则为贤人；再返乎赤子之心，则为圣人。道教释教还此赤子之心后，复炼精气，合乎元神，涵养既久，复升於脑，出神入化，则为仙佛。细考儒书释道经典，除治人各具法度外，其所以治己者大约如此。西教言灵魂在脑，如房顶之足以盖乎房身房基。中华之真知儒释道三教者，亦知其论甚高。第以造房喻之，则房身房基似亦不可尽废。

考各教正经，天主、耶苏惟《新》、《旧》二约，回回惟《可兰》一经，道惟《老》、《庄》、《关尹》、《阴符》、《黄庭》，释则藏经五千余卷，儒惟十三经，皆传之最早。高明人於一二年内可窥其全，此外各教书，无非正经之注解。相提并论，自知本源相同，不过枝流各异耳。夫不窥全书则誉之尚且无从，何有於毁？今西教皆有华文译本，华人解之者多。吾愿西士之精通华文者，取儒教及道释全经，详加考究，或不以鄙言为丧心病狂也夫。

禁邪教说

按：儒、释、道、天主、耶苏、回回，为地球六大教，枝派虽多，本源止此六门，各有正经。见上。除此，无论立何教名，凡炫奇矜异，聚徒惑众者，皆非正教，大致不外假托妖书，散布妖言，妄谈祸福，自命为仙佛临凡拯救世人，除去异己之教，以顺天意，以煽民情等类。振古如斯，为之奈何！吾闻仙佛入水不溺，入火不焚，不避刀兵，不食人间烟火，此固尽人皆知也。窃以为自今以后，宜以其人之道，还试其人之身。如有人焉於六宗正教而外别立教名，冒充仙佛者，凡旗汉军民商贾人等，均可先凭大众请其人书立凭据，试以水火刀兵，断绝饮食诸法。果能投入水火，久而不死，刺以刀兵，死而复生，断绝饮食，闭置地窖，经岁月而身体无恙，始可信以为真。准一二愿学之人同入名山，休妻茹素，不与人间事，学出世法，如真正道释一样，不准广招徒党，酿为乱阶。如其人不许试，立即送官究治，或驱逐出境。如许试而即死，公同报官掩理，官於送到时立将其人按律究办。于报到时查其所书凭据，置而不论，并重赏呈报之人，以示鼓励。倘地方不照法试验，不送报到官，一经查出，立将为首者拘拿到案，照法试验，果有神异，送入名山，听其自修，不准聚徒惑众。如无神异，立即粉身碎骨，明正其罪，并将隐匿之家主论斩。其乡约地保左右二邻各予军流，以儆效尤。如此著为律令，每年由地方官出示一次，俾民周知，抑或通饬各学，俾入学诸生人人知此律令，转授童蒙，则邪教自灭，正教得兴矣。

息教祸说

地球六大教，惟天主、耶苏行之最广，回教次之，佛教、儒教又次之，道教更次之。顾道教之精粹实括於儒教之中，其专以道名者，又有浅深之别。深者讲求金丹，与深於佛理讲求金丹者同；浅者崇尚符箓，衍死生轮回之说，代人忏悔，超度幽魂，与俗僧之崇尚经咒者同。考儒教与道教所行之地虽仅中华，兼及日本、琉球、高丽、暹罗、缅甸、越南诸国，然自开天明道以至今日，惟重心传以阐道统，向无教祸。佛教起於波斯、印度，在道教之后，儒教之前，自汉明帝时东入中国，行及儒道所行之地，专化大漠南北强悍嗜杀之风，即今内外蒙古诸部。自开辟至於元明，常为中国大患，长城非无因而筑怨也。国朝佛教由西藏化及全境，相安二百余年，永息干戈。然专崇佛教，昧於治功。今又苦其太弱，不能为中国屏藩北方臆。至今亦无教祸。回回教，自陈宣地时穆罕默德—作摩哈麦。别天主之宗派，自立门户，教祸大作，在西土争战数百年，死伤不可以数计。然自唐时流入中国，在东土则无教祸。耶苏教原即天主教，明正德时有日耳曼人路得者，以天主教王独揽大权，擅作威福，起而力争，英荷各国从而和之，战斗之惨，与回教初起时不相上下。究之耶苏教，阐明教理，止以劝善为宗，不干预地方公私事件，致碍朝庭政治。自道光时传入中国，按：明嘉靖时利马窦随西商initially广东，系耶苏会人，实耶苏教入中国之始。因其时中国止知有天主教，不知有耶苏教，故於初入中国之耶苏教，亦以天主教目之，而不知其似同而实异也。至道光时，中国方知耶苏教与天主教各别。至今数十年亦未闻该教激成教祸。中国愚民尚不知天主、耶苏大有分别，耶苏教专照《旧约》、《新约》行道，天主教则止立教规，不讲新、旧二《约》。间有视耶苏教如天主教者，相与构难，此耶苏教之大不幸，亦中国愚民之大无识见也。天主教之传入中国，据景教碑考之，当始於唐贞观时，迄未盛行。明季、国初时禁时准。雍正、乾隆禁不准行，而私相传习者，实不乏人。道光、咸丰两朝，各口通商弛其禁令，载之条约，然英、美、俄、义、日、丹、荷兰七国条约内，或专言天主，或并言天主、耶苏，总以安分二字为要，方不禁阻。法国条约以循规蹈矩四字为要，义约亦有循规蹈矩四字，方免查禁惩治，通行传教。谕单内载：该教士赴内地，只以传教劝善为务，并无他意，亦丝毫不得干预地方公私事件。又载明：传教士并非官员，不能干预一切别项公私事件各等语。是无论天主、耶苏，凡传教之西人及入教之华人，均必安分守己，蹈矩循规，方得中国保护之益,不在禁阻惩治之例。传教者既以劝善为务,不得干预地方公私事件,则习教者自不得怙恶不悛,藉入教阻碍地方公私事件。传教士既非官员,不能干预一切别项公私事件,则习教人即系官员亦不能怂恿传教之士干预一切别项公私事件,均不待言。况教士在西国皆皎洁自好之流,入学读书,立意劝善,考得传教文凭,方行东来。岂有一到东土而遽改弦易辙者!此固教士可以自明,亦中国人所当代为教士共原者也。乃自弛禁之后,各省教案层见迭出,至今未已,其故安在? 谨论于左:

一、由於中国奸民意欲激乱,以便乘机抢劫,往往传播谣言,说教堂剜心抉目,采割童男童女精华以配药料,甚或冒充教中人购买心目,迷拐幼孩以实之。愚民不察,信为教堂实有此事,聚众烧杀,顷刻而散。奸徒得志潜逃,贻害地方。故此等教案,传说者皆凿凿有据,及到官审讯,明查暗访,竟无证佐。卒至愚民赔命,朝廷赔款者,不知凡几。此后无论何处闻有此等传说,立将传说之人捆获,追查实据,务究根株,送地方官严刑审办,决不姑宽,则奸谋不成,地方无害,教堂自安矣。

一、由于教堂好行善事,往往收取幼孩养育教读,偶或迁移他处地方,愚民遂谓幼孩不见,奸徒即造为采割蒸煮之说,立刻烧杀抢掠,贻害如上。窃以为教中人以后如有慈幼之心,宜给资与本孩父母,使其自行教养,或计孩给资,交中国育婴堂,不必由教中收养。抑或於地方官衙署左近建堂,每月由地方官点验一次,如有迁移出堂等事,由堂内报明地方官,存案备查,则行善自无恶名,愚民奸徒无所藉口。

一、由于中国莠民横行乡间,屡犯罪案,计无可逃,乃逃入于教,以作护符。仇家报复,官中拿问,则以无辜被冤,哀求教士矜怜。教士本多慈心,遇此浸润之谮,肤受之愬,不暇深察,又喜其已奉已教，可为传道得人之证，出而抗衡。不知实受莠民之赚，遂使仇家含怨愈深，官中结案愈难，虽莠民一时幸免，而仇家与官积不能平。久之，藉端发泄，莠民或置身事外，反至教士与无辜之人丧命倾产，酿成重案，良可叹惜。窃以为教士自今以后有人入教，宜先记名，考其有无上项情事。无则准於数月之后入教，有则令其自行解释，确有证见，再俟数月，不见为恶，方准入教。入教之后，均须恪遵《新、旧约》所载戒条，实力奉行，并遵守律法，不轻干犯。有犯教规律法者，立即革除教堂，或送地方官惩治。如此则教士劝人为善之意乃真足劝人为善，不至被莠民蛊惑以教堂为逋逃薮，反似劝人为恶者，自然少生教祸。

一、由于莠民入教，抗粮抗税，遇见愚民诓以教堂代为袒护，一到官场则张大其词，恒谓我系教民，不但官差不能拿我，即地方官亦不能办我，一面以此自雄，一面又向教士诡诉，谓官中鄙恶教士，欲在我等身上泄忿。教士信以为真，与官作对，官或俯从教士之议，以求了事，甚或因此离任，不能理直。平民见此大抱不平，莠民又从而夸耀之，愚民遂多求入教，以为护符。怨仇愈多，为祸愈烈。故上条谓教士宜於入教之人先行记名考察，入教以后有犯即惩，如此则教化可行，於治化亦无滞碍矣。

一、由于中国迂拘之人见闻不广，以为入教之民不拜偶像，不祭祖宗，不别男女，大异中国风俗，鄙而弃之。彼入教之民又每对人极诋拜偶像、祭祖宗、别男女之大乖教旨。因此互相冰炭，激成祸端。此庸愚无识，各逞私意使然，初未闻有通人介乎其间者。岂知中国秦汉以前本无偶像，偶像由汉明帝时自波斯、印度来，其源实起於商太戊时巴勒士登之但支人，在摩西成《旧约全书》后三十余年，非始于中国也。中国虽自汉时习拜偶像，然历朝自天地、日月、风雨、社稷及立宗庙皆无偶像。国朝於孔圣、关圣、文昌禁塑偶像，分立坛庙，设位设主以祀之，礼也。至于民间庙宇各有偶像，或有报功，或以报德，相沿已久，藉动触目警心之诚。此其意与西教之专敬上帝，儒教之洋洋如在，同属神道设教，似可无恶于人，但须有长民之责者，严禁淫祀耳。凡无功德于民，妄传祸福灵应，惑众祈祷者，皆属淫祀。《记》云：淫祀无福。《传》云：神不歆非类，民不祀非族。孔子云：非其鬼而祭之谄也。窃见西儒李提摩太《救世略说》内载入关公之庙，则慕其忠义，入阎罗之殿，则畏其严明之四语者，平情论理。如为拜偶像者，代明其心，洵属通儒。奉西教者似可自行其是，不必力辟人非，此其一也。至於祭祀祖宗一节，中国之人以为万物本乎天，人本乎祖，祖宗父母为我身所自出，生宜孝养，死宜祭祀。意谓亲死而以死弃之，是为不仁，不可为也。亲死而犹以生待之，是为不智，不可为也。故作纸马冥镪之属，称为明器以神明之，上报先德，即以下示后昆。木本水源，春露秋霜，礼教之设由来久矣。盖仁孝之心所动於不能自己者，彼夫獭祭鱼，豺祭兽，乌鸦反哺，羔羊跪乳，说者谓有报本之心，人固灵於物者也。则祭祀特行其心之所安耳，西教亦以孝敬父母为要，死后祷其灵魂升於天堂。中国释道为人斋荐意，亦如此。儒教于父母则曰生事之以礼，死葬之以礼，祭之以礼。又推父母之所自出而及於祖宗，故曰慎终追远，民德归厚矣。西教只重祷告，不言祭祀，不及祖宗，其教旨实然。然亦可自行其是，不必力辟人非。此又一事也。若夫男女夫妇之间，中国以别嫌远疑为重，西教以平等自由为宗，各有其道。但传教中国，凡妇女入教者，或专立女学堂，令女教师教之，或令父传其女，夫传其妇，兄弟传其姊妹，不令男女杂处一堂，则教外人无可訾议，与礼云从俗，又曰不易其俗者，亦属相合。此又一事也。以上三事，教士如在中国，俯从所议，则闹教者必日见其少，信教者自日见其多矣。

　　一、由于赔偿教案，索款太多。平日教堂之内陈设既无奇异，教士远涉重洋，携带岂尽珍宝，一遇戕害教士、焚毁教堂之案，既以愚民偿其性命，复索巨款藉资赔补。核计款项，恍若教堂皆奇异无比，断非砖瓦木石所成，教士皆珍宝无数，不止服物器用随身者。彼旁观之众民，详考事前，细察事后，教堂固毫无奇异也，教士亦少有珍宝也。众目彰彰，岂能掩之使不见，众口啧啧，岂能塞之使不言乎？此事之不得其平者也。然一时一处，偶有此事，不难绳以律法，使臻平安。所窃虑者，前岁拳匪之祸始於山东，盛於直隶，蔓延东三省，旬日之间，教堂、教士、教民受害者甚众，竟至各国联兵，乘舆播越。幸赖各国共守公法，尊尚仁义，克底於和。朝野有识之士，以为祸因拳匪仇教起，见赔费四百兆，教案亦必在内。乃兵退而教案未息，识者又谓教士、教民之被害者，既诛首祸以慰之，所有失去财物必归天灾，不另索赔，仅赔教堂，为数亦属有几。乃现闻奉天、黑龙江两省所赔之费，系偿补教民之财，由教士与将军在外办理，教堂之费须总主教在京城另办。窃思一事也，外赔兵费，内赔教民，又须另赔教堂。揆之索款之意，或以为拳匪肆恶，不大加惩创，不足以慑中国之人心。不知中国人民四五百兆，习拳匪者不及一兆，乘拳匪之乱变为乱民者，亦不及一兆。除此二兆人外，官商军民均属良善。果使拳匪乱民事平不散，或聚而歼旃以正其罪，或勒令缴款以括其财，此亦至平之举。乃若辈散为恶有，而赔款专归朝廷，中国库款支绌，尽人皆知，常年国用尚觉不敷，忽遭此变，合计三四十年，每年又加数十兆之赔款，除借国债，惟有取之商民一法，财殚力竭，未有不铤而走险者。况在教者不过数百万人，不在教者尚有四百余兆人，以数百万人之赔款而启四百余兆人之口实，谓在教者遇此大变不能向为匪者索赔，而欲我等平民公摊赔款，则平民之受害者果向谁索赔乎？人心不平，不但非中国之福，实亦非各国之福。缘各国官民商务在中国者不少，中国不靖，各国即不能安，此事之必然者。或谓教士欲赔教民，一以惩中国之匪人，一以惜教民之身家。不知匪人钦迹，祸及好人，以有数之教民累及无数之平民，激生事端，且害及地球各国。若止赔教堂，不赔教民，则平民无所借口，似可弭患无形。孰得孰失，孰利孰害，岂待再计而决欤！久蓄此意，因阅报章见朝阳、广宗、泌阳、威县等处滋事，均以赔偿教款为词，不胜战惧之至。拟请咨行外务部，一面奏请照会各国君主总统，速饬在中国传教各教士，以教民被害究系中国之民，与不在教者一律归之天灾，所失财物概不索赔，此可以平民心者一也。赔偿教堂，务须核实估计，或照样赔修，不多索款，此可以平民心者二也。将此议核夺，广示民间，饬教士以后照赔已结者抵作别款，未结者不多需索，此可以平民心者三也。通饬各直省，若有未经奏明禀明准行，倘地方官吏借赔教款任意搜括民财，一经发觉，立予重典，此可以平民心四也。卑职庸愚无识，凭此血心，妄抒俚议，是否有当，伏祈核酌施行。

　　再查：教祸之大，在泰西惟回回争教数百年，耶苏争教百余年，皆与天主为难者，杀戮之惨，不可数计。究之，回回自竖一帜，耶苏亦自立一门。至顺治五年，各国之君以教祸纷纷，此强彼悍，靡有穷期，大害民生，终乖教旨，因订一约，意为此后无论何国民人喜奉何教，任其自便，国君概不与闻。且各约束其民安分守己，遇有异教，彼此不许反唇相稽，或有凌虐，罪咸不赦，因此争教之祸顿息。然罗马教王尚有权也。自咸丰元年墺斯、西班牙、拿破里三国合兵讨罗马乱民后，教王之权不行，各国虽尚聘使往来，然不许教王干预军国民事，始徒拥虚名。至西教传入中国，教祸虽不及回回、耶苏争战之大，然二百余年教案不知若干起，为害亦属不少。果使中国早知西国之所以待教王者，入其公会，使教士无干预政治之权，岂不甚善！乃西国待教王如彼，中国待教士如此者，非西国以其所不欲施之中国也，由中国未能通西国之政教，未尝与公使妥商一律照办耳。阅壬寅四月《万国公报》载美国林文德撰光绪二十五年二月总理衙门奏准地方官接待天主教教士各事宜：主教得与督抚敌体，总司铎得与司道敌体，其与司铎得与府、厅、州、县敌体，遇有教案和衷商办等因，当作《铸错危言》一篇，刊入己亥六月《公报》。嗣又作《铸错续言》一篇，刊入己亥八月《公报》。下文查教会所领之传教谕单第三条，载明传教士并非官员，不能干预一切公私事件等语。今乃定其品秩，使与官员会商，是使教士有同治华民之权，与许领事自治其民同一不合公法。盖以自主之国，名不可以假人，权不可以让人，否则不得称为自主之国。惜事已奏准，案已颁行，等诸成事不说之例，徒呼负负。并称日本向亦同受此病，迨后知耻，遂於己亥年七月得列入万国公会，复还主国之治权各等语。足见西人不讳中国之错，正欲中国知其错而改之，得以自立自强也。然无故翻案，措词实难。今者大乱初平，各国竞观新政，我皇太后、皇上惩前毖后，与天下更始。伏读三月初一日上谕：国家怀保群黎，惟恐一夫不获，是以不论民教一视同仁，正直荡平，无偏无党，原欲百姓亲睦，共乐时雍。迭经通饬各督抚剀切劝导，务使民教相安。乃昨据河南巡抚锡良奏称：泌阳县属境犹有焚毁教堂，杀害教民情事。业已降旨严缉治罪。因思严惩於事后，两败俱伤，何如消患於未然，一劳永逸。查西教入中国已二百余年，其宗旨以劝人为善。教士远涉重洋，坚苦卓绝，施医疗病，赒济贫穷，无非克己利人，又何猜疑之有？而闹教之案层见迭出，法令森严，亦且悍然不顾。民即愚顽，不应至此。推原其故，总由人心诈伪，每有莠民藉入教为名，横行乡里，倚势作威，借端兴讼，一人不遂意，则以肤受之愬，使教士闻之不平，代为申理。地方官平日既与教士隔膜，又于案情曲折，不能详明剖办，遂成偏重之势。平民被抑，积愤滋多，匪徒藉此煽惑，激成事变。迨至酿案之后，缉凶限迫，则多被株连，赔罚期严，则不胜扰累，此所以平民怨教之隐不能尽释，而教士劝善之心亦遂不彰，自非彼此缉和，尽泯嫌隙，无以为正本清源之计。现在驻京总主教樊国梁宅心公恕，见义勇为，前次觐见宫廷，特加优奖，并令遇案持平，俾民教相安於无事。着外务部再将此意与樊国梁婉切商议，使不安本分之人无从投教，其教民犯案由中国官与平民一律办理。应如何妥定规条，杜绝后患，著外务部及出使大臣照会各国公使、外部，转饬通行遵守，两有裨益。至各省教堂教士人等，仍着各该督抚严饬地方文武各官凛遵前旨，随时防范，实力保护，如有贻误，毫不姑宽，将此通谕知之。钦此。仰见睿虑周详，洞彻情隐，使不安本分之人无从投教，既绝莠民滋事根株，教民犯案由中国官与平民一律办理，复还中国自治主权。天语煌煌，中外同钦。窃思外务部及出使大臣妥定规条一节，现尚未定。所有卑职前议各条，可否仰恳宪台俯赐核正，奏请饬交外务部及出使大臣会议施行？伏候示遵。倘蒙采择，不弃刍荛，并请查明中外成约，照会各国公使、外部转饬通行遵守，似可杜绝后患。谨列於后。

计开：

一、顺治五年，即西历一千六百四十九年，各国因争教弭兵订约一纸，应向西国译出，通行中国，则政操之上，以律法为主，教行於下，以劝善为宗，不致因教致乱。

一、各国与中国所订盟约，内有传教专条，应摘录载於上条之后，使华民习教不习教者通於童蒙时入塾讲解。

一、同治元年通行传教谕单，光绪七年传教谕单，并简明告示，应一併刻於条约之后。

一、条约谕单止载准行之一面，其不待言而不准行之一面，均未明列，应详细分注於各条之下，以便愚民周知。

一、天主、耶苏教，各国信从者虽多，然不信从者亦属不少。自耶苏教兴，而天主教遂无揽权之事。至咸丰元年，各国以政归於上，教归于下，不准教士干预政治。中国虽有总主教一员，亦各国与教王聘使往来之例。若及此申明成约，与各国公使、外部妥商照行，各国亦未有不乐从者。

一、申明成约，耶苏教必甚乐从。至于天主教，但以聘使往来之例，待其总主教，令其在各省传教各士仍照谕单。若无事谒见地方官，地方官应以宾主之礼待之；若有事告诉地方官，应用禀呈与华民同式，不得写教堂、教士、教民字样。地方官接到禀呈，照华民一律办理，不得稍有歧视，倘或偏袒滋事，由本管上司查明撤参，速令秉公了结。如此，则民教不分，但论事理，既与公法相合，亦与律法无碍，此事既行，则领事自治其民之权亦可仿照办理，此新政之一大关键也。

一、各省府、厅、州、县已办各教案，应通饬抄录全卷，送外务部派员详核各案本末，摘要编辑，秉公论断，以示中外，俾以后知所遵守。盖各国各宗公法书，均历经考论而成也。

一、天主、耶苏两教，本以旧、新二《约》为宗，因天主教向揽大权，隐秘二《约》，止以《约要》、《马利亚经》二书传人，故路得争之，立耶苏教，又曰复原教，专重新、旧二《约》，与天主教别。然天主教教士究未尝不以劝善自任也。其中华入教之莠民，所行所为，耶苏教均力戒之。大约耶苏教实得劝善宗旨，故止有教会牧师等职分行於外，而无总主教在京办事。

一、天主教办出利益，耶苏教士虽欲自行其是，然入教之民以为可资保护也，亦共劝照行，一律办理。详观教会公报先后所论，自见真情。

一、释、道两教，正传各有戒条，不干预地方公私各事，中国弥为方外人，故无教祸。回教在中国虽自行其教，然为官商军民者，遵守律法，多读孔孟之书，与华民无异。有事到官，照华民一律办理，未闻有以教自鸣抗而不遵者，故千百年来彼教之人无处不有，中国向不歧视，亦无教祸。今耶苏教在中国者体路得立教之心，宗基督劝善之旨，不以传教碍中国之律法，将欲与回教媲美。惟天主教士传教心专劝善意重，往往被莠民欺蒙，酿成事端。以教中之新、旧二《约》论之，既似不符，以各国之盟约条款论之，亦似不合。遂至传教无多，而藉以闹教者不少，劝善尚少，而因以害善者实多。教士本皆善人，试思其教，现在西国如何，现在中国如何；又思回教之在中国何以声名无碍，而彼教之生齿日众；耶苏教之在中国何以声名无碍，而彼教之规模日新；平情省察，务究根株，是亦相观而善之法。所谓齐一变至于鲁，鲁一变至于道者，可于回回、耶苏、天主三教卜之。一道同风，共享升平，有教无类，各成良善。春秋列国相约之言曰：我毋尔诈，尔毋我虞。儒教终身可行之旨曰：己所不欲，勿施于人。要而言之，无论何教，但以忠心行恕道，自知枝派虽异，本源实同。同者何也？曰而已矣。

　　右说成于壬寅四月，嗣后教案迭出，《万国公报》持论甚正，拟即续编一册，名曰《集证》。

辨 惑 论[*]

（光绪二十九年二月）

　　甚矣哉，人言之易於惑人也！曾参杀人，三告投梭，市中有虎，

---

[*]　此文原署亚东平情人撰，收入北京图书馆藏抄本《拟放姓属荒地章程》册内。因无他本可以参照，仅据抄本加以标点，并改正了个别明显的错字。亚东平情人，为曹廷杰笔名。

群言即信。自古在昔先民已然，而况世道日下，人心日漓，以无为有，妄滕口说。又况教宗平等，权争自由，视王法如弁髦，弃纲常如敝屣，莠言乱政，横议随心，惑世诬民，毫无公道，其言岂可轻信哉，则辨之宜亟也！戊戌、庚子以来，康梁、拳匪相继肇衅。言维新者，以中学为不足恃，群起而尚西学，以为变法之本。夫使变之而有利无害也，则变之诚是也。乃变之而未见其利，徒见其害也，则以变之者之不知详辨也，谨辨于左。

平等之说，始于释氏，谓定静之中性光圆湛，不着四相，天地人物均不能外。故曰是法平等，无有高下。老子天得一以清，地得一以宁，神得一以灵，谷得一以盈，万物得一以生，侯王得一以为天下正。孔子谓生知、学知、困知，及其知之，一也；安行、利行、勉行，及其成功，一也。《中庸》：惟天下至诚，为能尽其性，能尽其性则能尽人之性则能尽物之性，能尽物之性则可以赞天地之化育，可以赞天地之化育则可与天地参矣。皆谓性理平等，非谓名分平等也。若名分而可以平等，则君臣父子之伦灭矣。何以西国圣君贤相最重彝伦，未闻有夷弃君臣父子而以平等为治者，则以吾华人初知西教，误会平等之说，不知实为西人所鄙（人）者。此其宜辨者一也。

若夫自由之权，人皆有之，然谓当自由其道，非谓可自由其非道也。如君由于仁，臣由于敬，父由于慈，子由于孝，友由于信，夫由于和，妻由于柔，士由于博古通今，农由于出作入息，工由于智创巧述，商由于交易得所，劳心者由于殚心竭虑，劳力者由于循分尽职。无论何人，莫不有当。至于道，是谓人人皆有自由之权。孟子所谓人人亲其亲，长其长，而天下平，即此义也。按之古今中外，莫不如斯。乃言维新者辄欲以匹夫而挠天子之权，子姓而悖祖父之训，弟不让兄，妇不让夫，各逞私意，冀得自由，此孟子所谓无父无君是禽兽之道也。波澜民人痛俄、奥、德三分其地，怀恨四出，时以报复

为心。各处不逞之徒，暗相附和，专习弑逆，虽亦托名自由，实则怨
谤所积，隐成无君一党。非自由党也。此其宜辨者二也。

人成群而国立，国定界而法立，是谓王法。王法者，所以保护
一国之臣民，使之共享生平，不遭残害，即律法也。近百年来，各国
通商，共相维持，订有公法。公法者准情酌理，互得利益，所以俾各
国渐行仁义，除去凶暴也。地球大小数十国，交涉必本公法，自治
必按律法，舍此二法，不能为国。今讲维新者，于公法既不深究，于
律法亦未细求，往往依托租界，妄肆邪说，不知自顾华人之体面，适
以暗启他人之窥伺。公法书中载：人臣而媚外国之君，外国之君必
深恶而痛绝之，或知照其国君而严惩之。各国史鉴载：临节不屈，
而敌君敬服；临难求降①，而敌反②诛戮者，不可胜数。若臣民而
不守王法，不知忌惮，是乱臣贼子，人人得而诛之也，中外各国无地
可以自容也，则何若遵守律法，不作邪说之可无愧于天地间也。此
其宜辨者三也。

纲常性理，中国之天经地义也。自词章盛行，文字益工，实践
益少，孔孟之道晦于博取功名之徒。然深造有得，代不乏人，是以
神明之胄，历数千年而故物不失。今乃竞尚西学，鄙弃宗教，是舍
本而求末也。夫一切致用足致富强之术，中国莫不备具，但未分列
专门，俾得专利，故电、化、汽、重、光、声、算等学，反若为西人所独
创，而非中国所原有者。不知电学实创自西人，其余各学莫不本于
算学，算学尽于立天元、借根方几何原本诸术，西人称为东来法，精
益求精，遂驾中国而上之，致富致强，胥由于此。今但分门译书，设
学课，士有专精而能创物获利者，特予褒奖，许其专利，十数年内自
能追踪西人，日致富强。然学人而不知纲常性理，是犹树有枝叶而

① "降"原作"详"，音近而误，今据上下文意改。
② "反"原作"返"，据上下文意改。

无本,水有流派而无源,不但立见枯竭,且恐枝叶多而燎原堪虞,流派乱而横决不免。故鄙意谓宜择纲常性理之精华,编为浅近易解之书,如罗泽南所著《小学韵语》一类,使童蒙能于一二年内习而解之,以培其本,然后听从所学,以成其才,庶几宗教不失,人心不坏,大材大用,小材小用,皆知忠君亲上,不至偭规越矩。《易》谓美在其中,而畅於四肢,发於事业,美之至也者,此也。否则,知识愈多,邪说易作,作于其心,害于其事,作於其事,害于其政,是率兽食人,人将相食也。此其宜辨者四也。

皇太后,圣人也,圣德神功,本年正月初五日《申报》已略举其大概,勿庸赘陈。惟租界报章有谓欲仍行废立之事者,朝野有识之士见此莠言莫不发指,以为此由无君之党首为保国之说,继为革命流血之说,均经败露,遂仍播此说,以冀煽惑中外之人心,势如狂风撼浪。在有舵之舟,压浪直渡,自不为其所摇,若无舵之舟,随波逐浪,未有不载胥及弱者。岂知皇太后实无此心,只以戊戌八月康党谋败,金壬生心,乘隙进言,暗图离间。谓皇太后春秋日高,皇上未能早生圣嗣,不如另立长君以主神器。皇太后知废立之[①]断不可为,乃权许为毅皇帝立嗣,以为两全之计。及銮舆西幸,有母子一心之诏,旋有废弃大阿哥之诏,而皇太后之慈爱皇上,皇上之孝敬皇太后,益彰明而较著。乃大难以平,而无君之党犹敢以废立之意妄登报章,不但不知皇太后之本心,抑并不知皇太后之转念何谓。本心择爱而立训政,十余年中外乂安,知皇上足断乾纲也。撤帘归政,隐符择贤而与之义。及离间事起,但许立储,不废今上,迨西狩未归,毅然废储,仍训今上,迹其隐微,足见皇太后固始终慈爱皇上,实无废立之本心矣。何谓转念?皇上春秋鼎盛,用人行政恪遵

----

① "之"下疑掉落"举"字。

懿训,毫无失德,不但中国臣民颂为圣主,即各国君相亦莫不称为贤君,果欲废立,谁其与之!为莠言者,纵不谅皇太后之本心,亦当以此为皇太后之转念,而乃任意狂吠,如瘈狗之无不噬也,岂足不惑有识者之听闻耶。此其宜辨者五也。

荣相,贤相也。闻其高曾祖父四世,皆殁于战陈,其忠义之气感召天眷,笃生贤相。其生平大节,袁京卿昶奏称"公忠体国"四字,足以括之。然近年以来,旋乾转坤,有外人所不及知者,而横议之徒竟以戊戌之变,荣相直督任内有矫诏欲杀之事,适赖庆亲王密奏皇太后,得以保全。遂因此以为荣相系皇太后之所喜,必犯皇上之所恶,随其私意所及妄著报纸事实所绝无者,而竟以为有,所当禁者,而竟不知避,各报具在,无庸缕指。以致贤相忧心忡忡,郁为手足疼痛之疾,欲退不能,欲进不敢,平情人心窃伤之。查贤相虚己好士之诚,忠君爱国之念,实难更仆数。第举戊戌以来数大端,似亦可以共谅其心。如自直督入枢廷后,崇绮、徐桐、启莠参预废立之谋意欲公启皇太后,以成其事。贤相答以不预废立不过断此头,若欲废立且恐赤此族,两害相权宁取其轻。头可断,族不可赤也。彼三人者始憬然悟,遂白庆王向皇太后婉释其事。此其一也。拳匪之乱,董福祥重兵入都,首祸诸人嘱令尽灭洋人。贤臣邀董住於宅内,晓以大局,不得轻启衅端。时狂徒当面顶撞,不堪入耳,贤臣笑而置之,董是以不致大逞。此其二也。首祸诸人以速灭洋人为务。贤臣密奏皇太后,谓衅不可轻开,且宜保获使馆,以为转圜之地,皇太后遂有尝赉各使馆瓜果之举。此其三也。李秉衡面奏,袁世凯不信拳匪恐为内乱,宜先除内乱,再办外侮。皇太后询之贤相,贤相请以全家先下刑部,如袁世凯或为内乱,请先诛奴才全家,再诛奴才,其事遂寝。此其四也。庚子夏月,首祸诸臣矫诏尽灭洋人。贤相知之,密电各疆臣,谓此事不可妄举,甘以死担,荣禄泣电。各疆臣均有电在，可访而知。此其五也。辛丑秋，两宫幸河南，各国力请回銮，时诸臣有请幸湖广者，有请留河南者。李文忠因已误期，无以谢各国，呕血而薨。皇太后意欲回銮，又恐变生意外，以询庆王及贤相，问能保其无事否。庆王谓势须回銮，但意外之变，非臣下所能保。贤相谓不回銮而联兵迫请，诚难保其无事，若再幸他处，更难保其无事，窥各国之情形，若即速回銮则无事，尚觉可保。皇太后遂即刻传诏，次早启銮，竟得光复旧物，不失自主之权，不失一尺之土。此其六也。贤相年逾六旬，惨遭丧子，有以风水之说进者，贤相感伤，告其近侍曰：我之茔地，以不离祖茔为要，止求不为道路耕犁所及即是平安，不求富贵子嗣。我自问可以对天地神人，乃有子而丧，纵再生子，我年至八十，子亦不过十余岁，谁可以保我之子若我之保人之孤者？且我自问无愧，而人之毁我者不遗余力，我实不解其何故！幸际圣明得保，余年斯已矣，何以风水为言之！戾涔涔下，近侍亦莫不潸然。此其七也。有此七端足见贤相之大节。各报章不但未能道其只字，且皆反其道而故意污蔑。此其宜辨者六也。以上六辨，实秉大公持平而出之，请留心世道者考虑访查，知此论之不虚，庶知人言之不足信，知人言之不足信，庶知公道之自在人心。孟子曰：予岂好辨哉，予不得已也。予为此论殆迫于公心不得已，冀以解世人之惑者，岂好辨哉！

总之，纲常性理，中国之宗教也，宜择要编辑浅近之书，使初入蒙学者习而解之，以培其本，则性情正，趋向端，人材竞起，邪说自消，而天下平矣。日本数十年来，学校之制，三变而不失其宗，故道一风同，能与列国争强，其明鉴也。律法、公法各国之政治也，亦宜分译成书，使入中学者习而解之，以达其用。然后按其性之所近，取一切致用之学，如天算、舆地、兵法、电化、声光、汽重、农桑、制造、医药各等类，或专习一门，或兼习数门，务期精通，升入大学，量能授官以成其材，则学皆有用。虽至愚者，亦可开通知识，不至一事无知；即至智者，亦当循途守辙，不至一事无成。合四百兆之生灵，涵濡於皇太后、皇上至慈至孝之雅化，自然忠义愤发，足以自立，足以自强，以固亿万年有道之基。并望枢廷疆圻和衷共济，赞襄朝廷，力行实政，开矿路自然之利，除捐输剥削之名。昔卫文公，以藐尔之国，躬行节俭，①务材训农，通商惠工，敬教劝学，授方任能，不数年而富强十倍，况幅员万里，以小喻大，其收效更当何如。再查国家变法之初，往往横议洪起，以骇听闻。盖邪虑不张，经常不显，《易》：阴极则阳生，理数然也。故阳九阴六之会，实正道昌明之先几。但执正者，力持正教，不失宗旨，其邪说自不能与敌。即如天主、耶稣传入中国，势似张甚，然若以各国公例，教士不得干预国政一语与之剀切辨论，或商之各国公使公同辨驳，则教士之权自衰。教士之权衰，则政府之权行，庶几教自教，政自政，与各国之公例合矣。再耶稣教，自明季别天主而自立门户，名曰改教，又曰复原教，其教愈传愈正，愈正愈真，向不干预政事，诚善教也，平心考究自知。

亚东平情人再辨　癸卯二月

拟放姓属荒地章程*

（光绪二十九年）

一、划分界段。毗连黑龙江及俄界之地，有松花江、乌苏里江中分为界，惟与宁古塔、绥芬厅、宾州厅、长寿县四城交界之地，应派员分清，设立封堆，以免侵越。

----

① 原作"剑"，据文意改。

* 据北京图书馆藏《拟放姓属荒地章程》抄本标点整理。

一、划分旗地。三姓北面原系借江省之地设站安民,北有封堆,南以松花江为界,承领开垦者已有十之六七。其经承领仍须勘放,且与江省因封堆争执未决,宜咨请江省派员会同分清,以免镠辖。至三姓东南西三面,闻均以百里划为旗地。又富克锦城屡次放过荒地,均宜查案划清,照原案办理。惟三姓三面百里内之旗地,有旧领、占山二种之分,其旧领者应查验印据四至,重行丈勘。其四至内之地段,若仅敷原领垧数,准其管业,不再收荒价,若有余地,应照数补交荒价,均定年升科。其占山户原无印契,须查明年限在三十年以外有坟墓邻右可证者,准其照地承领,交纳荒价一半,定年升科。除此二种外,凡旗地开荒,准姓属旗丁拣段承领,交纳荒价,定年升科,以六个月为限。若逾限无旗丁承领之旗地,一概放与民人,承照官荒章程办理。惟旗地界内所收之荒价、租赋,均应另款存储。除提修理衙署、城垣、仓库、监狱、庙宇及兵饷,并放荒经费外,馀均留作姓城俸饷,交副都统衙门按年咨拨。有馀则或作津贴,或备公用,不必解部、解省。以本处旗地之款,备本处旗署之用,庶於旗人生计无碍。其地方词讼租赋归地方官经理,与吉林、伯都讷一律。富克锦已放之荒,亦如是办理。

一、除姓城旗地及富克锦已放之荒地外,所有姓属各处荒统为官荒,拟分四等办理(姓城旗地亦应分四等办理)。

一、第一等:凡大平大川,如富克锦①西南及挠力河南北两岸,并阿肯河上掌、穆棱河北岸之大段平地,拟派员先行丈②勘,以每十里为一方,四面各除官道四丈,每方得地四千五百垧,收荒价四千五百吊,经费钱四百五十吊,准买购机器之商民认领。初年承领,次年开垦,第三年升科,其升科按三七折扣。

---

① "锦"原无,据文意补。
② "丈"原作"文"。

一、第二等：凡两山夹一川之平地，不及十里见方者，准商民拣段承领，自行丈明立界，报局派员丈勘，给照从承领之年起，限第五年升科，亦按三七折扣荒价，与第一等一律。

一、第三等：凡平岗、偏坡可垦之地，准商民拣段承领，与第二等一样办理。惟荒价经费折去四成，止收六成，升科亦以五年为限，地亩亦折除四成，止收六成。

一、第四等：凡高山大岭，除有树林应归官不放外，其无树山岭，凡可以种树取石者，均与第二、第三等一律开放，荒价、经费、租赋均折除八成，止收二成。

一、凡有树山岭，放荒之时，准领地商民於三年内自行砍伐盖房，免纳税课，山本不准售卖。倘逾年限，不准私砍。若砍伐售卖图利者，照木石税务章程纳税，违者照章罚办。树林若尽，准再承领。

一、第三等、第四等照第一、二等折算外，其第一、二等地，拟每垧收荒价中钱一吊，经费中钱一百文。

一、荒价拟以六成报充军饷，解省库存储，以一成半留修衙署、城垣、仓库、监狱、庙宇，以二成半留备放荒、招兵之费，此四成均应作正报销。

一、经费归承办之员酌核开支薪水，不得提解分文。

一、开办之初，拟借官帖钱二十万吊，以便措手。其钱按上修城、招兵开支等项分别动用。若办有成效，按款分还，万一或难成功，但查无浮冒、侵蚀诸弊，应请核销。

一、应由省垣领发大照给领户，以便管业。其照费拟每垧地收中钱六文，解省听候分拨，局中不得扣留。其报领之时，由局先给小照，拟每垧地收中钱二文，归局中纸帐费用，省中不得提用。

一、拟除照费不加底钱外，其荒价每中钱一吊加底钱中钱十文,於年终通计,分作十成,以五成解作省局花红,以五成①留作局中花红。其经费亦每吊加底钱中钱十文,专作局中津贴。

一、边地放荒,非优给薪水不足以资鼓励。拟总办月支薪水银若干,会办月支薪水银若干,提调月支薪水银若干,文案总理月支薪水银若干,文案委员月支薪水银若干,文案司事月支薪水银若干,丈地委员月支薪水银若干,丈地司事月支薪水银若干,绳弓月支薪水银若干,通事月支薪水银若干,均在经费内由总办酌核,开办之初由借款垫用。

一、总局月支局费银若干(房租、纸张、笔墨、油蜡、柴炭、水烟、茶叶),分局月支局费银若干,上下员役、兵弁、绳弓人等每人月给伙食银若干,分局及委员应酬洋人每月俱实用实销,呈报总局,归应酬项下,在经费内拨抵。

一、放荒及出差应用车马价,均应实用实销,由总局归差费项下,在经费内拨抵。

一、凡归经费内动用之款,诸俟事竣核总报省核销,免其报部。

一、既优给薪水,凡总局派员丈放之地,俟事竣后,禀请宪台派员复勘,或抽段丈量,若有有余、不足,即将经手员司及总理一并参办。倘有赃私,查有实据,照律将得赃者治罪,仍追还原赃。若瞒赃以外,即以军法从事。

一、所拟章程,系粗陈大略,一切详细章程,随时禀定。

一、拟按照吉林营务现②章,先招步队一营,马队两哨,归总局管带,以资差遣。若有明效,渐次招募,以资保护。

一、试办数月,若有明效,拟买轮船一、二支,以资转运,而维

---

① "成"原无,据上文增补。
② "现"疑当为"规"。

利权。

一、前拟添设府、厅、州、县及约计所收款项，系就荒地通盘筹算大致而言，将来办理就绪，或多设官多收款，或少设官，或少收款，未可预定。

一、经费一项，若有成功，当不拮据，纵有盈余，亦归在事人员津贴，不得提作别用。若试办一年，难望成功，除将所收经费抵补外，应由借款内报销，以示体恤。

《吉林纪事诗》序[＊]
（宣统二年十一月一日）

今上登极之次年，岁在庚戌，寰海镜清，方隅砥平，余时权劝业道，篆于吉林。豫章沈钧平大令袖所著《吉林纪事诗》草就，正于余晤谈间，蔼然有儒者气象，望而知为有循良之选。览诗及注，元元本本，殚见洽闻，于天文、地理、时令、风土、政事、民物及一切之有关于吉省者，旁搜远绍，萃于一编，并考订行政舆图及简明一览表，辩诸卷首，既博且精，较《宋诗纪事》尤为明备，洵当世之有心人也。

吉林为我朝发祥地，周之邠歧，汉之丰沛，举莫能过，惟有军府而少民官，故风气之开视诸省稍后。光绪丁未，廷议东三省改行省，置郡县，越己酉，宣统纪元以迄于今，前后数载，云津徐制军、蒙古锡制军相继为东督，宁州朱经帅、新会陈简帅相继为吉抚，其间因革损益整理而扩充之者，月异而岁不同，进步极其迅速。明良遇合，千载一时，若不发为咏歌，被之金石，使皇猷官绩暗焉不彰，亦士大夫之羞也。况地介两强，日俄协约、日韩合邦以来，风潮益迫，

＊　此文选自沈兆禔《吉林纪事诗》，据宣统三年六月金陵汤明林排印本《吉林纪事诗》标点整理。

内外臣民献策上书,谋所以自强者皇皇焉如不及。亚圣有言,国家闲暇及是时,明其政刑,虽大国必畏之矣。时哉勿可失。利弊兴除,百端待理,则此时为最可危之时,亦为最可幸之时也。事以诗存,又乌可以不纪。

是编于国界边防极其留意。以图们江口入海仅百余里为吉省东南水路咽喉,本我国之领土,照约章指陈形势,订讹正误,据理实可争回,则采余昔岁所上之条陈而撷其精要;其力主屯田,又与余近时提议不谋而合。鸿筹硕画,颂不忘规。盖词章家、考据家,实经济家也,岂寻常之竹枝词比哉!大令学宗阳明,以第一流人物高自期许,虽尝见赏于名贤,而不谐于俗,亦在于此。宦江南十稔,以廉干称,所至有惠政。卒为蜚语中伤不克,竟其所学而归之于命,略无怨尤。今岁春夏之交,浮江渡海,走幽燕,入辽沈,远游肃慎故墟,以揽长白松花山川之胜,而寄之于诗,天殆将使之蹶而复起,楚材晋用,俾从诸君子后建立功业,而有造于东陲欤?抑使之穷愁著书,俯仰今古,悲歌慷慨,而徒吟出塞之篇与?是未可知也。然网罗旧闻,敷陈新政,作陪都之掌故,其诗则可以传矣!因叙其缘起,以志欣赏云尔。

宣统二年仲冬月朔

枝江曹廷杰序于吉林劝业道署

防疫刍言序及例言[*]

（宣统三年）

序

宣统二年，岁次庚戌九月下旬，黑龙江省西北满洲里地方发现疫症，病毙人口。旋由铁道线延及哈尔滨、长春、奉天等处，侵入直隶、山东各界，旁及江省之呼兰、海伦、绥化，吉省之新城、农安、双城、宾州、阿城、长春、五常、榆树、磐石、吉林各府厅州县。报章所登东三省疫毙人数，自去岁九月至今年二月底止，约计报知及隐匿者已达五六万口之谱。赖督、抚宪仰体上天好生之德，力行朝廷防疫新政，聘请中外名医，于省城及各商埠紧要地方设立防疫总局，总司一切机关。又于各处分设检疫所、诊疫所、隔离所、疑似病院、庇寒所，给以医药衣食，其有疫毙及久停尸棺，督饬分别深埋焚化。街衢住户，由巡警同消毒兵役按段稽查，务令洁净，以消毒气。办理方法较之东西各国，实不多让。

报章谓此次东三省费用，与夫断绝交通，停止转运，其直接间接遭受损失者，第就目下约之，已不下五千万金。西历四月三日，即华历三月初五日，奉天开万国防疫研究会，联合中外著名医士研究防疫之法，必有良好结果见于将来。然其费用及各城乡此后之经营，尚不知若干万。但使人力回天，天心悔祸，疫疬速即消灭，实

---

[*]　原著写于一九一〇年至一九一一年，一九一一年汇总刊于吉林。原书约三万二千字。这里据北京图书馆藏《重校防疫刍言》（民国七年京师警察厅印）本，节录了其中的"曹廷杰序"和"例言"两部分；吴炳湘序、锡良序、陈昭常序、临时治防编、先时预防编和附录（救疫速效良法、针刺图说、拮痧图说、刮痧图说、总论、卫生余谈、经验良方）从略。

亦斯民之幸福。

　　考之载籍，自神农尝百草制医药以诊民病，如岐伯、雷公、扁鹊、和、缓、仓公、卢医、华陀、仲景诸名贤，皆神明于医，古今共仰。顾其术其书传者甚少，诚中国医学之一大缺憾也。今西医皆从实验，著为论说，洵为可法。即如瘟疫一症，自十九世纪初年泰西名医发明由微生虫侵入人身而起，各国医士互相考察，疫病虽不一致，而发生于微生虫之为害则一，然亚洲医家尚不知也。至前数十年，日本医士奇他萨特（奇他译作北，萨特译作里，即现时入奉天万国防疫研究会之北里柴三郎也）深究医学，译西医之说，传之亚洲。光绪十六年，广东鼠疫盛行，吴川吴子存、岭南罗芝园二君，研究治疫、防疫、避疫各法，著《鼠疫约编》一书，活人甚众。去冬，东三省疫气蔓延，长沙刘君秉钧，因铜陵梅君文昭从闽省觅得原书，捐印万本，名曰《经验鼠疫约编》，并附《中西防疫新论说》于后。于是鼠疫之症为中国方书向来所未载者，遂先后发明于全国。时廷杰因素知针刺曲尺、委中二穴或少商穴，亦可治疫也，述《救疫速效良法》，附以《卫生各诀》，刊印二千本，分送有疫各处。及阅刘刻约编，亦有针刺两手足弯处（即曲尺、委中二穴）约半分深，捻出毒血一法，所有卫生各节亦与书中多相符合。惟彼时因岁暮时迫，未能详尽愚意也，殊觉歉然。又约编载有拈痧、刮痧二法，亦收捷效。拈痧者，用手指将喉前颈皮及委中、曲尺左右四处拈出紫红色也。刮痧者，用铜钱蘸盐水或枣醋，将喉前、颈后及曲尺、委中二穴，又前胸脐下，又喉之两旁各寸许，又背脊骨两旁各半寸，均刮出紫赤色也。此二法人多知之，彼时未曾收入，亦属遗漏。兹阅日本医学博士北里柴三郎氏演说鼠疫辞，又逢万国防疫盛会，不揣谫陋，将疫症分为临时治防、先时预防二编，略抒鄙见，拟就正于中、外医学各大名家之前，不知堪备采择否。

宣统三年岁次辛亥三月辛丑

　　　　枝江曹廷杰序于吉林寄庐

例　言

一、是编专论疫症，以临时治防、先时预防为宗旨，而尤以先时预防为消患未形要策，并无高远难行之事。

一、身体衣服饮食居住务求洁净，躲避天地戾气与特别戾气，人人皆能为之。特恐愚民及妇孺不能尽知，故拟请订为条例，通行各行省转饬各学堂及各府厅州县自治会，作为卫生自治专科，随时宣讲，务令家喻户晓。凡人皆知卫生，似为断绝疫源要法。

一、是编专为普通社会说法，期于易阅易解，故词务浅近，并分段分句以便浏览。

一、去腊所刊《救疫速效良方》一篇，当时吉林城乡即有照法治愈者。今于三月间到奉天、营口等处，闻患者照办，均有明效。又据吉林东北路道王铁珊观察，言三姓一城照法治愈一千二百余人，内有八人业已吐血，亦经救愈。用特附刊于后，并补图说及增加拈痧、刮痧图说，以备医药不及之时，听人择用。

一、针刺之法，恐未能认真穴道，反不相宜，故以打出红紫色后，但用锋利磁针（其磁须择景德镇青花破磁为妙，自易打成磁针，针出皮肤内血，不似误用银铁针者之或反伤人。如用别磁，不易成针。）针破皮面，流出紫黑色血为度，实属有益无损。

一、拈痧之法能收速效，与刮痧之效同，不宜轻视。

一、刮痧之法，用铜钱蘸盐水或枣醋，均自上向下刮之，不可倒刮。但须钱边圆滑，无利棱伤人为要。一法，用细磁杯盖之弦边刮之亦妙。

一、医学高深，万头千绪，非具有神识者难臻绝预。如患病者难得良医，即照李时珍《本草纲目》之万方针线，近时通行之验方新编、续编，确审其症，实与所载相合，则照方服药，均可全愈。如瘟疫一症，则查照通行之《瘟疫论》、《瘟症条辨》、《松峰说疫》及《鼠疫约编》等书，对症施治，亦无不效。此皆中法也。

一、凡遇疫症发生，凡诊验、隔离、消毒诸手续，当查照西法办理，万万不可忽视。

一、此次东三省疫症，经中西各大医家考察，确非鼠疫。其谓由旱獭发生者，亦未究出实据。然一经吐血，则立刻倒毙，中西通认为肺瘟，已无异议。不知何以同一疫气，但未及吐血之时，针刺手足弯曲尺、委中各二穴，或左右手大指少商各一穴，遂能起死回生。此样治法虽能传述其事，究难洞悉其理。想各大医学家必有阐明之者，谨拭目俟之。

一、俗传无药当中医，盖恐医生不明，妄投药方，反致杀人，或致转多变症也。故鄙人虽于中国医学稍稍涉猎，然非确有见地及见效良方，从不轻诊一人，亦不妄施一剂。但实有经验，可以愈疾者亦不敢秘而不宣。故附经验方法于卷末，以待讲卫生学者采择焉。

重印《救疫速效良法》序

去冬，吉林、哈尔滨、长春一带疫症盛行，中外震恐。腊月下旬，王君翼之由三姓到吉，询悉阿什河救疫之事，始将夙悉救疫之法速印二千本，于今正分送有疫各处，并邮寄东三省及京津上海各报馆，冀登载以广其传。嗣闻照法救活者不少，复访之奉天、营口、三姓等处尤多见效。因重为排印，附於《防疫刍言》之后，并附"针刺图说"及"拈痧"、"刮痧"图说，以为救疫之一助。

辛亥七月　曹廷杰识

《经验良方》序

中国医方浩如渊海，而其最适於用，足以救人济世者，则以芥子园《本草纲目》后附之《万方针线》、汪讱庵之《本草医方合编》及近时之《验方新编》、《续编》、《补遗》三书为必要。讲求养生者，果置之案头，或藏之行箧，闲时翻阅，临时查验，确见病与方合，照方医治，无不奏效。不但己身可以延年，且可使人人皆登寿字，诚无量功德也。顾於鼠疫一症皆阙焉未讲，殊为憾事。自光绪中叶，吴子存、罗芝园二君发明鼠疫治法，著为《约编》，全活甚众。然方皆散见，急时查阅尚觉不便，兹特择取防疫、避疫方十六则，消灭鼠疫治核方六则共十二方，医治鼠疫方十则，附败毒饮消疫丹二方，各以类从，以便急时采用。外有医治杂症、经验良方，得之目见耳闻，实著成效者，一併附录。若未曾见闻，未尝经验，暂不敢收，应俟高明者续订焉。

辛亥八月　曹廷杰识

论孟类纂提要（节录）*

（一九一三年）

叙

地有亚、欧、非、美、濠五洲，人分黄、白、黑、棕、红五种。

黄种者，神明之胄，亦多黄帝之裔也。自三皇迄於黄帝，人民生居亚洲者皮色皆黄，后世遂有黄种之称，非因黄帝称为黄种也。曰神明之胄者，因上古御世之君皆神圣子孙繁衍散处亚洲，故曰神明之胄。曰亦多黄帝之裔者，黄帝之子二十五宗，亦皆散处亚洲，支分派别，极为炽昌，故云尔也。

溯自有天地，然后有万物；有万物，然后有男女；有男女，然后有夫妇；有夫妇，然后有父子。此生人之秩序，自然之道也。父子相传而家族成矣，家族纷立而酋长起矣，酋长相争而国家定矣，此世界之变迁必然之势也。

三皇以降，世纪颇多，然皆荒渺无凭，搢绅先生难言之。迄於黄帝，立制度，朝诸侯，征叛逆，设占候，作浑仪，定时节，作算数，造律吕，和音乐，占星气，别章服，造舟车，作宫室，制货币，兴蚕桑，洞性命，纪阴阳，作内经，究息脉，处方饵，明医药，营国邑，设井亩，时播百谷草木，淳化鸟兽虫蛾，旁罗日月星辰，水波土石金玉，勤劳心

　　＊　原书成于一九一三年。此据首都图书馆藏民国二年吉林印书馆排印本标点整理。原文近四万字，这里选录"叙"、"例言"、"孔子生卒年月日考"、"上曲阜孔书"四部分，其余"孔子生卒年月日续考"、"孔子生卒年月日表"、"论语说略"、"孟子说略"、"论孟异同举隅"等篇均从略。

力耳目，节用水火财物，治世之大经灿然具备，即立国之大法卓然
可观，文明进化万世所宗，复乎尚已！只以父子相承，视国家为一
姓之私产，非至子孙无道之极，动境内之公愤，不能革故鼎新，斯则
意料所未及者也。自黄帝至高辛之子挚嗣位，皆一姓相承。挚荒淫无度，不修善
政，诸侯废之，尊尧为君。逴哉唐尧以则天之大圣，为揖让之首君，凭舆
论之明扬，以选举传大位。舜复授禹，天下为公，其所以尊崇人道，
保全人命，重民生，开民智，伸民权，得民心者，至矣尽矣！蔑以加
矣！是诚超前绝后，共伸公理於尔时者也。禹荐益于天，犹是尧舜
揖让之心。及其崩也，启贤，能敬承继禹之道。天下朝觐讼狱者不
之益，而之启，讴歌者不讴歌益，而讴歌启，民心所归，俨有天意。而
世及复行，此后遂为定例，必待至子孙无道之极，迫而演流血之惨
剧，国破家亡，身与族同归于尽。旷观中国革命历史，未尝不叹息痛
恨於启时之民偶以传子为宜，不知深谋远虑，放弃选举之大权，仍复
家天下之旧制，竟贻后世无穷之祸也。成汤於桀但云放，武王於纣乃云诛。
周末互相吞噬，秦后专肆屠戮，愈演愈惨，迄於清初可谓极矣。按：由鸿荒至尧舜禹，文
明进化已达极点，是演进之定理也。自启至於前清，专制淫威已达极点，是演退之定理
也。今改共和，是又为演进之起点，由此渐趋大同，当为势所必至。

　　孔子删书，断自唐虞，於尧舜禹赞以大哉巍巍，吾无间然。《论
语》终篇推尧舜为治统之首，子思谓仲尼祖述尧舜，其曰宪章者，当
时臣民不得不尔也。《孟子》终篇叙道统亦首尧舜。孔门之大义微
言，昭然者日月之经天，总以尊崇人道，保全人命，重民生，开民智，
伸民权，得民心，为唯一之宗旨。典册俱在，可考而知，有目者所当
共见，固非一人之私言也。

　　间尝平情论之，满清之君本少暴虐不道之君，满清之民本无梗
顽难化之民，特以创业之初，不知系出黄种，凡亚洲旧族，面黄睛白，鼻颏
须清，眼珠须发均黑者，多黄帝后裔，《神仙鉴》载之綦详。号其族居之地曰满

洲,唐虞之肃慎,汉魏之扶余,汉之元菟,唐之渤海大氏,辽金之女直,皆在满洲境内。以自别於汉人。中华人之称汉人始于汉代,又有称曰唐人者始于唐代。今俄罗斯称华人曰乞台子,即契丹之转音,皆以威震殊方得名。按《河图括地象》:崑崙东南,地方五千里,曰神洲。佛经称中华曰震旦,又曰东胜神洲,以方向言也。又曰阎浮提,译曰树洲,言多树也,又曰支那,译曰文物国,谓中华为文物国也。然皆以地言,非若汉人唐人之以时代指人言也。今汉唐既属过去时代,则其称甚觉无谓。考中华二字,见《蜀志·诸葛亮传》注:"若使游步中华骋其龙光"。《传灯录》第三十祖僧粲,三十二祖弘忍,即中华三祖五祖是也。中华古称诸华,《左传》"晋侯以乐之半赐魏绛子,教寡人和诸戎狄,以正诸华";又"吴周之胄裔,弃在海滨,不与姬通,今而始大比於诸华"是也。又称华夏,《魏志·荀彧传》:"今华夏已平";《吴志·周瑜传》:"扬国威德,华夏是震。"钟会与姜维书:"功济巴蜀,声扬华夏"是也。又称诸夏,《论语》:"不如诸夏之亡也"。《左传》:"任宿须句颛臾,风性也。实司太皞与济之祀,以服事诸夏"。《史记·越世家论》:"禹之功大哉,渐九川,定九洲,至於今,诸夏甚安"是也。至中国之称,见於《诗》:"惠此中国。"《礼记》:"圣人能以天下为一家,中国为一人。"《史记·吴世家》:"武王克殷,封其后为二,其一虞在中国。"《管子》:"以负海攻负海,中国之形也。"据此中华人当称为华人或中国人。入关之后,重满轻汉,汉人之为农为商者,供输赋税以养京省驻防无数之满人。满人坐食充兵,不事生产,群视汉人若奴隶,祸根实伏于此。满人之仕途捷径,无论文武皆比汉人容易万倍。每有不识之无身居显宦者,外则由府道倏跻督抚,内则由部属历充尚侍,几若全国机务彼辈皆深知灼见,办理裕如者,其实权在胥吏,彼辈多一无所能也。祸已萌芽。军机之设,原以矫历代权奸之弊,道咸以降,其专横乃甚於权奸,况而愈下,竟以卖官鬻爵为天然之权利。遂使蝇营狗苟之辈,大者得志於上,小者效法於下,上不顾君,下不顾民,徒资中饱,国困民穷,人心失去,已非偶然。祸乃发荣滋长。同治光绪时，京省候补之吏填街溢巷，浮於差缺数千百倍。人人心中咸期一旦得事，先偿钻营之费，复大发财源，再达升官之目的。运动二字竟成官话，间有重廉耻，敦品行，守正不阿者，彼辈乃目为腐败，讥谗排挤，务使之抑郁不得其志。以此而求治安，何异漏脯救饥，鸩酒止渴乎。祸正开花结果。其将亡也，政府仍旧亲贵盈廷，犹假立宪之美名迁延时日，冀行故智，夺利争权，门各如市。恶不积不足以灭身，此辈之误国殃民，虽粉尸碎骨不足以蔽其辜也。祸遂果熟叶落。况乃何物狂奴，竟敢昌言於众，谓"我家天下，与其给与奴隶，毋宁送与朋友"，一言丧邦，其几若是。此真炸裂满清之导火线乎！吁！民生之不易，祸至之无日，请看今日之域中，竟是谁家之天下！

辛亥八月，武昌起义，各省从风，数月之间基础已固。前清隆裕太后，知大局之不可为也，纳贤者之谏，学为女中尧舜，推位让贤，不可谓无识。我民国起义诸君子，不为已甚，但以目的达到政治革命而止，保全皇族，并化除种族之见，合汉、满、蒙、回、藏五族为一家。盖由孔孟之道深入人心，故神明之胄不至自相残杀，是诚中华自来革命之第一光荣，为万国所共见共闻者也。

迩来欧风东渐，科学盛行，留学各国诸志士，或兼擅众长，或各通一技，译传全国，美不胜搜。而浅见者流，遂醉心殚虑，数典忘祖，鄙中学为无用，谓西法当厉行。恐男女学子虚掷光阴，役志中学，不如专崇西法也。或倡废孔，或议废经，其说似乎动听。而不知形而下者谓之器，形而上者谓之道，凡化、电、声、光、算、重、力、气诸学及一切制造机器，有裨实用，足致富强之业，诚宜速仿西法，精益求精，急起直追，不再甘为人后。但其中多有权舆中国，经西人研究扩充，遂称美善者，载籍昭彰，不妨循流以溯其源也。顾此不过如人之皮貌耳，究宜培养精神以固根本，自然畅于四支发为事业,享无穷之荣誉。否则精竭神离,虽皮貌尚存,名曰行尸走肉,不能久延人世。根本维何?道德是也。西人虽尚智巧,莫不讲求道德。况我开化最先之国,何可遂为忘本,慕西法之皮貌,而弃中学之精神!精神不可以言显,当求诸载籍之中,如《书》道政事,而《周礼》、《管》、《晏》三书,言内政者必详究其措施。《春秋》以惧乱贼,而三《传》、《国语》、《国策》,讲外交者必默通其窍妙。《诗》理性情,而《孝经》、《尔雅》亦为学之必要。礼谨节文,而《仪礼》亦当参观。《易》穷阴阳,阐性道之精蕴,实道德之根源,非有真传,莫测涯涘。此皆精神之所寄,大概可别以五门,综其全而通之,间世或有其人。择一门而学之,观其大略,即可致用。而内政外交二门,古书不过十部,上者① 以两年之功可得其要,次者倍之,又次者再倍之,六年光阴,终身之受用无穷。然后择各学之与性相近者,随时参考,以为游艺之助。是先由学优而仕,此则由仕优而学也,乐何如之!虽然五门之书共部十六,纵可分而学之,犹苦其条目繁多,不如《论语》、《孟子》二书共万一千零一字。识字缀句通顺之学童,尽一二日之目力,即可详览一遍。立为学课,每日讲明二百字,二百五十五日即可讲毕,而得上列各书之纲领。然后择一门而学之,约计不过七年,即知中学广大精微。再习西法,定为通儒。抑或专以二年学《论》、《孟》,即改学西法,亦自知尊道贵德,断无干犯法律之事,岂不懿欤!特是二书,虽似简而易学,然万理备具,章旨纷杂,初学读之,各不相蒙,故恒苦其精深,而难于贯串。岂知宋贤赵普以半部《论语》佐太祖定天下,以半部《论语》佐太宗致太平,虽语涉夸诞,然究可为读书致用之征,况超出赵氏,真通全部,更通《孟子》者乎!

---

① “者”,原误作“哲”。

　　鄙人幼承庭训，每有所闻，默识于心。弱冠授读，遂取群儒之解释四书，攻击宋儒考据详明者，汇钞成帙，约二十余万言，旋以其拾人牙慧也，聚而焚之。暇复涉猎子史，知历来名儒硕彦彪炳人寰者，或通群经之大意，或窥群经之一斑，遂各流芳百世，而不然者否矣。是子史之菁华，由经传所发生。其实经传之蕴奥，即《论》、《孟》之注解。初不解《论》、《孟》二书何以不及唐虞以前事，夏商而后乃等之，自邠以下之列，虽系易偶及庖牺、神农、黄帝之制作，而删书以立政教之宗，截然断自唐虞，毋亦惟是唐虞揖让，屏黜武功，纵有苗久甘化外，亦以午干羽而来格，故立言垂教为万世法，遂推宗尧舜，使人寻思而自得也。按：舜崩苍梧之野，墓在零陵，为苗人胥地。知当日舜因有苗已格，恐其日久生变，故亲临其地，接见苗族之父老子弟，以坚其向化之心，更就近谕令，象弟立教，敷行善政，使苗人与神明之胄永无隔阂，同归复帱，而不意志未竟，而神上升。苗人至今犹多化外也，惜哉！又按：舜都蒲阪，崩于今之湖南。禹都安邑，崩于今之浙江。是虞夏之君，视民事犹切于己事，至老死不倦于勤。即神农崩于长沙之茶乡，周之昭王南征不复，亦皆以拯民苦为念。且对于臣民，自称曰予、曰朕，或曰孤寡，不觳。其曰皇、曰帝、曰王者，乃臣民表其爱戴，史官述其功德，要皆出自舆情，何尝如秦汉以后之君自美其名曰皇帝，法宫高拱，比于神圣。凡属臣民不但不可侵犯，即欲一见颜色，而亦绝不可得，更何望养欲给求，上下一体。盖权奸欺君虐民，不使之如此不能为所欲为。故自秦迄清，皆尊其君于九天之上，抑其民于九渊之下，莫不利用此制，以填无底之欲壑，而逞专制之淫威，直使二千余年之中华民人，不能见唐虞三代巡狩之典，而被所欲与聚，所恶勿施之泽，可胜痛哉。详观孔孟论政，悉本尧舜之公理。盖尊崇人道，保全人命，重民生，开民智，伸民权，得民心诸大端。后之治世君子，遵之者昌，违之者亡，规劝诰诫，天地纵毁，此理终当长存也。

　　今共和告成，人民有言论、著作、刊行自由之幸福。不揣谫陋，将《论语》二十篇类纂为七门，《孟子》七篇类纂为三门，分门编次，由浅及深，各以浅语注释，以便各学教师易于口授，龆龄儿童易于心领。凡二书各章之原文，不敢错讹一字，间有分一章为两章，併两章为一章者，均各注明，便于查对，是则区区之微志也。伏愿我神明之胄，博雅君子，政其纰缪，不胜跂予。

中华民国二年一月十九号即阴历壬子年十二月戊子朔越十三日庚子

枝江曹廷杰序于吉林哈尔滨差次

例　言

一、《论语》二十篇为孔子弟子所同记，《孟子》七篇分上下为十四篇，为孟子所自作，其编次均具有微意。其最明者，如《公冶长》篇之列古今人物贤否得失；《微子》篇先记圣贤衰世之出处，末二章追念盛世之君臣；《子张》篇皆记弟子之言；《尧曰》篇记二帝三王之治法，次以子张问政，夫子告以尊五美、屏四恶，以承帝王之治统，末以知言知人总结《论语》全篇。《梁惠王》上下篇专论政事，《告子》上篇专论性善，其余各篇意义相承者少，不相承者多，故教学难于贯通，今分类编纂，庶便讲求。

一、《论》、《孟》二书，虽各分类编纂，于《论语》或有併两章为一章，分一章为两章，或《集解》、《集注》原注重出，今因文寻义，实为下章立案，并非重出。或《集注》将原文颠倒改易，今均不从者，皆各辨明，以复古书，并于各类各章之下注明原系某篇之几章，以便查对，不敢错讹一字。

一、注明某篇几章，《论语类纂》、《孟子类纂》二书皆然，恐查对仍须另检，特将《论》、《孟》原文刊于卷首。

一、卷首先列叙例，以明编纂之意，次列孔子生卒年月日考；次列何晏《集解》叙、皇侃《义疏》叙，以详《论语》原起，并明古论、鲁论、齐论之别；次列赵岐《孟子题辞》、朱熹《孟子序说》、阎若璩《孟子生卒年月考》、曾国藩《孟子要略叙跋》，以详《孟子》原起，随列《论》、《孟》原文；次列《孟子年谱》；名曰《论孟类纂提要》，以备参考。

一、孔子生卒年月日据三传以历数考之，原文本甚详明，因从前未经注释，故有史迁之讹，杜预、司马光、朱熹辈及《续博物志》、《神仙通鉴》皆承讹袭谬，《索隐》乃云经传生年不定，使夫子寿数不明，归咎于经传。不知经传载之极明，特未据周正建子历数与夏正建寅历数月建节气细考，故曰生年不定耳。《索隐》又云若孔子以鲁襄二十一年生，至哀十六年为七十三，若襄二十二年生，则孔子年七十二。查鲁襄二十一年己酉至哀十六年壬戌，实阅七十四年，乃曰七十三岁，岂以周年为一年乎？计人寿数者通无此说，兹既考定，可释群疑。

一、秦政焚书，实为吾道之大阨，然据汉时壁中所出古文及各经师博士口授之书，并合诸子百家之说观之，则孔子之大义微言并未随劫灰以俱烬，特散见分传，未能荟萃成一家言。且未能分类编辑，使后人以类考究，以见孔道之广大精微，故非博学深思无从窥其涯涘。查《论》、《孟》二书共五万一千一字，皆提纲絜领，括其大意，有一二字一二语虽连篇累牍不能穷其蕴奥者，惟《大学》之格致诚正十七字、《中庸》之九经二十四字，条目甚详，虽未列于《论》、《孟》之中，然《论》、《孟》之五万余字均不出此四十一字之外。其群经诸子之记载，又无一不隐括于五万余字之中，故研究《大》、《中》之四十一字，非详究《论》、《孟》不可。欲究《论》、《孟》之五万余字，非博览群经诸子不可。此为学之要当以《论》、《孟》为枢纽也，故为类纂以发其凡。

一、学说各分门户，中华论理之学，儒源于尧舜之心传十六字，道源于老氏之道德五千言，释源于释迦之经律论三藏。自汉以来，三教并称，然究以儒为最古，且能行之无弊。二氏之书，汗牛充栋，理论均极高深，不善学之流弊不可究诘。惟儒能括二氏之精微，以为内圣外王之大道。愚尝谓自诚明谓之性一语，足赅释教之奥；自明诚谓之教一语，足尽道教之妙。其本末始终当于《论》、《孟》、《大》、《中》及群经诸子传述孔子之言身心性命者求之，自知其言真实不虚。

一、《论》、《孟》所载内圣外王之大经大法，本极赅备，儒者之徒何敢牵引道释，蹈援墨入儒之诮，以坏儒教之防。然有教无类，圣人之心以人废言，君子所戒。问礼老聃，窃比老彭，夫子曾有犹龙之叹。且天下万事生于有，有生于无，无声无臭，毋意毋必，毋固毋我，皆无之以为用也。故《论》、《孟》批释，间引《道德》，以明至理。而于释氏之言，除叙例援引数事以证理说外，《类纂》批释中不敢杂揉一字，以佛教后入中华也。

一、《类纂》窃删书断自唐虞之意，阐孔孟好恶同民之心，于政治一门特加解释，期符共和宗旨。次则妄谈性命，务抉精微，似于世道人心不无小补。其余各门皆就原文略释大意，求如白傅之诗，妇孺都解。有文少而释多者，有文多而释少者，但以能达其意为止。

一、《孟子》七篇每多纵横排奡之文，用意用笔实超《史》、《汉》之上，直与左氏争衡，学者熟读深思，不但增长识见，开拓心胸，且于作文一道大有裨益。其笔意显豁如太极图之判为两仪，明明白白，不似《论语》之浑涵无尽，如无极之不易窥测，故批释较省。

一、王道在得民心，圣功在治己心，一体一用交相为资。王道由修齐推而施之治国平天下，其法制禁令总以所欲与聚，所恶勿施

为要；圣功由修身反本溯源格致诚正，总以穷理尽性以至于命为
归。欲究性命，当先之吾身之天地。《中庸》"天地位焉"，察乎天地
知天地之化育，天地之道可一言而尽也。《孟子》"塞乎天地之间"。
《易》"天地纲缊"，皆吾身内之天地，非上天下地之天地也，又当知
吾身之天下。《论语》"天下归仁。"《中庸》"天下之大本，天下之达
道，天下之大经。"《孟子》"居天下之广，居立天下之正位，行天下之
达道。"皆吾身内之天下，所谓正位凝命之处，止于至善之所，非普
天之下之天下也。《孟子》"天下之言性也"，言字当作一读，犹云所
谓天下者即性之所在也。性原于天，乃公共之物；性生乎心，乃独
有之物。虽属独有，实由公共，斯为真性。此真性者，先天地而即
有，后天地而不无，故莫故于此矣。故曰则故而已矣。《论语》、《中
庸》之"温故易感而遂通天下之故"，皆谓此也。故则历久不变，是
以《道德》称之曰常，《中庸》命之曰庸。庸也，常也，故也，即精一执
中之一也，一即性也。率而循之斯之为道，以利为本，行所无事，即
率之之义也。在人得之则曰性，自天赋之则曰命，故曰天命之谓
性。本系一物，因受胎则气拘于先，诞生则物蔽于后，故有血气之
性，有气数之命。然血气之性，即天命之性之蔽于血气者；气数之
命，即义理之命之拘于气数者。君子制血气之性以全天命之性，顺
气数之命以安义理之命，斯为真知。乾道变化，各正性命者，斯为
穷理尽性以至于命者。盖性即元神，孟子谓之志。命即元气，孟子
仍谓之气。元神属阴，又名阴气；元气属阳，又名阳气。二气交互，
乃为太和之气。保合太和，利在于贞，是为直养无害，乃能塞乎天
地之间。此孟子言志至气次所以必勿忘勿助也。此气养成，即曾
子、子思所谓诚，即孔子之所谓仁，即尧舜心传之所谓中。中之一
得其一，万事毕矣。按：中庸、中和截然不同，和主气言，往复于中
之外，为天下之达道，故致和而万物育焉。庸主一言，主持于中之

中，为天下之大本，故致中而天地位焉。如图◎外层两半圈，阴阳之气也；内一圆圈中也，吾身之正位也；中一圆点，中中之庸也，即真中也，即真性也，即真道也，即真一也。此一大莫能载，故曰至大小莫能破，故曰至刚率循直养而无害，则塞乎天地之间。久之则与太虚同体，时时温养，则灵明潜发，妙绪还生，是为温故知新，此圣贤治己之实功也。《类纂》中解释性命皆本是义，故总揭於此。

一、《礼运》载大同之世天下为公，古今惟尧舜禹一百七十余年中为然，故孔子极为赞仰。其余天下为家，则为小康。禹、汤、文、武、成王、周公六君子者，皆谨于礼而为小康之世。禹本大同，因其传子故，夷为小康，盖谋用是作，兵由此起，未免有伤人道。又曰如有不由此者，在执者去众以为殃，是欲复小康为大同也。后言承天之祜合莫大祥大假，皆谨于礼而能享国者也。言幽国僭君胁君，乱国君与臣同国，君臣为虐，皆不谨于礼必至亡国者也。故结云：政不正则君位危，君位危则大臣倍、小臣窃。刑肃而俗敝则法无常而礼无列，礼无列则士不事也，刑肃而俗敝则民不归也，是为疵国。夫士不事而民不归，则众以为殃，兵由此起，在执者必去疵，国将不国矣。熟读《礼运》一篇，知吾夫子轻小康而重大同，固有炳如日星者。今改共和，正大同萌芽之期，愿仁人君子详考孔教，化争权夺利之心，为利国福民之举，庶几神明之胄永享东亚之和平也，岂不懿与！

一、中国政教，至黄帝时已大备，讫今阅七十八甲子，实四千六百余年。较之现在全球各国，开化在先。盖五伦三纲五常四维，使人之所以异于禽兽者，全在于此。自三皇立极而君臣定，自伏羲制嫁娶而夫妇定，而父子兄弟朋友亦因以定，是为五伦。五伦之中，君为臣纲，父为子纲，夫为妻纲，是为三纲，见《礼纬·含文嘉》。仁义礼智信为五常，礼义廉耻为四维，谓国之所以立，全赖此四者以为维持也。四维不张，国乃灭亡，夫人而知之矣。五常者，人人固有之，天良不可一日或无者，故曰常。孟子曰"无恻隐羞恶辞让是非之心，非人也。"孔子曰："人而无信不知其可也。"是五常不明，人即非人，不待言也。《虞书·五典》孔注谓父义、母慈、兄友、弟恭、子孝。舜典五品，即指父母兄弟子言也。五教即指义慈友恭孝言也。《左传》："舜臣尧举八元，使布五教于四方。"父义、母慈、兄友、弟恭、子孝，盖以父母兄弟子固人人所不能外者，故曰五典。《尔雅·释言》："典、经也"。《广韵》："法也"。谓五者为人之常经，亦人之法式也。《礼运》于五伦变朋友为长幼，称父慈、子孝、兄良、弟弟、夫义、妇听、长惠、幼顺、君仁、臣忠，谓之十义，包五教在内。然究以孔子告哀公天下之达道五，曰君臣也，父子也，夫妇也，昆弟也，朋友之交也。《孟子》："父子有亲，君臣有义，夫妇有别，长幼有序，朋友有信"，皆列朋友，为最合于五伦。伦，常也。此五者为人人所常有，故曰人伦。孔子言达道，先君臣，次父子，对哀公言也。孟子言人伦，先父子，次君臣，以恒情言也。《礼运》言十义，始父子，终君臣，以人道始于父子，必终赖君臣，凡事方有成功也。五伦中皆先列三纲，纲者举网之大绳，网则集众目而成。纲举则目张，故曰若网在纲，有条而不紊。三纲者，天之经，地之义，人之彝伦，遵之则无愧为人，可立于天复地载之中。近世自由平等之说行，竟有谓三纲不适于用者，此不知三纲之实义，亦不知自由平等之真理也。请分辨于左。

一、君为臣纲不可废也。君，《说文》：尊也，从尹，发号，故从口。一说：尹亦声，正也。口出言以正人，故曰君。《白虎通》：君者，群下归心也。《仪礼》子夏传：君，至尊也。注：天子诸侯及卿大夫有地者，皆曰君。又：夫人对君称小君。《诗·鄘风》："我以为君"。传："君，国小君也"。又：夫对人称妻曰细君。《东方朔传》："归遗细君"。又子称父母曰君。《易》："家人有严君焉"，父母之谓也。又子孙称先世皆曰君。孔安国《尚书序》："先君孔子生于周末"。又妾称夫曰君，《礼·内则》："君已食彻焉。"此谓士大夫之妾也。又妻称夫亦曰君。《古乐府》："十七为君妇"。又彼此通称亦曰君。《史记·司马穰苴传》："百姓之命皆悬于君"。君谓庄贾也。又：《张仪传》："舍人曰臣非知君"，君乃苏君。臣，《说》文："臣，牵也，事君也，象屈服之形。"《广韵》："伏也"。《礼运》："仕于公曰臣，仕于家曰仆"。晋灼曰："臣，服也"。《左传》："王臣公，公臣大夫，大夫臣士，士臣皂，皂臣舆，舆臣隶，隶臣僚，僚臣仆，仆臣台"。据诸说观之，虽君臣之名各有所指，然细按其实，不过主其事者则谓之君，势居于尊；服其事者则为之臣，势居于卑。又古今相沿，凡以尊视人则曰君，以卑牧己则于图章姓名上冠以臣字，或对人自称曰仆，仆即臣也。以己称人，皆可曰君，此尽人所知者。并非如专制时代之君尊臣卑，竟传说为君叫臣死不敢不死，若禽兽之受人宰割，无所逃避也。夫禽中之雁，兽中之麈，微虫中之蜂与蝼蚁，莫不各有君臣，故秩序井然，不相凌乱，乃与共遂其生。况在于人，官僚之堂属，军队之弁兵，商贾之东伙，家庭之主仆，皆与朝廷之君臣一人主事于上，众人服事于下，毫无岐异，故事举而功成。若谓君臣之义可废，杂以不知平等真际，误会平等之学说于其中，则人人不听使令，不相统属，如以流水和散沙，望其结为团体，不但无功，且益散失。在国国必坏，在家家必丧，在人人必亡，此大乱之道也。若将多数散沙和以少数黏土，或加石灰，则坚而且固，久而不解。少数之土灰可以喻君，多数之散沙可以喻臣，此理之最明者。是君为臣纲，断不可废也。

一、父为子纲不可废也。鸿荒初辟，人民知有母而不知有父。容或有之，自伏羲制嫁娶，夫妇定而父子明，血统相传，绳绳继继，父育其子，子孝其父。言父即可包母，瓜瓞螽斯，共相庆幸，故中国人口为环球冠。乃有不知平等真际，误会平等之说，谓父子祖孙皆人也，皆可以平等视之，皆可以朋友待之，此丧心病狂真禽兽之不若矣。乌鸦，禽也，知反哺以报其恩；羔羊，兽也，知跪乳以敬其母。《首楞严经》载世间十二类，生各有八万四千种，惟有非无想相无想羯南。如土枭等附块为儿，及破镜，鸟以毒树果抱为其子，子成，父母皆遭其食，由因世界怨害轮回杀颠倒，故和合怪成也。按蝮蛇与蝎在母腹，长成即烂坏母腹而出，名烂母胎，亦枭獍类也。其余各种生类，莫不亲其所生。人为万物之灵，在胎十月，怀抱三年，自襁褓以至成童，出入顾复，拊畜长育，无日不受父母之恩，故曰欲报之德，昊天罔极。即或父母有过，孔孟则有几谏顺亲之训。劳而不怨，号泣旻天，务期亲心感化，如大舜闵子之事亲，方为克全孝道，无愧子心。知子当孝亲，则推此心以体父母之心，等而上之，自有追远之诚。若以误会平等之说印入脑筋，是与枭獍蝮蝎之非无想相无想羯南相去不远矣，尚得齿于人类哉！尚得齿于十一类之众生哉！静观不孝之徒，非罹王法，即遭天谴，未有克昌厥后者，可不惧哉！故父为子纲，断不可废也。

一、夫为妻纲不可废也。男女既配曰夫妇，亦曰夫妻。夫者，扶也，谓扶助妇人共理家政也。《礼·郊特牲》："夫也者，以知帅人者也。"《诗》注："夫有傅相之德而可倚仗，谓之丈夫。"妇，《说文》："服也，服事于夫也"。《郊特牲》："妇人，从人者也，幼从父兄，嫁从夫，夫死从子。妻者，齐也"。《说文》："妻与己齐者也。"《郊特牲》："壹与之齐，终身不改，故夫死，不嫁。"又："夫昏礼万世之始也，取于异姓，所以附远厚别也。"谓昏礼为万世子孙继续之始基，必取异姓之女以附于远，而于同姓之亲则厚其别，庶几瓜瓞绵绵，本支百世，延及万世，而人道炽昌。若男女同姓，则内美先尽，其生不繁。故买妾不知其姓，则卜之，恐系同姓而受不生之害。纵令生育，不久亦必绝祀。倘中冓难言，伦常乖舛，则绝嗣之报未有二三世不昭著者，无庸徵古，即各就所闻所知者考之，当憬然于天网恢恢，疏而不漏矣。

夫亲迎之礼，男先乎女，刚柔之义也。婿亲御授绥，亲之也。出乎女之大门，而先男帅女，女从男，夫妇之义由此始。将至婿家，婿先俟于门外，妇至，婿揖妇以入，共牢而食，合卺而酳，所以合体同尊卑以亲之也。是亲迎之礼，名则以刚率柔，实则柔胜于刚，女权之尊贵，即此可见。盖自伏羲制嫁娶，人伦以明，礼教渐备。女在母家七岁时，即当男女异席。稍长，则内言不出于梱，外言不入于梱，男不言内，女不言外。非祭非丧不相授器，其相授则女授以篚，其无篚则皆坐奠之而后取之。外内不共井，不共湢浴，不通寝席，不通乞假，男女不通衣裳，男子入内不啸不指，夜行以烛，无烛则止。女子出门必护蔽其面，夜行以烛，无烛则止。道路，男子由右，女子由左。其及笄也，男女非有行媒，不相知名，非受币不交不亲。先嫁三月，教以妇德妇言妇容妇功。是女子在家守身如玉，四德已娴。适人之后，助理家政，为子孙万世计。所居之室，则曰闺门，闺门之内肃若朝廷，不容闲人往来。燕私之容不形于动静，而相敬若宾。是妇人女子之自尊自贵，诚有若圣神不可侵犯者，故君子重之。冠礼则行之于庙，昏礼亲迎入门，揖让而升，亦必听命于庙。其先，纳采、问名、纳吉、纳徵、请期，皆由主人筵几于庙以行之。其所以敬慎重正如此者，盖合二姓之好，上以事宗庙，下以继后世。人道之始，不如此即不能与天地并立为三而名之曰人，其要义则在于男女有别。盖男女有别，而后夫妇有义；夫妇有义，而后父子有亲；父子有亲,而后君臣有正。是君臣父子之伦,皆于夫妇基之。故曰君子之道造端乎夫妇,若无义无别,禽兽之道也。或者曰禽若鸿雁、孔雀、鸳鸯、睢鸠,雌雄生有定偶,或死其一,则存者至死不再配。兽若麒麟、狮、象、驺虞、麋鹿,牝牡亦各有定偶,生存时决无同类相侵之事,倘或相侵,则牝者拒之,牡者仇视而战退之。其他自生自养于天地间之飞禽走兽,亦大多如此。若有不如此者,必以毛羽皮肉充人之用,若家中之六畜鸭鹅供人刀俎,佛经所谓以淫业杀业之因,仍证淫业杀业之果者,意盖如此。是禽兽之雌雄牝牡尚多有别,其无别者则以淫因而遭杀,果福善祸淫惠吉逆凶虽似由于天道好还,而种瓜得瓜,种豆得豆,种由自布,天即因物付物,毫无私意于其间。所谓天作孽犹可违,自作孽不可活也。儒教之说如此,释道之说亦如此,即考之耶教、回教之说,亦莫不如此。各教之定论既如此,则上天之报施,岂有不如此者?

今不知平等真际,误会平等,不知自由真际,误会自由之少数新学家,执平等自由之说,谓男女皆当平等,男女皆当自由,一倡百和,几遍全球,呜呼哀哉! 是觍然人面,明明禽兽之不若也。设使招集执此学说之少数男女,知其先既于彼之所谓平等自由者如愿以偿,及其后有甲女所嫁之男忽然逾东家墙而搂其处子,甚或花街柳巷流荡忘返,甲女多方劝止,置若罔闻,试问昔之愿嫁者至此尚愿否? 又有乙男所娶之女,忽然钻穴隙相窥,逾墙相从,常与人私,甚或招摇过市,宣淫无度,乙男百计防闲,悍然无忌,试问昔之愿娶者,至此尚愿否? 知此,甲女乙男必应之曰:吾今不愿,且悔从前之失,而离夫出妻之念不觉隐跃于方寸间矣。果其然也,是良心未至尽死,而羞恶尚在也。即此羞恶之心,即知人之所以异于禽兽者,此其一端。何以故? 禽兽之无别者,交接无时,其有别者则交接各有定时。若雄者牡者非时犯之,彼雌与牝必峻拒而不纳,似较无别者差强。然其交也，不知择时择地，不避同类异类，家畜更不避人，其无羞恶之心则一也。人即甚不肖，然男女之欢必不令人见，且恐被人知，故传曰女阳物而晦也。凡男女能节欲者，必多子。《左传》晋侯曰："女不可近乎？"医和对曰"节之。"若不知节而又不知戒忌，则致病甚易，生子非妖即愚。《月令》："仲春，令兆民曰：雷将发声，有不戒其容止者，生子不备，必有凶灾。仲夏，君子斋戒处，必掩身，止声色，毋或进。仲冬，君子斋戒处，必掩身，去声色，禁嗜欲。"其他当忌之日尚多，爱身者当自知之。经解曰：婚姻之礼废，则夫妇之道苦，而淫辟之罪多矣。据礼教男女有别之前说观之，则女子何等贵重，何等文明。夫扶妻齐，是真平等。遵乎礼教，是真自由。佛经称中国为支那，译曰文物国。各国认中国开化最先，均无异词，何尝不在于此。据经解婚姻礼废之后说观之，是孔子之垂为教诫者，今日少数之新学男女乃故违之，而欲见之实行，何等卑贱，何等野蛮。托名平等，实为野蛮之平等；托名自由，实为卑贱之自由。羞恶之谓何？何以自别于禽兽哉？

　　夫羞恶之心，义之端也。义于五行属金，金于五脏属肺，肺藏魄，魄主人之形骸。金生水，魄生精，故积精所生之浩然正气，由于集义所生养成，则能配义与道。以其能知羞恶，不蹈淫辟，不悖礼教，问心自慊也。若悖礼教，蹈淫辟，[①] 欲火铄精，纵一时行乐，或梦寐走泄，而返躬内省，必有大不满足于心者。故曰行有不慊于心，则馁矣。不慊之行，即淫行也。不慊而馁，即气馁也。气馁则精竭神衰，或多病，或多妖，悔之无及，方知有别之训，实以保养精神即以保全性命。此《孟子集义》之说，实发前圣之所未发。且详

---

①　"辟"，原误作"群"，据上文改。

核圣贤守身修身养身爱身保身之真实确解，无非为此一事，特以礼教为之防，而存此羞恶之心。仙佛则欲断绝此事，以道法为之防，而空此羞恶之心。即各宗教家，亦皆以此羞恶之心劝人为善。盖事功上之经纶在法律，性功上之经纶在道德，全球莫不公认也。即如婚姻一事，必由父母之命，媒妁之言，中国之礼教也。西人虽重自由结婚，然而男女相见必有介绍，非媒妁之例男女非有行媒不相知名之意乎？其结婚皆必禀明父母，不禀明者，谓之私奔，旁人则窃窃然訾之，非重父母之命乎？且婚娶必于教堂，定有仪式，非冠礼行之于庙，昏礼筵几于庙，听命於庙之仪乎？又婚娶必有地方官凭证，比中国更多一手续，非防止其淫辟之罪乎？考之中国婚姻之礼既如彼，证之西国婚姻之事又如此，实未有不由父母、不由媒妁，竟由青年男女自相订议，流于淫辟而不知忘其羞恶，而不觉近于禽兽，而反藉自由以自诩曰文明结婚。文明结婚是亦不可以已乎。此之谓失其本心。此等青年男女之邪说，息之惟恐不速，乃壬子年五月二十八日，《盛京时报》竟载有教育部电致各省都督一电云：财政奇绌多由政治不善，文明进化亦赖风俗改良。观前清学务，即高初小学，岁或需款数千，叩其学业之精勤荒废如故。矧以男女知识日增，文明渐进，不脱命言之羁绊，何望婚姻之自由能与列强并驾齐驱？民国既成，岂甘牛后！以后凡高等以下小学，务令男女同校肄业，藉知竞争学课。如是不惟糜费可捪，实可收知识平等之效果。闻都督奉电后，已转饬学务总理遵办矣等语。当以文理荒谬，或系报章误传。嗣见学务总理询悉实有此电，转饬遵办在案。呜呼嘻嘻！该部之出言者是否种族混淆，该言者之子女已否自由结婚，均不必究，第观其电意，因财政奇绌，拟令男女同校，藉文明进化以便婚姻自由，是直欲使少年男女皆同禽兽，败坏风俗而已。考中国自燧皇定配以后，伏羲从女娲，为政莫先于敦伦，敦伦必由于嫁娶之请不准同姓为婚，制定俪皮为礼。凡欲嫁娶必用媒妁，斟酌二姓得其欢心，然后行聘缔婚以订百年之好。因呼女娲曰神媒，后世祀为皋禖之神。所谓欢好者，盖出于男女之本意，不过及婚时遵父母之命，因媒妁之言，成此佳偶耳。非如近世多由父母作主，或始生即订,或数岁即订,或指腹而订,不顾男女愿否,竟假媒妁擅主终身之事,或成怨偶也。况古者已聘之后,虽未嫁娶,不得与他人游戏。近俗亦皆如此,盖㧱严内外,礼别嫌疑,男女异席始自七岁,姑姊妹女子子已嫁而返,不与同席而坐,同器而食。夫妇且宜有别,故闺门之内肃若朝廷,偶逾防检,或赋《蔓草》、《墙茨》、《新台》、《桃华》,则人人鄙弃,视同禽兽。此所以伦常克践,礼教常明,西人亦莫不称美也。今乃裒婚姻自由之谬说且以同学为自由之阶梯,是直以学校为青楼,纵男女成禽兽,能保其不强诱贻羞,争竞启祸乎!盖风俗日偷!男女至七八岁时,若非有家庭教育范以礼义,鲜有不流为邪僻者。若如所令,凡男女十二岁以前皆可同学,若止一男一女私订终身犹可说也;设或一女悦数男,或一男悦数女,又或若干男女互相悦爱,其流弊何堪言罄!尚欲于此征学课觇文明,吾敢决其断 断 乎 不 能! 谁无子女? 谁肯照办? 若该言者必欲行 之,应请其将自己及亲族子女设一至大模范学堂,准令异姓子女与之同学。如小学毕业时,绝无流弊,然后再令全国仿行,是亦本身作则之良法也。若不肯为,而令人为之,其忍心害理伤风败俗之罪,比之洪水猛兽为害尚能逃避者,当为算数譬喻所不能及。直宜百千万亿劫,堕入无间地狱,受尽诸般苦楚,方足以快世人之心,而泄世人之忿。何者?男女分校,皆可竞争学课,皆可增进文明,而乃以不脱言命之羁绊,何望婚姻之自由,为男女同校之宗旨,其罪固应如此也。曾将前说寄送某报馆,并缮呈某某当道,今因辨正夫纲,附录于此。夫中国之结婚必待父母之命,可知男女当成童之时,皆可自行择配,禀命于父母,然后借媒妁以通二姓之好。万一男女年青识见未定,倘或所择非人,则父母可以训示,令其另择,故曰待命自成嘉耦。若于父母之命而有不愿者,男则可白于父母,女则可白于其母,说明不愿之由,另择其如愿者而订之,是礼教之本意如此。无如世之为父母者,男女初生即为订亲,遂在己一时相好之意,忘儿女终身相尤之情。甚有指腹为婚,又有媒妁巧拘,竟将子女婚嫁之权擅行专制者,此庸俗之恶习,非礼教之正经,所以怨耦或至成仇也。今宜将此等恶习革除净尽,俟男女及岁,仿中西通行之礼,或由男女自择禀告父母,或由父母代择询之儿女,然后行媒通好,以礼成之，是真婚姻之文明自由。较之野蛮自由，贻笑于人，含羞于己者，相去天渊矣。

顾天下之事，万有不齐，诚能如鼓琴瑟，百年静好，斯夫妇之间如兄如弟，不独新婚为然。倘或恩义不常，则夫可出其妻，礼有明文；即妻可以离其夫，礼自不禁。孔光曰："夫妇之道有义则合，无义则离"，即此意也。盖合之致成两伤，不若离之反为两美，实于人道不悖也。《仪礼》"继父同居"者，传曰："夫死、妻稚、子幼、子无大功之亲，与之适人"。郑注："妻稚，谓年未满五十；子幼，谓年十五以下；子无大功之亲，谓无同财者也。"则知与之适人，即子与其母同适于继父也。是妇人之再醮，圣人亦未尝非也。据此，则夫妇义绝，可以出妻离夫，夫死子幼，无以生存，可以再醮。是圣人之立教，无一不准乎人情。其有妻死不再娶，夫死不再嫁，夫妻无子而买妾，亦皆圣人所不禁，此何如之平易近人者。丧服传曰："夫，至尊也"。又曰："夫妻一体也，夫妻胖合也"。足见夫妻本属平等，不过夫以扶妻为义，妻以从夫为义，各尽其责。又以男女有别，为尊崇人道之始基，否则失平等自由之真际矣。是夫为妻纲，断不可废也。

夫三纲既不可废，则兄弟朋友之伦自不可废，所谓鸟兽不可与同群，吾非斯人之徒与，而谁与也！

一、世间事理，除独一不二外，莫不有耦阴阳之义也。文字语言亦然，如《论语》"不以其道得富贵，不以其道得贫贱"。得富贵之道，正道也；得贫贱之道，邪道也。《孟子》道二：仁与不仁而已矣，而亦曰德是也。知此，则平等自由当有辨矣。

一、平等之说始于释氏《金刚经》"是法平等，无有高下。"盖总括十二类生之众生，得法灭度共入无余，涅槃无有高下，故曰是法平等。《首楞严经》："身心快然，妙圆平等"，与《金刚经》所说之平等同。皆就道德性理说，惟《首楞严经》受阴著魔者，有化诸白衣平等行欲一说，其言平等，则就形迹名分上说。然必其年岁平等，形迹与名分皆平等，乃因以行欲。则不平等者，即著魔人亦必不可行欲，其意甚显。是行迹名分有平等，仍有不平等者在也。至《首楞严经》无尽行之种类出生穷未来际，三世平等，十方通达，当未得法灭度前，各有八万四千乱想，各有八万四千生想，合一百万零八千之众生，何一可谓为平等者？且佛受弟子则摩顶授记，弟子敬佛则顶礼佛足，五体投地，是释教于形迹上并不平等。孔子曰"有教无类"，盖言受教之后，其类即化，非灭度平等之义乎？《中庸》："惟天下至诚，惟能尽其性；能尽其性，则能尽人之性，则能尽物之性；能尽物之性，则可以赞天地之化育已也。"人也物也，皆以性归之，是谓真性平等也。又生知、学知、困知，及其知之一也。安行、利行、勉行，及其成功一也。一即平等，指真性之至诚者言也。然当其未知真性时，则己也、人也、物也。知之生学困，行之安利勉，则各有等差，断难平等。知孔子之无类，子思之尽性，皆就真性言之。孟子之诘告子犬之性犹牛之性，牛之性犹人之性；又诘白羽之白犹白雪之白，白雪之白犹白玉之白；又诘白马之白无以异于白人之白，长马之长无以异于长人之长；又诘耆秦人之炙无以异于耆吾炙；又告公都子庸敬在兄斯须之敬在乡人，先以平时当敬叔父，弟为尸则当敬弟喻之。是谓形迹上断不能平等，乃性中之义发现于外者，有此定理。与己、与人物及知行各有三等同，非若真性之可以平等也。何况五伦明有五等，十义又分为十等，父子、兄弟、夫妇、长幼、君臣十等之中又各有智愚贤否之不等乎？质言之，道德性理平等者也，形迹名分不平等者也，不知此义，竟藉平等二字而欲废去君臣父子夫妇之伦，而曰均是人也，即均可平等也，是考之释教无此说，考之儒教无此说，即考之西学讲伦理者亦断无此说。惟少数青年执以为说，故曰不知平等真际，误会平等者也。请少数青年详细审之,当悟其非。

一、自由之权人皆有之。然谓自由其道,非谓可自由其非道也。如君由于仁,臣由于敬,父由于慈,子由于孝,夫由于和,妻由于柔,友由于信,士由于博古通今,农由于出作入息,工由于智创巧述,商由于交易得所,劳心者由于殚心竭虑,劳力者由于循分尽职,无论何人莫不有当由之道,是谓人人皆有自由之权。孟子所谓"人人亲其亲,长其长,而天下平",即此义也。按之古今中外,莫不如斯。乃言维新者辄欲以匹夫而挠天子之权,子孙而悖祖父之训,弟不让兄,妇不让夫,各逞私意,冀得自由,此孟子所谓"无父无君是禽兽也"。波兰人民痛奥、俄、德三分其地,怀恨四出,时以报复为心,各处侠义之流,暗相符和,专习狙击,以泄公愤,虽亦托名自由,实则怨谤所积,隐成剑侠一派,非真自由党也。曾于前清壬寅冬,将此说登之报章。

癸卯闰五月见《大公报》载自由二字之名词,出自日本书,而日本则译自西书。东西文字不同,文义亦各异。以东人而译西书,实为一大难事。尝有西国文义非东土文字所能形容者,其名词之不能吻合更无论矣。按西语里勃而特 LIBERTY,犹言事事公道,合天理顺人心也。如代以东土之名词,实无可以相吻合者,日本则以自由代之。自由二字,在中国讲义为任便而行,毫无拘束之意。充其类则肆意杀人,亦可谓之自由;恣意行淫,亦可谓之自由;欲抢掠则抢掠,亦可谓之自由。凡出于吾心之所欲,必使偿之而后快,皆可谓之自由。西语有曰里勃而丹 EREEDOM,其意谓放荡恣肆无所不至也。就自由二字字面之浅义观之,按之于里勃而丹则似相合,按之于里勃而特则似相左。今日维新诸少年,其素所信仰盼望之自由,实里勃而丹之自由,非里勃而特之自由,吾故谓其为自由二字之字面所误。苟非然者,吾请有以转诘之:今日维新家共称为极自由者曰美利坚，曰法兰西，然吾盖见法与美之兵民确有秩序，极不自由，其兵民路遇长官则举手为礼，屏息旁立，不敢恣肆。在今日中国维新诸少年视之，非所谓具奴隶资格者乎？非所谓有奴隶性质者乎？有如今日维新诸少年之所谓自由乎？即此一端，其他已可概见。盖同此自由也，有法律之自由里勃而特是也，有野蛮之自由里勃而丹是也。吾非为今日维新诸少年，信仰自由盼望自由之过也，吾亦一极爱自由者，吾盖深惜夫其所信仰所盼望皆野蛮之自由，而非法律之自由也。甚矣，字面之误人也！中国向来无论何事，所争只在字面，而不在精神，守旧家之所失在是，守旧家之所以误国，即在是。吾不意今日维新家亦为字面所误，而不复自觉，可慨也夫！

报论如①此，与鄙人壬寅冬登报之论宗旨相合。今民国成立，临时约法第六条载人民得享有左列各项之自由权：一、人民之身体，非依法律不得逮捕、拘禁、审问、处罚；二、人民之家宅，非依法律不得侵入搜索；三、人民有保有财产及营业之自由；四、人民有言论、著作、刊行及集会、结社之自由；五、人民有书信秘密之自由；六、人民有居住、迁徙之自由；七、人民有信教之自由。共约法七条。前三条未言自由，实有自由之真理在内。第四条言论、著作、刊行及集会结社之自由，若其言论、著作为诲淫诲盗大逆不道等事，可准其刊行自由乎？集会、结社意欲谋反叛逆，破坏安宁秩序，可准其集结乎？五条书信秘密自由，若有征战，奸人内外勾结，可准其书信秘密乎？六条居住、迁徙自由，若欲迁之地不先置买房产，见他人之安宅良田而竟迁移居住，可准其自由乎？七条言信教自由，然非各国各自信仰之宗教，如中国再有人欲信白莲教、拳匪

---

① "如"，原误作"加"。

教，可准其自由乎？吾知国家必皆不准也，不但国家不准，即乡邻良善之民遵守法律者亦必不准。盖此等人之所谓自由，乃野蛮之自由，西语所谓里勃而丹也，非法律之自由，如西语所谓里勃而特者。野蛮自由，则彼等少数悖逆之人得行其志，而局外多数循顺之人，通罹其害，卒之邪不胜正，彼等亦必遭上天之震怒，成下民之公敌，声罪致讨，死于刀兵，无一人可以幸逃。旷观古今中外，有一致乱之首从诸人能永存于人世者乎？不过劫运由彼等酿成，仍由彼等消灭焉耳！若法律自由，则人人自由其当行之道，在个人则各享幸福，在国家则长保治安、太和洋溢，纵有厄数，亦当化除，所谓"皇天无亲，惟德是辅"也。辨明此义，自知自由之真际，即自治之真理，而悔误会自由之说之断不能容于人世也。

一、近时有当伸人权灭除神权之说，亦是亦非，不可不辨也。尊重人权，务令伸张，莫如孔子之教。《书》："民可近不可下。民为邦本，本固邦宁"；又"抚我则后，虐我则仇"。《孟子》："民为贵，社稷次之，君为轻。"又"三代之得天下也，得其民也；得其民者，得其心也。"《论语》："举直错诸枉则民服，举枉错诸直则民不服"；又"务民之义，敬鬼神而远之。"又"子不语怪、力、乱、神。"是孔教之尊重人权，必令伸张，即此已可概见。其他载籍，如此之类，不可胜数。然于鬼神则曰敬而远之，又于神则不语，盖以鬼神之事幽隐难明，若必迷而信之，则蹈上古人神杂处之弊，为患滋多，若必辞而辟之，则鬼神为理之所有者，即为事之所难无。故平时不语，而以敬而远之为世大法。远之者，非所当祭之鬼则不祭，非所当祭之神亦不祭。祭则曰诌，亦曰淫祀。淫祀无福，以断人之惑志。即当祭而祭，亦各定时，非其时则不举也。各有定制，非其制则不为也，此远之之意也。敬之者，《祭法》、《祭义》、《祭统》垂为定礼，其散见于载籍者，无非崇德报功，报本返始之义。他如相习成风，可以震慑民心，使之不敢为恶，感化民心，使之自然向善者，则修其教，不易其俗，以为神道设教之义。《易》曰："圣人以神道设教而万民服"矣。盖地广人众，性情各殊，有教化之所难周，法律之所难及者，愚夫愚妇实居多数，语以鬼神降鉴，报施不爽之理，莫不惊心动魄，即恶者亦恐受谴，故孔教不禁此敬之之意也。中国释教、道教，泰西耶教、回教、希腊教，日本神道教，皆利用此术以辅政教之穷，皆不得已之苦衷也。耶教、回教只尊一神，鄙弃像教，然像教实始自泰西，流入中国，中国古时无此也。西人虽鄙弃像教，而於人之有功德于其国者，咸铸铜像以伸爱敬。非以年久有功德者，则忘而鄙弃之。年近有功德者，则念而铸造之乎？是与像教何别乎！况西人凡见所铸之像，必有一番恭敬之意以将之。凡闻有功德于民及忠孝节义传播众口之著名人物，必肃然起敬，俨乎其若思。而於其国战胜阵亡之将卒坟墓，或立塔以旌之。并其身之亲属坟墓，必加意保护，按时供以鲜花，是皆敬事鬼神之显然可见者，不过无中国烧香跪拜之仪耳。考佛教申敬华香供养，西人之供花与中国人之烧香，皆始于释教，有何歧异？考中国当佛教未入之先，凡事神明，则燃一灯以为之主，详考诸家《说文》坣字注自知。自像教流传，设灯为主之古制废，然祭祀必燃灯，或于神堂燃长明灯，至今犹然，是即燃灯为主之遗俗也。知古人之对越实以灯为神所冯依焉。夫人以神为主，神亦以人为主。《书》："俾作神主，百神尔主"。《传》："民神之主"。是人神交相为主，无主乃乱，不但一国之主，一家之主，凡事之主为然也。

善哉！西儒李提摩太《救世略说》之言曰：入关公之庙则慕其忠义，入阎罗之殿则畏其严明。此真通儒，彼固耶教之巨擘，而又深明儒教者。其言若此，实于世道人心大有裨益。乃中国新进少年竟执宜伸人权之说，倡灭神①权，不问其神果有功德于人否，不

————————

① "神"，原作"绅"，据上文改。

问其神果能感化人心否，不问其神曾能捍灾御患否，一概抹煞，一概毁除，并倡言废孔教，停孔祀，毁孔庙，自诩于人曰："我只知有人权，无神权。"以为文明进化即在于此，直欲并圣人神道设教之意而一扫而空之。无论天不彼容，转瞬自受其害；即使苟延残喘，试问如彼等之平等自由，既已无父无君无人伦，又如彼等之专伸人权，复无鬼无神无宗教，全球有如是之国乎？吾敢决言其无也。既无如是之国，则彼等独欲无父无君无人伦无鬼无神无宗教，六者皆无，较之皆有之国，优劣自见。优胜劣败，天演公理，恐彼等将来求为六者皆有之国之奴隶牛马，其国必深恶而痛绝之，或狝薙而另殖之，断不容此魑魅魍魉现形于光天化日下也！然则如之何而可？惟有遵吾孔子敬而远之之训，斯可谓知矣！盖媚神非知，慢神亦非知也。《礼运》：天生时而地生财，人其父生而师教之，四者君以正用之，故君者立于无过之地也。后儒体此意，书天地君亲师五字，令民间设神堂以祀之，民皆服从，此实光明正大可以慑人心而维风俗。

一、中国文字语言，西人每苦其艰深，与西国文字语言，中人亦苦其艰深一也。然据愚见论之，西国之语言较中国易学，西国之文字则较中国难学。盖中国之充各国舌人者，但须唇舌灵活，专习二三年即能传译；若西国之文字，中国聪颖之士非专习十数年不能全通。西人之于中国语言，与中人习西语者同，而恒苦其音义不备。若习中国文字，则聪颖之士专习二三年即可全通。倘遇文字声音为一国所无者，则可展转翻译以通其意，此又中西所同也。易言乎中国之文字易学也？考《说文》所载不过九千余字，即括经传而无遗；查十三经不二字，止六千五百四十字，尚有一二千不常用者，其通常适用不过四千余字。即就《说文》之字统习之，先明六书之义，指事、象形、会意之字极有意味，谐声之字最多，亦有含上三义者，转注、假借之字不及六分之一。六书之义既明，然后将各字之本义讲明，再将各字之动静、浅深、反正、通假随遇说明。如学校之学静，学问之学动，说话之说浅，解说之说深；乱训扰攘之乱，正乱训治理之乱反，亡无相通，而如亦相通，勿无相假，若如亦相假，等类是也。每一年分两学期，前六月除三十日休息外，一百五十日，每日以六小时讲二十字，可讲三千字；后六月以一百五十日，每日以六小时讲三十字，可讲四千五百字。间有只须认清，止有一解无他意义者，约居十分之二。是一年之期，即可将中华经传之字讲毕。次年，头一学期教以二字三四字，各分两月连之。次学期，以二句四句一节一章，各分两月讲之。是两年四学期，即可将中国文理通晓于心，无论何书寓目即可知其大旨。字典之两万余字，近时新字典四万余字，随时查考，可为游艺之一助，故昔人谓读书必先识字也。

一、中华学派，明清时代区别汉宋。宗汉学者，字字追求穿凿，愈多支离。更甚宗宋学者，望文生意，捕风之谭，流为离叛，甚或改窜经文，颠倒章句，由于识字不真意气用事也。晋贤陶潜谓好读书不求甚解，愚以为非不求本书之解，特不于本文之外另求已甚之解也，是真善于读书者。冯梦祯先生曰：余少习孔孟书，初亦守宋儒传注及诸家讲说。一日，偶静坐，掩卷体会本文，觉有得处，始一切屏去，而专用力于本文。久之恍然如披云见天，复取传注讲说观之，支离汗漫不可读矣。语云：诵之万遍，其义自见。冯氏之说如此。鄙人幼承先君，示以冯说，私以为不观传注讲说，恐涉臆断、肆力久之，而后知冯说之不诬也。即如天地、天下、天地之间、男女、夫妇、万物，有就身外言者，有就身内言者，乃孔、曾、思、孟身心性命之真实指授。若以身内作身外看，则其说万不能通。汉宋学者未言及此，鄙人皆就本文熟读深思而得之。学者但将本文读之极熟，数十百遍至万千遍不必拘，总以读时令字字从心上解说过去，至于晓然圣贤立言之旨而止，自知愚言之不谬。

一、作例言甫毕，或见而笑之曰：古人著书皆有例，如《易》之十翼，《书》之典、谟、训、诰、誓、命，《诗》之四始六义，《礼》之吉凶军宾嘉，《春秋》之微显志晦，婉而成章，尽而不汗，惩恶而劝善，皆例也。汉唐著书者，多变例为叙，以明其意。宋明著书者，多加例言以发其凡，叙或自作，或人作，不过一二篇，例言则均由自作，条目不多，言亦简洁。今子于自叙外作例言，亦例也。然于本书应有之例言外，辨三纲，辨平等，辨自由，辨神道，辨识字，辨读书，皆长言反复以达己意，无乃好辨多费词说乎？曰：三纲、平等、自由、神道之辨，皆孔孟书中本有之意，为今日少数新学少年未及窥破，故不得不辨。识字读书之辨，亦今日不得不辨者，若不反复辨明，少数之学说将盈全国，恐有灭国灭种之惨，竟使我神州黄种随红种、黑种、棕种之后同归于尽。比之洪水猛兽，乱臣贼子，杨墨之言，为害尤不可思议。愚岂好辨哉，愚迫于爱国保种之一腔热血，故不禁喷溢费词，列入例言耳。或惊悟曰：有是哉！有是哉！新进诸说之枹吾耳鼓也久矣，似已聒腾而熟睡者，今乃若大梦初醒，知东方之既白。甚矣哉，孔孟之道当与天地并存也！

孔子生卒年月日考

孔子至圣，万世所宗，生卒年月，载籍不同，参互考订，辨伪存真，准之历数敬告学人，作生卒年月日考。

《神仙鉴》：灵王己酉戌月十五丙辰，孔子生。考周灵王二十年己酉，即鲁襄公二十一年己酉，与《公》、《穀》、《左》三传合。至谓戌月十五丙辰则误，盖周正建子，所谓戌月即己酉年十一月也。十一月十五断非丙辰，何言之？襄公二十一年九月庚戌朔日有食之，冬十月庚辰朔日有食之，三传均特书无异。夫以建子历所谓九月，即建寅历所谓七月，建申、建子历所谓十月，即建寅历所谓八月建酉也。十月庚辰朔日食，则十一月朔非庚戌，即己酉。以十月大建，则十一月朔当为庚戌小建，则当为己酉也。据此，则十一月十五非甲子即癸亥，断无丙辰之理。徐道号称仙史，又以龟为鉴，乃有此误，殊不可解。

《史记·孔子世家》：襄公二十二年，孔子生。《索隐》：襄公二十一年十有一月庚子，孔子生。今以为二十二年，盖以周正十一月属明年，故误也。《后序》孔子卒云七十三岁，每少一岁也。是史迁之误，《索隐》已明辨之矣。《孔子世家》篇中所列孔子年月多误，末云孔子年七十二岁。经传生年不定，使夫子寿数不明。考孔子本系鲁襄公二十一年己酉十月庚子生，《穀梁传》大书特书，《公羊传》十有一月庚子生，亦大书特书，何得云经传生年不定？自鲁襄公二十一年己酉十月庚子生，至鲁哀公十六年壬戌四月己丑卒，孔子实享年七十四岁。以一年为一年则七十四，以周年为一年则七十三，《索隐》盖以周年算也。何得云使夫子寿数不明！岂以当时载籍繁重，不及深考与！抑於三传九月庚戌朔、冬十月庚辰朔，均两书日食未曾寓目欤？抑寓目而不留心庚子距十月庚辰朔仅二十一日欤？闻之仓颉制字代结绳后，凡事皆用木版或竹简，均以刀刻之或漆书之，木版曰方，竹简曰策，皆以绳或韦皮贯之。记载不易，浏览亦难。自秦蒙恬造笔，蔡伦造纸，载记乃多，写成较之方策为便。然每书或一卷或多卷，皆于写成后卷之如轴，故至今凡书犹有卷几卷几之目。李唐时改为刻印，装订成本，始有书本之名，较之写卷又易。近时改为活字机印，较之刻印更易，故今时书籍大备，亦易查阅，不似古昔看书之难，真幸福也！史迁作《史记》当在初改写卷之时，或以考查不易而误欤？抑於三传九月十月朔日食日辰未当心欤？是又不可解也。杜元凯注《左传》，亦谓襄公二十二年生，至卒年七十三,沿史迁之讹也。

查《公羊》襄公二十一年,书十有一月庚子孔子生;《穀梁》襄公二十一年冬十月庚辰朔后,书庚子孔子生,而三传之书冬十月庚辰朔日食则同。夫以周正建子之十月论之,当属夏正建寅之八月,建子历与近时新行之阳历相似,但较阳历犹有闰月为异耳。建寅历即前清以前习用之阴历,亦有闰月,较之阳历每有一二月之差。今但就鲁襄公二十一年三传所载十月庚辰朔日食推之,所谓十月即建寅历之八月朔日庚辰,则八月十一日当属庚寅,八月二十一日当属庚子,一定不易者也。则孔子当属阴历八月二十一日生,应无疑义。后世乃以阴历八月二十七日祀孔子诞辰,此亦不可解也。至《公羊》谓十一月庚子,《穀梁》谓十月庚子,则均有故。《穀梁》谓十月庚子者,以庚子日本系建子历之十月二十一,即建寅历之八月二十一也。《公羊》谓十有一月庚子者,当时建子历之十月建酉之二十一日,必已交十一月建戌之寒露节,故书曰十一月。不然,二人皆子夏之门人,亲受业於子夏,去孔子卒年不远,岂有一书十月,一书十一月,而龃龉如是哉!且以三传十月庚辰朔推之,则惟是年十月二十一日属庚子,十一月二十一当为庚午,断无庚子位置,故愚定阴历八月二十一为孔子生辰。《神仙鉴》、《史记》皆不足凭,《公》、《穀》虽异,细究实同。《公》、《穀》书孔子生辰,《左传》不书,可就三传十月朔日辰,及《公》、《穀》书庚子孔子生,定断为阴历建酉八月二十一日生,已无疑义。

至孔子卒日,《史记》载鲁哀公十六年四月己丑卒,与《左传》哀公十六年夏四月己丑,孔邱卒。杜注谓四月十八日乙丑,无己丑,己丑五月十二日,日月必有误。《通鉴纲目》沿杜注,书夏四月乙丑孔子卒,作史者多因之,皆非。考是年经书月与日辰者二,一春王正月己卯卫世子蒯瞆奔卫,一夏四月己丑孔邱卒。依杜注五月十二己丑逆推之，则约计三月十二、正月十二皆当属己丑，或前后各二三日，约建子历正月初二己卯，则三月初二亦当属己卯，四月初二即当属己酉，十二当属己未，十八日确属乙丑，五月十二当属己丑。是是年四月实无己丑日辰也，左氏乃书四月己丑者，想因是年五月十二己丑尚在四月节气之内，亦如《公羊》以十月书十一月，从十一月节气故云然耳。以建寅历论之，则孔子卒日当属辰月，即阴历三月十二日，亦无疑义，《神仙鉴》谓即今之二月十八日，误矣。

右据三传，考察孔子确系建寅历己酉年八月二十一日生，壬戌年三月十二日卒，明矣。盖左邱明与孔子同时，《公》、《榖》系子夏左氏与孔子同时，《公》、《榖》后孔子不久，其所书当不出前说理想之内，然欲由历算家细推当年节气，诚难猝办；若不据历推明，则生卒年月日终成疑案，实为吾国学者之一大憾事。

现在地球各文明国，均有孔教会，倘彼以此相询，不能核实以对，更增吾国学人之羞，思穷径绝，寝馈不安。天诱其衷，竟得确据，偶检《春秋》《释例经传长历》：鲁襄公二十一年己酉闰八月，即建寅历之建未月，鲁哀公十五年闰十二月，即建寅历之建亥月。但于前清以前通行阴历历书内，查有闰六月之年，以比较当年之闰八月，查有闰十月之年，以比较当年前一年之闰十二月，再推孔子生日卒日，自无疑义。乃查嘉庆二十一年、同治十二年、光绪十八年，均闰六月，即建子历之闰八月也。同治九年闰十月，即与孔子卒年先一年之闰十二月，同也。列表查对当年孔子生日已属建戌月寒露节，故《公羊》从节气书曰十有一月庚子孔子生，《榖梁》从本月於十月庚辰朔后书曰庚子孔子生。至孔子卒日，本在当年五月十二，因节气尚在建辰月榖雨节内，故从节气特书曰四月己丑孔邱卒。是三传於孔子生卒年月日记载详明，只以未经注释，故致史迁误之于始，杜元凯、司马温公、朱熹辈沿之於后，并各史家及徐道等均属误会，竟有生年不定，使夫子寿数不明之说。兹以历法节气推之，是孔子生卒年月日皆有一定，寿数实七十有四，可以人人共知。语云：踏破芒鞋无觅处，得来全不费工夫。今仍於三传得之以历数节气比较得之，是亦不费工夫也，特前之学者未及深考耳。

上曲阜孔书

窃惟中华立国，开化最先，至圣先师德配地天。近以欧风东渐，科学盛行，少年英俊论说纷乘，苦经传之太深，多束置而不眅，大道就湮，良用慨叹。廷杰才疏学浅，忝同守藏，幸值共和告成，人民有言论、著作、刊行自由之权，不揣谫陋，将《论语》、《孟子》二书分类编纂，窃删书断自唐虞之意，阐孔孟好恶同民之心，於政治一门特加解释，实符共和宗旨，次则妄谈性命，务扶精微，似於世道人心不无小补。其余数门，皆就原文略释大意，求如白傅之诗，妇孺都解，业已脱稿，渐次就绪，谨将拙叙录请鉴核。

惟至圣先师生卒年月，载籍各异。特就三传所书当年月日，详加考究，似至圣生辰应以阴历建酉月即八月二十一日为是，卒日应以阴历建辰月即三月十二日为是。然据传推测，仍恐未合，因思贵公爵世有通德，恪藏宗谱，专恳查明示知，俾得刊列书首，使天下后世於至圣先师生卒年月最关紧要之端，咸知尊从，是则廷杰区区之微意也。再《史记》世家载圣嗣自一世至十二世均有名讳，间有年岁官阶可考，自十三世以迄于今，书缺有间，并恳饬令书写官逐一查明，开摺赐覆，俾得续刊於《史记》所载十二世之后，尤为盼切。

中华民国二年三月二十七日

论语类纂（节录）*

（一九一三年）

卷一：论　世

孔子删书，断自唐虞，禹承揖让，启复世及。世道升降，全在于兹，天下公器，何可自私！纂论世

子曰："大哉尧之为君也！巍巍乎！惟天为大，唯尧则之，荡荡乎，民无能名焉。巍巍乎其有成功也，焕乎其有文章！"（泰伯第八之十九）

此赞尧大与天同，民无能名而成功，文章可见也。天无私覆，尧则克明峻德，以亲九族；九族既睦，平章百姓；百姓昭明，协和万邦。按：九族，高、曾、祖、父、身、子、孙、玄、曾也。百姓，指国内之臣民言，旧注专言百官，非也。万邦，即万国。内能平章百姓，外能协和万邦，是内政外交咸臻美善，正如天之无不覆帱也。

天道无亲，常与善人。尧则斥胤子之嚚讼，不予登庸；以丹朱慢游，傲虐肆恶，好勇朋，淫於家，罔知道德，故不以私恩而畀以帝位。驩兜举共工，尧斥其静言庸违而不用。四岳举伯鲧，尧知其方命圯族而无成命。羲和正历象，以敬授人

＊　据民国二年（1913 年）吉林官印局版《论语类纂》著录标点整理。全书共七卷：卷一论世，卷二论人，卷三论事，卷四论政，卷五论学，卷六论教，卷七论圣。本集节录其中的卷一、卷四和卷五。

时，咨四岳□年老，而庸命巽位，是即天道无亲，常与善人也。

天道好生而恶杀。尧因帝挚荒淫，被诸侯会议废除，公举己为天子追念三皇有巢、燧人、伏羲。而后神农时有夙沙氏之叛，黄帝时有蚩尤之战，天下有不顺者，从而征之。少昊时有九黎之乱，颛顼时命南正重司天以属神，使神民不相杂揉，命北正黎司地以属民，使九黎不再乱德，莫不习用干戈损伤生命。惟帝喾嗣位七十载，普施利物修身而天下服，而子挚嗣立，荒淫被废，几动天下之兵，再见杀戮之惨。故尊重人道，但除大风、猰貐、封豨、修蛇之为民害者，而於征战之事则未之有闻。是上天好生恶杀之心也。

天道亏盈而益谦。尧之时，丹朱、共、驩恶贯将盈，尧则不假事权以挫其志；羲和、叔仲钦若昊天，尧则分申命令以定其居；鲧则吁咈而暂试；舜因让德而受终。是亏盈益谦与天合德也。

民之所欲天必从之，四时不定岁功无成，尧则置闰以敬授之。洪水方割，下民其咨，尧则求人而俾乂之五典，民之所欲从百揆，民之所欲叙典刑，民之所欲慎凶人，民之所欲除□□。尧则举舜敷治，不使民稍有觖望。是则天从民欲也。

天之生物因材而笃。流四凶，宾四门，恶者黜之，善者庭之，而又使明杨侧陋，开选举之端，以伸公好公恶之理。是即天之栽培倾覆也。

功成名遂身退，天之道。此以人事明天道，如天以二气生长万物，其功大矣，至於秋成功成名遂矣。而天乃於冬时收藏，二气使之均归於根静而复命，以为贞下起元之用，是身退矣。尧以唐侯经诸侯公举为帝，在位七十载，巽位於舜，亦法天之功成名遂身退也。

以上七事，天之所以为大也，尧皆有之，故曰"大哉尧之为君也！""唯天为大，惟尧则之。"尧之时，黎民於变时雍，康衢老人击壤歌曰："日出而作，日入而息，凿井而饮，耕田而食，帝力何有於我哉！"康衢童谣曰："立我蒸民，莫非尔极，不识不知，顺帝之则，故曰'荡荡乎，民无能名焉。'"允厘百工，庶庶绩咸熙，巍巍乎其有成功也。钦明文思安安允恭克让，光被四表，格於上下，焕乎其有文章也。

考尧年十二受封於陶，年十五改国於唐。甲辰年十六即帝位，在位七十载，巽舜。舜① 在下，父顽、母嚚、象傲，克谐以孝烝烝义不格奸，四岳举之於尧。尧妻以女，以观型於内；又外试诸艰，慎徽五典，五典克从；纳於百揆，百揆时叙；宾於四门，四门穆穆；纳於大麓，烈风雷雨弗迷。三载，命陟帝位，舜让而尧不允，遂受终於文祖之庙。於是齐七政，祀群神，巡守四岳，班瑞群后，明试以功，车服以庸，肇十二州封封十二山，濬深川流以利交通，慎定五刑屏去四凶，摄位二十八载。尧崩，三年之丧毕，舜遂格於文祖而即位。是试事摄位之年，皆舜有为之年也。及其即帝位也，询岳辟门，明目达聪，使禹宅百揆以熙帝之载，弃播百谷以足民之食，契作司徒以立民之教，皋陶作士以恤民之刑，垂为共工以教百工之事，益作虞以兴山泽草木鸟兽之利，伯夷作秩宗以典天地人之三体，乐典夔以和神人，龙作纳言以通上下之情。九官各专责成於内，十二牧各专责成於外，三载考绩，三考黜陟。幽明，即黜退其幽者，以彰其罪，升进其明者，以旌其功也。故能庶积咸熙，而舜转无一

① "舜"，原作"鲧而"，据文意改。

事可为，惟恭己正南面而已矣。此舜之治外所以先有为而后无为也。试再言其治内。舜承尧，允执厥中之命，演为十六字之心传。其曰人心惟危者，以人心由气质之性而生物欲，牵引至危也。危者，须使之安。曰道心惟微者，以道心由天命之性而生虚灵不昧，至微也。微者，须使之著。既安且著，则神与气合，而精生焉，所谓惟精。积精生气，积气生神，而一致焉，所谓惟一也。此舜之有为也。既由惟精而惟一，即将此一存之於吾身之中，觉其须臾不可相离，所谓允执厥中也。造次颠沛均必於是，所谓勿忘勿助，以塞乎天地之间者此也。《易》之正位居体、正位凝命，《孟子》立天下之正位，皆指此中中之一而言，亦即吾孔子一贯之道。此皆舜之所行，所以言舜之治内，亦先有为而后无为也。若治外不先有为，而妄言无为，则流为清静寂灭，坐至政乱国危，身败寿夭，为天下后世笑。历观好黄老、重道释，求神仙诸君，正坐此弊也。若治内不先有为，而侈谈无为，则终身求道，毕竟不知道为何物。历观世俗学道诸人至死不悟，正坐此弊也。学者博考载籍，知内外无为之治，皆先有为，庶几格致诚正修齐治平一以贯之矣。因孔子赞舜无为，颜渊称舜有为，特发明於此。舜生三十，征庸三十，在位五十载，陟方乃死。盖巡狩崩於苍梧之野，遂葬焉，享年一百有十岁。苍梧，山名，亦曰九疑，今道州宁远县。舜葬山阳，丹朱葬山阴，二妃葬君山。

子曰："巍巍乎，舜禹之有天下也而不与焉！"(泰伯第八之十八)

　　此赞舜禹有天下而不与也。大尧则天，复乎尚己。舜禹之有天下也，皆得自揖让。即位之后，至老死不倦於勤，何言乎其不与也？舜之勤政，由有为以至於无为，已於无为而治章。

详言之，禹之勤政先由崇伯作司空，平治水土，详载《禹贡》，地平天成，万世永赖，实有神功。及其受命於神宗也，惟时有苗弗率奉命，徂征方会，群后誓师，益以惟德动天，无远弗届。满招损，谦受益，时乃天道各等语赞於禹。禹遂班师振旅，舜乃诞敷文德，舞干羽於两阶。七旬，有苗格，是其至诚① 感神。禹实不异於舜，即舜禹不嗜杀人之心，与尧之其仁如天亦正相同。况禹克勤克俭，不矜不伐，复九州，铸九鼎，象百物使民知神奸，泣罪人使民重犯法，疏仪狄而绝旨酒，有典则以贻子孙，悬钟鼓磬铎鞀，以待四方之士。曰："教寡人以道者，击鼓；谕以义者，击钟；告以事者，振铎；语以忧者，击磬；有讼狱者，摇鞀。一馈而十起，一沐三握发，以劳天下之民。其会诸侯於涂山也，玉帛者万国，亦犹舜时之蛮夷率服，四夷来王也。是舜禹之为君，固无一日不以民心为己心者。特以递承尧命，允执厥中，虽均以身任天下之重，初无一毫利天下之心，故舜荐禹，禹复荐益，媲美尧帝，赓续揖让，故曰"有天下而不与焉。"禹年七十三岁受舜禅，即天子位，在位二十七年。因巡狩崩於会稽，遂葬焉，享年一百岁。

附：《万国考》节录拙著《万国公法释义》叙

或问曰：数始於一，衍於万。万者，十千之数也。国从口以象四方疆界之形，从或以谐声，亦兼会意。一说，国字中或字从域省，谓在大域中画一地为国也。《说文》邦也。今地球之上统分五洲，著名大国不过十余，有名小国不过数十，即合各国藩邦、属部、省部计之，亦不过千余已耳。乃曰万国，得毋名

---

① "诚"原作"诫"，据文意改。

实不符乎？曰：否。不然，称万国者正公法家粤稽古制，显存其名望各国，默考其实，动知足之心，戢狡启之志，如《春秋》之旨，微显志晦，发人深省也。考黄帝画野分州，得百里之国万区，命匠营国邑，置左右大监，监於万国，万国以和，此万国之名所由始也。禹会诸侯於涂山，执玉帛者万国，此万国之名所由著也。论者谓：黄帝披山通道，东至海，西至崆峒，南至江。北逐荤鬻。以今地與考之，东南以海江为限，西至崆峒不过肃州，北逐荤鬻不过宣化、保定，幅员具在安得有万区百里之国？禹之万国，亦史臣张大之词与黄帝时之万国皆不足据。不知《史记》黄帝立制度朝诸侯诸大事，莫不纪实，为后世法，何得竟於万国以无作有？即云代远难稽。孔子删书，断自唐虞，当信唐虞以后之史。则禹承唐虞之后，执玉帛之万国何至与黄帝时之万国同属张大之词？况万国咸宁，孔子《易·翼》亦称之。岂神圣如黄帝、大禹、孔子皆空言万国，而无可指证乎？亦足见后儒之识见拘墟，实属管窥蠡测，而不知天之高大海之深广也。考《神仙通鉴》载黄帝御殿，见一人集於庭，大言曰："臣西方白虎之神，奉王母命，以地图授帝。"端放於几而去。帝披览之，遂欲区画广野，命柏常、勾龙司其事，太常画野分州，得百里之国万区。命缙云、庸光匠营国邑，以恒先、大鸿为左右二大监，监於万国，以和其众，勾龙法帝之九军阵数，经土设井，以塞争端。又载：镆鉴事尧，通算数，勇若盘古，故使其量度地数。闻夸父之后有章亥、坚（原本作竖，《山海经》作竖，别本亦皆作竖）亥二子，健步亦善算，使之为助。二亥两足步数，右手把筭，左手指画。章亥步自东极，至於西陲，得二万八千里。坚亥自南极，步自北陲，得二万六千里。夏禹即位，四岁夏五月，镆鉴归都复命，帝封於徐州彭城，是曰大彭。六岁十月，传命东巡，大合诸侯於涂山（在寿春东北。今绍兴府境）时昆吾正盛，倡率西北二千余国来会，计数颁赏。得执玉帛来朝者万国。江之东南，尚有千余国不能渡江而来（按二江字当。系海字之讹）王命昆吾氏为西北之伯，得专征伐，钤束诸国。据此，则黄帝大禹时之万国，皆确有实据。但黄帝时之国，明载百里，谓方百里，即平方万里也。禹时之国，未定地方，则或如孟子所谓大国地方百里，次国地方七十里，小国地方五十里。殆未可知。且尧舜禹时章亥、坚亥健步善算，今中国推步之学称曰章步，亦曰亥步，即本於此。南北纵得二万六千里，东西横得二万八千里，相乘开方，得平方一里之地七垓二京八兆〇〇〇〇〇里（中法，十千曰万，十万曰亿，十亿曰兆，十兆曰京，十京曰垓，数以十进，故如此。一垓即一百兆也。若西法，万万曰亿，万亿曰兆，数以万进，则不同）。以方百里之国，每国平方万里除之，应得七万二千八百国。止言万国，尚余六垓二京八兆〇〇〇〇〇〇方里，当高山大川渊薮不毛之数。以今地球按之，则黄帝大禹时之万国，盖括今东半球亚欧非三洲之地十有七八，况昆吾所率之西北二千余国，安知非今欧非二洲之全境？东南阻水之千余国，安知非今濠美二洲之全境乎？则谓地球之上，自黄帝大禹而已通，亦非无稽。但就亥步纵横里数论之，则美洲当不在内。神灵首出，开物成务，功成不居，人所难测。彼黄帝之东至海、西至崆峒、北逐荤鬻、南至江，大禹之东渐於海、西被於流沙、朔南暨者，盖指其辖境疆界而言，岂足尽声教所讫来亨来王之远国乎！商周之世揖让易而征诛矣，画疆而治，不事远略，故《尔雅》殷制，其与图不及今日三分之一；《职方》周制，不及今日五分之三。辖境至小，其四方之毗连者则称夷戎蛮狄，以别之，又或统称夷以远之，甚或专称鬼方以奇之异之，均不过藉为内外之分，初非有贵贱之见存乎其间。而域外之大儒者，未尝无所闻知也。故记曰：西不尽流沙，南不尽衡山，东不尽东海，北不尽恒山，以浑括之。秦汉而还，规模渐大，考究亦详。《周髀》浑天旧有其制，地有四游常动，而人不知见。《尚书》考灵曜。晋之张华有天迴地游之说。有宋一代儒者多谈性理，不务实学。元明及今，竟以词章锢其聪明，偶语地动，反骇为异闻，转若今之西人一切实学，皆中国从古所未有者。窃以为除电学外，无一非中国旧有之学，但因朝廷不尚奇异，故西人得之，逐渐研究，精益求精，反使中国视为西人所创造，而不知其法多由东去也。即如万国之名，始自黄帝，是其一端。西人讲国际法者，其先皆名法学，曰万国公法。不过译行中国者仅惠顿之《万国公法》耳。於公法标以万国之名，殆欲各国猷考。古之大国，其实不过地方百里也，岂无意哉！因禹有天下，会涂山者万国，尧有天下，称协和者万邦。万邦即万国，亦即黄帝之万国以和。故节录此段，以供参考。

子曰："禹，吾无间然矣。菲饮食而致孝乎鬼神，恶衣服而致美乎黻冕，卑宫室而尽力乎沟洫。禹，吾无间然矣。"(泰伯第八之二十一)。

此赞禹无间然，举三端以概全体也。凡物相接之处曰间，如木器之缝是也。既有缝，即有罅隙可指，故曰间。然禹无纤微失德，故曰无间。下述三端，即数事以概全体，非谓无间之实，即尽此数事也。致孝鬼神，祭如在，祭神如神在也。致美黻冕，临之以庄，动容周旋中礼也。尽力沟洫，宣蓄水道，淫雨不至於涝，大旱不致於亢也。致於一己之饮食、衣服、宫室，则菲之、恶之、卑之，与齐民无异。菲谓不尚奇珍异味，恶谓不用锦绣绫縠，卑谓不建高楼大厦，均以洁净无污，足以卫生为宜。所谓有天下而不与也。黻系黼黻之黻，文如两己相背画於衣，非蔽膝也。蔽膝之韨，当作韨。

　　窃考唐尧以前，首出御世之君，若盘古、三皇、有巢、燧人，皆神明不可测度，故能开物成务。然文字未兴，书缺有间矣。且在循蜚、因提二纪之时，搢绅先生难言之。自伏羲画八卦，造书契，文明始启。其时水潦不疏，阴凝阳闷，人郁於内，脉理滞著，而多肿疾。阴康乃制舞教人，和其关节，此为体操之源，后世法焉。共工旋即作乱，振滔洪水以祸天下，赖有女娲灭而诛之。神农氏作，夙沙复叛（神农传八世而亡）。黄帝继起，蚩尤称兵。二帝神武，祸乱以平，北禅通世纪时代，制作益形美备。由黄帝以迄于周，名曰疏仡纪，专讲仁义道德之用，所谓疏以知远，仡以审断也。黄帝卒，子玄器立，曰少昊金天氏，有九黎之乱。少昊卒，子高阳立，曰颛顼。高阳氏因九黎乱德，神民杂揉，於是命南正北正绝地通天，无相侵渎，洵非易事。少昊卒，孙帝喾立，在位七十年，幸无兵革，而子挚嗣位，荒淫无度，诸侯废之，尊尧为天子，是为人君废立之始。尧举舜摄事，让位为选举之始，亦为揖让之始。舜让禹，禹让益，亦帝尧选举揖让之意也。

　　益因禹崩，让位於启，天下朝觐，讼狱讴歌者竞不之益，而之启。即位后，遂大战於甘。以后世及，必至子孙。无道之极，演革命流血之惨，计正统、偏安、割据共历数十姓，至清初极矣。

　　综观唐尧以前揖让未兴，夏启以后选举复废，每至战征叛戮，生民涂炭，诚可伤也。

　　惟尧舜禹三君揖让而治，毫无利天下之心，选举至公，断无树党羽之弊。计尧在位七十载；舜摄位二十八载，尧崩三年，丧毕，在位五十载；禹在位二十七载。共一百七十七年中，干戈永息，人民乂安，诚开辟以来绝无仅有之盛世。故夫子皆赞叹不置而删书，以唐虞为断。又谓泰伯、文王皆为至德，则以天下为公器，当由众共戴。元后以为治不当由一人一家私为己有，专制残暴，其意已显。观於谓武①未尽善也。又吾观周道幽厉伤之，又鲁之郊禘非礼也。又殷因於夏礼，周因於殷礼，损益可知。又夏殷之礼吾能言，杞宋不足征。又一言兴邦丧邦之对，其於商汤周武未有如赞尧舜禹之一词者，殆以夏商之未季无道已极。虽於《易》称汤武革命为顺乎天而应乎人，然得自征诛，不免有伤人道。且沿夏世及，竟以天下为家，故吾夫子生当周代不禁缅尧舜禹而神往心倾也。至孟子，闻诛一夫纣矣，未闻弑君也。又君之视臣如土芥，则臣视君如寇仇，又反覆之而不听则易位。又民为贵，社稷次之，君为轻等语，方将孔子之意阐发无遗。近世民主之说风行，全球已成之大国，先美，次法，次中华，皆吾孔孟之学说倡於前也。果吾华人将孔孟治世之道见之载籍者，分门别类编纂成书，普及教育，实事求是，何患国之不治，天下之不平哉！至於艺成而下之各种科学，吾华早因奇技淫巧之厉禁，愚弄吾民使民智不能发达。则当以西学为圭臬。精益求精，数十年后，或者不但可以媲美乎？

子曰："泰伯，其可谓至德也已矣。三以天下让，民无得而焉。"（泰伯第八之一）

　　此表泰伯让天下之隐德也。按周太王娶太姜生泰伯、仲雍、季历三子。季历娶太任，生子昌，有圣德。泰伯知其必能

---

① 以上两句疑有误字。

化国为天下,而己为长子当立,则昌得位不易。且太王以泰伯无子,有立季传昌之意,曾有我世当兴者其在昌乎之言。於是,与仲雍因太王病时,托言采药於荆蛮,而不反及身,让国於季历,再让於昌。昌乃三分天下有其二,以服事殷。至三世及於武王,遂应天顺人,以有天下。故曰三以天下让,不然当时西伯系侯封之国,不能云让天下也。《史记正义》江熙云:太王薨而季历立,一让也;季历薨而文王立,二让也;文王薨武王立,遂有天下,三让也。其说与上相合。皇侃《义疏》以为范宁之言是。范与江同一说也,当从之。《正义》又释云:"太王病,托采药,生不事之以礼,一让也;太王梦,而不反,使季历主丧,死不葬之以礼,二让也;断发文身,示不可用,使季历主祭礼,不祭之以礼,三让也。"《义疏》引范宁之第二说,亦与此同,然主於让季历一人,虽分三事,而於天下字无着,不如前说为得。且让以生事葬祭三事,似泰伯反於孝道有亏,故不取。缪协曰:泰伯三让之所为者季历、文、武三人,而王道成是也。是亦同前说也。及武王伐殷人,但知周有天下成之武王,而不知实由三世之前有泰伯之让,故曰民无得而称焉。或曰:种雍同泰伯入荆蛮者也,何以不言其让。曰:泰伯居长当传国,仲雍即不与同逃,亦例不当立,且太王意不在雍,不言其让。

　　考泰伯奔荆蛮之后,人皆义之,从者甚众,因立为吴。泰伯号曰勾吴,於是楚越之界向称荆雍者,乃有勾吴之后。勾者发声语,犹越言於越也。泰伯卒,葬吴县北梅里聚,去城十里。泰伯无子,弟仲雍立。仲雍卒,葬常熟县西海虞山上,与言偃并列。自泰伯作吴五世而武王克殷,封其后为二:其一在安邑南,虞仲居之,曰虞城;其一即吴,今苏州城也。十二世而晋灭虞,虞灭二世而吴兴,从泰伯至吴王寿梦十九世。楚大夫申公巫臣怨，楚将子反而奔晋。自晋使吴，通吴於晋，教吴用兵叛楚，令其子狐庸为吴行人。吴於是始通於中国。寿梦有子四人：长曰诸樊，次曰余祭，次曰余眛，次曰季札。季札贤，寿梦欲立之，季札让，不可，乃立诸樊。诸樊既除丧，让位季札，季札援曹子臧去曹奔宋之义以辞，吴人固立之，季札乃弃其室而耕。诸樊卒，遗命授国余祭，以次传於季札而止，以称先王寿梦之意，且嘉季札之义，封季札於延陵，号延陵季子。后余祭卒，弟余眛立。余眛卒，欲授弟季札，季札仍让而逃去。鲁襄公二十九年，吴王馀祭四年，使季札聘於鲁，请观周乐，为歌《周南》、《召南》、《邶》、《鄘》、《卫》、《王》、《郑》、《齐》、《豳》、《秦》、《魏》均有美哉之叹。歌唐叹曰思深，歌陈叹曰国无人，自以下无讥焉。为歌小雅叹周德之衰。为歌大雅，颂文王之德。为之歌颂赞盛德之所同，见舞文王之乐《象箾》、《南籥》者曰：美哉，犹有憾。见舞武王之乐大武者曰：美哉，周之盛也，其若此乎。见舞汤乐《韶濩》者曰：圣人之弘也，犹有惭德，圣人之难也。见舞禹乐《大夏》者曰：美哉，勤而不德，非禹其谁能及之！见舞舜乐《韶濩》者曰：德至矣哉，大矣！如天之无不焘也，如地之无不载也，虽甚盛德，无以加矣，观止矣。按：季札以让国之天性，观歌舞於鲁邦，独於舜、禹、文王赞扬极至者，亦吾夫子赞尧舜禹大哉巍巍，吾无间然，并赞文王为至德。及此章赞泰伯为至德之意，皆以有让德无争心，不以天下为己私计也。寿梦四子，以次相传，季札终让，是千古所仅见者，是皆泰伯之至德有以致之也。

子张问，"十世可知也？"子曰："殷因於夏礼，所损益，可知也；周因於殷礼，所损益，可知也。其或继周者，虽百世，可知也。"（为政第二之二十三）

此子张欲知来，夫子举既往以明之。意谓礼教之防百世不改，其所损益，则因时制宜，因地制宜。然亦不能出乎礼教之外，虽百世可知，不但十世也。按：孔子於尧舜禹尝深赞之，盖以揖让而治，专以化民爱民为务，毫无利天下之心，故赞叹景仰，以为万世之法。此乃举殷周者，则以汤武革命不过革除弊政，实以救民为心，而於礼教则因沿不改，其所斟酌损益者，无非维持礼教，以为世道人心之大防也。若革命而废礼教，未有不致乱而速亡者。旷观古今中外，可以知矣。按：礼教之防，如纲常伦理，凡属天经地义，为人人良知良能所不容昧者，皆是也。此万世所当因也。至於所损所益，则各因其时，各因其地，总以能得民心为宜。不可拘泥而不通因时者，如去岁之历书不可以察今年之节气。因地者，如南人之纱葛不可以变北方之皮毡。今各国以成文法、习惯法定为公法，深合此旨。谨录拙著《公法源流图说》以明之。子张，孔子弟子，姓颛孙，名师，陈人，少孔子四十八岁。

公法源流图

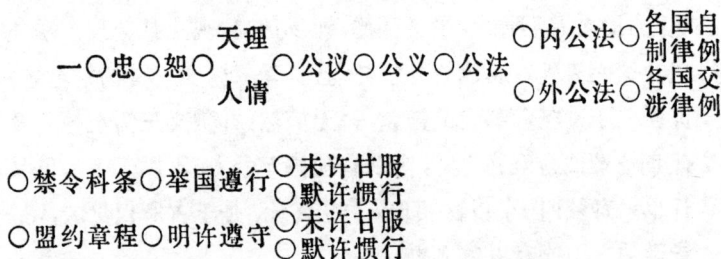

公法源流说

如图由公法等而上之，必合乎公义，方可为法於天下。义者，事之宜也。公义，必由圣君、贤相、达人、明师秉公议定。议者，言之合乎义者也。公议，度之天理，揆之人情，合者则议而行之，不合者则议而弃之，其议乃合乎义而可定为法。夫揆情度理莫要於己所不欲，勿施於人。即以己之心度人之心，又以人之心比己之心，所谓知心为恕也。欲明恕道，先求忠心。人之心在身之中，人之神在心之中，性命皆托於此焉。何以言之？人受天地之中以生，所谓命也。命禀生初之气，阴阳合德，形质以具，所谓身体发肤受之父母，不敢毁伤者也。故必孝养父母，以为百行之原，以为为仁之本。又推父母所自出而及於祖宗，以报其本。又推神人之有功德於民者，隆其祀典，以报其功。此命中事也。命中有性焉，至虚至灵，为物不贰，未生之前与天合而为一，既生之后分天之一而居於吾心之中，大莫能载，小莫能破，放之则弥六合，卷之则退藏於密，所谓一也，一即道也。凡人能於无事时无思无为，使此心寂然不动，及有事时，操存此心，感而遂通，事事准乎天理人情之至，自然天与休命，人归荣名。《易》曰：君子黄中通理，正位居体，美在其中，而畅於四肢，发於事业，美之至也。《书》曰：德惟一，动罔不吉，皆谓此也。其实不过忠为体，而恕为用耳。孔子曰：吾道一以贯之。曾子曰：夫子之道，忠恕而已矣。樊迟问知，子曰：务民之义，敬鬼神而远之，可谓知矣。若不本忠恕，不务民义，则孽由自作，虽日求神佑，神方震怒之不暇，故曰获罪於天，无所祷也。此性中事也，此公法之源也。由公法等而下之，分行於国内，曰内公法。若各国自制之律例，各有禁令科条，凡国内臣民均当遵行。亦有为他国人所未许，而甘服默许而惯行者。分行於国外，曰外公法。若各国交涉条例、盟约、章程，各国既经明许，必当遵行。亦有为局外之国所未许而甘服默许而惯行者，此公法之流也。试再以公法律例释义明之。

公法律例释义

（法制禁令科条盟约章程附，节录拙著《万国公法释义》卷首）

　　《说苑》太公曰：贤君之治国，不以私善害公法。《韩非子》：古者世治之民，奉公法，废私术。此公法之名之最早者。美国博士冠西丁君雎良《中国古世公法论略》中日升於东，及於西之喻，洵为确论。又谓春秋列国交际之道，即中国古世公法，亦属定评。其所著《万国公法》，亦名《万国律例》。无论国势大小，必有制定律例，以为疆内之法制禁令，而其国乃得治安。若无法制禁令，则虽地广人多，只谓野人，不得谓国。今亚非美澳四洲及各海岛，尚多有之。惟欧洲早皆服化，无此种人。查律例，系中国字。人主君一国统万民一切政事总须称物平施立一定之法，成一国之制。有严刑峻罚而不准行者曰禁，有范围曲成而必使行者曰令，法制禁令之以类相从者曰科。科，等地。其分类细目，则曰条，谓有条不紊也。统法制禁令科条之纲言之，则曰律。律之本义，候气之管也。管有十二，其气则始於黄钟之宫。《前汉·律历志》：宫，中也，居中央，畅四方。倡，始施声，为四声纲。《史记·乐书》：宫，土音，声出於脾，合口而通之，其性迟，而居中。注：宫为君主之义，当其为宫，五声皆备。按：黄钟，子律也。古法殿中候气用玉律以葭灰。按：律管之机，冬至子半阳气初至，葭灰自飞，是为黄钟之宫，是为律本。《后汉书·律历志》载：管为律吹以考声列，以物气道之本也。《唐书·礼乐志》：始求声者以律，而造律者以黍，自一黍之广积而为分寸，一黍之多积而为龠，合一黍之重积而为铢两，此造律之本也。《史记·律书》：王者制事立法物度轨则一禀於六律，六律为万事根本焉。《尔雅·释诂》：律，法也，又常也。注谓常法也。《正韵》：律吕，万法所出，故法令谓之律。《管子·七主七臣篇》：律者，所以定分止争也。《释名》：累也，累人心使不得放肆也。《急就篇·律令文》注：律之言率也，制法以率下也。然则律例之律，实源於律吕之律，可概见矣。何以言之？盖当黄钟之宫，其时万物未生，一阳初动，君子於此内省不疚。不知此心在身中，不足言内省。若有一事在心中，不足言不疚。自知上天之载无声无臭，自知天地之道为物不贰，生物不测，精一执中者，执此中也。此中之精灵不昧者，是即人之良心。儒释道三教之所谓性者皆此。天主耶稣回回教之所谓独一真宰者，亦即指此。此即孔子所谓忠，即中心也。本此中心，立为法制、禁令、科条自合乎天理之当然，人心之同然，故曰律。至於例者，类也，比也，拟也。天下之事，万有不齐，律所无者，或依类相求，或以彼比此，或以大概小，概平斗斛木也。有不平者，引他事以概之，使平也。盟者，口出誓言。质诸神明，以坚其信也。约者，彼此相商相许，以要约其事也。章程者，立为定章，以作程式也。总之，制律不外一忠字，法制、禁令、科条、盟约、章程不外一恕字。天下万国无论君民官商，无事时能养此心於至中之地，不偏不倚，有事时能知人心如我心之理推己及人，则违道不远，天下永享昇平矣，何至战争哉！以上图说释义三条，为因革损益之定理，故节录之。

子曰："夏礼，吾能言之，杞不足征也；殷礼，吾能言之，宋不足征也。文献不足故也。足，则吾能征之矣。"（八佾第三之九）

　　此言於夏殷之礼，虽能言之，然杞宋文献无征，无征不信，徒言无益。概二国之式微，二代之礼亦仅托之空言耳。

子曰："周监於二代，郁郁乎文哉！吾从周。"（八佾第三之十四）

夏尚忠，殷尚质，周监二代，损益大备，独以文著。故夫子赞而从之，亦遵守时王法制之意也。

子谓韶"尽美矣，又尽善也。"谓武"尽美矣，未尽善也。"（八佾第三之二十五）

此夫子评舜武之乐也。舜揖让而治，以天下为公。武征诛而得，以天下为家。是以乐皆尽美，而其感於物，而形於声音者，有尽善未尽善之异。盖声音之道与政通矣。

子曰："师挚之始《关雎》之乱，洋洋乎盈耳哉！"（泰伯第八之十五）

夫子自卫反鲁而正乐，适师挚在官之初，故乐至《关雎》之乱。

子曰："吾自卫反鲁，然后乐正，雅颂各得其所。"（子罕第九之十五）

鲁哀公十一年冬，孔子自卫反鲁而正乐，故雅颂各得其所。盖参考於苌弘、师襄、老聃、彭祖者久也。

子曰："如有王者，必世而后仁。"（子路第十三之十二）

三十年为一世，王者受命必世后仁。盖万端待理，王道无近功也。《说苑·杂言》：孔子曰：鞭扑之子不从父之教，刑戮之民不从君之政。官疾之难行，故君子不急断不意使，以为乱源。

孔子曰："天下有道，则礼乐征伐自天子出；天下无道，则礼乐征伐自诸侯出。自诸侯出，盖十世希不失矣；自大夫出，五世希不失矣；陪臣执国命，三世希不失矣。天下有道，则政不在大夫。天下有道，则庶人不议。"（季氏第十六之二）

此章直论政权必统於一方，保治安而为有道之世。若大权旁落，以次而降，未有不败亡者。末二节言天下有道，则好恶同民，上下一体，大夫不得专政於朝，庶人不必私议於野，盖下情无不上达，上泽无不下施，故有此现象。否则权奸柄政，万众离心，国必再造矣。为民上者，可不务得民心而统一政权哉。

子曰："禄之去公室五世矣，政逮於大夫四世矣，故夫三桓之子孙微矣。"（季氏第十六之三）

考鲁自文公薨，公子遂杀子赤而立宣公，禄去公室，历成、襄、昭、定凡五世。自季武子专国政，历悼、平、桓子凡四世，而为家臣阳虎所执。三桓谓仲孙、叔孙、季孙，皆桓公所出，后仲孙氏改称孟孙氏，至哀公时皆衰。记此以实前章自大夫出之说也。按：鲁自定公五年，阳虎囚桓子，专国政，是陪臣执国命，至哀公已历二世，不久亦当运终。圣人之言真天口哉。

子曰："凤鸟不至，河不出图，吾已矣夫！"（子罕第九之九）

天下有道，凤鸟至，河图出。夫子谓今不见而叹，吾已伤大道之难行，思欲删订赞修，以垂教於万世也。

子曰："射不主皮，为力不同科，古之道也。"（八佾第三之十六）

《集解》曰：射有五善：一曰和志，体和也；二曰和容，有容仪也；三曰主皮，能中质也；四曰和颂，合雅颂也；五曰兴武，与舞同也。是射不专以中皮为善也。为力力役之事，设有上中下三科，故曰不同科。此分为二事，为读平声。朱注：古者射以观德，但主於中，不主於贯革，盖以人之力有强弱不同等也，为读去声。夫子叹为古之道，盖伤当时无此制也。

子曰："吾犹及史之阙文也。有马者借人乘之，今亡矣夫！"（卫灵公第十五之二十六）

此言世风之日下也。

子曰："觚不觚，觚哉！觚哉！"（雍也第六之二十五）

觚，酒器之有棱者，受二升，一人饮，不得过二升，故曰觚。此云不觚者，当时失其形制也。觚哉觚哉，叹其不得为觚也，以喻凡人各有当循之分，即各有当尽之职。若人不各循其分，各尽其职，则是人而不人，尚得谓之人哉！尚得谓之人哉！

子曰："古者民有三疾，今也或是之亡也。古之狂也肆，今之狂也荡；古之矜也廉，今之矜也忿戾；古之愚也直，今之愚也诈而已矣。"（阳货第十七之十六）

此言世风日下，即民之三疾，今亦不古若也。

子曰："夷狄之有君，不如诸夏之亡也。"（八佾第三之五）

此有二说：一谓夷狄虽有君长，不及诸夏之无君，礼义不至尽灭，藉以伤时之乱也；一说夷狄尚有君长，不似诸夏之无君，竟无上下之分也。蛮戎夷狄系中华古时分指四境之外地而言，非有轻贱之意存乎其间。观孟子称舜为东夷之人，文王为西夷之人可知。亦如各国称中华人有称汉人、唐人、契丹、即俄国乞台子之本音。支那者，皆由其国指中华而言，并无关乎轻重也。近人有斥夷狄等字不合者，殊昧此义。

子曰："道不行，乘桴浮於海。从我者，其由与？"子路闻之喜。

子曰："由也好勇过我，无所取材。"（公冶长第五之七）

此因道不行，而有浮海之叹。子路喜，以为真。夫子谓其好勇过我，戏言其无所取此桴材也。若谓讥子路不能裁度事理，则材当作不知。所以裁之之裁，不当作材。子路，孔子弟子，姓仲名由，卞人，少孔子九岁。

子欲居九夷。或曰："陋，如之何？"子曰："君子居之，何陋之有？"（子罕第九之四）

此圣人伤道之不行，意欲避世也。或疑九夷俗陋，如何可居？夫子谓君子所居则化，何陋之有！或云东方之夷有称君子国者，故夫子云"君子居之何陋之有"，亦通。按：所称君子国，当指箕子之封地而言。

尧曰："咨！尔舜！天之历数在尔躬，允执厥① 中。四海困穷，天禄永终。"舜亦以命禹，曰："予小子履敢用玄牡，敢昭告於皇、皇后帝：有罪不敢赦。帝臣不蔽，简在帝心。朕躬有罪，无以万方；万方有罪，罪在朕躬。"周有大赉，善人是富。"虽有周亲，不如仁人。百姓有过，在予一人。"谨权量，审法度，修废官，四方之政行焉。兴灭国，继绝世，举逸民，天下之民归心焉。所重：民、食、丧、祭。宽则得众，信则民任焉，敏则有功，公则说。（尧曰第二十之一）

此纪二帝三王治世之道也。《论语》以此终篇，所以明治统也。原篇下接子张问政夫子，告以尊五美，屏四恶，殆以明吾夫子所以承治统者。原篇末章末节，不知言无以知人，殆谓不知《论语》所记圣人之言，则无以知圣人之为人，见圣人之言可为万世法也。

卷四：论　政

事机纷乘，万有千变。人心不同，各如其面。纳民轨物，赖有范围。法制禁令，殊途同归。纂论政。

子曰："为政以德，譬如北辰居其所，而众星共之。"（为政第二之一）

按：为政以德，有内圣、外王之分，内圣者以德为一身之政，则天君泰然，百体从令，无夭札疵疠之苦；外王者以德为一国之政，则万众归附，如水就下，无分崩离析之患。故曰"譬如北辰居其所，而众星共之"。

子曰："道之以政，齐之以刑，民免而无耻；道之以德，齐之以礼，有耻且格。"（为政第二之三）

---

① "厥"原误作"其"。

此言政刑固治民者所不可废，然免而无耻，不若道以德、齐以礼者之使民有耻且格也。《尚书大传》孔子曰：古之刑者省之，今之刑者繁之。其教，古者有礼，然后有刑，是以刑省也；今也反是，无礼而齐之以刑，是以繁也。又：子曰吴越之俗，男女同川而浴，其刑重而不胜，由无礼也。中国之教，内外有分，男女不同，椸枷不同巾栉，其刑重而胜，由有礼也。语曰：夏后不杀不刑罚，有罪而民不轻犯，死罚二千锾，谓死罪罚二千锾也。"锾"音诠，《说文》：所以钩门户枢也。《尚书·吕刑》：墨辟疑赦，罚百锾，宫辟疑赦罚六百锾；大辟疑赦，罚千锾。孔注：六两曰锾。锾，黄铁也。黄铁，今之铜也。

子曰："道千乘之国，敬事而信，节用而爱人，使民以时。"（学而第一之五）

此言敬、信、节爱、使时，为道国必要之五大纲也。纲举目张，万事具举，国无不治矣。

子曰："善人为邦百年，亦可以胜残去杀矣。诚哉是言也！"（子路第十三之十一）

古有善人为邦二语，夫子深信其言，盖谓善人久道化成，可以以化残暴为善良，去刑杀而不用，以保全人道也。

季康子问政于孔子曰："如杀无道，以就有道，何如？"孔子对曰："子为政，焉用杀？子欲善而民善矣，君子之德风，小人之德草。草上之风，必偃。"（颜渊第十二之十九）

康子欲用刑杀，意在除暴以安良，孔子谓为政不在用杀，但能以善化民，则民自向善，而刑杀可除。如风行草偃，自然感召，其所以尊重人道，保全民命者至矣。尧舜禹揖让而治，刑措不用，杀伐不开，实中华历史之超前绝后者，宜我夫子祖述其道，以为万世之准绳也。观此对更明。《说苑·政理》：孔子见季康子，康子未说。孔子又见之。宰予曰："吾闻之夫子曰：王公不聘不动，今吾子之见司寇也，少数矣。"孔子曰："鲁国以众相陵，以兵相暴之日久矣。有司不治，聘我者其孰大乎？"于是鲁人闻之，曰："圣人将治，可不先自为刑罚乎？"自是之后，国无争者。孔子谓弟子曰："违山十里，蟪蛄之声犹尚存耳，政事无如腐之矣。《续博物志》十：末二句犹在于耳，政事恶评而善。肃古微书引《诗》含神雾孔子歌云："违山十里，蟪蛄之声，尚犹在耳，政尚静而恶评也。"

子曰："善人教民七年，亦可以即戎矣。"（子路第十三之二十九）

　　教民七年可以即戎，则孝弟忠信之行，务农讲武之要，坐作击刺之法，奇正变化之妙，纵擒进退之节，侦察防御之道，善人必进国民伸徹而训练之，以之靖内乱御外侮，无难矣。岂尚有争地以战，杀人盈野，争城以战，杀人盈城之惨哉！安得长民者，多用此善人哉。

子曰："以不教民战，是谓弃之。"（子路第十三之三十）

　　此承上章善人教民七年可以即戎，言不仁之人聚乌合之民，使之战斗，是残民以逞，自弃其民，罪不容于诛者也。按《道德》云：兵者，不祥之器，非君子之器，不得已而用之。恬淡为上胜而不美，而美之者是乐杀人。夫乐杀人者，不可得志于天下矣。盖谓不得已而用兵，战而得胜，杀人众多，当悲哀涕泣以丧礼处之，不可反以为美。若以战胜为美，是乐于杀人，断难得志于天下也。又云：夫慈以战则胜，以守则固，天将救之，以慈卫之。盖谓仁者无敌，万众一心，故以战则胜，以守则固，纵或偶有挫衄，则皇天惟德是辅，必将救之。故有国者当守位以仁，不可残暴以干天怒，转以自促其亡也。又云：以道佐人主者，不以兵强天下，其事好还。师之所处，荆棘生焉，大军之后，必有凶年。盖谓天道好还，若以强兵制胜，则所到之处民多死亡逃散，荆棘丛生，灾害相寻，损失之数必较战胜所得之数相去倍蓰。故必有凶年，以为凶报。且自来善战嗜杀者，莫不身受显戮，其恶果有非意想所能及者。战事顾可轻言哉！故以善人教民，人人皆可即戎，实能不战而屈人之兵，是为上策。法在举全国之民，教以战法军律使之深明国耻，各有同仇敌忾之心。果有内乱外侮，只以杀敌为务，决不伤害平民。近世尤须教以战时国际公法，庶足为制胜之师。若不教而使之战，不但弃此赴战之民，且弃地弃国相因而至，皆于此阶之厉也。

夫彼此争胜谓之战。兵战之惨，尽人皆知，此有形之战也。乃有无形之战，比兵战尤觉更惨者，则近数世纪之商战、工战是也。自教王分东西两球，为教权可及之地，派人四出，以兴教为前茅，以通商为中权，以兵旅为后劲，于是地球大通，而各国商战之风炽矣。商战既兴，工战继起，先进文明各国各因教师于居留地方，探悉土人缺少何物，喜用何物，并可以何等物件投其嗜好，报告本国，各立工厂，制造输出，随将各地堪供制造之物品，贱价购回，重值转售。彼野蛮无教之地及民智不开之国，一切人民利用输入之物，趋之若鹜，而本地之金钱出产，被外商日朘月削。如贪色者爱美女之娇容华饰，日供使御，以悦其心，不觉精竭髓枯，死期将至。彼长于工战、商战之国，以此夺人之地，亡人之国，即以灭其地其国之种族者，盖更仆难数矣。吾国从前亦深受此病，今值共和告成，为民生计，兵战固当详教，商战、工战亦不可以不教。若以吾华不教之工商，与长于商战、工战之先进各国争胜，于天演竞争时代，是亦以不教民战，是谓弃之也。

窃以吾华人口号四百兆，大约男丁居二百兆。兵战之法，固宜人人通知。若商工之战，不过十分之二。长居军界政界及营业谋生者，不过十分之一。又老弱约十分之二。共除一百兆，尚余男丁一百兆，女丁二百兆，当以农战制胜。美洲开辟才数百年，遂以农致富，由富致强，此世界各国所公认者。吾国自后稷教稼，已数千年，本以农立国者也。今境内富庶之区苦于人满，而蒙、藏、东三省及苗獠土司之地尚苦土满，若皆教以农事，如树艺百谷，种植果木，蓄养森林，开采矿务，牧放牲畜，以及渔业、□业、航业、织业、刺绣女工皆农家事也。若留学各志士，学成归来，各以其所学教化本乡人民，普兴农事，务使一乡之中人人皆能谋生，无一游民，庶几生众食寡为疾用舒，民可以富，国可以强。与各国以农战制胜，是诚今日之急务也。不然，是仍弃其民，即弃其地，驯弃其国矣，可不惧哉！

卫灵公问陈于孔子。孔子对曰：“俎豆之事，则尝闻之矣；军旅之事，未尝学也。”明日遂行。（卫灵公第十五之一）

《史记》：哀公初年，孔子去卫适晋不果，不果，复反乎卫，主蘧伯玉家。灵公问陈，孔子以其忘礼教而重武功，故对以尝闻豆之事，以启其问未学军旅之事，以遏其情。灵公不再问。明日，舆孔子语，见蜚鸿，仰视之，色不在孔子。孔子遂行。《集注》以此节合在陈绝粮二节为一章，《集解》分此节为一章，在陈二节又为一章，今后之。

子之武城，闻弦歌之声。夫子莞尔而笑，曰：“割鸡焉用牛刀？”子游对曰：“昔者偃也闻诸夫子曰：‘君子学道则爱人，小人学道则易使也。’”子曰：“二三子！偃之言是也。前言戏之耳。”（阳货第十七之四）

子游姓言，名偃，吴人，少孔子四十五岁，仕鲁为武城宰。邑有弦歌之声，是必为宰者先为兴养，继为立教，灾厉不作盗，贼不兴，物阜民安，而后家弦户诵。夫子莞尔而笑，盖喜其道之能行，而又惜其仅见于武城，故曰“割鸡焉用牛刀。”及子游述所闻以对,夫子顾二三子,谓其言是,而以前言为戏,所以嘉子游,即以勉二三子也。安得邑宰,尽如子游哉!

子游为武城宰。子曰:"女得人焉尔乎?"曰:"有澹台灭明者,行不由径,非公事,未尝至于偃之室也。"(雍也第六之十四)

此见为宰当亲正人也。《史记》:澹台灭明,字子羽,武城人,少孔子三十九岁。状貌甚恶,欲事孔子,孔子以为材薄。既已受业,退而修行,南游至江,弟子三百人。设取予去就,名施乎诸侯。孔子闻之,曰:"吾以言取人,失之宰予;以貌取人,失之子羽。"按:子游此对,当在子羽初受业时也。《正义》:澹台子羽,墓在兖州府邹城县。

子言卫灵公之无道也。康子曰:"夫如是,奚而不丧?"孔子曰:"仲叔圉治宾客,祝鮀治宗庙,王孙贾治军旅。夫如是,其丧?"(宪问第十四之十九)

此言卫灵公知人善任,故身虽无道,尚可以不丧邦也。甚矣,贤材之有益人国也!又按:《家语》哀公问孔子当今之君,孰为贤?孔子以灵公对。公曰:"吾闻其闺门之内无别,而子次之贤,何也?"孔子曰:"臣谓其朝廷行事,不论其私家之际也。"灵公之弟曰:"公子渠牟其智足以治千乘,其信足以守之,灵公爱而任之。又有士国林者,见贤必进之,而退与分其禄,是以灵公无游放之士,灵公贤而尊之。又有士曰:'庆足者国有大事则必起而治之,国无事则退而容贤,灵公悦而敬之。'又有大夫史鳅以道去卫,而灵公郊舍三日,必待史鳅之入,而后敢入。臣以此取之,不亦可乎?"然则灵公之知人善任,固不独仲叔圉三人已也。独惜其定公十四年,孔子去鲁适卫,灵公奉粟六万。《正义》:六万,小斗,计当今二千石也。无何,听谮言,使公孙余以兵仗胁之,致令去卫。旋反,又因南子去卫。后由蒲适卫，灵公郊迎，善孔子伐蒲之对，而不果行。灵公老，怠于政，而不用，致孔子有用我之叹，击磬之举。适晋，不果，仍反乎卫。灵公问陈，孔子答以未学。明日，与语，乃仰视蜚鸿，孔子遂行，而灵公即卒。是孔子四次至卫，灵公深知孔子之道大，孔子亦知灵公之知人，而卒不得假手有为者，盖封人所谓天将以夫子为木铎，不使之得位以行其道也。信哉！

子曰："为命，裨谌草创之，世叔讨论之，行人子羽修饰之，东里子产润色之。"（宪问第十四之九）

此言郑之为命，得此四贤，故国小而存，鲜有失败也。讲外交者，可以鉴矣。

曾子有疾，孟敬子问之。曾子言曰："鸟之将死，其鸣也哀，人之将死，其言也善。君子所贵乎道者三：动容貌，斯远暴慢矣；正颜色，斯近信矣；出辞气，斯远鄙倍矣。笾豆之事，则有司存。"（泰伯第八之四）

敬子问疾，曾子先以将死言善动之，然后告以三事。盖容貌、颜色、辞气，皆君子正身之道，所谓修己以敬，可以安人，安百姓者也。若夫笾豆之事，则有司主之，勿庸君子逐节为之以全政体，可也。

子夏曰："君子信而后劳其民；未信，则以为厉己也。信而后谏；未信，则以为谤己也。"（子张第十九之十）

此言君子之使下事上，皆以信为本，故能诚意交孚也。

季康子问政于孔子。孔子对曰："政者，正也。子帅以正，孰敢不正？"（颜渊第十二之十七）

上行下效，为政者皆当知此。

子曰："苟正其身矣，于从政乎何有？不能正其身，如正人何？"（子路第十三之十三）

此言从政者，当自正其身也。

子曰："其身正，不令而行；其身不正，虽令不从。"（子路第十三之六）

此责行政者当自正其身也。

季康子患盗，问于孔子。孔子对曰："苟子之不欲，虽赏之不窃。"（颜渊第十二之十八）

权奸窃弄国柄，巧取民财，比大盗更甚，是以民穷财尽，群起为盗。若为政者廉而不贪，以取之于民者用之于民，凡财用之出入，岁终则令群吏正岁会，月终则令正月要，旬终则令正日成，而以考其治。治不以时举者，以告而诛之。而尤于岁终将岁会宣布，使民周知，如象魏悬法者然。此本周礼，即现时之所谓预算决算者是。如此则民知出入无私，不但赏之不窃，且群知急公好义，而乐于输将矣。按：盗从次，次即涎字，从皿，谓见人器皿，贪心动而口出涎者为盗。穿□亦曰盗。今则以杀人越货者为盗，而名穿窬曰窃，其实皆贼也。贼从贝，从戎，谓见人之贝，思以兵戎取之，实贼害人者也。

子曰："知及之，仁不能守之；虽得之，必失之。知及之，仁能守之。不庄以莅之，则民不敬。知及之，仁能守之，庄以莅之，动之不以礼，未善也。"（卫灵公第十五之三十二）

此言居官临民者，必智足以周知民隐，仁足以保守官位，庄足以肃民观瞻，礼足以为民范围，方为善于临民也。倘予智雄，而不仁、不庄、不以礼，鲜有不败者，此官箴也。

子曰："上好礼，则民易使也。"（宪问第十四之四十一）

此言安上治民，莫善于礼也。《说苑指武》：鲁哀公问于仲尼曰："吾欲小则守，大则攻其道若何？"仲尼曰："若朝廷以礼，上下有亲，民之众皆君之畜也，君将谁攻？若朝廷无礼，礼，上下无亲，民之众皆君之仇也，君将谁与守？"

季康子问："使民敬、忠以劝，如之何？"子曰："临之以庄，则敬；孝慈，则忠；举善而教不能，则劝。"（为政第二之二十）

此言长民者能本身作则，帅之以正，则风行草偃，敬忠以劝，如响斯应，不待于使也。

樊迟请学稼。子曰："吾不如老农。"请学为圃。曰："吾不如老圃。"樊迟出。子曰："小人哉，樊须也！上好礼，则民莫敢不敬；上好义，则民莫敢不服；上好信，则民莫敢不用情。夫如是则四方之民襁负其子而至矣，焉用稼？"（子路第十三之四）

樊迟稼圃之问，夫子皆以正告之。盖学稼必从老农，学圃必从老圃，方有实验，而不负所学也。观迟出，夫子之言，知当日民生困苦，谋食惟艰，樊迟故请学稼，以为民倡，使民各归业。故闻老农之示，又请学圃，均为急谋民食起见。夫子以敬服用情，由于好礼、好义、好信，四则方之民襁负而至，不必用稼以召之。盖大人劳心，治人之事不必专学稼圃，为小人劳力，治于人之事也。

定公问："一言而可以兴邦，有诸？"孔子对曰："言不可以若是其几也。人之言曰：'为君难，为臣不易。'如知为君之难也，不几乎一言而兴邦乎？"曰："一言而丧邦，有诸？"孔子对曰："言不可以若是其几也。人之言曰：'予无乐乎为君，唯其言而莫予违也。'如其善而莫之违也，不亦善乎？如不善而莫之违也，不几乎一言而丧邦乎？"（子路第十三之十五）

《集解》：几，近也。《集注》：几，期也。言兴丧大事，一言之间，本不可以若是。期其必然，即近于兴丧。然人言为君难，苟知其难，而励精图治，则近于兴邦矣。人言人君乐，其言莫予违，言果善而莫之违，斯诚善矣，如不善而莫之违，则一言近于丧邦矣。孔子此对，义正词严，虽不似孟子"闻诛一夫寇仇无服之对之激烈，然兴丧由于一言。桀之亡，亡于"日亡吾乃亡"一言。满清之革命，激于"宁与友邦，不给奴隶"一言。我夫子上下千古，盖以民为邦本。长民者断不可拂民好恶，而自失民心也。

哀公问曰："何为则民服？"孔子对曰："举直错诸枉，则民服；举枉错诸直，则民不服。"（为政第二之十九）

此言举用直者，错废枉者，则民心悦服；反是，则民必不服也。一说，举用直者，错直于枉者之上，则枉化为直，而民受其福，故服。若举用枉者，错置于直者之上，则枉将害直，而民受其祸，故不服。自来否泰之机，于君子小人之消长验之。为民上者，操用人之权，可不于举错加之意乎！《说苑·尊贤》子路问于孔子曰："治国何如？"孔子曰："在于尊贤而贱不肖。"子路曰："范中行尊贤而贱不肖，其亡何也？"曰："范中行氏尊贤而不能用也，贱不肖而不能去也。贤者知其不己用而怨之，不肖者知其贱己而仇之，怨仇并前，中行氏虽欲无亡得乎？"

齐景公问政于孔子。孔子对曰："君君，臣臣，父父，子子。"公曰："善哉。信如君不君，臣不臣，父不父，子不子，虽有粟，吾得而食诸？"（颜渊第十二之十一）

此告景公以君臣父子之伦，各尽其道，则身修家齐而治平不难矣。因是时陈氏专政，景公又多内宠之妾，外宠之臣，故微言之。景公善其言，而以彝伦自认，且叹有粟不得而食，其不足以有为可知矣。宜乎陈氏之终，以灭齐也。

颜渊问为邦。子曰："行夏之时，乘殷之辂，服周之冕，乐则韶舞。放郑声，远佞人。郑声淫，佞人殆。"（卫灵公第十五之十一）

此示颜渊以为邦之大法大戒也。郑声佞人，最足挠乱邦家，故放之远之，为政者均当取法也。

子曰："雍也可使南面。"仲弓问子桑伯子。子曰："可也简。"仲

弓曰："居敬而行简,以临其民,不亦可乎? 居简而行简,吾乃太简乎?"子曰:"雍之言然。"（雍也第六之一、二）

　　临民者向明而治。仲弓仁而不佞,自能修己以敬,有安人安百姓之德,故夫子嘉其可使南面。及闻夫子以简许伯子,而有居敬行简、居简行简之辨。盖居敬行简,则庄以临民,动之以礼,民自悦服;若居简行简,则质胜于文,近于鄙野,民反轻易。夫子然其言,正以见其可使南面地。

叶公问政。子曰:"近者悦,远者来。"（子路第十三之十六）

　　《史记》:哀公六年,孔子自蔡如叶,叶公问政,孔子告之以此。《家语》子贡问孔子告叶公之故,孔子曰:"荆之地广而都狭,民有离心莫安其居,故曰政在悦近而来远。《诗》曰'乱离瘼矣,奚其适归'。此伤离散以为乱者也。"按:悦来,就效果而言,其所以使之悦,使之来者,必先以实心行实政方可。

仲弓为季氏宰,问政。子曰:"先有司,赦小过,举贤才。"曰:"焉知贤才而举之?"子曰:"举尔所知;尔所不知,人其舍诸?"（子路第十三之二）

　　此言为宰,当总其大纲,先使有司各尽其职,不究小过,则人愿尽职,而事无不举其要。尤在举贤才以任事,则群策群力,共襄政治,庶绩咸熙矣。仲弓患贤才难知,夫子谓举尔所知,则其所不知者人必不肯舍而不举也。此即好恶同民,不但为宰宜然也。

子夏为莒父宰,问政。子曰:"无欲速,无见小利。欲速,则不达;见小利,则大事不成。"（子路第十三之十七）

　　子夏,卫之温国人也,少孔子四十四岁。《集解》:温国,今河内温县;莒父,鲁邑。夫子戒其欲速、见小,以持为政之大体也。《史记》:孔子既没,子夏居西河教授,为魏文侯师。《索隐》：今同州河西县，有子夏石室学堂在也。子夏，文学著于四科，序《诗》传《易》。又：孔子以《春秋》属商，又传《礼》著在礼志。《正义》：文侯都安邑。孔子卒后，子夏教于西河之上，文侯师事之，咨问国政焉。西河郡，今汾州也。子夏所教处，在汾州堰城县北四十里隐泉。《山水经》云：其山崖壁立，山半有一石室，去地五十丈，顶上平地十许顷。《随国集记》云：此为子夏石室，退老西河居此，有卜商神祠，今见在。

子张问政。子曰："居之无倦，行之以忠。"（颜渊第十二之十四）

此示子张为政之道，平时不可倦怠，当励精以图治。及其行政，则以忠心，不可稍有欺饰也。

子路问政。子曰："先之劳之。"请益。曰："无倦。"（子路第十三之一）

此言先劳为为政之实功，但能无倦，无可加益也。《说苑·政理》：子路治蒲，见于孔子，曰："由愿受教"。孔子曰："蒲多壮士，又难治也。然吾语汝：恭以敬可以摄勇，宽以正可以容众，恭以洁可以亲上。"《韩诗外传》六：子路治蒲三年，孔子过之，入境而善之，曰："恭敬以信矣。"入邑，曰："善哉，由忠信以宽矣。"至庭，曰："善哉，由明察以断矣。"子贡执辔而问曰："夫子未见由，而三称善，可得闻乎？"孔子曰："入其境，田畴甚易，草莱甚辟，此恭敬以信，故民尽力。入其邑，墉屋□甚尊，树木甚茂，此忠信以宽，其民不偷。入其庭，甚闲，此明察以断，故民不挠也。"《家语》记此微异。

子贡问政。子曰："足食，足兵，民信之矣。"子贡曰："必不得已而去，于斯三者何先？"曰："去兵"子贡曰："必不得已而去，于斯二者何先？"曰："去食。自古皆有死，民无信不立。"（颜渊第十二之七）

政先足食，重民生也；次则足兵，保民命也；次则民信，得民心也。比经常行政之次第也。若不得已而议去，则先去兵，尊重人道，以保民生，而服民心也；次则去食，而信万不能去。饿死事小，失信害大，人心一去，万难图存，此权变行政之大法也。《说苑·政理》：子贡为信阳令，辞孔子而行。孔子曰："力之顺之，因子之时，无夺无伐，无暴无盗。"子贡曰："赐少日事君子，君子固有盗者邪？"孔子曰："夫以不肖伐贤，是谓夺也；以贤伐不肖，是谓伐也。缓其令，急其诛，是谓暴也；取人善，以自为己，是谓盗也。君子之盗，岂必当财币乎？吾闻之曰：知为吏者奉法利民，不知为吏者枉法以侵民，此皆怨之所由生也。临官莫如平，临财莫如廉。廉平之守，不可攻也。匿人之善者是谓蔽贤也，扬人之恶者是谓小人也，不内相教而外相谤者是谓不足亲也。言人之善者有所得，而无所伤也；言人之恶者无所得，而有所伤也。故君子慎言语矣。毋先己而后人，择言出之令口如耳。"《家语》记此大同小异。

哀公问于有若曰："年饥，用不足，如之何？"有若对曰："盍彻乎？"曰："二，吾犹不足，如之何其彻也？"对曰："百姓足，君孰与不足？百姓不足，君孰与足？"（颜渊第十二之八）

　　哀公之问，意在加赋足用，而不知年饥更以病民。有若对以行彻，盖欲轻赋以厚民生，与哀公之意相反，故哀公难之。及言百姓足君孰与不足，百姓不足君孰与足，乃知民为邦本，以食为天，长民者不思足民，而务足己，未有不召乱亡者。甚矣，民生之不可忽也！哀公十一年，季孙欲用田赋，使冉有访诸仲尼，仲尼斥之。哀公此问，或即其时。有若之对，实以福民而利国，惜哀公不用其言，竟于十二年春改用田赋也。噫！

子适卫，冉有仆。子曰："庶矣哉！"冉有曰："既庶矣，又何加焉？"曰："富之。"曰："既富矣，又何加焉？"曰："教之"。（子路第十三之九）

　　此言卫之庶当加以富，富之后当加以教，为政不易之程序也。

鲁人为长府。闵子骞曰："仍旧贯，如之何？何必改作？"子曰："夫人不言，言必有中。"（先进第十一之十四）

此嘉闵子骞，言长府不必改作，甚合乎理。为其不劳民，不伤财，而长府仍旧，亦无所损也。

孟氏使阳肤为士师，问于曾子。曾子曰："上失其道，民散久矣。如得其情，则哀矜而勿喜！"（子张第十九之十九）

听讼非难，使民无讼为难，若民既犯法，而以得情为喜，是残民以逞也。故自来殃民之吏，鲜克有终，恒有余殃及于子孙。天纲恢恢，疏而不漏。曾子以此四语告阳肤，真所谓仁人之言，万事之箴规也。《家语》孔子为司寇，断狱讼，皆进众议者而问之曰："子以为奚若？某以为何若？"皆曰云云如是。然后夫子曰："当从某子几是"。是断狱取决於公论，比今之用辩护士者，为能不失之枉纵。《尚书大传》：子曰："听讼虽得其指，必哀矜之。死者不可复生，断者不可复续也"。《书》曰：哀矜折狱。《汉书·刑法志》孔子曰："古之知法者，能省刑本也；今之知法者，不失有罪，末矣。"《尚书大传》曰：今之听民者，求所以杀之；古之听民者，求所以生之，不得其所以生之之道，乃刑杀。君与臣会焉。听民，《汉书·刑法志》作听狱。

子曰："听讼，吾犹人也。必也使无讼乎！"（颜渊第十二之十三）

使无讼者、无情者不得尽其辞，大畏民志也。故夫子以听讼犹人自明，而以使民无讼为美。按：《周官》听讼五法：一曰辞听，二曰色听，三曰气听，四曰耳听，五曰目听。《汉书·刑法志》颜师古注曰：观其出言不直，则烦；观其颜色不直，则变；观其气息不直，则喘；观其听聆不直，则惑；观其瞻视不直，则乱。细究五法，聪讼之能事毕矣。然犹有例外，人若出言虚诬，口中必乾枯而无津液。盖其神魂自知意虚，以木克土，致令液竭也。是在听讼者，合五法神而明之，自然听断如神，不事刑求而得真情矣。

子曰："片言可以折狱者，其由也与？"子路无宿诺。(颜渊第十二之十二)

两造具备，师听五辞，片言折狱。谓据一造之词，即能折其狱之是非曲直，非忠信明决洞悉民隐者不能如此。故夫子称之，记者因以无宿诺实之。《家语》：子路治蒲三年。定公十五年，孔子过之，入其境，称善；入其邑，称善；至其庭，称善。子贡问之。夫子曰："入其境，田畴尽易，草莱甚辟，沟洫甚治，此其恭敬以信，故其民尽力也。入其邑，墙屋完固，树木甚茂，此其忠信以宽，故其民不偷也。至其庭，庭甚清闲，诸下用命，此其明察以断，故其政不扰也。以此观之，虽三称其善，庸尽其美乎？"是子路者，诚牧民之良吏也。观其与冉求同仕季氏，于伐颛臾之举，虽与闻其事，不同主其谋，果能得权大用，当为治世之能臣。惜其雄冠猳佩，好勇性成，卒以为孔悝之邑宰赴其难，而醢其身。惜哉！

冉子退朝。子曰："何晏也？"对曰："有政。"子曰："其事也。如有政，虽不吾以，吾其与闻之。"(子路第十三之十四)

冉有为季氏宰，退朝而晏。盖季氏有事相商也，乃以有政对，不知在鲁君方可言政，在季氏只能言事，故夫子辩之，所以正名分也。

子曰："齐一变，至于鲁；鲁一变，至于道。"(雍也第六之二十四)

齐鲁初封，皆三月而报政。太公、周公之政教，原无非道之行，自周室渐衰，桓公首伯，假仁义而急功利，齐遂逊於鲁之专重礼教。故曰"齐一变至于鲁"。顾鲁之郊□非礼，虽当日崇德报功，祇云祀周公以天子之礼乐。而其后因周公为始封之君，遂若天子之礼乐为鲁所应用者，习焉不察，至于八佾、雍彻，旅泰山，作虚器，干名犯分，若不知成、康之赐专以康周公，除祀周公即不得僭用者。然礼乐刑法政俗未尝相变也，天下以为有道之国，果能去其臣子之所不当僭越者，仍专以之祀周公，则天下群资礼乐焉。故曰"鲁一变至于道。"《礼运》："大道之行也，天下为公，选贤与能，讲善修睦。故人不独亲其亲，不独子其子，使老有所终，壮有所用，幼有所长，孤独废疾者皆有所养，男有分，女有归。货恶其弃于地也，不必藏于己；力恶其不出于身也，不必为已。是故谋闭而不兴，盗窃乱贼而不作，故外户而不闭。是谓大同。"此至道之景象也，亦即吾夫子为东周之素志也。

子曰："鲁卫之政，兄弟也。"（子路第十三之七）

　　鲁卫始封之君，本属兄弟，今言其政亦如兄弟，盖叹其衰乱相寻，冀速变政以复周公、康叔之旧也。

或谓孔子曰："子奚不为政？"子曰："《书》云：'孝乎惟孝，友于兄弟，施于有政。'是亦为政，奚其为为政？"（为政第二之二十一）

　　此言能孝则能友，施于一家，自然家齐而有政，是亦与为政相同。不必居位，乃为为政，以答或人之问也。人人亲其亲，长其长，而天下平，为政之道，孰大于是？盖惟修身齐家乃可以治国平天下也。

子路曰："卫君待子而为政，子将奚先？"子曰："必也正名乎！"子路曰："有是哉，子之迂也！奚其正？"子曰："野哉，由也！君子于其所不知，盖阙如也。名不正，则言不顺；言不顺，则事不成。事不成，则礼乐不兴；礼乐不兴，则刑罚不中；刑罚不中，则民无所措手足。故君子名之必可言也，言之必可行也。君子于其言，无所苟而

已矣。"(子路第十三之三)

卫世子蒯聩耻其母南子之淫乱，欲杀之不果，得罪于灵公，而出奔。灵公先欲立公子郢，郢辞。哀公二年，灵公卒，夫人立之，又辞。国人乃立蒯聩之子辄为出公。时晋人欲纳蒯聩为卫君，辄乃据国以拒父，是卫之名分扫地尽矣。夫子为政以正名为先，其政策必有一定。《集注》胡氏之说近之。子路以为迂，而夫子斥其野，谓其言不合于礼也。因详言名不正之害，是知正名之策，在卫国为急务。即凡为政者，亦不可或忽也。

按：《论语》子路、冉有所谓卫君，皆指出公辄而言。至哀公十六年春，蒯聩始自戚入于卫，为庄公，出公辄奔鲁。是岁夏四月，孔子卒。考南子为宋之美女，宋朝为宋之美公子，二人少年相通，后南子为灵公夫人。定公十四年，灵公为南子召宋朝，会于洮。太子蒯聩献盂于齐，过宋野，野人歌之曰"既定尔娄猪，指南子也；"盍妇吾艾�"，指宋朝也。太子羞之，谓戏阳速曰："从我朝少君，少君见我，我顾乃杀之。"戏阳速曰："诺"。乃朝夫人。夫人见子三顾速，不进。夫人见其色啼而走，曰："蒯聩将杀余。"公执其手以登台。太子奔宋，告人曰："戏阳速柄余。"速告人曰："太子则祸余，太子无道，使余杀其母，余不许，将戕于余。若杀夫人，将以余说，余是故许而弗为，以纾余死。"初，灵公游于郊，子南仆即公子郢公，曰："余无子，将立女。"不对。他日，又谓之，对曰："郢不足以辱社稷，君夫人在堂，三揖在下，君命祗辱。"夏，灵公卒，夫人命郢为太子，君命也。对曰："郢异于他子，且君没于吾手，若有之，郢必闻之。且亡人之子辄在。"乃立辄为出公。至哀公十六年春，蒯聩自戚入于卫，为庄公。使鄢武子告于周曰："蒯聩得罪于君父君母，逋窜于晋，晋以王室之故，不弃兄弟，置诸河上。天诱其衷，获嗣守封焉。使下臣朜敢告执事。"王使单平公对曰："余嘉乃成，世复尔禄次，敬之哉！"是南子以一人之秒行致卫乱，十七年而无已也。野人歌曰：娄猪殆谓南子与娄猪无异哉！

公山弗扰以费畔，召，子欲往。子路不说，曰："末之也，已，何必公山氏之之也？子曰："夫召我者，而岂徒哉？如有用我者，吾其为东周乎？"（阳货第十七之五）

《集解》孔曰：弗扰与阳虎共执季桓子而召孔子，《集注》从其说，因谓据邑以畔。皆误也。考定公五年六月丙申，季平子卒，仲梁弗与玛璠，阳虎欲逐之，告公山不狃，不狃曰："彼为君也子，何怨焉？"是不狃曾沮虎之逐怀。及乙亥，虎囚桓子，并未载与不狃共事，是《集解》误于前，而《集注》袭于后也。且囚桓子时为费宰者，系子泄，并非公山不狃，不狃何能以费畔乎？按：不狃即弗扰，其以费畔也，当在阳虎囚桓子之后，夫阳虎为季氏家臣，欲见孔子，而孔子不见。公山为费邑宰官，今召孔子，而孔子欲往，二人之畔同也。而孔子去就不同者，盖阳虎囚桓子，专国政，意图一。已富贵，上则蠹国，下则病民，故孔子拒之。公山为费宰，以费畔，势迫于不得已。上可革除一国之虐政，下可俯顺一邑之民心，故孔子欲往。子路不知此意，但以公山为畔而沮之。夫子告以召我必非徒召，如有用我者，吾其为东周乎？盖既救民于水火，且可兴周道于东方，此圣人济世之志也。《说苑·尊贤》：齐桓公使管仲治国。管仲对曰："贱不能临贵。"桓公以为上卿，而国不治。桓公曰："何故？"管仲曰："贫不能使富。"桓公赐之齐国市租一年，而国不治。桓公曰："何故？"对曰："疏不能制亲。"桓公立以为仲父，齐国大安，而遂霸天下。孔子曰："管仲之贤，不得此三权者，亦不能使其君南面而霸矣。"观此，则孔子欲为东周，但能得权即可得志，故弗扰佛肸之召，子皆欲往，盖各据一邑，民怨其上，可以藉手有为，则民皆归仁也。

佛肸召，子欲往。子路曰："昔者由也闻诸夫子曰：'亲于其身为不善者，君子不入也。'佛肸以中牟畔，子之往也，如之何？"子曰："然，有是言也。不曰坚乎，磨而不磷；不曰白乎，涅而不缁。吾岂匏瓜也哉？焉能系而不食？"（阳货第十七之七）

晋政多门，赵亦专擅，其不惜民生，不重民命，结怨于民，已非一日。中牟为赵氏之邑，其民尤不堪其虐，故群起而畔。适佛肸以之，子之欲往亦欲下顺民心，上除虐政，如赴公山之召，以行其为东周之志耳。子路以音闻夫子之言，阻之。夫子谓不磷、不邑、不善不能，免己以解之，且谓不同匏瓜之系而不食，盖为民生民命计，而不惮一身之艰苦险阻也。匏瓜，有谓指北方七宿中之匏瓜星言者，终古系于一处而不食；有谓瓠瓜系以渡水而不堪人食者。均可通。考渡水之法，取大瓠二三枚，曝乾加以油漆，系以渡水，则至水深之处可以保人浮在水面，不至灭顶。按：溺水而曰灭顶者，因顶为众阳之宗，重力独大，人若误落于水，但将头偏浮水面，不令扬起，使重力不压，随用两手在水面如楫之拨水，两足在水面左右击之，则其身可以不沉。

周公谓鲁公曰："君子不施其亲，不使大臣怨乎不以。故旧无大敌，则不弃也。无求备于一人！"（微子第十八之十）

微子前九章，皆记圣贤处乱世之事，此记周公之训词者，否极思泰，乱极思治。忆吾鲁忠厚开国，冀周公之德化再见于今日也。不施其亲，庇其本根，勿害枝叶也。不使大臣怨乎不以，畀以事权，俾专责任也。无大故则不弃，故旧不遗，小过当宥也。无求备于一人，因材器使不责人以所难也。此皆君子之事，忠厚之至也。

子张问于孔子曰："何如斯可以从政矣？"子曰："尊五美，屏四恶，斯可以从政矣。"子张曰："何谓五美？"子曰："君子惠而不费，劳而不怨，欲而不贪，泰而不骄，威而不猛。"子张曰："何谓惠而不费？"子曰："因民之所利而利之，斯不亦惠而不费乎？择可劳而劳之，又谁怨？欲仁而得仁，又焉贪？君子无众寡，无小大，无敢慢，斯不亦泰而不骄乎？君子正其衣冠，尊其瞻视，俨然人望而畏之，斯不亦威而不猛乎？"子张曰："何谓四恶？"子曰："不教而杀谓之虐；不戒视成谓之暴；慢令致期谓之贼；犹之与人也，出纳之吝谓之有司。"（尧曰第二十之二）

《尧曰》篇记孔子告子张从政之道，书于二帝三王之后，所以明治统也。圣门问政者多矣，告之未有如此之详者，大抵以子张年方弱冠，亟于仕进，或可藉手有为，以慰东周之愿耳。

附录：《大学·平治章》

所谓平天下在治其国者，上老老而民兴孝，上长长而民兴弟，上恤孤而民不倍，是以君子有絜矩之道也。所恶于上，毋以使下；所恶于下，毋以事上；所恶于前，毋以先后；所恶于后，毋以从前；所恶于右，毋以交于左；所恶于左，毋以交于右。此之谓絜矩之道。《诗》云："乐只君子，民之父母，民之所好好之，民之所恶恶之。"此之谓民之父母。《诗》云："节彼南山，维石岩岩。赫赫师尹，民具尔瞻。"有国者不可以不慎辟，则为天下僇矣。《诗》云："殷之未丧师，克配上帝。仪监于殷，峻命不易道"。得众则得国，失众则失国。是故君子先慎乎德，有德此有人，有人此有土，有土此有财，有财此有用。德者本也，财者末也。外本内末、争民施夺。是故财聚则民散，财散则民聚。是故言悖而出者，亦悖而入；货悖而入者，亦悖而出。《康诰》曰："惟命不于常道，善则得之，不善则失之矣。"《楚书》

曰："楚国无以为宝，惟善以为宝。"

舅犯曰："亡人无以为宝，仁亲以为宝。"《泰誓》曰："若有一个臣断断兮无他技，其心休休焉，其如有容焉。人之有技，若己有之。人之彦圣，其心好之。不啻若自其口出，实能容之，以能保我子孙黎民，尚亦有利哉。人之有技，娟疾以恶之，人之彦圣而违之，俾不通，实不能容，以不能保我子孙黎民，亦曰殆哉。"唯仁人放流之，迸诸四夷，不与同中国。此谓唯仁人为能爱人，能恶人。见贤而不能举，举而不能先命也；见不善而不能退，退而不能远过也。好人之所恶，恶人之所好，是谓拂人之性，灾必逮夫身。是故君子有大道，必忠信以得之，骄泰以失之。生财有大道，生之者众，食之者寡，为之者疾，用之者舒，则财恒足矣。仁者以财发身，不仁者以身发财。未有上好仁，而不不好义者也；未有好义，其事不终者也；未有府库，财非其财者也。孟献子曰：畜马乘，不察于鸡豚；伐冰之家，不畜牛羊，百乘之家，不畜聚敛之臣，与其有聚敛之臣，宁有盗臣。此谓国不以利为利，以义为利也。长国家而务财用者，必自小人矣。彼为善之小人之使为国家，灾害并至，虽有善者亦无如之何矣。此谓国不以利为利，以义为利也。

此章共二十三节，分五段。看皆治国之要也，国治则天下平矣。首段五节，所谓节言、上能、推家、中孝、弟慈之心，行老老、长长、恤孤之事于其国，则一国之民自然兴孝、兴弟、不倍，而国以治。盖人同此心，心同此理，上行下效，捷如影响。如絜矩以为方，未有反见为圆者，故曰絜矩之道。是以治国之君子必有此也。所恶节，解释絜矩之义，即上下、前后、左右，所恶勿施以明之，是即絜矩也，实即恕道也。人君居中，建极东西南北者，一定之方也。前后、左右，无定之方也，其方皆可曰四旁。加以上下，则曰六合。四方曰四正，再划四隅曰四维，则曰八方，并上下计之，则十矣。乐只节，引《诗》申言民之父母务在好恶同民，正言治国者絜矩以得民心也。节彼节，引《诗》申言居高思危，反言治国者，不絜矩即失民心也。殷之节，引《诗》申言得众则得国，失众则失国，得失之机，间不容发，以结上文两节之意也。二段六节。是故节承上文言君子之治国，固当絜矩。絜矩必先慎德，有德则人归、土辟、财足、用充，一有俱有，势所必然。若倒行逆施，不先节其费用，务为扬厉铺张，则财易尽。财尽而土必荒，土荒而人益散，其咎总由于不慎德。其国不但不治，且必速亡。国亡家必破，家破而身亦不保。故下节接云：德为本，而财为末，如树之根本既固，则其枝叶之末未有不发荣滋长者，非谓财不必有也，但须由本及末耳。下节接云：若不由本及末，而以本为外，以末为内，是即前所云倒行逆施，实为争取于民，而施以劫夺之教。下节接云：以此之故，无德而财众，于上则民散，于下而国必危。若有德而财散于上，则民聚于下，而国可治。下节因接云：观此之故，盖货悖而入者，亦悖而出，报施之理，一定不易，亦如言之悖出，必悖入也。下节引《康诰》言天命靡常，善则得，不善则失，勉治国者，当以德为先也。三段二节。引《楚书》舅犯之言，见治国者别无可宝，惟善与仁可以为宝，以承上文絜矩慎德之意，而起下文用人理财之端。四段五节。首节引《泰誓》见治国能用贤人，则子孙可保，黎民尚亦有利，而国治矣。不用贤人，则子孙以不能保，黎民亦曰殆哉而国危矣。下节言惟仁人能将此妒贤忌能之人放流进逐，以恶人之事成爱人之德，所谓殚恶也，殚恶则必旌善，而一国受福矣。四夷谓四境外边之地，所谓屏之远方，终身不齿也。如此，则恶人不得在境内扰乱治安，或可改恶行善。境内之人均不敢干犯法纪，即举直错诸枉，能使枉者直也。见贤节言见贤而不能举，或举而不能先，则贤人惟委之于命，而其志不得行。见不善而不能退，或退而不能远，则不善之人仍无忌惮，是为治国者之过。下节申言好贤、恶不善人之恒性。今见不善如此，是好人之所恶矣；见贤若彼，是恶人之所好矣。好恶拂人之性，则人心不服，灾必逮身，亡国败家随之矣。下节结言因此之故，治国君子有用人之大道，必主忠主信，以得贤人之心。若自骄自泰，则以此失去贤人矣。人之云亡，邦国殄瘁，用人者可忽乎哉！五段五节。生财节言生财之道，生财之人当以农为首，工次之，商又次之。详以不教民章，其人既众，则国无闲民，亦无游民，而食之者寡矣。为之者疾，则人人勤于职业，不至怠缓，而财源日开矣。用之者舒，则预算、决算确守定章，而日成、月要、岁会各得其正，而虚耗、浮冒之弊绝矣。下节言仁者理财有道，故能以财发身，非若不仁者之以身发财，而弊端百出。下节承言上既好仁以理财，则下自好义以供其用；下既好义，则应供之款势必输将恐后。凡府库之财，皆为国家之财，断无悖出之患。下节因献子之言，见治国者不可以利为利，当以义为利。末节反言以申明之，若治国者听小人之言，专务剥夺以供滥用，在彼于当时，方以筹策为善，而不知民穷财尽，天灾人害相逼而来，虽有善人亦无如之何。古今中外，坐此亡国者，昭昭矣。故治国当以理财为要，理财尤以用人为先。能慎德以同民好恶，则絜矩之道得国可以治天下，即因以平矣。

颂曰：

平治大道，端在絜矩，好恶同民，如斯而已。

是故君子，慎德为先，用人理财，无党无偏。

彰善殚恶，树之风声，倘拂人性，灾必逮身。

生众食寡，为疾用舒，富强立致，庸有他乎！

附录：《中庸》哀公问政章四节

　　凡为天下国家有九经，曰修身也，尊贤也！亲亲也，敬大臣也，体群臣也，子庶民也，来百工也，柔远人也，怀诸侯也。修身，则道立；尊贤，则不惑；亲亲，则诸父昆弟不怨；敬大臣，则不眩；体群臣，则士之报礼重；子庶民，则百姓劝；来百工，则财用足；柔远人则四方归之；怀诸侯，则天下畏之。齐明盛服，非礼不动，所以修身也。去谗远色，贱货而贵德，所以劝贤也。尊其位，重其禄，同其好恶，所以劝亲亲也。官盛任使，所以劝大臣也。忠信重禄，所以劝士也。时使薄敛，所以劝百姓也。日省月试，既廪称事，所以劝百工也。送往迎来，嘉善而矜不能，所以柔远人也。继绝世，举废国，治乱持危，朝聘以时，厚往而薄来，所以怀诸侯也。凡为天下国家有九经。所以行之者一也。

　　首节列九经之目：修身、尊贤、亲亲三经，修身齐家之事也；敬大臣，体群臣，子庶民三经，治国之事也；来百工、柔远人、怀诸侯三经，平天下之事也。自修身顺而推之，修齐治平之事毕矣；自怀诸侯逆而溯之，则天下之本在国，国之本在家，家之本在身，可知矣。修身之要在于格致诚正，使此心止于至善，惟一不贰，是为得之。子庶民以上，关乎国家内政也；来百工以下，关乎天下外交也。中国之外交，有中国古世公法，《春秋》是也；有近世各国公法，盟约条章是也。熟悉公法尤贵神明变化，则《国语》、《国策》最宜熟玩。第二节言九经之效。第三节言九经之事，当如此以程其功。第四节言九经当行之以一，即侯王得一以为天下贞也。《易》：贞者，事之干也。

　　颂曰：

天下国家，为以九经，二十四字，赅括古今。

收效甚易，程功无难，行之以一，永保治安。

卷五：论　学

政以正人，必先正己。不学无术，面墙可耻。好古敏求，各穷其理。学而不厌，是为君子。纂论学。

子曰："学而时习之，不亦说乎？有朋自远方来，不亦乐乎？人不知，而不愠，不亦君子乎？"（学而第一之一）

此指示成己、成人、成德之次第，乃为学之全功，令人寻思而有得也。

子曰："吾尝终日不食，终夜不寝，以思，无益，不如学也。"（卫灵公第十五之三十一）

此言徒思无益，不如学以成其德也。博学而加以慎思，则无罔无殆，日进无疆矣。

子曰："三军可夺帅也，匹夫不可夺志也。"（子罕第九之二十六）

此言三军因人集事，其帅或可以夺；匹夫有己程功，其志断不可夺。以见人当自立，求其在我者也。

子曰："弟子，入则孝，出则弟，谨而信，泛爱众，而亲仁。行有余力，则以学文。"（学而第一之六）

此言小学之道当于孝弟、谨信、爱众、亲仁力行不倦，可以余力学文也。

子曰："君子不重则不威，学则不固。主忠信。毋友不如己者。过则勿惮改。"（学而第一之八）

此小学之四要，有一不遵，则学必无成，是以君子当自勉也。

子曰:"主忠信,毋友不如己者,过则勿惮改。"(子罕第九之二十五)

此示小学而重出也。

子夏之门人问交於子张。子张曰:"子夏云何?"对曰:"子夏曰:'可者与之,其不可者拒之。'"子张曰:"异乎吾所闻:子子尊贤而容众,嘉善而矜不能。我之大贤与,於人何所不容?我之不贤与,人将拒我,如之何其拒人也?"(子张第十九之三)

子夏之有与有拒,为初学言,所谓毋友不如己者。子张之尊容嘉矜,为成德言,所谓博爱之谓仁也。各有所宜,斯两不相悖。故读古人书,当穷其命意之所在,不可囫囵看过,致多隔阂。

子曰:"君子食无求饱,居无求安,敏於事而慎於言,就有道而正焉,可谓好学也已。"(学而第一之十四)

此言君子无求安饱之心,专敏於事,而又能慎言,复就有道,以考正其得失,则可谓好学也。按:此所谓事,即孟子必有事焉之事,当勿忘勿助以为之,非就正有道不可也。

子曰:"君子谋道不谋食。耕也,馁在其中矣;学也,禄在其中矣。君子忧道不忧贫。"(卫灵公第十五之三十二)

谋食,容有不得食者,天时地力人事之不齐也。谋道,未有不得禄者,实至名归,人爵将自至也。是以君子忧道不忧贫。

子曰:"志於道,据於德,依於仁,游於艺。"(述而第七之六)

此为学之全功也。始则用志於道,即精一执中之道,无声无臭,大莫能载,小莫能破。继则执据於德,即行道而有得於心,所谓如有所立卓尔者。继则依倚於仁,即所谓直养无害,塞乎天地之间者。此为学之内功也,所谓藏脩也。志据依当循序渐进,不可进锐退速,贵在优游涵养,使此心不至倦疲,而亦不至外驰,则游泳於艺文,以考究其精微,此为学之外功也,所谓息游也。内功即约之所礼,外功即博学於文也。

子曰:"兴於《诗》,立於礼,成於乐。"(泰伯第八之八)

此游艺中之最要者,皆涵养性情培植德行之事,乃为学外功之要务也。若夫《易》明阴阳,《书》道政事,《春秋》以惧乱贼,亦游艺时之所当肄及者。学者能窥其精微,则修齐治平举而措之裕如矣。若鄙夷中学,醉心欧化,而谓古先圣哲皆不足学,吾不知其可也。至於科学各有专门,则近时学者非效法西人,断难渐究精深。

子曰:"笃信好学,守死善道。危邦不入,乱邦不居。天下有道则见,无道则隐。邦有道,贫且贱焉,耻也;邦无道,富且贵焉,耻也。"(泰伯第八之十三)

此勉人好学以道自重也。下二节明善道之事。

子曰:"知之者不如好之者,好之者不如乐之者。"(雍也第六之二十)

知道而不好,则道自道,而我自我,毫无乐趣。好道而深造,有得则居安资深,左右逢源,仰不愧,俯不怍,富贵贫贱漠然无所动於其中,斯乃圣贤之真乐也。孔子疏水曲肱,颜子箪瓢陋巷,孟子反身而诚,孔子告子贡云"贫而无谄,未若贫而乐",程子谓时人不识予心乐,邵子之安乐窝,皆此乐也。

子曰:"不患人之不己知,患不知人也。"(学而第一之十六)

此言人贵有知人之明,不必患人之不己知也。盖人不易知,非察言观色则每有不知之患。察言者易,将叛者其辞惭,中心疑者其辞枝,吉人之辞寡,躁人之辞多,诬善之人其辞游,失其守者其辞屈。孟子诐辞知其所蔽,淫辞知其所陷,邪辞知其所离，遁辞知其所穷。传使者目动而言肆，币重而言甘。皆察言而知之也。观色者，视其所以，观其所由，察其所安。巧令鲜仁，胸中正则眸子瞭焉；胸中不正，则眸子眊焉。皆观色而知之也。然非有正心诚意之功，虽察言观色亦不免为人所误，故曰患不知人也。

子曰："不患人之不己知，患其不能也。"（宪问第十四之三十）

　　此言人当以无能为患，若有能则人未有不知者。

子曰："不患无位，患所以立。不患莫己知，求为可知也。"（里仁第四之十四）

　　此勉人自修，不患无位无名也。

子曰："温故而知新，可以为师矣。"（为政第二之十一）

　　按：《易》无思也，无为也，寂然不动，感而遂通天下之故。《孟子》天下之言性也，则故而已矣。二故字，皆指体物不遗，亘古今而不易之理言，即老聃所谓有物混成，先天地生者，故名曰故。温犹燖温之温，即涵养之意。人能温故，则灵明睿发，增知新理，应用无穷，故可以为师。

子曰："小子何莫学夫诗？诗，可以兴，可以观，可以群，可以怨。迩之事父，远之事君，多识於鸟兽草木之名。"（阳货第十七之九）

　　此示小子以学诗之益也。兴起好善恶恶之心，观见风俗盛衰之源。群相切磋，和而不流，怨刺失道，言者无罪，迩之极於事父，远之极於事君，中间夫妇昆弟朋友之伦，无不备具。鸟兽草木名称繁多，会通今古，可资博物。此学者所当详究，非独小子宜然也。

子曰："《关雎》乐而不淫，哀而不伤。"（八佾第三之二十）

　　此赞《关雎》之诗，哀乐得性情之正也。

子谓伯鱼曰："女为《周南》、《召南》矣乎？人而不为《周南》《召南》，其犹正墙面而立也与？"〈阳货第十七之十〉

此示伯鱼以二南为修齐之要务也。人而不为《周南》、《召南》以修身而齐其家，则所谓天下之本在国，国之本在家，家之本在身者，其本已先乱矣，安能齐家治国平天下乎？故曰犹正墙面而立也。

子曰："诵《诗》三百，授之以政不达使於四方不能专对虽多亦奚以为？"〈子路第十三之五〉

古诗三千余篇，孔子去其重，取可施於礼义者共三百十一篇。一曰风，上以风化下，下以风刺上。主文而谲谏，言之无罪，闻之足以戒者，曰风。风者，讽也，言天下之事，形四方之风也。一曰雅，雅者正也，言王政之所由废兴也。政有大小，故有大雅、小雅焉。一曰颂，颂者美盛德之形容，以其成功告於神明者也。是谓四始，一曰四诗。其间讽咏政治，发扬性情者，皆足以资应对。若能以意逆志，应用自当无穷。观古人立言，多引《诗》以明之，可知倘诵全诗，而於政不达，出使而不能专对，则虽多亦奚以为。勉学者当通经以致用，不可食古不化也。

子曰："诗三百，一言以蔽之，曰'思无邪'。"〈为政第二之二〉

此言《诗》之善者可以感发人之善心，恶者可以惩创人之逸志，其宗旨可以"思无邪"一言蔽之。亦如礼仪三百，威仪三千，可以"毋不敬"一言蔽之也。

子曰："加我数年，五十以学《易》，可以无大过矣。"〈述而第七之十七〉

《易》大衍之数五十，其用四十有九。又《洛书》五居中宫，四面八方正对皆十，亦只五十也。夫子晚年，言加我数年，就五十之数以学《易》，则能穷天地之数，可以无大过矣。盖善

《易》者不言《易》,即此以明《易》理之精深,并示人学《易》之法也。观秦政,掘墓得碑,果亡於沙丘。以意度之,当系子贡筑室於场,独居三年时所为。子贡如此,则夫子之於《易》可知已。又鲁共王欲坏孔子宅,升孔子堂闻金石丝竹之声,大抵出於夫子或门人之手,非神明於《易》者,能如斯乎?而谓夫子真须加年学《易》乎?不过晚年自谦,示人以学《易》之门耳。考《论衡》,孔子卒时遗谦三事:一秦始皇至沙丘而亡;一亡秦者胡;一董仲舒乱吾书。《尔雅·释诂》:乱,治也。《玉篇》:理也。是秦皇掘墓之事,孔子生前已据《易》理知之,大约碑系子贡所埋耳。

子曰:"君子博学於文,约之以礼,亦可以弗畔矣夫!"(雍也第六之二十七)

博学於文,谓多识前言往行,以蓄其德,事无不明也。约之以礼,谓克己复礼以为仁,使心无所放也。如此,则守约施博,可以不离经畔道矣。

子曰:"博学於文,约之以礼,亦可以弗畔矣夫!"(颜渊第十二之十五)

此与《雍也》篇同,盖弟子各记所闻而重出也。

孔子曰:"生而知之者上也,学而知之者次也;困而学之,又其次也;困而不学,民斯为下矣。"(季氏第十六之九)

此言学人有此四等也,上焉者尚已,次与,又次则尽人可能者也。若困而不学,则名虽为人,实已不合人格。故云民斯为下,质言之即云禽兽不如也。然果能发愤向学,得善诱者启发之,亦未有不能有为者,是在人之志趣何如耳。

子曰:"学如不及,犹恐失之。"(泰伯第八之十七)

此勉人学必底於成也。盖凡为学之人,总以及於精深方为不负所学。若学尚未及於精深，而浅尝辄止，或作或辍，则前之所学，犹恐失去，如未学也。

子曰："三年学，不至於穀，不易得也。"（泰伯第八之十二）

此勉人勤学也。《学记》一年视离经辨志，三年视敬业乐群，五年视博习亲师，七年视论学取友，谓之小成。九年知类通达，强立而不反，谓之大成。夫然后足以化民易俗，近者悦服，而远者怀之，此大学之道也。若但学三年，必不能至於善，以学之程途不能以三年而易得也。《洪范》既富方穀，陈风穀旦，於差！穀，善也。

子曰："譬如为山，未成一篑，止，吾止也。譬如平地，虽覆一篑，进，吾往也。"（子罕第九之十九）

为山之譬，言凡人无论作何正道之事，既已从事於兹，即当勇猛精进，直底於成，不可半途而废及将成未成而止也。平地之譬，言凡人无论欲作何等正道之事，虽初经着手，即当日日进行，自有成功也。止曰吾止，进曰吾往，直令作事之人自加策励，非旁人所能代谋也，为学亦复如是。

子曰："后生可畏，焉知来者之不如今也？四十、五十而无闻焉，斯亦不足畏也已。"（子罕第九之二十三）

此勉后生勤学也。子曰年四十而见恶焉，其终也已。曾子曰五十而不以善闻，则不闻矣。后生本有可畏之势，若垂老无闻，何足畏乎？后生可不自勉乎？

子曰："年四十而见恶焉，其终也已。"（微子第十七之二十六）

年至四十，圣人则不惑，贤人则不动心，复乎尚已。至若中材以上，建功立业，光前裕后；中材以下，循分尽职，养身赡家，皆在此时。倘不进德立业，而犹见恶，则百年光阴已去少半。人生最可贵之时光，不过十五至四十已耳。故以"其终也已"惕之。倘猛知警省，则此后十年亦大可为。是以戒后生曰"四十、五十而无闻焉，斯亦不足畏也已"，人可不及时自奋，毋使此身虚生乎！

子谓子夏曰："女为君子儒！无为小人儒！"（雍也第六之十二）

此勉子夏为明道之君子儒，不为务名之小人儒也。

子曰："古之学者为己，今之学者为人。"（宪问第十四之二十四）

此言古今学者所为之不同也。

子曰："学而不思则罔，思而不学则殆。"（为政第二之十五）

此言学思不可偏废也。

子曰："见贤思齐焉，见不贤而内自省也。"（里仁第四之十七）

此示人自修贵能自得师也。

子张曰："执德不弘，信道不笃，焉能为有？焉能为亡？"（子张第十九之二）

德本有也，执之当弘。若执德不弘，则焉能为有？道本无也，信之当笃。若信道不笃，则焉能为无？道德有名，万物之母，指德言也。常有欲以观其徼，故曰德本有也。无名，天地之始，指道言也。常无欲以观其妙，故曰道本无也。

子曰："可与共学，未可与适道；可与适道，未可与立；可与立，未可与权。"（子罕第九之三十）

"唐棣之华，偏其反而。岂不尔思？室是远而。"子曰："未之思也，夫何远之有？"（子罕第九之三十一）

此章二节应合上"可与共学"章为一章，言人有可与共学，未可与适道者；有可与适道，未可与立者。由於志趣各有不同也。至於可与立，则其人已可深信矣；然犹未可与权者，盖行权本於巽顺，有衡以经常。大道似不可为，如竟不为，则反悖乎道。如嫂溺不援，是不知权。井中有仁，而从井为之，亦不知权也。孟子论瞽瞍人，皋陶以士师之职自当执之，不得以其为天子父而怨之，是经也，亦权也。舜不得禁皋陶之执，是经也。窃负而逃，即权也。推之周公诛管蔡，石碏杀石厚，伊尹放太甲，霍光废昌邑，包拯杀曹景植，皆权也，均与经常之道不背也。是反经合道为权。非巽顺以行之，未可与权也。故夫子引唐棣偏反之辞，即其尔思室远而曰未之思也，夫何远之有？以见行权虽与经常之道相反，其理似若甚远，然详思审处，但於大道无亏，即权所当为，而理本不远也。观於称物，但取其平，而权无一定之处，可以知夫子言权之意矣。《毛传》：唐棣，移也。《埤雅》：凡木之华皆先合而后开，惟此华先开而后合。故曰偏其反，而谓其华偏与别华相反也。然则权偏与经相反，义实相符，故从汉儒反经合道之记，併两章为一章，以发明权字之义，意味较觉渊永。

子路有闻，未之能行，唯恐有闻。（公冶长第五之十四）

此记子路之勇於为善也。《孟子》：子路，人告之以有过，则喜。

季路问事鬼神。子曰："未能事人，焉能事鬼？"曰："敢问死。"曰："未知生，焉知死？"（先进第十一之十二）

季路问事鬼神、问死，皆索之冥冥者也。夫子告以"未能事人，焉能事鬼。""未知生，焉知死。"则示之昭昭者。盖人必能忠孝诚敬以事人，方能斋明盛服以事鬼神，以鬼神无常享，享於克诚也。不言神者，省文也。人必知生，乃能知死，其生也由於阴阳合德之时摄神归气，摄气归精，融精於混元，三元混成，谓之元精、元气、元神，此先天也。当夫元精媾合，必有恍惚之一，候其时，元神之游於杳冥虚无中者，遂杂乎恍惚之间，入母中宫，变而为气，是为元气。以元神合元气元精而为胎，随母呼吸，由脐至囟，往复循环，弥月诞生，剪断脐带，脐囟之气遂闭，口鼻之气始通，后至尾闾，前通气海，自为呼吸，与天气相接。年至二八，本身之元神常合於气，气合於精，精神感於欲念，而生生不已之机动矣，此后天也。此人之所以生也。若人不能寡欲以积精生气，则精竭者气必耗，气耗者神必离，神离则此身无主，而形死矣。《易》曰"原始反终"，故知死生之说。又曰"精气为物，游魂为变。"是故知鬼神之情状。其此之谓乎？此知生知死之大略也。

子曰："由也！女闻六言六蔽矣乎？"对曰："未也。""居！吾语女。好仁不好学，其蔽也愚；好知不好学，其蔽也荡；好信不好学，其蔽也贼；好直不好学，其蔽也绞；好勇不好学，其蔽也乱；好刚不好学，其蔽也狂。"（阳货第十七之八）

　　此示子路学以祛其蔽也。愚如从井为仁之类，荡如轻清之外复有何物之类，贼如尾生赴约，水至宁死之类；绞如其父攘羊，而子证之之类，乱如杀人越货，憨不畏死之类；狂如暴虎冯河死而无悔之类。皆蔽於一偏之见，未尝学以明其理也。

子张问崇德辨惑。子曰："主忠信，徙义，崇德也。爱之欲其生，恶之欲其死。既欲其生，又欲其死，是惑也。'诚不以富，亦祇以异。'"（颜渊第十二之十）

　　此示子张以崇德辨惑之事也。言毕而咏《诗》者，盖因多惑之人以一己之爱恶而欲他人之生死，势既不行，且既欲其生，又欲其死，是其惑由心生，於人更无所损。洵如《诗》之所谓"亦祇以异"者，徒自形其怪异耳。《集注》欲以诚不以富二语移於齐景公有马千驷节后，误矣。

樊迟从游於舞雩之下，曰："敢问崇德，修慝辨惑。"子曰："善哉

问！先事后得，非崇德与？攻其恶，无攻人之恶，非修慝与？一朝之忿，忘其身，以及其亲，非惑与？"（颜渊第十二之十九）

此善樊迟之问，而示以崇修辨之之法也。按：崇德辨惑，樊迟与子张问同，而答词各异者，主忠信徙义与先事后得，皆崇德之事，爱恶无常与忘身及亲，皆至惑之事，词虽异而意则从同。至於修慝，则攻其恶，无攻人之恶，盖慝即恶之匿於心者，专意攻之，斯修治己心，而慝可去矣。

曾子曰："吾日三省吾身：为人谋而不忠乎？与朋友交而不信乎？传不习乎？"（学而第一之四）

此言忠信习为自修之三要，不可一日或忘也。

曾子有疾，召门弟子曰："启予足！启予手！《诗》云，'战战兢兢，如临深渊，如履薄冰。'而今而后，吾知免夫！小子！"（泰伯第八之三）

身体受之父母，全而生之，全而归之，斯可为孝。曾子疾革，召门弟子而为此言，所以明平日守身卫生，未尝稍有疏忽也。语毕，复呼小子，所以叮咛者至矣。

子夏曰："日知其所亡，月无忘其所能，可谓好学也已矣。"（子张第十九之五）

此言学者当日新月异，方可称为好学也。

子夏曰："百工居肆以成其事，君子学以致其道。"（子张第十九之七）

肆谓百货陈列之市，工不居肆，则不见人之所长，即无以知己之所短，何由相观而善，使事业日臻发扬。近世兢言赛会，盖此意也。君子好古敏求，就正有道，所以致其道也，若不学则道无由致矣。故以百工居肆例之。

子夏曰："贤贤易色；事父母，能竭其力；事君，能致其身；与朋

友交,言而有信。虽曰未学,吾必谓之学矣。"（学而第一之七）

　　此言贤贤、事亲、事君、交友,各尽其道,虽有未学,而能然者。然亦必谓之学,以学亦不过如此也,此生而知之者也。

　　子夏曰:"虽小道,必有可观者焉;致远恐泥,是以君子不为也。"（子张第十九之四）

　　小道可观,谓一切技术堪资谋生,有适民用者皆是,不止农圃医卜也。道虽小,不专则不精。故凡学一道,必专心致志以为之,始有可观;而於修齐治平远大之图,反弃置而不究,故曰"致远恐泥",君子不为。按:医理为小道,养生者不可不知;地理为小道,送死者不可不知。二者皆切於民生日用者,精究其理,有益生命,有裨孝行,前贤所以有为人子者不可不知医地之说,君子勿以为小道而忽之。

　　子夏曰:"仕而优则学,学而优则仕。"（子张第十九之十三）

　　学,古入官曰仕,然仕而优则仍当学,亦犹学而优者乃可入仕,戒仕者之不学无术也。

　　子曰:"语之而不惰者,其回也与!"（子罕第九之二十）

　　此嘉回之好学不厌也。

　　子曰:"回也非助我者也,於吾言无所不说。"（先进第十一之四）

　　此嘉回闻言即解,未尝诘难使教学相长也。

　　曾子曰:"以能问於不能,以多问於寡;有若无,实若虚,犯而不校;昔者吾友尝从事於斯矣。"（泰伯第八之五）

　　此颜渊既殁,曾子追述五事,以表其谦以受益,即无伐无施之素志也。

　　哀公问:"弟子孰为好学?"孔子对曰:"有颜回者好学,不迁怒,不贰过。不幸短命死矣,今也则亡,未闻好学者也。"（雍也第六之

二)

此悯颜子之早亡,又以激门人好学之志也。

季康子问:"弟子孰为好学?"孔子对曰:"有颜回者好学,不幸短命死矣,今也则亡。"(先进第十一之七)

此称颜回好学,而惜其早死,又云今也,则亡,以勉门人也。

子曰:"苗而不秀者有矣夫! 秀而不实者有矣夫!"(子罕第九之二十二)。

此即申明惜颜渊未见其止之意,以见死生有命,如苗之有不秀不实也。天下事亦可作如是观。

子谓颜渊,曰:"惜乎:吾见其进也,未见其止也。"(子罕第九之二十一)

此颜渊既殁,夫子惜其进诣未至於圣神也。

子曰:"贤哉,回也! 一箪食,一瓢饮,在陋巷,人不堪其忧,回也不改其乐。贤哉,回也!"(雍也第六之十一)

此赞回之安贫乐道也。

颜渊喟然叹曰:"仰之弥高,钻之弥坚。瞻之在前,忽焉在后。夫子循循然善诱人,博我以文,约我以礼,欲罢不能。既竭吾才,如有所立卓尔。虽欲从之,未由也已。"(子罕第九之十一)

首节叹道之高深也,次节述夫子以博文约礼为入道之门也。"欲罢不能",即从事於复礼之目,而精进不能自己也。竭才卓尔,见道已真也。欲从未由,大而俟其自化也。以孟子告浩生不害之品诣衡之颜子,盖历善信美大人之诣,将及大而化之之谓圣之地,尚未及於圣而不可知之谓神,如我夫子耳。

子曰:"十室之邑,必有忠信如丘者焉,不如丘之好学也。"(公冶长第五之二十八)

此勉人好学。见忠信之人可以学礼，不可自弃，即人皆可以为尧舜之意也。

子曰："我非生而知之者，好古，敏以求之者也。"（述而第七之二十）

此夫子即身示教，使学者皆当好古敏求也。

子曰："述而不作，信而好古，窃比於我老彭。"（述而第七之一）

作者之谓圣，述者之谓明。夫子不敢以圣自居，故自明其述古之事，由於深信而笃好，盖窃比於老彭之多见多闻，并非不知而作也。老，老聃；彭，彭祖；皆历年多而见闻博者。

子曰："默而识之，学而不厌，诲人不倦，何有於我哉？"（述而第七之二）

此夫子自谦之词，即以自勉也。

子曰："盖有不知而作之者，我无是也。多闻，择其善者而从之；多见而识之；知之次也。"（述而第七之二十八）

此夫子自明述而不作之意也。彼不知而作者，自欺欺人，诬民惑世，其罪可胜诛哉。

子曰："文，莫吾犹人也。躬行君子，则吾未之有得。"（述而第七之三十三）

《集解》：莫，无也。文无者，犹言文不也。文莫吾犹人者，谓文不及人，吾亦与人同也。盖文虽托空言，然义理无穷，断无一人能尽天下古今之事，若行徵实践，必躬行无愧，乃为君子，则吾亦未之有得，不敢不勉。此以见圣人不轻於文，而尤重於行也。

子曰："若圣与仁，则吾岂敢？抑为之不厌，诲人不倦，则可谓云尔已矣。"公西华曰："正唯弟子不能学也。"（述而第七之三十四）

此夫子辞圣仁而不居，但云即圣仁之道为不厌诲不倦，不过如斯而已。词甚谦，而事实难，公西华所以赞其不能学。

子曰："饭疏食饮水，曲肱而枕之，乐亦在其中矣。不义而富且贵，於我如浮云。"（述而第七之十六）

疏水曲肱，乐在其中。颜子箪瓢陋巷，不改其乐，正与此同。孟子反身而诚，乐莫大焉。夫子告子贡贫而无谄，未若贫而乐。邵子名其居曰安乐窝。程子谓时人不识予心乐。学者能知圣贤之所乐何事，则学有心得矣。彼不义之富贵，正如浮云之倏聚倏散，断无能久之理。在有真乐者视之，祇见其苦，不见其乐，故夫子言此以示人也。

叶公问孔子於子路，子路不对。子曰："女奚不曰，其为人也，发愤忘食，乐以忘忧，不知老之将至云尔。"（述而第七之二十九）

子路不对，盖以圣人之高深有难以言语形容者。夫子谕其何不以发愤忘食三语对之，不过自明其好学之笃耳。然自强不息，纯一不已之妙，实是圣人不能也。

附：杨向奎《关于〈论语类纂〉的读后意见》

杨 向 奎

1.枝江曹廷杰《论语类纂》共七卷，按原书内容分类编纂，共有《论世》、《论人》、《论事》、《论政》、《论学》、《论教》、《论圣》等卷。因为《论语》原书本无秩序，所以这样编纂，无伤原义，而可供读者或研究孔门思想的人分类思考，免去许多翻检之劳。

2.原书收罗材料较多，对于研究孔门思想言行提供方便，因为旁征博引，间有考据，亦可观，比如卷三《论事》考订冉求仕季氏之年及伐颛臾之问，颇允当。

3.文字亦通畅，能够言之成理。

4.但原书因博采群书，有时失之乱，比如于《论世》中引《神仙通鉴》,而一见再见（见于卷七《论圣》及卷六《论教》）,以《神仙通鉴》讲《论语》,亦未免"怪力乱神"之讥。

　　5.原书多处以近现代史实与《论语》比附,如卷三《论世》以华盛顿比尧舜禹,不伦不类。

　　以上所述,足见本书瑕瑜互见。但人无完人,书无完书,此书对于研究孔门思想言行仍颇有参考价值,应考虑出版问题,在学术史的研究上,参考书总是多多益善。

一九七九年六月二十九日

谈中俄交界图[*]

（光绪十一年二月二十日）

标下统领靖边后路马步全军花翎总兵衔、直隶推补副将葛胜林谨禀侯爷督帅爵前敬禀者：窃标下趋谒崇阶，仰荷训示周详，谕以无事当若有事，并饬绘三姓地图。具见侯爷督帅整军经武，慎重边防，实即古人用兵先搜图籍之至意，钦佩莫名。回防后，遵即觅倩画手，将卑营旧存三姓大小二图及现在所见俄夷图，饬令依样各画一分。但俄图极精极细，图中夷字极多、极小巧、极化工，非画工所能尽其妙。止得摹其水道界限，使其不失原形，而于山于字则概从删减。姓图小幅，由混同江南岸画至东海口外库页岛，于沿江两岸目今地名颇详。然自乌苏里江以下，已非现在边防所重，惟姓图大幅画至俄人村镇伯力地方，其乌苏里江以上地名亦与小图相同，纸张较大，面于贴说。标下因不揣冒昧，谨就管见所及，贴说六处。是否有当，伏祈侯爷督帅核夺施行。肃禀恭呈钧鉴。敬请邸安。

标下胜林谨禀

俄图及姓图小幅并呈。

光绪十一年二月二十日

附：

敬再禀者：标下正绘图贴说间，据候选州判曹廷杰口称：

---

* 据吉林省历史档案吉林将军衙门档标点整理。禀文原附俄图及姓图现已不存，附件反映了曹廷杰对东北边疆历史地理的一些看法，故将此文收入文集。

"舆地之学，须准天度、方隅、里到，始足为凭。姓图大小二幅，于目今姓城境内之地，可谓粗具形似，不能据为典要。俄图极为精致，然于界线外属彼之地则详，于线内属东三省之地则略，所谓宜于彼不宜于此也。今东三省边防关系紧要，凡战守机宜均有成迹可稽，现已会萃群书，考据详明，若得稍缓两个月，比次排类，绘图贴说，不但姓城险要可见，即东三省沿边诸路亦皆了如指掌"等语。标下查该州判品行端方，手不释卷，于兵法、舆地甚为熟习，所称似为可信，因嘱其将所拟东三省舆地险要图暂绘大概形势，一并附呈宪鉴。载请爵安。

胜林谨再禀

条陈十六事[*]

（光绪十二年）

光绪十二年，廷杰蒙吉林将军侯希以游俄微劳，会同珲春副都统依保奏，给咨送部引见时，饬令晋谒政府，面陈俄情。庆邸谕令抒呈管见，因妄拟此十六条。第一条当经呈阅咨行分界大臣查照，其余十五条电请希侯帅，示谕带回吉省陆续奏办。内有已经奏明者，亦有未及即行者。今复按之，惟机器局造船各节尚难猝办。合并陈明。

光绪丙申三月曹廷杰敬识

谨将管见各条录呈。

计开：

---

[*]　《条陈十六事》一文，据藩厢、辽海、上图等本《东三省舆地图说》著录。

一

一、图们江口地属要害，宜据约划归中国也。查咸丰十年十月初二日"中俄续增条约"第一条内议定，两国东界其由什勒喀、额尔古纳两河会处，以至自白稜河口，顺山岭至瑚布图河口，白稜河即《舆图》兴凯湖西北之乌札瑚河，瑚布图河口即今之三岔口，在双城子西。两国划界本自分明，按图辨方亦无疑义。惟云再由瑚布图河口，顺珲春河及海中间之岭至图们江口，则考之山川无此形势，当日条约必有舛讹。盖瑚布图河与珲春河中隔大岭，南北分流，距数百里，何能由瑚布图河口即顺珲春河乎？况上文以白稜河与瑚布图河中隔山岭，既明云自白稜河口顺山岭至瑚布图河口，则此处如果指珲春河，亦当云由瑚布图河口顺山岭至珲春河，万不宜云由瑚布图河口顺珲春河也。且接云及海中间之岭至图们江口，今由珲春河至图们江口江流一线，陆路歧出，固无所谓海，图们江口外亦无所谓海中间之岭，则云由瑚布图河口顺珲春河及海中间之岭至图们江口者，殆子虚之言耳。

窃以为条约珲春河应即绥芬河之讹，若云由瑚布图河口顺绥芬河及海中间之岭至图们江口，其东皆属俄罗斯国，其西皆属中国，不但文义通顺，且山川形势历历可指。所谓顺绥芬河及海中间之岭至图们江口者，皆有实据，则俄人现在占踞之蒙古街、阿济密、岩杵河、摩阔崴等处重镇，均宜归还中国。中国即于其处设镇屯兵，以固根本而护朝鲜，庶几东北边防固于金汤。万一俄人狡逞，不以绥芬为界，则宜划图们江口以东二十里之地为中国界。盖条约云两国交界与图们江之会处及该江口相距不过二十里，是明明言中国于图们江口尚有二十里之地，证以上文及海中间之岭至图们江口，其东皆属俄罗斯国，其西皆属中国数语，知当日立约时原以

图们江口属中国,图们江口以东尚有中国二十里之地,故云其西皆
属中国。若依俄人以图们江口数十里之地尽归俄有,是东皆属俄罗
斯国,西皆属朝鲜国,和约之所谓其西皆属中国者竟无寸土可指,
有是情乎?总之,俄人之意,因西洋之波罗的海、地中海、红海,南洋
之印度海,均被泰西诸国禁阻,该国师船不能出口,难于海上争雄,
故经营东方,得海参崴码头,较之该国各处海口冰冻期少,可以通
行海面,故有"宁弃该国京城,不弃海参崴"之语。然每年犹有冰冻
三月,不能出入自如,是以垂涎高丽,冀由旱道直通,再扩海岸,然
后修铁路以速转运,置铁甲以重海防。设使任其所欲,则东三省之
地不能一朝居,即旅顺、烟台、大沽各口亦难以长策胜,朝廷大局曷
堪设想。今惟于图们江口决计照约划归中国,彼如许我,我则移置
水师铁甲,辅以陆军,隔断朝鲜,绝其狡谋,庶乎东三省可守,即旅
顺、烟台、大沽各口亦无旦夕之惊。彼不许我,不如及此一战,尚可
操必胜之权。语云地有必争,我得之则为要,彼得之则为害者,其
此之谓乎?

二

　　一、高丽不能自存,宜加意保护,以免首鼠两端也。天下有
道,守在四裔。琉球、安南、缅甸虽皆屏藩之邦,然或孤悬海中,或
远处徼外,欲言保护,必劳师力,故弃而不问,实省兵节饷之善策。
若高丽辅车相依,远为畿辅门户,近属三陵肘腋,必令恪守藩封,方
足资其捍卫。乃自琉球一弃,日人遂又窥伺于东,安、缅再分,俄人
不免觊觎于北,蕞尔小国焉能自安?故敬共币帛以冀天朝之卵翼,
复潜遣使臣以结强邻之欢心。若不设法保护,将首鼠两端,势必为
我致寇。万一再若安、缅之变,恐畿辅不免摇荡,三陵亦将震惊,固
不第有唇亡齿寒之虑也。保护之法,惟有密助该国急修内政,更划

还图们江界址，隔断俄人陆路。否则及时一战，先发制俄，俄败而日人恐，日恐而高丽安矣。至于朝人越图们江定界私垦①地亩，该国往返照会，语多狡赖，此其疑贰之心已可显见。若保护得法，则此越垦之人或收入版图，或驱回该国，有不唯命是听者哉？

三

一、俄夷东海滨省地，布置尚未尽善，可及时一战，恢复旧境也。查俄人占据吉江二省旧地，合海中库叶岛计之，纵横共得一百四十度有奇。以每度二百五十里计之，实占地八百七十五万方里有奇，较之东三省现在之地尚觉有余。然而核其兵数，不过一万五千余名。观其布置大势，惟趋重海参崴、图们江一带。盖自兴凯湖以南屯兵几及万名，而黑龙江数千里之地，为彼后路，屯兵仅止千余。是其狡逞之心固可共见，即其不臧之谋亦难自掩。今若趁其旱道之铁路未修，水师之铁甲未置，以东三省之额兵固守各城要隘，再以奇兵数支分道并进，或伐木塞黑龙、松花、乌苏里三江，以断水道，令冬夏不能通行。或直抵双城子以北，深沟高垒以断旱道，令南北不相接济。并先将该省各处电线约期截断，使其声息不通，俄人自必望风鼠窜，可以恢复旧境矣。语云兵贵神速，又云兵不厌诈。去岁俄与英战于阿富汗，英人分兵占高丽之巨文岛，为攻取海参崴之势，俄遂俯首求和，此先发制人之术，可为明鉴。若再迟数年，待其火车道既修，铁甲船既置，不但东三省不能言战，即畿辅重地亦难言守，此曲突徙薪，所以有先事之虑也。然使现在分界能于图们江口之地划归中国，则此议可置诸不论已。

---

① "垦"，辽海本误作"恳"，据藩属本改。

四

一、东三省流民甚众，可招集编伍以备冲锋出奇之用也。东三省人心俭朴，风俗敦庞甲于天下，自昔所称。故有谓其地道不拾遗，夜不闭户，适千里不裹粮，马行不购刍秣者。自苗捻猖狂，山东之民避乱来此，于是金场开而流民众，每场之人聚至数千数万或数十万不等。地方官不知因势利导收税裕国，反加以金匪之目，而有封禁之请，遂使流民无归，甘心为匪，白昼行劫，肆无顾忌。捕治太急则窜入深山，逃入俄界，而莫可谁何。于此而不为之所，良民终无安枕之期，奸民将有勾结之患，贻害伊于胡底！诚仿虞诩朝歌之法，招集亡命编为队伍，慎选廉明公正深沉干练之员为之统帅。设一旦有事，则以正兵专督此辈出奇冲锋，道路既熟，言语亦通，明可以备策应，暗可以得消息，或亦兵家所不可少欤！且此辈具有血心，可格以精诚，而不可迫以势力。如前官文督湖广收曹立全而江盗清，彭玉麟筹浙闽收黄金满而海寇靖，铭安任吉林收韩效忠而该处之人皆成良善，其明征也。果其勤加训练，使此辈为我腹心爪牙，将一夫拚命，万夫莫当，况合数百数千敢死之士，有不收效神速者哉！昔谭纶、戚继光不募金华、义乌之兵，教以阵法，击刺、战船、火器，则不能入闽平倭；刘铤、李成梁父子非募练家丁，则不能立功辽左；其余杨洪、王越、沈希仪、马永、马芳、梁震、满桂、侯世禄、侯良柱、赵率教、金国凤，亦皆蓄帐下亲兵健儿，著功明史。且四路出师之役，刘铤必得川兵；蓟门设镇之初，戚继光必用浙兵。俱以素蓄亡命，建立奇勋。故知驱市人与之战，古今惟淮阴侯能之，下此则莫若厚养死士，可以神一心运用之妙也。

五

一、东省练兵足壮声威，宜厘剔弊端兼筹久远也。八旗劲旅天下无敌，此诚通论。然窃观往事，五代契丹兵无敌中夏，而天祚以数十万众败于混同江之金人者，即前日辽兵也。女真满万不可敌，而兴定、元光中百战百挫于蒙古者，即前日金兵也。元起朔漠，灭国四十，以有中原，遂乃涉流沙，踰葱岭，西洋、西竺尽建藩封，为开辟以来版图所未有。乃至正末年，蒙古四十万众歼于中原，仅漏网六万归塞外者，即前之蒙古兵也。顾金兵衄折于元代，而完彦陈和尚独以四百骑败蒙古八千之众，宋兵风靡于金源，而刘、岳、韩、吴屡以东南兵摧兀术冯陵之师，同时同事，胜败大殊，倘所谓无常胜之兵，有必胜之将，非耶！今朝廷笃念根本，特命将军穆会同东三省将军督办练兵事宜，而东三省又各有额兵、练军或防军、客军，合计兵数不下十万，核计饷项不下五、六百万，整军经武，诚足以御强邻而壮声威。顾窃考国初兵制，每人月饷率银二两，自发捻倡乱，以额兵不足恃，改而募勇，步队每人月至四两或五、六两，马队每人月至七、八两，于是重赏之下果有勇夫，中兴大业遂基于此。而平定之后额兵未裁，勇难尽散，于是竭天下之财赋养兵犹若不足。其骄贪之将，步队五百或止二三百人，马队二百五十或止百余人，浮冒欺蒙·势成中饱。向所谓一勇可当十兵之用者，遂至十勇转无五兵之实，此积久弊生可为长叹息者也。今旗营练军饷项皆如勇制，按档挑选不能逃逸，缺额之弊或可少免。然有身当额兵而兼充练军者，是以一兵冒两饷也，有名在营中身处家内者，是以虚名冈上司也。今拟请有额兵充练军者，则扣留额兵之饷，止给练饷；有练军归额兵者，则扣留练军之饷，止给额饷。如是而浮冒之弊除矣。有不请假而私自回家，或请假而期满不到者，立即革除另补，如是而欺蒙之弊除矣。加以信赏必罚，甘苦与共，情面不徇，保举不滥，以予绝其贵极富溢仅求自保不肯出力之私心。如有显违军令者，许以军法从事。穰苴斩贵臣以肃骄军，孙武斩宠姬以厉女戎，皆以不测之威肃万人之令，大将必胜之权其操之此乎？至筹久远之法，则莫若屯垦，采金以防饷匮，是又当务之急也。

六

一、吉江二省旷土甚多，宜分界屯垦以实边御夷也。自来边防之策莫善于屯垦，屯田则责在大将而兵不饥，招垦则职在有司而民以聚，二者相辅而行，斯边圉巩固而敌人不敢生心矣。今吉江二省与俄毘连，计旷土之在吉林者不止十之四五，其在黑龙江者更不止十之六七，正宜实兴屯垦，以免俄人之觊觎。乃论者动以有碍风水，或以易聚奸民流弊滋多，更或以根本之地不宜开辟为词。诚使今日东北边界犹是国初，则外兴安岭以南俄人之足迹不至，即持此论以听其荒芜，尚无慢藏诲盗之虞。岂知疆域已殊，时势不同，我苟弃之而不顾，俄将取之而不辞。咸丰时，乘我东南多事，两次进侵，皆因无兵以为之备，无民以为之防耳。今谓有碍风水者，试问有碍陵寝乎，抑碍京师乎？相距数百数千里，究于风水何关？且盛京三陵，东西二陵数里之外不少耕夫，京师之野亦皆农民，此尤不辨而自明者也。若谓易聚奸民流弊滋多，则普天之下皆王土，率土之滨皆王臣，我朝二百余年，深仁厚泽，深入民心，举内地十八省之输将，莫非恃耕田凿井为财赋之源，何独至一隅开辟，良民遂聚而为奸！即变奸以滋流弊，亦膺其责者未知治法耳。人存政举，自古安有难治之民哉！至谓根本之地不宜开辟，则其说尤属无稽。我朝龙兴原在兴京之南，其地与鸭绿江相近，即朱果发祥亦在长白山之东鄂多哩城，此实根本所在。其吉江二省不过国初收服诸部落

地,不尽满洲派,亦非天潢。乃兴京之南现已改设安东、宽甸诸县,
鄂多哩城现亦改设敦化县。土地可以养民,赋税可以裕国,有利无
害,成效堪征。而二省之旷土独谓不宜开辟,岂实在根本之区地利
可尽,而附近根本者必欲弃同瓯脱乎?我不介意,俄将垂涎。去岁
廷杰侦探俄界时,俄人问吉江边荒何以无人垦种?廷杰虽权词以
对,恐无以终戢其心。况俄人探闻前将军铭招民实边之策,已隐师
其意,于黑龙江、乌苏哩江及双城子、彦楚河一带悉力经营,迁民垦
地,而我独有名无实。设再旷数年,安保其不越界侵占乎?且奉天
一省开辟几尽,每年出财赋一百数十万,可以本地所入供本地所
用。而二省之地大于奉省数倍,竟令长林丰草荒秽,百产之菁华入
数不及八十万,出数几及四百万,合数十年计之,恐饷源有难乎为
继者。一遇水旱偏灾,部库告匮,二省之兵不但无财,而且无食,将
奈之何!拟请以旗地归旗,按口授田,责令耕种。其有余之地,则
以招募民兵前往开垦,皆令夏秋归农,冬春归营。果有实力奉行
者,即从优奖励,有稍涉废弛者,即严予参处。如此数年后,始轻征
其应纳之赋,而不减其饷,或量减其应得之饷,而不征其赋,足食足
兵可资久远,此所谓责在大将者也。至于旗地之外有无人承认,若
三姓下至通江地方千余里,虽有田垅旧迹皆归大荒,则宜设官招
民,轻收荒价,按年升科,使华人之在俄界者奋然思返,作边疆众志
之城。缘此辈皆内地贫民,轻去其乡,非不知荒地无主可以谋生,
只以察边令严,偶或私垦则必火其庐舍,竭其脂膏,故不如栖身异
域,犹可相安无事。今俄人逐渐欺凌,毫无顾忌,此辈在彼实有朝
不保夕之势。然欲返故土则无家可归,欲入边地则禁令未除。惟
设官以招徕之,斯归之如流水矣。不然华人之在俄界者不下数万,
而边地反寂无人焉,其故果安在哉?夫设官非专以民人为官之谓
也,谓如奉天之改设州县,但不以本地之人治本地之事,而缺之或

选或补,满汉均得例用,庶几考成严而民心附,故曰职在有司也。

七

一、吉江二省金矿甚多,宜设法开采,贱入贵出,以富国强兵也。《洪范》八政,食货为先。食资屯垦,庚癸不呼,货资采金,匮乏无虑。自唐以前开采不详于史书,然唐初置陕、宣、润、饶、衢、经诸州银冶五十八,而宪宗元和中特申重铜轻银封闭坑穴之令,于是天下银冶废者数十,岁采银仅万二千两。宣宗增银冶二,亦止岁采银二万五千两,则其事尚微,不足比数。计坑冶之盛,实始于宋代,各道置金冶十有一,银冶八十有四。自至道至元丰初,大约天下岁课金万余两、银二十万余两。惟天禧末岁入银八十八万三千余两。其时,各路坑冶皆官主之,故江淮、荆湖新发之矿,漕司虑发本钱,往往停闭。至建炎七年,工部乞依熙宁法,以金银坑冶召百姓采取,自备物料烹炼,官收十分之二,其法始一变。金世宗大定三年,金银坑冶许民开采,二十分取一为税,此开采最善之法。明代又变民采为官开,陕西商县银坑八所,福建龙溪县炉冶四十二座,浙江温、处、丽水、平阳等县各设银场局。永乐中,分遣官赴湖广、贵州采办金银课,又开福建埔城县、贵州太平溪、交趾、云南大理银冶,而福建岁额增至三万余,浙江增至三万余。宣宗颇减福建课,其后增至四万余,浙江增至九万余。英宗初下诏封坑穴撤闸办官,而奸民私开坑穴相杀,严禁不能止,遂封其所不当封。其后言者请复开银场,使利归于上而盗无所容,乃命侍郎王质往经理,分遣御史提督,而奉行不善,供亿过于公费,开之又不得其法。由是观之,官开则有弊无利,民开而官税之则有利无弊,古有明征,所以我朝列圣相承皆以民开为便。伏读康熙五十二年圣祖仁皇帝谕曰:天地自然之利当与民共之,不当以无用弃之。乾隆三年八月,高宗纯皇帝则有谕两广总督鄂弥达开矿并无聚众难散之事矣。四年六月，则有谕两广总督马尔泰银矿毋庸封禁之事矣。四十一年二月，则谕大小金川地产金沙，可采为设镇安营之费矣。嘉庆元年六月，仁宗睿皇帝则有塔尔巴哈台金矿穷民偷挖之不可严办之谕矣。煌煌圣训，后先同揆。诚以官开，则制器设局，派员佣工费先不赀。偶有所获，尽归中饱，朝廷每得不偿失，甚至激而为乱。民开则矿旺人众，矿衰人稀，矿绝人散，有利则赴，无利则逝，不俟官为散遣，并无聚而难散之虞。且场中头目令严制肃，万夫无哗。故雍正、乾隆中腾越边外有桂家银场，为缅夷所惮，永昌边外有茂隆银场，为猓夷所惮。及桂家场之宫里雁为边吏诱杀，茂隆场之吴尚贤献场于朝反为官所捕治，于是两场之练勇皆溃散，缅夷遂猖狂不可治。乾隆末，威远厅同知傅鼐结矿场之练勇以御猓夷，斩馘数百，亦称奇捷。同治时，海参崴南青岛金场华民驱逐俄人，已由海参崴追至双城子一带，因火药已尽，求济于边吏，不许，遂溃败，而俄人仍复故地。是则有矿之处不惟利足以实边储，抑力足以御外侮，何反畏其生内患乎？

今天下产矿之区更仆难数，独吉江二省金矿甚多，又皆逼近俄界，倘不设法开采，或俄人动心，或奸民勾结，是又藉寇兵而赍盗粮也。去岁俄人遣散墨河金匪者，以其时与英构衅，恐英人约我合攻，故俯首听命。且所占混同江北七处金场，金苗尚旺，不忍舍而他图，恐久后难免不垂涎耳。今诚听民开采，择廉洁无私之员督防军以守卫焉。如民采金一两，官以银八两或十两或部造中钱票帖三十余串易之，严立章程，禁绝偷漏，即以所易之金铸为每钱一圆之小金钱，或每元一两之大金饼，定为每两十四五换或十六换，以给内地旗营、绿营及练勇、海防各军之军饷。其部颁之票务须制造极精，严定假冒之令，准其通行各省，作正解库，如此转移，则民皆

乐从,官无浪费,货不弃地,敌不生心,或亦自富自强之术欤! 若夫
杜弊之法,拟请造连四票,根一存部,一存省,一给收金之员,一给
采金之民。每日每人挖金若干,由收金之员给票一纸,榜示通场,
按月报省。咨部民有匿金者杀,吏有作奸者杀。又不时派委操守
极坚之员往查利弊,许在场之人皆得举发弊端,按实立诛,知情不
举者连坐,庶几弊绝风清,奸人无从措手矣。至议奉天开矿实于风
水有关,自宜永远封禁,以护神皋而培龙脉也。

八

一、华人贸易俄地宜免税以广商路也。内地华人由三姓各处
贸易下江,始自嘉、道之际,盛于咸丰之初。自贡貂诸部划归俄界,
于是出境之禁甚严,有前往贸易者,各城胥吏即恐以私通外夷之
罪,不竭其赀本不止,而三姓为尤盛。然其时斗米尺布易貂一头,
故冒险争利,岁不乏人。嗣因俄商日多,貂皮日贵,华人携赀而往,
不过较及锱铢,以为生计而倖逃胥吏之手者,实无十之一二。前将
军铭厘剔弊端,因弛禁听民自往。诚以俄不我禁,而我自禁之,于
事已属不合,且令华商通行各处,可以时觇消息,用意尤为微至。惟
每人给照有费,而又按货以抽税厘,商人之心殊多不愿。盖俄人只
取俄税,于华商向无征收。去岁东海滨省屡请出示创收,经吉林将
军严词驳回,议遂中止。是俄人尚缓此税,而我又何必亟亟乎。诚
使入款甚巨,亦于饷项有补,乃核计每年不过千金,涓滴之水何益
江河。拟请于吉、江二省边俄之区,凡有华商出入一律免税。但于
出边时人给护照一纸,仍照前例取中钱百文或二百文,以作办公费
用,不准勒索加增,庶几商路日广,俄情常通,似于边防尚有裨益。
又况贡貂诸部入俄多年,至今眷念中国,不改俄装,皆赖华商维持,
则有事时亦尚堪使用耳。

九

一、三姓贡貂各族有名无实，宜停赏乌绫以节靡费也。国初收服东海诸部，若赫哲喀喇、若额登喀喇在混同江左右，若木抡在乌苏哩江左右，若奇雅喀喇在尼满河源左右，皆令每年至宁古塔入贡貂皮一张，或三年一贡。又有远在混同江海口之飞牙喀、奇勒尔二部及远在海中之库叶一部，不能以时至宁古塔，则以六月期集于宁古塔东北三千里外之普禄乡，章京舟行如期往受。雍正七年，设三姓副都统，遂归三姓办理。定例，岁贡者宴一次，三年一贡者宴三次，皆赐衣冠什器，名曰赏乌绫，自诸部言之则曰穿官。约得貂皮一张须费银十余两，皇恩浩荡，原所以羁縻诸部，固我边陲也。自俄人犯境，诸部俱入俄界，于是贡道阻绝，彼不能来，我不能往，贡貂之典已属虚文。即间有数十人或百余人至三姓穿官者，亦皆随华商入境，借以自置货物，貂皮均由华商垫出，非真本人之贡，每人受赏多不过一金，其不足额貂皆在本地购买，如数解京。是所费之数较之原赏则甚微，而每年春季自盛京解往之乌绫等件，车载马运，络绎于途，非数万金不能办，此循名核实，甚属无谓。惟三姓下至乌苏哩江口旧有奇勒尔人等贡道未绝，然现已隶富克锦城编伍当差。无貂皮之贡即无乌绫之赏，今请将赏乌绫之典暂行停止，有随华商入贡者，造册报部，按名颁赏，其余无用之乌绫，则于奉天变价买貂以供御用。再有余费，则迁贫苦旗丁于吉、江二省，按给牛具籽种，责令垦地。或即招俄界华民与贡貂各部授以三姓闲荒，均令成熟升科，约每年可迁数十百家，合数十年计之，旷土渐少，田赋渐多，以视乌绫之虚糜巨款，尚亦有利哉。

十

一、吉、江二省制钱阙少,可铸银钱以便民用也。中国铜钱西北行至哈密而止,西南行至打箭炉而止。自哈密以西则行回部红铜普尔钱,打箭炉以西则行西藏银钱。自乾隆平定新疆、西藏后,命于天山南北各城设局鼓铸普尔钱,文曰"乾隆通宝",皆镌地名,用国书、回字。又命驻藏大臣监造大小银钱,面文"乾隆宝藏"汉字,背用唐古特字,并于边廓铸造年分,如廓尔喀之式。是皆以天朝货币仿铸西洋银钱,诚以边地辽远,有不如是而不能便民者。今东省使用制钱,奉天已不如内地之多。至吉、江二省制钱阙少,通用楮币,甚至楮币亦无,而有抹兑之名。买卖交易,展转过账,终无一钱到手。因之贫民生计日益艰难,饥寒交迫从贼如归,此响马大盗所以捕治不尽之源也。去岁吉林将军体察情形,奏请仿制钱式样鼓铸大小银钱,原为因地制宜隐消祸萌起见,亦与新疆、西藏成例相符,而部臣未及深察,遂格于议而不行。夫二省之地方数千里,人烟即少亦不下数十万户,只以银钱不能流通,盗贼遂致蜂起。若照吉林将军所请鼓铸银钱,实为正本清源之治。查二省兵饷每年将及三百万,但能拨三分之一或十分之一铸钱放饷,合十年计之,银钱自可流通。倘虑奸商梗阻,或私行毁化,皆须明定章程,先行晓谕,否则置诸重典。盖银钱铸有定分,商人虽少压平之息,而价值高低仍可任意为消长,此奸商梗阻不足虑也。至私毁之禁,律有明文,揭出而布告之,谁肯轻身试法者。万一恐若部议流弊滋多,则请部库于二省之饷每年搭放二成制钱,是亦变通之一策也。然而为政在力行,果以实心行实政,利且无穷,弊安从生哉!

十一

一、吉林机器局经费太少，宜筹款以广制造，俾利三省军械也。自泰西诸国竞尚火器，刀矛弓矢难与争锋，于是机器局之设万不容已。盖风会所趋，有不如是而不能自立者。吉林毗连俄界，防务最严，前曾奏设机器局，专造子母枪弹，嗣又添造火药、拉火，局中之人日夜辛勤，数年于兹，本已著有成效。顾每年经费不及十万，本省运用尚觉不敷。今朝廷轸念边防，而奉天、黑龙江之军械火药仍多购自外洋，或取诸关内，资本既重，转运亦艰，苟有动静，必多周章。拟请合计三省之兵，每年共须军火子母若干，共费若干，即以此费拨归吉林机器局添备机器，如数制造，以备三省之用，兼储有事之需。更于奉、江二省分设修理军械局，庶几资本可省，转运不劳，即缓急亦皆足恃。设以余费再造新式枪炮，多制各种火药，则尤有备无患之长策也。

十二

一、松花江可试造轮船，以利转运也。陆行莫捷于火车，水行莫捷于火船，有无懋迁，可争大利，征师转饷，可速大功。泰西诸国各为雄长者，端不外此。廷杰去岁侦探俄界，查黑龙、松花、乌苏哩三江俄人共有火轮船三十五艘，每艘可带载货大船自二三支至六七支不等，每年四月开行，九月停止，每艘可获水脚银三四万两，即俄帖十余万张。询其造船之费，大者不过万余金，小者不过数千金。盖船皆木质，头包铁叶，中烧柴火，故本轻而利重。今吉林多大木，机器局工匠亦知轮船制造之法，若以数千金令其试造平底小轮船一只，由吉林通行白都讷、巴彦苏苏及阿勒楚喀、三姓各处，以利商人转运。如果有益，然后裁吉、江二省水师营运粮船岁造岁修之费，再造大轮，仍令水师营管驾通行黑龙、松花、乌苏哩三江。盖三江中俄所共，俄人不能独有。惟自伯利至东北海口专属俄夷，须咨照该国而后可入。诚如是也，无事则利商利民，并可利国，有事则征兵转饷无误事机。以视运粮船之徒为虚设，其得失固自昭然也。

十三

一、黑龙江将军宜移驻爱珲也。我朝平定罗刹始设黑龙江将军，原驻黑龙江，即今爱珲城地，既适中亦居险要，本足捍御中外。《通志》载康熙二十二年于黑龙江设将军、副都统，二十三年于黑龙江岸筑爱珲城是也。自后官斯土者苦于地远天寒，遂于康熙二十九年移黑龙江将军驻墨尔根，三十二年移黑龙江副都统亦驻墨尔根，三十八年黑龙江将军、副都统皆自墨尔根城移驻齐齐哈尔，四十九年始于墨尔根设副都统，雍正八年又于黑龙江设副都统，虽皆奉命移驻，实由逐渐奏请。去岁七月，廷杰至大黑河屯，土人谓黑龙江将军本驻爱珲，其后两次移至齐齐哈尔。朝廷谓若再议移徙，不如迁居京师。虽属传闻，似非无因。可知黑龙江将军即无俄人侵越亦当以爱珲为驻扎之所。今黑龙江对岸沿江上下皆为俄有，彼之阿穆尔省与我之爱珲城仅隔一江，相距七十里，驻有重酋，而我之爱珲副都统有事不能专决，必先咨行将军衙门，然后定夺，往返须时，恐误事机。咸丰四年，俄酋摩力摇付以数百人犯境，爱珲协领托克托布力劝副都统攻之，可以逐出境外，因必欲咨行将军，反张大其词，仓皇入奏，遂成燎原，弊正坐此。惟移黑龙江将军仍驻爱珲，不但与俄之重酋旗鼓相当，且强弱虚实近在目中，任大责专，指挥较易，俄人或有惧心乎。

十四

一、吉林将军宜移驻宁古塔，或移驻阿勒楚喀也。顺治十年于宁古塔设昂邦章京、副都统镇守之，康熙元年改宁古塔昂邦章京为镇守宁古塔等处将军，十五年移宁古塔将军驻吉林乌拉，此吉林将军建置始末也。今谓宜移驻宁古塔者，该处地近俄界，亦与黑龙江将军之移驻爱珲城情形相同。且以现在地势计之，东北荒地纵横尚千余里不等，中产金矿约数十处，若将军驻此，则顾虑周详，防守易施，屯垦、采金不妨并举，是亦因时制宜之一策。其或不驻宁古塔而移驻阿勒楚喀，则以吉林将军行总督事，改阿勒楚喀副都统为府尹，如奉天府尹之通管奉天民事，再以黑龙江将军行巡抚事，令其小事专决，大事会办，如此则边防事宜呼应灵通，无此推彼诿之嫌。盖合观二省地势，此处实居适中，且附近白城即金人发祥之上京会宁府，气象阔大，足以控制东北，故敬献刍荛，用备采择焉。

十五

一、台尼堪可复也。国语呼汉人曰尼堪。尼堪者今称站丁。原徙三藩余党充当苦差，固已德洽好生，恩施法外矣。惟是罚弗及嗣载在虞书，咸与惟新传之商代。我朝戡定大乱，往往歼厥渠魁，胁从罔治，子惠愚民，远超前古。今该站丁等以先人无知之过，没后世有用之材，纵聪明出众不得以科甲荣身，即膂力过人亦难以干城备用。罪非自取，情实堪怜。倘蒙哀矜不辜，除其册籍，或使归旗而编甲当差，或使归民而择术自效，将忠义愤发图报，必有可观人材叠兴，栽培尤觉罔外矣。

十六

一、西山灰窑有碍风水,宜筹费令徙他处也。窃惟风水之书儒家弗道,而山川之美古来共谈。洞东瀍西屡卜乃定,圣若周公且费经营。今京师祖太行、池渤海,旅顺、朝鲜护其左,之罘、泰岱峙其右,宅中图大,诚亘古所未有。独由碧云寺西逾山岭为龙脉入首束气之处,左水归沙河,右水入永定河,脉络分明,最关紧要。乃有灰窑多处,挖掘煅烧,损伤龙神,拟请筹费买回窑基,令业户徙于产煤处所,另立新窑,然后分段派兵将旧窑一律填补,永远封禁,庶几无损于闾阎,而有益于国家矣。

呈永宁寺碑拓本禀*
(光绪十五至十八年间)

敬禀者:廷杰于光绪九年投效吉林,蒙吉将军派办边务文案,公余暇日留心边事,凡东三省地理险要与夫古人用兵成迹有关于今日边防者,皆不揣谫陋,荟萃成书,名曰《东北边防辑要》。惟查《柳边纪略》载有康熙庚午与俄罗斯分界立碑威伊克阿林一事,未详其地。去岁三月,奉吉林将军密札侦探俄界,行至松花江下游特林地方,访有二碑,登山审视,一刻"勅建永宁寺记",皆述明太监亦失哈征服奴儿干海及东海苦夷诸事,其敕监①永宁寺碑阴有二体字,两旁又各有四体字,惟唵嘛呢叭咪吽六字可识,余五体均不能辨,是

---

* 此件据嘉业堂抄校本著录,原件标题为《曹廷杰禀》。曹廷杰于光绪十五年至十八年间任山西和顺、崞县知县,故此禀当撰于是时,今姑系于此。
① 原文如此,此处疑有脱误。

否威伊克阿林界碑，未敢臆断。然以所载三路往视之道计之，其立碑似当在此。今附近土人相传，此碑系数百年前中国平罗刹所立，语尤可据，且均属使犬部落，明代亦曾取之以固边圉。而史论家动谓明之东北边塞尽于铁岭、开原，是未睹二碑之原文也。谨将拓本具说，敬呈钧鉴。可否代奏，请旨宣付史馆，一以补《明史》之缺，一以备国朝掌故之选，庶几边地沿革足以传信后世。肃禀敬请勋安，伏祈钧鉴。

知县廷杰谨禀

查看俄员勘办铁路禀[*]

（光绪二十一年十二月）

敬禀者：窃卑职于光绪二十一年九月初三日奉札，内开游历俄士陆续入境，饬令卑职率领员司、通事、绘图、翻译、弁兵等分道前往，一面与之款接，一面查勘山川道里，为自行修路之计，事关重大，务须详细记载，绘具图说，禀请核咨各等因。蒙此，当即饬装起程，酌派委员依林保、汪泽溥，书识萧海鹏，绘图委员刘元恺，翻译荣升，分往三岔口、宁古塔等处跟寻俄人踪迹，绘画路图，翻译标记俄字。卑职带同委员王荣昌、梁翰，通事官贵禄，司事孟骏，书识永文，探途迎见，遵札款接。自十月初七日在蚂蜒河街基地方接见俄员格鲁利结为持等起，至十一月初二日送至松花江南沿满井地方出吉林境止，中间到宾到阿，所有款接情形均经随时禀呈宪鉴在案。卑职等于十一月十二、十六两日先后回省，业将因公领借款项及各员

＊　本文据滃属、辽海、上图等本《东三省舆地图说》附录著录，并据《拟放姓属荒地章程》"长顺东三省铁路宜自行筹款兴修奏折"校。

名等原领薪水车价沿途嚼用无余,并留员办事请发薪水各情,分晰开具清折,禀恳鉴核,亦在案。兹据绘图委员刘元恺将跟踪绘画路图、翻译荣升将标记俄字译汉各备二分,以便禀请存案核咨前来。卑职据查俄人所立标记,从三岔口西北南天门至蚂蜒河东阎家窝棚一带,经荣升查明译汉者一百二十四号,均系书写号头,记明里数,已饬刘元恺按地列入图内。自三岔口由东向西编明次序,以便按照译册查对。其有立标僻处,又或被人涂抹之记,无从查译,不在此数。由蚂蜒河至满井,卑职躬亲履勘,并无标记。至刘元恺所绘之图,开方计里尚为详细。然止此一路不但于东三省大局不能瞭如指掌,即宁、姓、阿三城山川形势亦难于路外查知。卑职因集中外各图,详核经纬度数,即地球之东半球截取赤道以北亚、欧、阿三州地面,绘一总图,将中俄京省各城及俄国已成未成各铁路,并此次俄人分起查勘东三省道路,分别列入,以便查考,馀皆从略,恐稽时日致误事机也。

卑职伏查俄人贪狡成风,往往乘人之危,攘地窃踞,虽与中国通好最久,然康熙初年伺三藩之变用兵南服,彼遂侵及雅克萨,受我尼布楚,自安巴格尔必齐河口溯源,循大兴安岭,直抵东海为界。道光、咸丰之际,英人外扰,发捻内讧,北兵南征,边堠虚戍,彼又观衅而动,任意欺蒙,一再易约。先顺黑龙江入松花江,即顺松花江入东海,将北岸数千里之地划归彼界;后又从乌苏里江入松花江处溯乌苏里江,南入松阿察河,逾兴凯湖,直至白稜河口,顺山岭至瑚布图河口,再由瑚布图河口顺绥芬河及海中间之岭至图们江口,将东岸数千里之地踞为彼有。同治时,彼乘回匪倡乱,窃居伊犁,因我大兵方席全胜之势诡云代守,但求偿资返地,仍复恣情割裂。嗣闻法人据越南,英人据缅甸,则又怦然心动,垂涎朝鲜,窥我根本重地。其时,英人与彼战于阿富汗,移兵巨文岛,作去火抽薪之计,彼始稍戢。统观俄人行事，无非乘隙蹈瑕，以见可而进，知难而退，操必胜之权耳。至欲争雄海上，北限冰洋，西被各国禁阻，始决意东图，就所占海参崴为停泊兵轮、整顿商务重地。然每年冰冻三月，未能纵横如意，于是觊觎辽东，思得朝鲜、旅顺，以逞逐逐之欲，不但非中国之利，而亦英、法、德、奥诸国所唯恐其或成者也。光绪十一年，卑职游历俄界，与各处官商不时聚谭，稔闻该国有借地修道之意。十三年，英之游历于俄者，以策赠我出使大臣，言俄人将辟铁路至海参崴，其志在朝鲜及东三省，并豫计他日进兵之路，缪祐孙《游俄汇编》载入日记。是其蓄谋已久，而不敢骤发者，一则道途绵阻，铁路未达，东方主客逸劳胜负难必，兵食器械转运维艰；一则华兵精强，专阃尚多，夙将荡寇靖乱久壮声威，主战排和足资震慑。故该国徘徊观望，犹抱回翔审度之情。今战将大半凋零，彼之东方铁路环绕中国西北东三面，明年均可告成。西则窥伺卫藏，与英人同藏祸心，形势已露；东则冀得渤海，悉力经营。查由义尔古斯克经赤塔城、聂尔琛斯克(即尼布楚)、阿勒巴金(即雅克萨)、布拉郭悦式厘斯克(即海兰泡)至哈巴诺甫克(即伯力)，计俄里二千五百，已将勘办铁路绘入舆图。只以高山峻岭层叠相连，不可胜数，大小江河共二十余道，修理经费较之各处每里加倍，尚难成功。由哈巴诺甫克至务拉的倭斯讬克(即海参崴)俄里又六百八十，共计三千一百八十俄里。兹由义尔古斯克至粗鲁海图俄里一千三百，由粗鲁海图经齐齐哈尔、呼兰、宾州、宁古塔、三岔口诸处至尼果立斯克(即双城子)俄里一千一百七十，共计二千四百七十俄里。计江省止有大岭一，即大旱冈岭。吉省由西向东止有大岭十二，经刘元恺绘入图内，一庙岭，二老岭，三大亮子岭，四陡咀子岭，五蚂蜒岭，六小亮子岭，七赶面石岭，八腰子岭，九狐狸谜岭，十空杨树岭，十一、十二即对头砬子与万鹿沟岭，此二处极为险峻。徐牙金尼先由该处查勘回双城子去后，莫新、毕凌科二人复入境分道重查，系为避此二处起见，已于图内分绘两线。又江省止嫩江一道，其余小河可以撇在路之左右。吉江交界止松花江一道，吉省止牡丹江一道。此外小河、小沟宽不过寻丈，深不及一二尺，较之原查伯力以西铁路里数既少，施功亦易，省费尤觉无穷。且从尼布楚至海参崴长驱直达，不必北绕，是舍弧而求弦也。至由齐齐哈尔分途经伯都讷西、长春府北，直抵辽东海（即指营口），计俄里七百五十，系安得罗尼国夫所勘之路。观其举动，似以日本甫和，回寇又起，故急思狡逞，若有迫不及待之势。去岁九月，俄官士帖烈毕斯克带兵八名，由库伦走蒙古草地，至齐齐哈尔，经伯都讷、农安县、长春府至吉林省城，出宁古塔，沿途画图。今年六月，该俄官又带俄兵由珲春赴长白山，入奉天界，足踏手绘。夏秋之交，先驶轮船过伯都讷七十里，因水浅折回，旋换浅水轮船行至该处，仍然搁浅，遂入嫩江探测水道。虽以运货为名，而所过均不纳税，其为豫查兵轮水程亦可想见。今四起游历人士又明目张胆宣言勘办铁路，格鲁利结为持等复谓安得罗尼国夫等三起均经查毕，止俟伊等图到，布是实尼国夫即至北京与中国朝廷商办。是其意在必行，尤不待言。但地属中华，本非彼有，若许修呼兰、宁古塔一路，除呼伦贝尔孤悬道南外，凡江省东境、三姓属地均在路北，五金矿产不下数十处。设因许路而再求割地，遂先开矿而即利修路，不几藉寇兵而赍盗粮乎？若许分修江省至营口一路，则三省大局尽入囊中，旗汉生灵数千百万遭其荼毒，无所逃避者，犹可委之气数，祖宗基业任其侵占，三陵重地隔越山川者，断难听之。适然然于此不许，则以彼贪得无厌之心，值我和战未毕之际，势必恃强逞奸，藉端寻衅，其患又不可胜言。为今之计，不若于布是实尼国夫入都商办之时，先指该国乂尔古斯克至粗鲁海图地方一千三百俄里铁路尚未修造，俟其修造毕时，我再接修，或可稍缓二三年，以纾财力。万一彼欲我同时并举，则商以由山海关修至卜魁，限期十年，再由卜魁西修至粗鲁海图，东修至三岔口，亦限期十年。明立约章，彼之轨道宽，则我稍窄数寸，彼之轨道窄，则我稍宽数寸。又于大旱冈、嫩江、松花、老岭①、狐狸谜岭、万鹿沟、对头砬子等处择要设立炮台，藉资防守。俄人由我火车铁路转输货物必定章纳税，军械兵弁不准入境，盖外洋皆以商务为先也。彼果真心和好，即当允诺。我即于吉、江二省垦务矿务认真办理，以集巨款，一面劝谕三省旗民竭力捐输，一面晓谕内地商富广招股分，统归廉洁素著大员充任公司办理，或者事尚可为，俄人无所藉口。然必急练精兵，预选战将，减从前无用之兵饷，增此后有备之军食。尤择人才，破格录用。除纲常名教万世当遵孔孟外，其余虚文故事一切裁革。择各国致富自强之术，逐一仿办，不但外侮不生，内变不作，即我皇上亿万年有道之基亦肇于此。昔俄被法侵，彼得罗励精图治，改弦更张，辟地日广，至今益盛，其明鉴也。卑职荆楚寒儒，防营俗幕，蒙前将军侯希以游俄微劳保荐，受皇上特达之知，俾膺民社，复蒙宪台迭加奖励，荣晋今职。今年署军宪恩奏调来吉，适逢俄士入境，奏派卑职前往款接。素于俄文俄语毫无知觉，凡所问答皆由通事官贵禄详细翻传。审今日之俄情，切将来之杞忧，迫切愚悃，罔顾忌讳，仅将问答各节缮具清册，路图、总图分别审定，各备二分，肃禀敬呈宪台核夺。倘蒙鉴原鄙忱，据情入奏，并将图册一分存案，一分咨送总理衙门查核，纵干切责，亦所心甘。是否有当，伏候训示遵行。

　　再：闻中国估计铁路工料险易，通算每里得银七千两即可措办，缘人工极贱，较之外洋工作可省五六倍至七八倍不等也。查由

①　"老岭"，原误作"松老岭"，据《拟放姓属荒地章程》本改。

山海关抵奉天，经长春北、伯都讷西至卜魁，计中里一千九百四十里，须银一千三百五十八万两。又由粗鲁海图抵卜魁，经呼兰、宾州、宁古塔至三岔口，计中里二千二百二十里，须银一千五百五十四万两。两路实须银二千九百一十二万两。若能议准二十年分修，每年止须筹银一百四十五万六千两。即改十年分办，每年亦止须银二百九十一万二千两。三省合力筹划，加以移缓就急，似亦无难。其卜魁东西一路，西至粗鲁海图，东至三岔口，均交俄界，界外应由俄修，是以中里止二千二百二十里。至于存案图册借用边务文案处关防外，备咨送一分请盖宪印，合并声明。肃此具禀，虔请勋安，伏乞钧鉴。

卑职廷杰谨禀

　　计：款接问答清册二本；

　　　　译汉俄记清册二本；

　　　　路图总图各二分。

光绪二十一年十一月三十日

　　敬再禀者：俄人勘办铁路关系东三省全局，卑职以谫陋微员审时度势，拒之固不能，听之又不可。虽奉札款接专属吉林差使，而禀呈图册均未便划开奉、江，转使真情实势隐晦难明。拟请宪台主稿咨行奉天将军、黑龙江将军查核画诺，合词具奏，并联衔咨呈总署查照。庶协和衷之义，而纾朝廷之忧，似于大局不无小补。卑职愚昧之见，是否有当，伏候钧酌施行。附禀。载请勋安。

廷杰谨再禀

　　敬再禀者：路图已画就一分，总图甫经定稿，督饬照绘，约须十二月初五、六日方可先成一分。因闻俄员定于年底春初入都会议，恐办理折奏咨文为期已迫，谨先呈俚禀暨款待问答及译汉俄文清册各二本，恭恳宪台核夺施行。图成时，即当恭呈宪鉴，以便咨送。其存案路图、总图，容后饬绘呈缴。理合附禀陈明，伏祈钧鉴。

廷杰谨再禀

　　谨按：曹君款俄销差呈请会奏原禀，不啻痛哭流涕而陈之。设使当道鉴查，据以入告，极力整顿，东省铁路未必即归俄修。乃当日吉帅长咨行奉、江两省依帅、恩帅，均已画行，由吉省会衔出奏，而幕友秋桐豫谓业已咨行总署，不必再奏，致使此禀未能上述天聪，俄人遂于次年议修铁道，近又租我旅顺、大连湾为通商码头。如布棋①然，东省三子已作叫取之势。独惜京师门户听人把守，倍切杞忧耳。

宜都陈秉冲、汉阳左寿
椿、松滋李逢年妄识
戊戌四月十六日

附：吉林将军衙门为派委曹廷杰
等查看宁姓珲荒务矿务等情钞粘
咨行宁姓珲副都统衙门查照由*
（光绪二十一年九月）

　　边务文案处呈为咨行事：照得本署督办将军于光绪二十一年

---

① "棋"，原误作"旗"，今改。
* 据吉林省历史档案标点整理。此件说明于查看俄人勘察铁路前，曹廷杰曾被委前往查看宁、姓、珲荒务、矿务，为全面反映曹廷杰活动，故将此件附于前禀之后。

七月遵旨复奏并陈吉省情形拟请开办边荒矿务一摺,奉朱批:户部议奏,钦此。光绪二十一年八月二十九日准户部咨开本部议覆一摺,光绪二十一年八月十二日具奏,本日奉旨:依议,钦此。相应钞录原奏,恭录谕旨,飞咨遵照前来。

查原奏内称:吉林垦荒开矿在昔为创,在今为因,自应准由该将军推而行之,以广兴利实边之益。应请饬下该将军速派妥员查勘一切详细情形,绘图贴说,妥议章程,奏明兴办各等语,自应钦遵委员分途勘办。除宁、姓、珲各处垦务派委补用知府曹廷杰查办,三姓所属地面矿务派委候选同知董梦兰查办,宁、珲所属地面矿务派委补用知府李芹查办外,相应钞粘咨行,为此合咨贵副都统衙门查照可也。须至咨者。

计钞粘

右咨宁古塔、三姓、珲春副都统衙门。

光绪二十一年九月　日

为札饬事:照得本署督办将军于光绪二十一年七月遵旨覆奏并陈吉省情形拟请开办边荒矿务一折,奉朱批:户部议奏,钦此。光绪二十一年八月二十九日准户部咨开本部议覆一折,光绪二十一年八月十二日具奏。本日奉旨:依议,钦此。相应抄录原奏恭录谕旨,飞咨遵照前来。查原奏内称:吉林垦荒开矿在昔为创,在今为因,自应准由该将军推而行之,以广兴利实边之益。应请饬下该将军速派妥员查勘一切详细情形,均应绘图贴说,妥议章程,奏明兴办各等语,自应钦遵办理。除开矿另行筹办外,所有垦荒事宜,合亟抄粘札饬,札到该府经、县丞,即便钦遵,务将三岔口、穆棱河一带及附近数百里地方何处有可垦之荒若干垧,何处可设几屯几堡,并将其地势、方隅、里到详细查明,绘图贴说,禀候核办,勿得稍事耽延，草率了事，致负委任，切切。特札。

计抄粘

札三岔口垦务局府经曲作寅、穆稜河垦务局县丞朱权遵此。

光绪二十一年九月　日

续议都鲁河金矿办矿章程*
（光绪二十二年十二月十九日）

正月初一日，奉黑龙江督办将军恩、帮办副都统增饬知《续议办矿章程》七条由，为札饬事。户司案呈："查本省现在奏请开办呼兰都鲁河等处金厂所有委员曹牧廷杰《续议应办事宜章程》七条，呈请钞单，分行查照立案"等情。据此，除分行外，合行札饬。为此，札仰呼兰木税总局总理遵照。特札。

右札仰呼兰木税总局总理曹牧准此。

光绪二十二年十二月十九日

计开：

一、请拨营兵分段驻防，以资保护而利驿传也。查卜魁省城至呼兰八百里，呼兰至三姓六百余里，三姓至都鲁河七百余里。除由省至呼兰旧有台站外，呼兰至三姓之五站佛思亨地方，中间相距二百四十余里，向无台站马拨。三姓至五站，虽有驿马夫役，然站属吉林金厂，往来公文繁多，若不筹定津贴，恐其任意迟延，有误公事。自三姓至金厂七百余里，绝少居民，若不拨兵分段防守，则索伦盗匪往来，乘隙出没，肆行抢劫，不但金厂之转运维艰，即放荒招

---

* 此件摘自吉林省历史档案光绪二十四年三月九日《珲春属境矿务公司为仿照都鲁河设立盘查处事移复吉林垦矿总局》，标题系编者所加。原件《珲春属境矿务公司为仿照都鲁河设立盘查处事移复吉林垦矿总局》亦附于"章程"之后，以供参考。

垦，人民麕聚，保护弹压亦无所资。今拟请拨马队一营，营官留中哨之兵驻扎汤旺河，以保护金厂粮栈，并弹压金厂盘查局。其余马队四哨，分段驻防。拨步队一营，营官留中哨之兵驻扎都鲁河与观音山交界之青山分水处所，以禁止把头矿丁彼此挽越。其余四哨分段驻防，均各食本营之饷。拟于三姓至都鲁河金厂七百余里路内，每六十里设一步队，窝铺住步队二十名，中间三十里处设一马队，窝铺住马队十名。马步各队，每日于相距十五里处早晚会哨，金厂招垦局文书即于早晚会哨时传递。若有转运，除派差弁带同护厂炮勇长解外，沿途窝铺依次护送，不得违误。若不设法津贴，则路远粮贵，恐无以慰军心。拟请于汤旺河设立盘查局一处，由本厂派委员司经理。凡矿丁入都鲁河金厂者，必在盘查局领取小护票一纸方准入厂。到厂后，将护票粘贴腰牌背面，以便稽查。每票一张，取票费京钱一百文。又：凡驼运货物入金厂售卖者，无论官商，每驼一头抽取京钱二百文，每大车一辆抽取京钱一吊文。按季核算，除开销该局员司薪水局用外，馀款统作马步兵勇津贴，按名分给，不得偏枯。再：车驼运载货物由外面入金厂售卖者，止准入口时收取抽分。若由金厂出口及骑坐车马不带货物者，出口入口止许盘查，不准抽分。合并声明：再，请拨马步队兵，不得擅行入厂，以免嫌疑。

一、拟在汤旺河设立盘查局，兼管木植山货税务，以便收回本省利权也。查本省青黑二山，林木中营生者不下数千人，皆自三姓、五站、汤旺河等处入山，向在三姓后路营盘驻扎处所取给护照，每照一张须费京钱一吊文。然执隔省之照，取本省之财，于理不合。廷杰在木税局时，呈请咨行吉林将军、三姓副都统禁止后路营盘给照，拟由本省木税崇古尔库站分局佛思亨站分卡发给入青山人民执照，近已稍行，应请重行咨明。凡入江省青山地界者，无论采捕刊木，均应领取江省木植山货税务局执照，方准在青山内营生。若无江省护照，随时派兵搜山驱逐。除崇局佛卡已归呼兰税局办理外，所有自三姓、汤旺河等处入青山者，应在盘查局领取执照，照章收取票费。除每票以四分之一归还木税总局票本外，下余三分并入矿丁票费。驼运抽分，一并由该局造册呈报，以资津贴兵勇，收回利权。但津贴之数不得过底饷之半，以示限制。若有盈余，应由该局另款解省，若收款除该局员司薪水局用外，所有余款不及津贴兵饷之半，应全数按名均分。

一、盘查局所用木植山货税票及采捕刊木执照，仍应由该局在木税总局请领。所收木植山货税款，按月册报本税总局暨将军衙门查考，仍照木税章程截留经费。所有正款，按季解交木税总局，汇总报解。其应用矿丁护票及收取驼运抽分票，则由本厂发给，按月由该局册报本厂转报查核，以清界限。

一、按里设立窝铺，以便兵勇分驻也。查三姓至都鲁河金厂计地七百二十余里，应设马兵窝铺十二处，步兵窝铺十二处，共二十四处。内除汤旺河马兵驻扎处所，及盘查局粮栈，并青山分水处步兵营官驻扎处所，应酌量多盖房屋，其余窝铺均修住房三间，围墙一道，马队添设马棚一间。此项用费亦由矿务经费项下暂行借用，俟核实估计修造完时另册呈报。如将来盘查局收有余款，即行拨还。其本厂修盖局房，应归矿务经费作正开销。再：马步各一营如此分扎：马队除汤旺河驻扎中哨，所有窝铺十一处止须马兵一百一十名，尚余九十名；步队除青山分水处驻扎中哨，所有窝铺十一处止须步兵二百二十名，尚余一百八十名。拟即分拨崇古尔库站及巴彦苏苏、呼兰等处驻扎，本厂不给津贴。合并声明。

一、盘查局票费、照费抽分，若有余款，拟请津贴三姓、五站马夫及呼兰、巴彦苏苏、小石头河木税局卡马兵，以期递文迅速也。本厂至三姓已有马步队兵传递公文。五站系三姓地面，由佛思亨站西至呼兰，相距二百余里，有小石头河木税分卡、巴彦苏苏木税分局、呼兰木税总局，各有马兵堪以藉递公文。计五站五处、局卡三处，共八处，拟每处每月各由该盘查局津贴银二两，于票费、照费抽分内提用，造册呈报。如该局经费不敷，则由本厂保险公积项下动用，请免报。如此则本厂公文至呼兰毫无阻滞，由呼兰即交本省五站转递省垣，省垣公文至本厂，皆通行无滞，惟紧要公文加给牌单，按程转递各台、站、局、卡、马步窝铺，均应将收到时刻填入牌单内，即时转递。若有一处稽延，查出系本省台站，禀请将军衙门饬令该管官照例惩治。若系呼兰木税局卡、三姓、五站及马步窝铺，撤去一月津贴，并行知该局、卡、站、铺官弁员司，将送文迟延之兵勇马夫从重责惩斥革，以儆效尤，而重要务。若平常公文，除阻水无船不计外，均应随到随递，不准延搁半日。违者，查出照上稽延紧文减等办理。至于由九道沟草道至双庙子等处旧有马拨，往往拆阅公文，任意稽延本厂公文，拆请不由此路传递。

一、暂借枪炮、子母、马刀、腰刀，以资护厂马步炮勇随时操演而重保卫也。近日东边各处逃勇多携快枪，勾结盗匪，乘机窃发。本厂所招之马步炮勇一百五十名，自应发给快枪子母，方足以加训练而期得力。惟此项枪炮、子母本省无处购买，且价值甚巨，本厂经费无多，一时碍难办理。拟清除旗帜、号衣、战裙由本厂动款制备外，应需格林炮四位，后膛马枪五十杆，马刀五十口，后膛快枪一百杆，腰刀一百口，格林炮子四百颗，马枪、快枪每杆各随带子母二百颗，请由省垣军机库营务处暂准照数借领备用。俟金厂开有成效，即由本厂拨款购买，将借领各件照数缴还，如有损坏遗失，照样赔补。

一、缓期开办以昭妥慎也。都鲁河金厂向来私挖者本不乏人，故三姓有都鲁河金砂行市。然廷杰究未身履其地目见其砂，若遽先为铺张，所筹五万之款即可尽动，且集股尚未知踊跃与否，殊非妥慎之道。拟请将户司二万两先行领出，运至呼兰存放，买备四百人二月口粮，并帐棚器具应用等件，准把头领百余人随廷杰带领员司数名、炮勇数十人，先至该处眼同试办，如果确有把握，再行禀请开办。所有股票及员司人等，皆先行招集，择订届时函达，收银赴厂，庶免虚糜款项。再：马步炮勇拟先行招齐入册，各预半月小口粮，即挑步队四十名、马队二十名赴厂，其余步队六十名、马队三十名，开办时派弁管带前往，均于起程时开始给正口粮。

附：珲春属境矿务公司为仿照都鲁河设立
盘查处事移复吉林垦矿总局
（光绪二十四年三月九日）

奏派总办珲春属境矿务公司事宜兼办招垦事务四品衔留吉补用县正堂魁，为移覆事：

兹于三月初八日接准贵总局移开：除减叙外，案准贵公司仿照都鲁河设立盘查处章程。呈奉军宪，批："据呈已悉，所请设立盘查局，按驼马货物抽收经费，以备局用，是否可行，有无窒碍，仰垦矿总局查明《都鲁河章程》详细核议禀覆再行核夺，饬遵缴"等谕。奉此，遵将敝局案卷详加稽查，并无《都鲁河抽收章程》。因思敝局创设未久，或户司有此案卷，及询查户司，亦无《都鲁河存案章程》。来文所议各节是否可行，有无窒碍，无从核议。应即移查贵公司既经拟请仿照《都鲁河章程》，谅必确有所见，相应备文移付。为此，合移贵公司，请烦查照，希将《都鲁河抽收各项章程》案据移覆送局，以凭核议，望勿迟缓可也等因。准此，当将《都鲁河拟办章程》七条，照抄清折一分，备文移覆。为此，合移贵总局，请烦查照核议施行。

须至移者。

　　计移送照抄都鲁河章程一分。

　　右移吉林垦矿总局。

光绪二十四年三月初九日

缕陈试办都鲁河金厂始末情形
及益和公司源流简明折册*

（光绪二十六年十二月二十六日）

　　为缕陈试办都鲁河金厂始末情形并附陈备抵各款被兵焚劫及益和公司源流造具简明折册垦请核夺奏咨事：

　　窃卑职于光绪二十二年十二月，蒙前军宪恩、副宪增奏请试办呼兰属境之都鲁河金厂。二十三年四月十五日，奉札饬知：奉旨允准，并将总理各国事务衙门会同吏①部、户部议覆章程饬遵试办在案。卑职当由宪台衙门承领库存荒价银贰万两，先行派委办事员司招募护矿营马步兵勇各一哨，制备金厂应用食粮、货物与一切家具，一面派员陆续押运至厂，一面招集股本。于是年五月十九日，由呼兰起程。六月初八日，运船行至三姓上月牙滩地方，被马贼抢劫粮船一只，船内货物银钱搜掠一空，绑去员司夫役三名，勒赎②银三千七百余两。由卑职自行借给，在薪水内陆续扣还。七月初，员司兵勇同抵三姓，距都鲁河尚七百余里，寂无人烟，亦无道路，且

---

　　*　据北京图书馆藏抄本《拟放姓属荒地章程》标点整理。文末原附黑龙江将军萨保奏折，可补充简明折册的某些内容，故仍附录于后。

　　①　"吏"，原文作"史"，据文意改。

　　②　"赎"，原作"续"，据文意改。

值江水泛滥，所有松花江北岸黑龙江地方，皆被水淹，转运更难，拟附俄轮顺松花江运至黑河口，溯黑龙江至太平沟口赴厂，以图速到开工并省运脚。甫与船主议定，乃因揽载铁路货物，不载商货。卑职复由三姓觅雇民船，将货物载至楼上地方，择高处堆积，守候水落。卑职先带兵勇员司数十人，自行探路进沟，见平甸皆哈汤泥淖，山林皆枯木朽株，举足维艰。日行数十里，人马俱困。加以宿露餐风，幕天席地，倍切艰辛。八月十三日，抵厂。有把头三家，依树结草而居，共领矿丁三十余人，在卑职上年派人采苗之处，私挖金砂，每日每家得金数钱，洵属称做。卑职遂暂住采苗窝棚，出示招丁，另择修局处所。仰望则林木蔽天，俯视则泥水遍地，洪荒甫辟，实与漠河、观音山、三姓等处金厂之化私为官者，大相径庭。九月初旬，招到把头六十余家，矿丁一千五百余人，饬令分班搭盖窝棚，开挖水道。卑职督修局房。

九月十一日，变兵托言缉贼，阄入厂内，时卑职于八月中旬堕马，折断右腕，伤犹未愈，温言款待。该兵等陡放快枪，伤毙员司夫役各九名。其一兵对卑职开放四子，均未开火。又众兵围击文案委员左寿椿、刘葆森所住帐棚，声抢金砂，枪子密如雨透，左寿椿身被四枪，绵夹单衣四件均穿，而皮肤竟未受伤。刘葆森伏地呼左寿椿同己出棚逃避。该变兵等随赴窝棚，将存放银元及员司衣物，尽数抢去。把头矿丁因而逃散大半。卑职飞禀军宪并函告观厂、三姓，电达瑷珲，请拨救兵。该变兵等闻风远避，卑职复招丁督饬工作。至十一月二十六日，查点已成窝棚八十三家，矿丁一千八百余人。惟楼上所存粮货，因车夫驮户尚未采开道路，沿途草甸被俄人打围烧尽，不能驮载，加以雨雪甚少，爬犁亦不能通行。所有在太平沟密果罗斯购买食粮十万余斤，距厂一二百里不等，岭峻林密，每矿夫一名负粮六十斤，往返须五六日，食粮十余斤，半路逃走者十之二三。矿丁糜饷，实不合算。爰饬各矿丁出沟就食，俟春暖进沟。次年四月，楼上粮货运到，各矿丁或赴观厂，或赴俄界，招之不来。幸五月在南川采一新头，比原开之东沟差强，新集矿丁四十余家，又各需索垫办，而前此之该欠食粮、货物、银价之把头、矿丁，仍无一人到厂，收数不旺。

九月，张倅毓芳奉前军宪恩札饬，查看情形，禀请奏明，由赈余项内拨给接济银一万两，作为成本。时已天寒地冻，矿丁过少，水道太长，遂至冰溢出槽，无从施工。二十五年正月，又在都鲁河西沟采一新苗，反覆筹画，无法办理。盖二十三年冬，丁多粮缺；二十四年，有粮无丁，然尚有股本、借款可以周转；是年，则无丁无粮，股本借款断难再筹。卑职万不得已，始至三姓，同和成利傅宗渭、益增源悦明阿商议，共凑本银一万二千两，买食粮货物运入沟中，开立益和公司字号，以冀厂务，藉有起色。四月以后，把头五十余家，先向西边开凿水道，未得正线，改向东作，多遇老冻，不易措手。幸间有一二家偶得①正线，每家十数人，每日收金四、五、六两不等。因此，各把头求财心盛，或借资本入沟，或求垫办成事，似有转机。乃至六月以至九月，阴雨连绵，每月之内，晴明不过数日，以至水道金碛旋开旋塌，烧化老冻未作即淹，各把头亏欠日多，各矿丁私逃难禁。时有张令寿华奉札查看，在厂数月，目击其事，徒唤奈何。兼之卑职开厂以来，杜弊极严，向无二八、三七分金之私弊。附近俄界金厂林立，近来定章，每交金一早立克，给羌钱二吊二百文，约十早立克，合中国金砂一两，得金价银二十两内外，是以把头、矿丁不入别厂，即入俄界，不愿在卑厂成帮。去岁十月，卑职思穷径绝，拟请仿照俄章，不取四六官金，但收金砂一两，即给价银二十两，冀广

---

① "得"原文作"到"，据文意改。

招徕。今岁三月,东西两沟,共来把头七十余家,各自盖房按碃。三月初,因奉前军宪寿函谕,不令改章,把头矿丁遂一哄而散。

卑职先于二月晋省,六月初七日回到沟中,查知两沟仅余矿丁七八十名,因详禀实在情形,出示仍照俄章办理,半月之后,倏聚矿丁千余人,每日两三家上溜,得金四五两不等。咸谓都鲁河东西两沟共长八十余里,处处有金,虽开采已逾两年,只以无多垫办,无有私金,不能聚人。然水道三十余里内,做金之处不过四五里,已得金砂六千余两。若从此一定改章,必能畅旺,将来获利,不在漠河、观音山之下,因此入沟之人日来日众。是时,积存金砂足抵库款官利木税之数。正拟起解,不意六月二十八日,俄人攻①观音山卡②伦,二十九日攻拖罗山卡伦,七月初二日攻太平沟金厂。卑职僻处深山,以为矿丁常在俄界滋事,俄人或与矿丁有隙,偶尔报复。爰函商观厂恽令积勋、陈令逢熙,合兵守险;一面照会俄界廓米萨尔,查询衅端;一面飞禀前军宪寿,派兵救援。并咨呈三姓副都统衙门,飞咨吉林军宪查照。七月初四日,恽陈二令先后带兵过山,该兵无故开枪攻我都东厂局房,幸卑厂弁兵奋力击退出沟。忽据探报,俄欲攻都鲁河。又报,观厂十沟矿丁大半勾同胡匪,已将各沟抢尽,即拟南来。卑职遂密派哨官胡玉成,带什长二名、兵勇十八名,将积存金砂一千五百两正,星夜运出,随给公文,饬令解赴宪台衙门,告投作解库款官利木税等银,赢绌由司核算。饬遵于初四日申刻起程去后,卑职督同员司兵勇彻夜防守。

初五日,黎明时,果有无数胡匪将益和公司两沟所存货物,并各商人把头窝棚抢③劫罄尽。其时,东沟总理姜树魁,率同弁兵登

① "攻",原作"改",据下文改。
② "卡",原作"卞",据文意改,下同。
③ "抢",原作"枪"。

楼眺望。卑职在西沟同总理左寿椿、文案委员李逢年各督弁兵分段柜守，均知寡不敌众，令弁兵同局内员司夫役撤去木围，攻开路径，空手逃生。午后，在梧桐河西岸会齐。遥见两沟火烟冲起，知局房窝棚必有被焚者。查知厂内仅监工委员李国斌被胡匪枪毙，直硝差弁周福山被胡匪枪透左边腿肚，余幸无恙。共计员司兵勇二百余人，未带食粮，赖本沟把头、矿丁及贸易一千四、五百人先后赶到，有粮可以分食。十三日，行至三姓北山，始知楼上盘查局已于六月二十七日被俄人焚烧，并知三姓、瑷珲早已开仗，三姓分局亦于七月初三日被俄兵逃勇抢掠无遗，各处土匪蜂起，沿江俄轮梭巡。本厂兵勇忽索欠饷，势甚凶岌，卑职婉言劝谕，许设法如数发放，始穿山越岭，采食野菜，行七百余里，于七月二十八日得抵呼兰。当以阖局活命到兰，军饷无措，衣食维艰等情，电禀前军宪寿。八月初一日，接回电：愿留营者，交庆翼长收用，下余请倭都护酌给川资，回籍可也。奉此，因在呼兰副都统衙门借银三百两，又外借银一千一百余两，发清兵饷，收回军装，交庆翼长、崇帮办、富营官分收。适俄兵在江沿与呼兰官兵时常打仗，卑职仍拟带同员司赴江省销差。八月十七日行至双庙子地方，风闻江省于八月初四日已被俄兵占踞，逃勇土匪处处抢劫，文报不通，道途阻滞，拟改道西至茂新站、伯都纳两处，再赴江省。八月二十二日，在蒙古三台地方，被胡匪截阻，急过松花江，又值俄兵由哈尔滨赴伯都纳，不能前进，始由间道于八月三十日绕赴吉林。同行员司夫役籍隶南省者四十余人，均无衣食，日迫饥寒，缘仓皇出沟，不但局存货物家具不能运出，即各有行箧亦不及携带，随身衣物沿途屡遇匪人搜劫一空也。是时，俄兵到吉巡查极严，城外四乡俄兵往来，断绝行人。卑职因传闻宪台署理黑龙江将军印务，于九月初八日，派差弁向春山、梅祖贵改装携禀至宪辕，请给护照，知会俄官，以便回省销差。

并饬令向春山等,打听胡哨官解送金砂已到省垣否。九月初十日,哨官胡玉成到吉,报称七月初四日哨官带兵勇二十名解送金砂,一日两夜行三百余里,于初六日辰时,到松花江北岸,有小舱舶一支,哨官等分五次过江,至南岸瓦里和屯,行柴煮饭,见东北有俄轮驶上,即向西南山林躲避。行二十余里,将至山脚,瞥见俄兵数十名骑马飞追,相距不过二里,哨官与兵勇等两夜未眠,足趾多踵,止得分作两排,放退步连环枪奔入林内。当时打倒俄马四匹、俄兵二名。哨下四棚十长张得胜、正兵王才、李喜、陈得功,五棚正兵赵凯、孙得功、李全胜、王得胜八名,均即时受伤毙命,驮载金砂食粮马匹被俄兵打死。哨官等入林之后,俄兵即退。遥望将金砂、食粮包裹折开,知金砂必被取去,遂拉山向西行走。七月二十八日,到三姓南莲花泡地方,闻俄兵在三姓城松花江两岸阻绝,遂过牡丹江,向西南拉山一千余里,采食山菜,于九月初三日到张广才岭西,遇俄兵将军装子母卸去,令将公文呈缴,所有金砂三十包,枪械二十一杆,均被俄兵取去等情。卑职当派西沟总理左寿椿同文案委员张鼎寿,前往各处细加查访。于十月十二日回报,该哨官所禀均系实情。并据报,益和公司李大木及执事人高姓、李姓①等八名暨护送兵勇钱得凯、王成、王升、李福、李有功、张胜、王连升、朱得财八名,于七月十六日,在三姓北岸八里河地方,被俄人尽数枪毙。又报,七月二十六、七两日,俄兵将都厂、观厂各沟局房、窝棚焚毁无余各等情前来。卑职查哨官胡玉成等解送积存金砂一千五百两,被俄兵枪毙兵勇八名、驮马一匹,取去金砂,复卸去军装子母。又李大木及钱得凯等十六人,被俄人尽数枪毙,都厂局房被俄兵尽数焚烧,均处逃无可逃,防无可防之际,理合据实禀明。其以前卑厂艰难各节历

---

① "姓",原作"性"。

经禀陈在案，此卑厂始末情形也。

再：卑厂试办未满三年，已于今年三月，从开办之日起，截至去年年底止，遵照路矿总局发到册式填明表谱，呈请前军宪寿分别存送在案。兹截至七月底止，复有赔累。忽因变乱，遂至都鲁河东西两沟分局，新修三岔口总局，楼上盘查局，及各处营房、炮楼、围墙、卡房，并三姓分局，铺垫器具、购存货物、粮食暨两沟把头、矿丁窝棚器具、益和公司所存货物，共估银十二万二千余两，又劫去解送金砂一千五百两，合银四万零五百两，俱已化为乌有。惟事关公款，例应造报，奈原案卷宗、帐簿、票根分存局内者，未及取出，虽有抄录随身备查之底案，又以沿途水湿①霉烂，多有缺毁。幸经手收支员司，尚能记述，正拟分别管收，除在造具简明四柱枳册，并附陈备抵各款被兵焚劫及益和公司源流，呈请宪台核夺。于十月十三日，据差弁向春山、梅祖贵回称：差弁等于九月二十八日到江省，将公文送呈将军衙门，又送将军府，均有俄官、俄兵，不能呈递；改送副都统衙门，回事官传谕，大人吩示，道路不通，无有回批等语。差弁等以去时道多匪徒，必须昼伏夜行，耽误程途，特求程总理德全代取俄照，速行回吉等因。据此，窃思卑职系江省奏调之员，矿务系军宪奏派之事，今遇变端，不能至江省销差，又不敢私行回籍，因仍往吉林。于十二月初三日，在吉林交涉处领取俄照，由火车道奔赴宪辕，呈恳核夺。所有卑厂领收库款股本借款无从赔还，欠交股利薪水无从补付，把头亏欠卑厂之款及卑厂备抵被兵焚劫之款无从追索，均于简明折内一一注明，拟请宪台据情奏陈，一概免交。并造简明清册四分，一请宪台存案，其三分拟请宪台分咨路矿总局、户部、军机处立案，实为公便。是否有当，伏候批示遵行。须至呈者。

---

① "湿"，原作"师"。

计呈送简明清折一扣、清册四本。

右呈黑龙江将军萨。

光绪二十六年十二月十六日

批：据禀已悉，除据情奏陈外，仰候分咨军机处、户部、路矿总局立案。此缴。

新正月初十日

附：黑龙江将军萨保奏折

奏为据情代奏，恭折驰陈，仰祈圣鉴事：

窃于光绪二十七年正月初八日，据奏派督理呼兰都鲁河等处矿务公司、山西补用知府、候补直隶州知州曹廷杰，以缕陈试办都鲁河金厂始末情形，并附陈备抵各款被兵焚劫及益和公司源流造具简明册籍，呈请该夺奏咨等情到。奴才详查，该员自光绪二十三年八月十七日开局起，至二十六年七月底止，试办未满三年，计收奏明由将军衙门库存通肯荒价项下拨银二万两、散放呼兰帐余项内接济银一万两，该员招收股本并将金售价等项，共银三十五万五千一百四十三两三钱六分六厘三毫九丝，统共收过银三十八万五千一百四十三两三钱六分六厘三毫九丝，开支过银四十八万七千九百零八两二分六厘五毫六丝，实透支银十万二千七百六十四两六钱六分一毫七丝，而其积存备抵之款有十一万七千七十两二钱四分一厘五毫八丝，除抵还透支银十万二千七百六十四两六钱六分一毫七丝外，下余银一万四千三百五两五钱八分一厘四毫一丝。如厂事平安，即可解缴，二六报效，渐获利益。乃陡遭兵燹，竟致备抵各款均被焚毁抢劫，毫无遗存，洵属可惜！所有该厂领收库款、股本、借款无从赔还，欠交股利、薪水无从补付，把头亏欠该厂之款及该厂备抵被兵焚劫之款无从追索。合无仰恳天恩，俯念该厂款项原系奏明办理，今因兵燹焚劫，实在无可着追，可否准将该厂领收库款、股本、借款，欠交股利、薪水及把头亏欠该厂之款、该厂备抵被兵焚劫之款，一概免追之处出自鸿施逾格，奴才未敢擅便。除将该员送到清册三本、抄录原呈三分，分咨军机处、户部、路矿总局查核外，理合将呈报都鲁河金厂备抵各款被兵焚劫无从赔还情形，恭折驰陈，伏乞皇太后、皇上圣鉴。谨奏请旨。

呈送《万国公法释义》禀文[*]

（光绪二十七年九月）

　　钦命头品顶戴、镇守吉林等处地方将军兼理打牲乌拉栋选官员等事恩特赫恩巴图鲁长奏为吉林效力人员注释《万国公法》一书有益外交，呈送外务部删定缘由，恭折仰祈圣鉴事：

　　窃据山西补用知府候补直隶州知州曹廷杰禀称："在昔文明初启，度地居民环球分处，不相闻问，是以此疆彼界不难以自制之法律闭关而经纶。世变繁兴，人情嗜利，航海梯山，势所难御。有明一代，泰西各国，即已遍历地球，到处通商。中国处亚洲东南，群相艳羡。初未知声教、文物、土产菁华如此之美且富也。始遣利玛窦、庞迪我、熊三拔、王丰肃、阳玛诺、罗雅名、汤若望、龙华民、毕方济、艾儒略、邓玉函辈，先后入华，以传教为名，藉推历自固。国初南怀仁仕至钦天监监正、工部侍郎，予谥勤敏。惟穆尼阁不招人入教，有笃实君子之称。其实诸人东来，无非觇政教，采风俗，绘舆地，诱民心，为西国图利地步耳。规画既久，一发莫遏。故自道光以来交涉日多要挟无已。至于拳教肇衅，各国联兵，群起与中国为

难，然犹听从和议，不至侵我主权、割我土地者，则以渐尚仁义，禁止残虐，赖有公法维持其间也。

查泰西各国讲求公法，近三百年各家著书七百余部，虽译行中国《万国公法》、《公法便览》、《公法会同》、《公法总论》、《各国交涉公法论》数种，然纲领悉备，应用有余。同文馆总教习丁韪良义自著《中国古世公法论略》一卷谓春秋列国交际之道即中国古世公法，开泰西公法之先声如日之升于东而及于西。其所以推尊中国开导西国者，论至公而意至厚。果使中国学士大夫悉心考究，早将律法公法，令诸生肄习，考试时命题作论，以定弃取，久之家喻户晓。凡旗汉军民人等，不但知律法当遵，有益内治，抑且知公法当重，无损外交。何至祯祥妖孽之不分，听民听神之不辨，酿成大患，震惊朝廷乎！所谓士居四民之首，能开风气之先者，此也。以今日事变言之，惩前毖后，肄习公法不綦重欤？《万国公法》一书译行最先，文意深曲，不似各种公法之易阅易解。不揣谫陋，逐条注释，名为《万国公法释义》，缮呈正副二部，请将副本存阅，正本进呈"等情。

据此，查惠氏《万国公法》一书，由同治甲子年译出刊行，虽系一家之言，实为各国所遵守。该员逐条眉注，尚觉理明词达，持论亦公，若再芟繁就简，可为交际有用之书。惟未经外务部考正，未敢冒昧进呈御览。兹将原书正本一部咨呈外务部核阅，相应请旨饬部删定，将来颁发学堂，亦足为诸生肄习公法触类引伸之助。理合恭摺具奏，伏乞皇太后、皇上圣鉴训示。谨奏。

吉林将军长顺奏咨底稿[*]

（光绪二十七年九月）

为俄罗斯占踞东三省，拟请按照公法与之理论事：

　　窃以拳匪肇乱，触动全球，群起联兵，犯我中国，此古今中外之第一奇祸，亦古今中外之第一奇局也。所幸者各国文教渐开，能以仁义之道，革去凶暴之行，不至妄肆杀戮，割地侵权。然而，我中国上则宗庙震惊，乘舆播越，下则生灵涂炭，四海困穷。统计被兵受祸之区，京津为最惨，东三省亦为至酷。长顺奴才世受天恩，身膺重寄，目击时艰，苦无善策，稍资补救，夙夜思维，悲愤无似。惟望皇太后、皇上早回銮驾，以系臣民之心，以杜外人之口。并望王爷、中堂饬下全权大臣早定妥定和议，存中国自主之权，并与各国全权大臣婉商。

　　此次和约所定，必须共谅中国力量将来可以做到，方为稳固。缘识见浅狭，窃计三十九年中须赔兵费一千兆之谱，而各省教堂索赔之款尚无成数，不知几兆。即令各省自筹，总不能舍商、民赋税两项另有生财之法。大约各省赔偿教款，亦必十数年方可赔清。缘多少不等均在数万、数十万以上，并无数千两、一二万两可以了事者也。此中情形总须各国公使奏请各国君主饬各省教士，各凭天良，无论已结未结，开单核实估计，分起送请公使公同查阅。或照原值，或酌减成数，分年无利偿还。一面饬各省大吏，转饬焚毁教堂地方官，严密确查，限期汇报到京，亦请公使查对，或可大减数目。不然，任其所欲，难免昧良华民不藉此怂恿教士暗图分肥，恐合计各省以十数年本利计之，又不知若干兆。加以国家岁需之款，日后意外之需，此三十九年中，向来中国进项每年七十余兆尚觉不敷度支者，加以每年又摊此赔款约三十兆，将从何出？若从赋税增加，商民岂甘输此巨款！万一势不能行，则虽有成约终必归废，其再起之害岂止中国一国受之？恐各国商务亦必大受其害。商务受

---

　　* 据北京图书馆藏抄本《拟放姓属荒地章程》所载标点整理。此件为曹廷杰代长顺拟稿，完全反映了曹廷杰的思想，故录于此。

害，各国之内治，岂已原不欲弃仁义，而遗臭于后世也。但英不惟挑唆红苗广行凶杀，且于去岁先烧我海旁数镇，迩来又破我京都，英所为之事与人情不合，与教化之理相悖，我则深耻之。次年，英之国会议论此事，有英国公师麦金督士云："如此而胜不如败之愈也。盖此事不惟遗臭于欧罗巴诸国，并使美国恨且忌焉，尤令美国之人齐心记怨，后将喜英被敌，而助敌以攻英也。于长久之政既有大害，更与常时战事毫无裨益，惟我英创此大恶。夫邻国尊爵所居，法院所集，文契史鉴所藏，服化之邦有定，例置于战权外者，惟恐偶遭伤害也。而我竟率兵特毁之，甚为可耻，此非独藐视美国之人，实乃藐视万国之公法也。"按此则英必以水师提督所犯交战条例置于害外之事，照数赔偿美国可知。

又：查《万国公法》第二卷第二章第十节载：美国与英国争论逼勒水手一案，相持五十余年之久，英国卒能回心转意，不恃英国所有之势，而从美国所论之理，不再勒索强屈，革凶暴而行仁义。又查此章第九节载：一千八百零十年，美国有民船一只，被法国捕拿入公，改作兵船。驶至美国，其原主控告讨还，美国上法院照他国兵船不归地方管辖之例，断所控者现系法国兵船，不归美国管辖，其船应归法国。时上法司推论此例，详辨三端，广引各国律法成案，并证各公师名论，断该船货物系违法强捕者，应还于原主。观此三案，足见英、美、法至强之国，莫不准情酌理，俯从公法，恐被恶名，致各国藉口贻万世羞辱；则势敌三国、力逊三国之各国，亦无不以公法为立国之要务也，自无待言。

俄国今日强矣大矣，泰西人谓百余年前俄国尚在有文教无文教之间，载在《交涉公法论》第十二卷第二十五叶内。俄以堂堂大国，见此公论，宜如何荡垢涤瑕，除尽野蛮习气，与地球大小各国争贻令名，同行仁义，共享升平，岂肯显背公法，拂人情而悖教化。或者谓中国以积弱之国,加以去岁之变,自已不合公法,安能以公法责人?不知中国前此不讲公法,故酿成拳匪之祸。一经联兵入都,诛首祸诸臣,赔各国兵费,剿灭乱民,偿补教堂,此皆改过实据,自新初基。况肄习条约公法,已见于光绪二十七年四月十九日上谕内。以此为变通政治之一端,中国此后自无不合公法之事。前之不合者,均照公法妥议,则俄国之不合公法者,我国何可以不言?盖言之而俄听,则我国或收回已去之款分还官民,或以抵应赔俄国之款,兼抵应还俄国之债,则俄国可以洗去恶名,我国可以轻减赔费,两有裨益,补入公法,可为万国鉴。言之而俄不听,则我国不过已失之款不能收回,再交赔款亦分所当然,特恐载入公报,补入公法,不但中国人民永远不忘,即地球各国亦必有为中国代发公论,代抱不平者。纵中国将来不能照其所行而行,岂能禁地球各国将来不照俄之所行于中国者,转而行之于俄国乎?昔拿破伦之创霸于法也,肆行无忌,蔑视诸国,自以为天下无敌矣。及怨毒已深,群起复仇,不但已灭之国复兴,凡昔时所加之害,莫不赔偿。当时俄国亦在复仇之列。殷鉴不远,覆辙在前。此议虽为中国,亦为俄国,并为各国事后公评起见也。

　　谨按:公法即将战之时作为战权,古曾有之,俄国所行不过不合现今公法者,列为一类。又即停战议和,俄国未照公法行事者,列为一类。分详下文。

将 战 时 事

　　查《万国公法》第四卷第二章第四节云:按奉教诸国,常例有数等人,虽战时不可害其身,即如国君并其家属、文官、士人、妇女、孩提、农夫、工匠、负贩、商贾及民间各等行业不属武事者,无论公私,均不可特意加害。第六节云:限制交战之条款,使两国角力之时,不至凶残过分。盖以力攻敌，虽属可行，然得已则已，尤天理所当然而不可肆其凶暴也。又《各国交涉公法论》第三集第九卷第四十五叶云：交战之法，不可残害敌国之百姓，并不可累及别国之民。若无故毁坏敌国民产，或无故虐待敌国之人，依奉教各国规矩，凡属不可行而行者，即犯交涉公法。又第三集第十卷第二十五叶云：两国交战，虽用兵器相攻，彼此有尽灭之意，但公正之国王禁止自己不为残忍之事，一为保国王之命，一为保国之名不遭辱骂。凡战，非可乱杀人，亦非欲致乱天下。但因曲直不可以理解，又无人居国王之上能为判断，而彼此相战。如与人涉讼，都应合於国内之律法，故交战之事亦必合於交涉公法，或自然之理。据此四条，是交战之初不可过於凶残凶暴，不可残害敌国百姓，并不可累及别国之民。又不可以无故毁坏敌国民产，无故虐待敌国之人，均为公法所当遵，明矣。

去岁，拳匪起衅之后，六月十八日，黑龙江驻扎瑷珲四道沟子统领恒玉，见俄国常有兵船上下，电禀将军寿山，准令开仗。恒玉探知，俄界包打东三省之廓米萨尔搭坐商船到来，开炮击伤廓米萨尔。六月二十一日，黑龙江驻扎黑河屯统领崇玉，见俄人数十名在江沿洗澡，疑为俄兵欲浮水过江打仗，遂开炮枪轰毙数名。此二事系恒玉、崇玉防边情急，恐干军令，致成此错，并非有心为恶。俄人即欲报仇，或调兵专攻该二处营盘，或行文向黑龙江将军理论，请将恒玉、崇玉照例惩治，均无不可。乃计不出此，阿穆尔省巡抚格力布司其，即於六月二十二日将向在阿穆尔省华商二百三、四十家，及在该省工作人等，共华人五、六千名，给以送过江西，限刻勒走。行至江沿，开枪动斧，尽数逼入江中，搜取该商人等财帛货物，闻值银数千万两，不知归於何用。又将瑷珲江东六十余屯旗人未及过江者，不分男妇老幼、农夫工匠、负贩商贾及民间各行等业，一同逼入江中。通共浮水得生者，不过六、七十人，其余均被逼溺死江中，浮尸蔽江者数日。又将漠河、阿勒肱、观音山、都鲁河四处金厂，派兵击散，烧毁房舍，打死金厂员司、夫役、商贾、金夫不计其数。四厂四、五万人，饿死山林者大半，并累及日本男妇百余名。又将瑷珲城内城外民房市廛，及江东六十余屯民房，搜括财物之后，一烧而尽，片瓦不留。此黑龙江上下江沿事也。

　　又黑龙江统领孙自鎔驻扎汤旺河以下，奉将军寿山札饬开仗，於六月二十二日，在三姓下三音窝坑地方，开炮攻击俄人家眷船二支，船上俄人有情急投江者，其余均未受伤。六月二十三日，在三姓北岸焚烧俄人站房一所，又用枪攻击俄船一支，人船均未伤损。此二事系孙自鎔不知交战条规之罪，俄人理应专寻该统领报复，或行文理论，重治其罪，亦系正办。乃又计不出此，以后兵轮从富克锦直至三姓，六月二十五日，在瓦里和屯打败孙自鎔壹营之兵，战权应尔。乃将沿江两岸居民房舍尽数烧毁，遇有男妇老幼，或在家看守房屋，或出外逃难者，一概杀戮，不留一人。此三姓以下松花江江沿事也。

　　以上黑龙江、松花江两江上下江沿，俄人逼毙杀戮妇女、孩提、农夫、工匠、负贩、商贾及民间各行等业之人，并日本男妇死亡受害者，不止十万名，皆不属武事。烧毁民房、市廛、金厂、房舍，不止百万间，所夺民间财帛货物不可以数计，照公法均应置於害外者。黑龙江之事由阿穆尔省巡抚主之，松花江之事由统兵官主之，其有意加害，过於残忍，恐俄国君主必皆不知。若果知之，必不准该巡抚兵官等如此凶残，此将战之时俄国所行不合现今公法之一类也。至於三姓、宁古塔、呼伦贝尔三城，虽有战事，未闻凶残。珲春、阿什河二城，我军战退之后，俄兵将珲春民房市廛烧毁过半，阿什河烧房数处，搜去商民财帛货物不少，各由兵官主之，然较之二江江沿之凶残则觉轻减。以上按古之战例本归战利战权，但不合现今公法者，应照公法理论，使之闻知，毋令藐视中国耳。

停战议和后事

查《万国公法》第四卷第二章第十九节云：停兵特约在限定之地，暂时停兵不相攻击；如两军在於战地，或在围困之城池炮台等处，相约暂时停兵。又云：就地暂停战事，则两国之将帅虽无特派之权亦可约定，盖有用兵之权，其暂为停兵之权已自包括在内。又云：将帅停兵，其麾下人众必须谨守其约；但其约若尚未宣布，民间他处兵民或有违之，不为犯法。然已知而犹故为不知，则背约之责不能免矣。又《万国公法》第三卷第二章第二节云：盟约默许者，乃两国立约之人其权不足，但既经以口相盟，实有权足以议事，虽无和约明文，亦可采其言而行焉。其言既已允行，自与执权者之立约无异。第四节云：若彼国信此国立约之人实有权足以议事，业经议准昭信，厥后或有失①约而不肯诺，必当赔偿一切度支仍还原制。又第四卷第二章第五节云：按限今严例，万国所必遵者有数等房屋物件战时置於害外，即如敬神庙宇、文职公厅、学堂书房并奇异之名物等类，民间货物在岸上者亦置於战权之外。此等款例，虽征服并吞敌国者，亦必遵而行之。又查《公法会通》第六百四十四章云：按例得据敌国公产，至议立和约，则敌国先行索还可也。第六百四十八章云：凡敌境之教堂、医院、学宫、星台、博物馆以及一切兴学行善公所，皆不可扰犯。第六百四十九章云：敌国地方遇有碑塔，并各种精工之器物以及资学机器，若军旅故意毁坏，则近於化外矣。第六百五十章云：敌国珍物按例虽得运回本国，不可发售充

---

①　此字原件字迹不清，疑当为"失"字。

赏，盖议和方定谁属。若将古今书籍以及资学机器运回，尤属不可。第七百二十二章云：和约若有交还地方之款，其所属一切公文，虽经敌国收去，亦当赍回。第四十二章云：军旅经过地方，若虐待居民，毁坏房屋，偷窃强劫，私行杀伤，以及污辱妇女等事，皆为律法所严禁，应查其情节轻重，量加惩治。兵弁有犯此者，该管官禁之不听，则立时杀之可也。各国《交涉公法论》第十六卷第五十叶：战时私业为敌所据，和局一定，原主可以索回。又云：人之定业，乱时为敌所据，和局一定，非由议和约据与别国者，即归原主。[1]《公法会通》第五百五十章云：与敌立约（无论有无明文）而违之，如待以残忍，毁坏房屋，放纵淫欲，贪利忘义，以及一切犯法之举，皆为战例所严禁。总之，凡与军士体统不合之事，皆在禁例。

统观以上各条，则凡为战例所严禁，以及议有特约，停战必当遵行而不可犯者，俄人岂有不知之理？乃观其行事，如黑龙江省於去岁七月二十一日，经将军寿山派程雪楼（即程德全）赴喀穆尼哈站，与俄三等提督连年冈夫议和，言明彼此停战，俄兵在省北十二里地方扎营，不攻城池，不伤人民，不夺财帛。七月二十八日，程雪楼复赴该俄营，申定和议，均已允准。程雪楼回省禀明将军寿山，出示安抚商民。乃八月初四日，该提督领兵到省南五里墩，江省军民见告示不可信，各自逃走，俄兵开放大炮，寿山因此殉难。俄兵忽入省城，占居将军府署、武备学堂及城外各管房等处，搜取边防军饷银二十余万两，搜去军械等件，江省有案可稽。搜去各司各局处文案、卷宗、书籍。此黑龙江省城事也。

该提督连年冈夫由黑龙江省带兵於八月三十日到吉林。先於八月十四日派达桂赴哈尔滨，与俄官萨哈罗夫、茹格维持、依克

---

[1] "主"原误作"文"。

纳其乌斯议定停兵，言明中国照旧保护铁路，俄兵遇有拳匪、土匪则剿，不得无故攻打城池，占踞地方，骚扰商民。业经彼此应允照行。时闻京都已有停兵议和之信，因以宾主礼款接该提督。该提督一到府署，即令俄兵百余名将府署围住，不准出进，搜取军装。闰八月初一日，由俄界俄官转到中堂、王爷、全权大臣八月十五日停兵议和之电将达桂议和及奉到电函，先后出示晓谕，以安人心。不料初二日该提督派俄兵将机器局占住，又将火药库两次轰焚，声震天地，商民惊惶逃走。该提督饬俄兵搜各处军装，或毁坏沉之江中，或收归机器局存储。又阻夺电报总局，嗣经说明交还，与俄人分开时刻各打各报，数日复行夺去。闰八月初四日，俄副将阿古司托夫由珲春带兵到吉，即住机器局。连年冈夫于次日出城西去，沿途奸掳杀劫，惨不可言。闰八月十三日，俄提督高温包司克，由宁古塔带兵到吉，驻学院考试衙门，分占义学、三江会馆等处，其兵勇则住东西营房，计数四千余名。而吉省之兵在外者，闻和议已定，避入山林；在省者，因有和议不准开仗，各将军器缴还散去。是时黑龙江省各营兵勇纷纷逃散，大半南来。旧日漏网之胡匪，乘机勾结，意欲为乱。遣人晓以利害，使各归业。甫经就绪，该提督副将派兵住剿。告以此等乱贼均系迫於时事，本非心愿，如此业已派人前去设法遣散，且山深林密，人力难施，冒险深入，断难得手。伊等不信，自去冬攻至今年夏季，将省南一带地方扰害不堪，伊等自丧兵勇亦复不少，始信前言不谬，求派员协同招抚。计自去岁六月俄兵入境，各处占踞，任意四出，托词搜寻军装。告以东三省风俗，凡富家军装为防胡匪，贫家土枪为备游猎，向来如此，各有身家，决不为乱。伊等亦不信从，凡大家富商，多被抢掠，至今岁六、七月方觉少止。所有搜去军装、枪炮、子母，轰焚火药，毁坏机器，运回机器，阻夺电报局，抢掠大家富商，应俟查明另案呈报。此吉林省事也。

其在黑龙江呼兰、绥化、巴彦苏苏等处掳掠民间财帛货物及搜去官中军械，应由黑龙江省查明呈报。至奉天一省亦经将军增（祺）派员与俄议和，所有俄兵搜去官物、军装及民间财帛，或在议和日期前后应由奉天将军查明呈报。此东三省停战议和，俄人不照公法行事之又一类也。

右东三省未经派人议和，及未奉中堂、王爷、全权大臣停战议和电谕、电信以前，照公法应分可作战权战利、不作战权战利两项，与俄辨明，应听中堂、王爷、全权大臣和约定夺。惟逼毙黑龙江、惨杀松花江两处人民不计其数，均系应置战权之外者，该俄兵如此凶残，实属违犯公法，拟请行知俄国照章查办，以免该国家代该巡抚、该兵官等受此恶名。此一事也。

至东三省派员议和及奉中堂、王爷、全权大臣停战议和电谕、电信各有年月日期及出示昭信日期可凭。所有搜取运回官物及掳掠民间财帛，东三省各有案据可查，均在停兵议和之后。我以宾礼待彼，彼之兵弁以无礼待我，是故意背和约，违公法，专意搜求军装、官物，掳掠民间财帛，果皆报充公用，则阿穆尔、东海滨两省可以骤致富强，如不报充公用，则统兵官及弁兵等必可因此致富。窃思俄罗斯为地球强大之国，今之俄皇复专崇文教，力行仁义，前数年尚倡为弭兵之说，万国周知，我中国与之和好二百余年，毫无已甚之事。乃该巡抚兵官兵弁等如此而行，必系事前未请君旨，事后亦未报国都，忍心害理，贪利忘义，俄皇均皆不知。盖俄皇本无失和之心，去年至今，华人能通俄语者，每问俄之官兵：何日退还东三省地方。俄之官兵答以我俄国本未占踞三省，何至问我退还？我之兵旅不过保护铁路，实无他意，众口一词。又闻俄皇屡有谕旨，严饬统兵官弁约束俄兵，不准违犯禁令，足见以上之事，实非俄国家所知。然而我东三省前此不敢阻抑者，恐开衅端，失大信，碍两国大局，遭各国评论。今和议将成，特将所受之害先呈大概情形，其详细数目由三省各自查明汇报。拟请中堂、王爷饬下全权大臣婉商俄使，俟汇报到时，请该国钦派正直大员会同复查，或自行密查。所有实系议和以后，该国兵弁搜去官物、军装、文卷、机器等件，及掳掠民间财帛货物，均须照数交还，实合公法。此一事也。

若两事言明，该国一定不允，则东三省所受之害，各国均知，难免不列入公报，补入公法，以便将来照其所行而行，而我中国应赔应还之款债仍许照还，必不至再生事端。此情理所当然，似不可含忍不言。若不言，则各国更将藐视中国，以为不知公法即此可以收回或可作抵之款甘心不要。俄既不加感激，各国且援例以待中国。一国有利，各国均沾，各国和约早已如此。愚昧之见，是否有当。

计开（拟稿原意）：

一、查公法书内，往往一案广引各国成案，公师论说至数十条之多，不厌详细，以明其理，则定案自易。

一、查公法书内，往往一事彼此辩论至数年数十年，而后定案，仍以理之曲直为准者。今与俄人据公法理论，纵令一时不决，亦无妨碍。无论行否，将来各国必补入公法。

一、各国近来均照公法行事，恐冒恶名，此事归咎俄之官兵，为俄国家留出地步。事实如此，理亦当然，俄国家见之无所藉口。

一、此事归咎俄之官弁，本系实事，缘公法书中凡有争论多指臣下，立言直斥其国君者甚少。

一、所议实秉公论，并无偏袒，可请各国公论。

一、程德全与俄人交涉，报名程雪楼，俄人止知程雪楼，照像遍视，国中不知为程德全，故称程雪楼即程德全。

一、此事拟请宪台函请全权大臣，於与俄定约后，向俄辩论，即数年不决，亦无妨碍。缘我应赔俄与俄应赔我，分作两事办理，能行固善，不行则请邻国调理亦可。

一、德国与中国素厚，此次稍拂其心，一时似难如初。次则美国向守局外，行事最正。丁韪良现充同文馆总教习，《万国公法》、《公法便览》、《公法会通》三书皆伊译出，望中国学习者。其人为现今博雅君子，与中国最厚，各国亦均佩服。查康熙时，泰西人南怀仁充钦天监监正，官至工部侍郎，谥勤敏。拟请密奏请派丁韪良充外务部大臣，日后交涉似易办理。

一、日本、英国均忌俄者，拟请密请全权大臣，将此议先请丁韪良及美、英、日本三国公使查阅，如以为可，即向俄人辩论，如俄人不听，即请三国或各国公论，谅无妨碍，於中国必有裨益。

一、俄国赤塔巡抚马其也夫司克，深斥阿穆尔省格巡抚之所为，伯利总督格罗德觉夫因闻格巡抚之事，将在伯利华人三千余名闭置大兵房内，四外密布火油、火药，意欲聚而焚之。时马巡抚到伯利，请该总督电请俄皇谕旨，俄皇令释放，三千余人遂得生，此去岁六月二十三日事也，都鲁河金厂有人从中逃回详言之。又有随俄副提督连年岗夫到黑龙江守备一员，名白石国夫，奉连年岗夫令，于八月初四日追杀寿帅全家，并令毁寿帅尸棺。白石国夫到二站追及，揭棺出像片封验，义不从令，泣而遣之。旋回省城，准居民运动什物，故官库藏银七万余两得以运出。如马巡抚、白守备，俄之正人君子，行事能合公法者也。

此稿之意，长帅已函达政府，并电告俄廷，俄廷于二十八年秋间，派户部尚书威德到东三省，即此稿所致也。

禀复查拿贾柏林拿人抢枪等事[*]

（光绪二十八年二月八日）

　　奉委查办三姓金厂事宜山西补用知府候补直隶州知州曹廷杰谨禀将军大人麾下敬禀者：光绪二十七年十二月初八日，卑职在三姓旅店接奉宪台札饬，内开："据周副将宝麟呈称：'十一月十一日，据委员窦凤岐来称，留姓办事前委哨官王得顺，未意于本月初一日被该逆员李荣余党贾柏林、张士怀、陈香瑞等率领匪徒数名来局，将开斯枪抢去两杆，并将王得顺拿去送交俄员，而俄员不管，转行送交侬都护严押并研讯究办'"等语。饬令卑职归入前案一并查办等因。奉此，查此案业于十一月十七日在阿什河接奉专札遵查，呈称抢去枪械一节，实系十月二十八日李芳义、张士怀、程文秀三人到局，硬行拿去沟中解粮差官王才、于得水二人之枪两杆，迹近行凶。查无贾柏林、陈香瑞在场，缘贾柏林先同张士怀、李芳义带洋队二十余名到永聚店，将周统领、窦凤岐并周统领委札二件、批禀一件、洋照二件一并拿去，送至俄官转交副都统衙门。去讫，随后李芳义、张士怀、程文秀又将王才、于得水之枪拿去，实无陈香瑞之名。至哨官王得顺系十一月初一日在澡塘洗澡，被贾柏林、张士怀、程文秀三人看见，称系刺杀李荣凶手，抓送俄官，转送副都统衙门严押，两事实不同日，亦实无陈香瑞在内。复查所拿王才、于得水之枪早已交还原人收讫，拿去周统领之札文五件，业由侬都护咨会卑职代收，于本月初五日在吉林寓所面交周统领收讫。哨官王得顺（即王全德），业由卑职在三姓请侬

　　* 据吉林省历史档案标点整理。标题为编者所加，原题作《委办三姓金厂曹廷杰为遵查贾柏林拿人抢枪等事禀复示遵事》。

都护释放。此皆贾柏林与未永氏恃通俄语，怂恿俄官，致将罪犯李荣之死当作命案办理，反将周统领及委员等视同贼人，业已陆续禀明在案。两奉前因，谨将交还枪械、札文及释放王得顺缘由肃禀。敬请勋安，伏祈钧鉴。

　　　　　　　　　　　　　　　　　　卑职廷杰谨禀
　　　　　　　　　　　　　　　　　光绪二十八年二月初八日

呈报查办三姓宾州事宜销差禀文
（光绪二十八年二月十二日）

　　奉委查办三姓宾州事宜山西补用府候补直隶州知州曹廷杰谨禀将军大人麾下敬禀者：窃卑职奉札查办三姓宾州事件，业已逐件陆续禀复在案，截至二月初十日销差。惟充差三月有余，值此兵燹之后，自阿什河以东，百物昂贵，道途险阻，旅店萧条，不能遵照札饬从前差费定章开销，兼之款接洋员屡打电报、专差送信、办事等项，又逢年关，各处需钱，通共用过钱壹千玖百肆拾陆吊零陆拾文，实属减无可减，止得据实开具报销清折，呈请宪鉴恩准拨款，只领归还借款。

　　再：卑职夙荷栽培，情甘报效，所有随员兵丁冒寒往返，仅止各免枵腹，其添制御寒衣履均由自备，谨另缮清折一扣，代恳恩施。可否照准之处，伏候批示祗遵，卑职未敢擅便，谨将销差日期呈报肃禀，敬请勋安，虔祈钧鉴。

　　　　　　　　　　　　　　　　　　卑职廷杰谨禀
　　计呈报销清折一扣、恳恩清折一扣、随缴查办三姓金厂案卷一束。

　　　　　　　　　　　　　　　　　光绪二十八年二月十二日

报销清折一扣（略）。

恳恩清折一扣（略）。

随缴查办三姓金厂案卷一束（略）。

禀请将魏春燮驱逐出境由*
（光绪二十八年二月二十日）

镇守吉林等处地方将军兼理打牲乌拉拣选官员等事恩特赫恩巴图鲁长，为札饬事：交涉总局案呈，奉宪台发交本年二月十三日据查办三姓金厂事宜、补用府候补直隶州知州曹廷杰禀称：光绪二十七年十二月十九日，卑职在三姓接奉宪台札饬，内开："据县丞魏春燮禀称：'东沟金厂委员马熙臣、石承志合词函称，前大安厂委员年柏令有蚀使借饷、侵扣余平、私卖米面等事。该县丞正拟查讯，年柏令适因事到姓，不服斠问，次日潜逃。该县丞派委戴澄清、魏春雯登轮尾追，如能弋获，即将所吞各款如数追缴"各等语，饬令卑职一并查明复夺等因。奉此，窃卑职于去岁十月奉札之后，魏春燮曾两次至寓，即有"年柏令窃取金砂多两，私行回籍，伊必禀请追交"之语。是以卑职到姓之初，查询此事，人多含混答对。卑职恐其属实，于请示禀中叙及年柏令携金一节。嗣复详细根究，均无确据。及奉前因，复再三细访，亦无一人称有其事者。至得马熙臣复函，始知魏春燮之所言所禀皆不可信。谨将马熙臣原函呈鉴归卷，无庸赘述。

窃思魏春燮之于年柏令实由因疑生忌，藉端陷人，而不知水落

---

* 据吉林省历史档案标点整理。标题为编者所加。原件为长顺将军札文，题作《吉林将军札据查办三姓金厂事宜曹廷杰所禀着将魏春燮驱逐出境仰属知照由》。为了了解曹廷杰查办三姓金厂事宜整个过程，将有关档案五件一并附于此件之后。

石出，真伪终当毕见也。查周统领忠诚朴实，人所共知。前年乱后，东沟金厂聚人实多，年柏令、魏春燮、周吉生三人怂恿周统领前往接办，可以报效，共获利益。周统领信之，不知三人各有私心，意在利己。彼三人者又只知有利，不知有害，奉札半年不能进厂。进厂之后，李荣事事挟制，周统领几有性命之忧，魏春燮独在姓城坐观成败。年柏令、周吉生同周统领冒险进沟，势同骑虎，不及两月，各回姓城。周吉生已将积蓄之银交作股本，不能退出，欲走无资，现困姓城。年柏令在沟中，诸事惟李荣之命是听，并结其党羽以表交情，实已忘周而事李。出沟之后，沟中共凑金砂一二两，送作川资，俾得南旋，事诚有之。魏春燮因此生疑，疑无多金何得即行回籍？故先向卑职言之，复又具禀请追。

阅马熙臣复函，并未与石承志合词寄信言年柏令携金之事。又查该县丞亦未派戴澄清、魏春雯尾追，以该二人始终在周统领处，未曾出外一步，可以传讯，其为捏词陷人，已可概见。至于蚀使借饷、私卖米面，阅马熙臣复函更明。总之魏春燮、年柏令、周吉生三人之初心，意在藉周统领之权以遂利己之愿，不料贻害于周统领，而伊等亦各无利。魏春燮之转念疑年柏令卖己获利，稇载而归，不知污辱人之名节，而己反自败。且违谕主谋刺杀李荣，实伊之咎。稔闻该县丞性情乖张，行多悖谬，拟请宪台传谕该县丞，将所禀年柏令之事出具实究虚坐甘结，即饬周统领调回年柏令质讯照办。如伊情虚，不肯出结，则请严饬驱逐，不准逗留吉省，别生事端，以儆效尤。是否有当，伏祈核酌施行。等情。当奉宪批：据禀魏春燮前禀失实，行多悖谬，本应札调年柏令质讯，彻底根究，第念年柏令早经南旋，远隔重洋，札调需时，从宽。姑准照该委员另禀所拟，着将魏春燮驱逐出境，不准逗留吉省，以示薄惩，仰即知照缴等因发交到局，理合呈请咨札等情到。本将军据此除分行外，合亟札饬。札到该道,饬属知照。此札。

札吉林分巡道遵此。

光绪二十八年二月廿日

附一: 吉林将军衙门为准三姓副都统咨报曹廷杰寄押李芳义等被俄官索讨释放等情札饬滨局转饬俄员将贾柏林及李芳义迅速解省并咨复查照由

(光绪二十八年二月十八日)

为咨行、札饬事:交涉总局案呈准三姓副都统。

贵副都统咨开左司承办交涉处会案呈,于正月十二日准奉委查办三姓矿务事宜山西补用知府曹移开为移请寄押查拿禀复军宪核夺定断事:敝委员奉查东沟金厂一案原因,伯力俄总督电致马那金照会吉林军宪,内称胡匪李荣在东沟沙①金,有胡匪四千余名、快枪四百二十七杆、抬枪二十二杆、大炮五杆等语,当经军宪札饬周统领查明速复。周统领到姓后,李荣事事抗拒。周统领奉军宪面谕:如李荣再有不法,准其就地正法。嗣经周统领将李荣致死。日本末永氏贾柏林等请俄兵拘拿窦凤起,追赶魏春燉,并将周统领札文拿去,送交贵衙门。经周统领禀请军宪,派敝委员查办。

兹查得去岁九月二十八日带领俄兵到永聚店拿周统领、窦凤起,系贾柏林、张士怀、李芳义三人同行;同日带领洋兵追拿魏春燉,系贾柏林、张士怀同去;十月二十八日到矿务局拿去枪械二杆,并称周统领赴省未告明伊等,势欲行凶,系张士怀、程文秀、李芳义

---

① 原文如此,疑"沙"字有误。

三人同到，十一月初一日，抓拿哨官王得顺，系贾柏林、程文秀、张士怀三人同抓。敝委员窃思，李荣未死之前，一切罪犯应坐李荣名下，既已身死，应勿庸议。李荣既死，已后所有罪犯应坐犯者名下。且查东沟李荣、任安原报实有枪械四百余杆，周统领接事止报接枪械一百七十四杆。所有短报枪械应归李荣，原委各哨官长缴出，但除贾柏林、李芳义、张士怀、程文秀四人外，其余各官长均各安分，亦未到姓街蒙请洋兵拘拿周统领所用员弁。应请贵衙门速办札饬，飞饬沟中各员弁照常妥为经理，并将张士怀哨官一缺，速派妥人代理，俟周统领回姓，由贵衙门接事后，自当妥为布置，不至稍有亏欠。周统领未回之前，应由贵衙门经理一切，此案外事也。至案内李芳义、张士怀、程文秀三名，现在姓城，应请贵衙门暂为寄押。其贾柏林一名，亦应由贵衙门查拿并照会俄官调回，交贵衙门，一并寄押，严加防范。日本未永氏业已取供自认不管此事，应勿庸议。敝委员禀请军宪定夺等因前来。准此。

查三姓东山金沟安抚勇丁事宜，业经周副将宝麟接办，姓署未便干预等情，曾于去岁十一月初一日，咨报在案。今准前因，当将李芳义、张士怀、程文秀等三名交押，听候省示，并由承办交涉处备文，照会驻姓俄官索滨弥知照，查拿贾柏林，送案看押。暨札东沟委员马熙臣、常海等，遵照文内一切事理务将沟事妥为料理，照常办事，勿稍疏虞，有干军纪，并将张士怀哨官之缺，拣派妥弁代理，俟统领旋回，再为布置。

其曹委员已于正月十三日由姓启程旋省。姓署当派练军马队二十名送至色勒佛特库站防营，接替护送。正在拟报间，忽于十四日早，有驻姓俄总管索滨弥与萨协领炳阿晤面，谈及姓属东山金沟勇丁，以及四外盗匪业经本俄官筹划与三姓副都统帮办等安抚，时下地方稍觉安谧。今又将东沟队官李芳义、张士怀、程文秀等三名拘押，惟恐东沟人众倘或激变，不独与俄有碍，且与姓属旗民祸患不小，应将李芳义等三名赶紧释放，令其弹压勇丁，免滋事端，在外听候，有事有本俄官承当。等语。当经该协领向其婉言剖辩，此事系我们将军派来曹委员临行寄押之件，未敢径自释放。该俄官坚据以安抚勇丁为重，绝令释放为是，勿庸听候等语。姓署再四思维，不放则俄官不允，放则曹委员寄押之件，辗转熟思，不得不从权核办，随向该俄官索讨字据，以凭报省。该俄总管即说，我说就算，不必给字详核。时下东省和约未定，凡事莫不曲权，以免俄人藉口。是以暂将李芳义、张士怀、程文秀等三名，饬取妥保，令其在外听候省复到日，再行办理外，合将曹委员寄押李芳义等情形，并据俄总管又令释放各缘由，相应备文咨报等情。当奉宪批：文悉，候饬哈尔滨交涉局方守就近照会俄员，转饬索滨弥，赶将贾柏林及保去之李芳义等送交姓署，派员押解来省，以凭发局讯办，仰交涉总局备文咨复可也等谕发交到局，理合呈请咨札等情，到本将军、副都统。据此除札哈尔滨交涉总局遵办、咨复三姓副都统查照外，相应备文咨行贵副都统，请烦查照施行，须至咨行者。

右咨三姓副都统，合亟札饬。札到该局，即便遵批事示理就近遵办。特札。

札哈尔滨交涉总局遵此。

　　　　　　　　　　　　　　　光绪二十八年二月十八日

附二：沙俄驻吉武廓米萨尔索
致吉林将军长照会

（光绪二十八年四月十七日）

　　大俄钦命驻吉武廓米萨尔大臣索、帮办官格为照会事：

　　照得前武廓米萨尔奉伯力总督札谕，于去岁俄历十二月初七日用第三十九号照请贵将军将管理三姓等处矿务华官周保麟诛杀李隆细详情形并请注明贵将军所饬各节情形等语。嗣于华去岁十一月十一日，准贵将军照复，内称现由吉专派华员曹廷杰查办周保麟之事后，究竟如何，再行照达等语。惟现本大臣迄今并未接着复照，除此前去岁于华九月二十二日接准贵将军十九号照会内，为李隆在三姓金厂之带械人等，伊应交还枪械，乃称伊等业已投降，并称将细详情形及投降等之清册后，周保麟必送到。本大臣迄今亦细详情形未接清册降等数目，并不知将枪械交某俄官。前于现年华三月二十七日准贵将军第七十九号照，请本大臣转知驻姓俄员，派华官周保麟管理三姓金厂后，必照会金矿护勇带械之事等情。如不接，贵将军按此照以上所注复文，以便禀知伯力总督。本大臣不能转知俄员派华官周保麟管理三姓金厂等情，其即不能以伊为官。其金厂带械护勇一节，贵将军确晓若无伯力总督允准，即一名带械兵丁亦不能有，是无此允准，亦不应有护勇，况俄官亦不能从让。如紧用护守金厂，即应有吉省现有捕盗队内之数目派往可也。相应备文照会贵将军，请烦查照施行。

　　须至照会者。

　　右照会大清钦命镇守吉林等处地方将军长。

中光绪二十八年四月十七日
俄一千九百二年五月十一日　第七百二十八号

附三：三姓矿务总办周宝麟为
亏赔请员接办等情禀文

（光绪三十年五月十六日）

标下总办吉林、三姓等处矿务花翎总兵衔、补用副将周宝麟谨禀军宪、副宪座前：

敬禀者：窃标下于本年四月二十五日接奉宪台札复，内开：卷查该员于二十七年接办三姓矿务，虽系自行集股，然办理有年，迄见报亏四万有余，所出金砂并无丝毫报效归公，即为该员计似此逾亏逾巨，将来作何弥补。细阅现呈收支清册眉目不清，其中显有浮冒濛混情弊，应仍另造详细清册呈送核夺等谕。奉此，遵查卑局前呈收支册内委，因局中各项皆有细账可凭，是以未便细列，仅到月底汇总报销，名目既整，用款又多，宜蒙批驳下问。除饬报销委员逐款细造另文呈送外，谨将标下接办金厂始末、亏累情形敬为我宪台缕晰陈之。

查标下于二十七年接办矿务，实因兵燹后盗贼四起，民不聊生。东沟为匪目李荣霸占，深恐久后患生，曾奉前任将军长札饬前往东沟代宋观察接办矿务弹压地面，藉以安抚流民。是年六月到姓，李荣不服约束，诸多掣肘，当又回省禀明前军宪，于十月间将其诱出正法，其党与贾柏林等百计勾串俄人，几乎酿成大端，后经前军宪委派曹守廷杰查明禀断，方了此案。是年虽然接办，如同未接，不但未见官金，且先拉下许多亏欠，并借三姓衙门貂皮价银三千两安置东沟饷项。此二十七年亏累实在情形也。

年底就道，正月到省，禀退矿务。复经前军宪札派曹守廷杰连交涉筹饷、清盗、词讼等事一律兼办。曹守辞差赴引，复委程升牧德全办理，而程升牧当以江省经手之事未完为辞。及至二十八年三月底屡派无人，复蒙前军宪札饬标下回姓料理，仍待宋观察接办。四月底到姓，五月进沟，而金夫把头等皆执李荣前出之金银钱票到局取钱，标下恐不应承激而生变，与大局攸关，计前后付出金银钱票以及算至二十八年四月底薪饷外存，共合亏银壹万六千余两，虽然报在册内，总算额外之亏空。及至秋令，宋观察仍无信来。适值江北溃勇郝文波等甘心携枪来投标下，伏思该伙等弃暗投明，未便遏其自新之路，而且收其枪械以清理地面驻扎东荒以保卫乡民，诚为一举两得之计。当即会同三姓副都统依禀奉前军宪批准，暂由三姓衙门借垫制办衣履银五百两，将来由该勇等名下扣留。此款虽经早还衙门，而该勇等困苦堪怜，每月无饷可扣，只可作为赏号。投降后派在东荒分扎，本拟请由省垣拨饷作为东荒之练队，彼时犹冀金厂设有成效，仍须报效款项，何必以饷款奇绌之时，又烦上宪分心，因此未请拨饷。孰意秋后瘟疫时行，出金不旺，改归四六分金，旧章收项仍属平常，此二十八年付李荣之金银钱票准郝文波之投诚种种出款收项不敷所亏之实在情形也。

上年春夏异常缺水，各沟多有停工，收数因而渐减。秋令核计又是入不敷出，无计可生，始于九月底汰弱留强，减发薪饷，如有不能回里及往别处谋生者，仍发米面过冬。上年已将裁人减饷情形随时另编清册呈送在案。此二十九年变通办理之实在情形也。

客腊曾闻宋观察早已到省，但未闻何时接办，因此标下于本年正月初三日出局晋省，实欲面请军宪分示饬令赴紧接办，以卸仔肩。无如时运不佳，中途患病而返。节前进沟放饷，见各沟仍是平常，金夫散走不少，挖金者仅有七八百名。环顾亏空，实难安枕。惟有派人各处采头，以期收效于万一，倘邀我宪之福，觅出新沟，则亏累尚不难弥补，不然者实无救急良方。现拟趋赴省垣面请宪示，或饬原办之人接理；或另派专员之处，不胜盼望之至。惟亏累数万，实因接办矿务,安抚流民,收降队伍,保卫东荒所致,此由标下愚拙未能先期量入为出,失于算计,咎实难辞,然亦未料及永无新头。若此者至册报亏赔四万有零,尚有购买枪械子药、粮石、房间以及各项铺垫占用,约可抵银万余两,实亏不满二万,如能稍出新头,招集远人,则桑榆之效亦未可知。所有标下接办金厂亏累始末缘由撮其大概,禀请宪台作主,伏候训示。敬请钧安,伏乞垂鉴。

标下宝麟谨禀

光绪三十年五月十六日

附四:吉林将军咨三姓副都
统饬令德魁呈缴枪械等情
(光绪二十八年七月二十四日)

为咨行事:交涉总局案呈本年七月十九日,奉宪台发交据总办三姓等处矿务花翎总兵衔补用副将周宝麟呈称,窃于五月二十日在东沟驼腰子分局接奉宪台札开:案查前于去岁九月二十七日,据总办三姓矿务周宝麟报称帮带李荣任意胡行,反心未退,尅扣兵饷,侵吞公款,实属目无法纪。谨遵军宪面谕,立即将李荣就地正法,以昭炯戒在案。兹于四月十八日据驻吉武廓米萨尔索阔甫宁照称:照得前武廓米萨尔奉伯力总督札谕,于去岁俄历十二月初七日用三十九号照,请贵将军将管理三姓等处矿务华官周宝麟诛杀李隆详细情形,并请注明贵将军所饬各节情形等语。嗣于华去岁十一月十一日,准贵将军照复内称:现由吉专派华员曹廷杰查办周宝麟之事,后究竟如何,再行照达等语。惟现本大臣迄今并未接着复照,除此前去岁于华九月二十二日接准贵将军十九号照会内为李隆在三姓金厂之带械人等,伊应缴还枪械,乃称伊等业已投降,并称将细详情形及投降等之清册,后周宝麟必送到。本大臣迄今亦细详情形未接，清册降勇等数目并不知将枪械交某俄官。前于现年华三月二十七日，准贵将军第七十九号照，请本大臣转知驻姓俄员派华官周宝麟管理三姓金厂，后必照会金矿护勇带械之事等情，如不接，贵将军按此照以上所注复文，以便禀知伯力总督。本大臣不能转知俄员派华官周宝麟管理三姓金厂等情，其即不能以伊为官。其金厂带械护勇一节，贵将军确晓若无伯力总督允准，即一名带械兵丁亦不能有。是无此允准，亦不应有护勇，况俄官亦不能从让。如紧用护守金厂，即应由吉省现有捕盗队内之数目派往可也，等情前来。查李隆被诛详细情形，曾于去岁据该总办呈报在案；其投降清册，去岁九月间准三姓副都统咨称已留姓城存查；惟金厂沟内李隆余党以及枪械现在究有若干，自应详细查明。合亟札饬，札到该总办即便遵照迅将沟内李荣余党究有若干，查明呈复，勿延。等谕。奉此。遵即就近确查沟内李荣余党，除去陆续请假出沟者不计外，其存沟之官长什勇尚有一百七十余名，现均安分守法，毫无妄为。其沟内枪械现存开斯、来福、洋抬等枪一百六十六杆，内有黑龙江寄存三姓衙门之快枪十七杆、来福枪五十七杆，共七十四杆。后因俄队搜枪甚紧，拨入东沟暂存者。除此项枪械之外，李荣队上仅存开斯、毛瑟等枪九十二杆，因不敷用，今岁复在金统领得凤营中拨借缉匪起获大来福枪十三杆、小来福枪二杆，共十五杆，铅丸一百粒；各烧锅处暂借打子母各色快枪三十二杆；由省带来开斯枪二杆，以资护矿。统共核计，金厂内前后收存暂借各项枪械二百一十五杆，除俟郝文波等队后再将阁沟枪械逐细造册呈报外，所有奉札查明李荣余党枪械并外存外借各项枪枝数目，理合具文一并呈报宪台鉴核施行。

　　再李芳义于去岁六月间带出八响快枪一杆，十响毛瑟枪二杆、子母三挂，昨已搜出八响快枪一杆，十响毛瑟枪一杆，下余十响毛瑟枪一杆、子母三挂未缴。又韩德魁于去岁九月间带出开斯枪一杆、子母一挂未缴。韩德魁在三姓练会充差,伏乞饬令赶紧缴局应用,实为公便等情。当奉宪批:候咨行三姓副都统衙门,饬令韩德魁等将带出枪械子母呈缴该局,以重军械。仰交涉总局知照缴等因,饬发到局,理合呈请咨行等情到本将军、副都统据此相应备文咨行。为此合咨贵副都统,请烦查照将韩德魁带出枪械子母呈缴该局为要施行。

须至咨者。

右咨三姓副都统。

光绪二十八年七月二十四日

附五: 俄驻吉武廓米萨尔大臣索等致吉林将军长照会

(光绪二十八年七月二十七日)

大俄钦命驻吉武廓米萨尔索、帮办官格为照会事:

照得前于俄历去岁十二月初七日前之武廓米萨尔在哈尔滨与贵将军呈去三十九号照会乙件,内请细详照复因管理三姓矿务华官周保麟杀伤李隆等情一节,嗣于华十一月十一日接准贵将军照复,内称业由吉派华官曹廷杰前往三姓查办该件,后再行照复等语。嗣于俄现在五月十一日,本大臣复用七百二十八号照会内请贵将军速行照复周保麟之事,并请按去岁华历九月间贵将军所许照复李隆手下带械之人等语。后又接贵将军一百二十乙号照,内复称现业札知周保麟迅速详禀杀伤李隆收抚伊人并枪械情形等语。后又接贵将军二百二十七号照会,内称华官周保麟迄今尚未禀复,而贵将军二百三十乙号照会内称现派华官前往北京并请发照等语。查此,足见华官业早由姓来吉,贵将军因何未能照复该员

所查周保麟之始终，并因何至今未接周保麟之复禀，实系不解其
故。查此事业延一年之久，贵将军并未声复一件，仅以照会许之。
况由前接来乙百二十乙号照会之日后，迄今三个月有余，约此期限
亦必足能接禀矣。惟贵将军发给华官曹廷杰之护照内注衣包三个，
内计未悉何物，是以奈难填发，如本大臣知晓内计何物，方能画押。
为此照会贵将军，请烦查照，仍希按以上所注周保麟并李隆投降之
人各事见复，是为至要。

　　须至照会者。

　　右照会大清钦命镇守吉林等处地方将军长。

　　　　　中光绪二十八年七月二十七日　第乙千三百八十七号
　　　　　俄一千九百二年八月十七日

查办三姓宾州事宜报
销往返差费由*
（光绪二十八年二月）

　　练军文案处呈为札饬事：

　　练军文案处呈：奉宪发交据委办三姓宾州事宜山西候补直隶
州知州曹廷杰禀称：窃卑职奉札查办三姓宾州事件，业已逐件陆续
禀覆在案，截至二月初十日销差。惟充差三月有余，值此兵燹之后，
自阿什河以东，百物昂贵，道途险阻，旅店萧条，不能遵照札饬从前
差费定章开销，兼之款接洋员，屡打电报，专差送信办事等项，又逢
年关，各处需钱，通共用过钱一千九百四十六吊零六十文，实属减
无可减，止得据实开具报销清折，呈请宪鉴恩拨款，祗领归还借款。

---

　　* 据吉林省历史档案整理。标题为编者所加，原题作《为札户司核发查办三姓宾
州事宜委员曹廷杰往返差费等项钱文由》。

再：卑职凤荷栽培，情甘报效，所有随员兵丁冒寒往返，仅止各免枵腹，其添制御寒衣履，均由自备，谨另缮清折一扣，代恳恩施，可否照准，伏候批示，等情。当奉宪批：禀折均悉，该员往返差费既系实用实销，准如所请，候饬户司照数给领。至此次带往随员增生刘葆森、监生曹祖培二员，既系当差勤慎，着各赏给五品顶戴功牌，什长徐振山亦赏换五品顶戴功牌，俾资鼓励。正勇回连胜等七名，每名各赏钱十吊，跟丁四名，每名各赏银二两，以示体恤。均着由户司核发，仰练军文案处分行知照等因。奉此，除增生刘葆森、监生曹祖培、什长徐振山所得五品功牌，由文案处填发具领外，钞单呈请札饬前来，合亟照钞札饬，札到该司，即便遵照核发可也。特札。

计钞原折一纸。

札户司准此。

光绪二十八年二月　日

计开：

入款项下：

在省垣户司领钱五百吊；

在姓借商务公司银二百两（按二吊九百文），合钱五百八十吊；

在姓城商家借汇省城交付同兴成银二百二十一两（按二吊二百七十文），合钱六百三十四吊二百七十文；

在夹板站借用有蓝田寄省公馆钱八十吊零七百四十文；

在阿什河借达都护交省公馆钱一百吊；

在路借同行回省差弁李玉林钱五十吊。

出款项下：

正委一员，跟役二名，自十月二十二日奉札起，至十一月初十日起程前一日止，共十八天，每日每人口食钱三百文，共用钱十六吊二百文。

随员增生刘葆森、监生曹祖培并跟役各一名,自十一月初一日奉批起,至初十日起程前一日止,共九日,每日每人口食钱三百文,共用钱十吊零八百文。

十一月初十日,自省城至阿什河,车三辆,每辆车脚钱十七吊,共付车脚钱五十一吊。

十一月十八日,由阿什河雇车三辆,其时道路荒乱,行店车户即给重价均不肯揽。由达都护饬差代雇本城车三辆,言定无论往返程途及住店多少日期,每日每车给价钱三吊,并许车马有失,包赔车户,始允。约计在姓不过半月即可回程,不意屡催周统领回姓不得回音,至正月十三日始由姓起程。路过宾州,查办事件,于正月三十日到省,除小建共七十二日,每日九吊,共给车脚钱六百四十八吊,年节每车赏钱四吊,计十二吊,共付钱六百六十吊。

十一月初十日,自省赴阿什河,十九日出阿,共九日。正委随员三名、跟役四名,每名每日尖宿店饭五百文,用钱三十一吊五百文。

十一月十九日起,至正月二十三日到阿什河止,除小建一日,共六十四日。员役七名,每名每日尖宿店饭钱,自七百至七百四五十文不等,通以七百二十文勾算,每日店饭钱五吊零四十文,六十四日用钱三百二十二吊五百六十文。

正月二十四日至三十日到省止,共七日。每日每人尖宿店饭钱五百文,七员名共用钱二十四吊五百文。

二月初一日至初十日销差,每日饭钱三百文,七员名十日用钱二十一吊。

年节赏护兵八名钱四十吊,五站三姓草料昂贵,兵勇原饷不敷,借给钱六十吊。

年节赏跟役四名钱十六吊。

年节赏店房小达火夫钱十六吊。

年节照店规每名每日加店饭钱一吊，七员名五日用钱三十五吊。

省电二次，阿电三次，共用羌帖十四吊，合中钱二十八吊。

专差送宾州、阿什河信两次，用洋银十一圆，合中钱二十四吊二百文。

借和成利洋行款接洋员六次，需用洋茶、洋点、洋菸、洋糖、洋酒羌帖一百零一张半，合中钱二百零三吊。

两次专差进沟密查枪械人数，并传集人证，每次四人，往返八日，用洋银三十二圆，合中钱七十吊零四百文。

年节姓城零赏洋银十八圆，合中钱三十九吊六百文。

赏洋行通事羌帖八吊，合中钱十六吊。

在姓赏洋员通事羌帖八吊，在五站赏悦明阿所带通事羌帖八吊，共合中钱三十二吊。

纸札笔墨钱七吊八百文。

办公洋烛二十觔，合钱十六吊。

随从骑马炮手二名，每名月给七两，按三吊文，合钱二十一吊，每月四十二吊，共三个月，用钱一百二十六吊。

赏连璧派兵三十名护送赴姓，路程二百八十里，洋圆钱十六吊五百文。

赏三姓派马队二十名护送回省，至夹板站，路程三百六十五里，洋钱二十六吊四百文。

赏夹板站派马队四名护送到宾州东乡，查事数日至宾州止，钱八吊八百文。

赏阿什河派马队四名护送赴宾州，钱四吊四百文。

赏宾州派马队四名护送至阿什河，钱四吊四百文。

右赏护送兵勇五笔钱六十吊零五百文，照公事本不应赏，第草料过昂，兵勇例饷实属不敷，故于尖宿后饬令照章开钱，自买麸料酌赏，以示体恤，而免骚扰，合并声明。

七员名剃头、包菸、茶叶零用钱十八吊零。

右入款钱一千九百四十五吊零一十文，出款钱一千九百四十六吊零六十文，两抵实亏钱一吊零五十文。除由户司原领钱五百吊外，恳请宪台饬还商务公司银二百两正，再请饬拨银二百二十一两，拨给银圆钱二百三十一吊七百九十文，俾承领归还各款，实为公便，合并声明。

查办宾州事件禀文[*]

（光绪二十八年二月）

钦命头品顶戴镇守吉林等处地方将军兼理打牲乌拉拣选官员等事恩特赫恩巴图鲁长为札饬事。

光绪二十八年三月初八日，据奉委查办宾州事件、山西补用知府、候补直隶州知州曹廷杰禀称："光绪二十七年十一月十七日，卑职在阿什河叩谒行辕，蒙宪台面谕有金得凤密禀一件，内称杜丞家丁宋长胜，奉该丞饬查地面，任意骚扰各情。饬令密查禀复。卑职遵于过宾州地界时，每逢尖宿，留心访问。金称杜官到任后，派有宋委员查办税务，先戴花翎五品顶戴，后戴花翎四品顶戴，带有马步队勇二十余名，往来乡里，势焰不小，从者呼为大人，民间呼为大帅，各处留有宋长胜名片。十月内，在南天门地方滋事、杜官调回

城内，众口一词，与金得凤所禀不甚歧异。十二月初八日，在三姓旅店，复奉宪台札饬，内开有人密禀老营口居民李俭等喊控宾州厅杜署丞玉衡纵容差役，苛敛扰民。抄粘原禀，饬令卑职俟三姓差竣后，前往该处按照所禀各节严密查访，据实禀复，毋稍徇隐，毋得宣泄，致干未便各等因。奉此，卑职遵于正月十七日同随带员役兵勇到夹板站，绕赴老营口，访至李俭、赵万才家，又至三岔河口潘有家，北洵溪王德昌家，皆托词走错道路，暂为茶尖，探询利病，言及税务。李俭、赵万才、王德昌称：系去岁刘家店税卡总理陈奎山、邓长富罚办。潘有称：系去岁查税官亲罚办，与密禀内情节相符。唯崔永、孙九义两家住在高丽帽子地方，僻在山中，去老营口等处尚远，未及亲往查讯。据民间传说，罚税之事指不胜屈，受害实深各等语。是原禀均非无因。卑职到宾州城内查悉，宋长胜业于去岁十一月内，经杜丞驱逐。该家丁复便装至前查税各处，冒称奉谕密查事件。乡民问其前后行装何其大异？宋长胜答以密查，不可张扬。复经杜丞闻知，严行驱逐，实已不在宾州境内。至陈奎山、邓长富二人，亦经杜丞因事革退，不在税局办事。其潘有所称官亲，或即原禀所指之杜元良，乃杜丞之侄，非其子也。杜元良曾查税务，岂肯贪此四十吊之罚款，以坏乃叔之声名？想系跟役背地讹诈，未可即谓杜元良所为。查杜丞于宋长胜、陈奎山、邓长富等犯，即行驱逐革退，其心本非纵容差役，已可概见。惟税局丁役竟敢如此者，虽不敢为杜丞掩其过，究可为杜丞原其情，谨为宪台缕陈于左。盖因原禀分卡太多，人役太众二语，详陈致弊根源也。

一、宾州征收牲畜、菸酒、木植税务，常年总局四处，秋设春撤分卡十九处，共二十三处，历有年所。近来每一局卡总办或二三名，会办又或二三名，贴书四五名或七八名，巡差十数名或一二十名，至少亦在二十名以外，多有四十余名者。总会办贴书，新官到任,向派家丁充之,巡差或更换,或仍旧不定,名曰吃谕。有吃数分谕者,有吃一分半分谕者,不但宾州为然,各处亦多如是。不但吉林为然,各省亦多如是,此吃谕之私情,俨然成为公事者也。

一、凡税务多处名曰优缺,每有新官到任,凡素行跟官当勇者,百计钻营,求与新官相识之人恳祈保荐。彼荐主或因其服事,或怜其贫穷,或爱其恭维,转荐新官,托其必与一事。彼新官屈于情面,不得不收。曾见内地优缺,止用数十人,而见条至数百数千之多。该役等一经收受,则趾高气扬,衣履行囊焕然一新。抵任之后,争求好事,或恃荐主以挟制新官,新官无可位置,止得多给谕帖,使之自谋衣食。此各处多给吃谕之实在情形也。

一、凡吃谕之人,官中止与一谕,并不给与火食薪水。此辈希图见好,多不敢侵食正款,恐被拿问,自失终身之计。惟有稽查偷漏、严禁闯越、以多报少、以私抗官数法,可以鱼肉商民,耸动长官。循良者在局认罚,刚直者到官亦必认罚,及此辈先入之言卫护,长官非明鉴鲜不受其朦蔽。此各处局卡之通弊也。

一、凡吃谕之人,一事朦蔽长官,志愈得势愈张,商民畏威畏累,多饮泣而在局了案,不敢抗衡。此辈以多收报效长官,以罚款私饱欲壑,自命为能手,公称为干脚。长官又信其向未滋事,益信任之。不知怨毒在民,道路以目。长官既受其祸,此辈益肆其恶,骄奢淫佚,毫无忌惮,转眴之间,化为乌有,此又事理之必然者也。

一、卑职曾官山西,见各大宪官厅内张挂张芗帅参办山西跟役四大亨八大斋一案,末载:新官赴任,不准僚友荐举家丁,违者查明参处。故山西虽小省,而吏治不甚大坏。光绪二十二年,卑职创办呼兰木税,禀请局卡均各设委员一员,跟役一名,贴书一名、火夫更夫各一名,巡差四名、六名不等。局员薪水三十二两,卡员薪水二十四两,贴书十二两、八两不等,以下各有薪水银四两。又上下一律每月各给火食银三两。又每月各给局卡房租银十两、八两，办公纸张笔墨灯烛公费银二、四、六两不等。严定章程，张贴告示。违章扰民者，照章分别轻重惩办。故创办甫及一年，实解正款税银二万两。不似呼兰初设盘捐，屡次聚众京控，经十余年始能办成。卑职交卸后，接事者裁减局卡经费薪水口食，每年省银四、五千两，而三年之税未能报解二万两。缘员书丁役各有身家，既给口食以养其身，复给薪水以养其家，各有天良，谁肯违章犯法者。故一经裁减，则各徇私弊，以自为谋；况更无口食薪水，责以奉公守法，虽圣贤处此亦难为力，岂可望之常人乎！

一、拟请宪台定一省章，凡有新官到任，不准僚友荐举丁役，由新官自行募用。其有税务地方，由本官自派税书一名，服役一名，火夫更夫各一名，巡丁二、四、六名不等，均给薪水口食，由宪台将阖省地方应收牲畜、烧酒、木植税务，明定章程，遍张各村市镇，准其照章征税。若有违章征收，或藉端勒罚者，一经发觉，照章惩处。

右俚说六条，是否可采，或于地方能否施行之处，伏乞核夺。至杜丞驱逐革退诸人，已非一日，谅在洞鉴之中，谨据实复禀"等情。据此，除批据禀宋长胜等在乡查税藉端滋扰，均非无因，虽在杜丞早经驱逐，尚无纵容情事，应仍札饬按名拘获解省，听候发局讯明惩办。至称收税丁役营私舞弊，各省情形大略相同，言之实堪发指。现在吉省甫经兵燹，民困未苏，亟应设法整顿，以除积习，而挽浇风。仰即知照缴原禀注销并挂发外，合亟札饬。札到该道，立即转饬宾州厅遵照批示办理，毋违。特札。

札吉林道

上荣中堂密禀*
（光绪二十八年十二月二十九日）

　　敬禀者：窃卑府侧见，庚子之后赔偿兵费及各省赔补教堂教民各款，合计四十年内每年约须银二三十兆。自通商以来，中国财力平时尚不敷用，今忽加此巨款，除取之商民，断难集事。然我朝深仁厚泽，超越前古，无论款项如何支绌，不准加赋以扰民生。是以议蠲议缓，办赈办捐，岁不绝书，其所以培邦本得民心者，至矣尽矣！兹值时艰，若不设法以生财，固无以弥赔偿之费，若任尽法以括财，亦甚非朝廷之心。是以卑府著《原教浅说》一册及《俄罗斯占踞东三省拟请按照公法与之理论》一篇，冀得感悟各国，不至过于要索（二宗业已缮呈）。如外国减一分赔款，即华民少一分输将。此管蠡之见，未知有当万一否？

　　近阅各报，各省有房捐、彩票、膏捐、猪捐、糖捐、酒捐诸名目（此外议而未办或办而未见报章者尚多），皆系万不得已之举。若果涓滴归公，于事未必无补。但恐书吏乡保朋比为奸，棍徒劣衿藉端渔利，商民出自百分，省库难收一二，蠹国病民，莫此为甚，激变生事，不堪设想。卑府食毛践土，受国深恩，复荷中堂青垂，俾得吐气，辱承明谕，俾具说帖，用敢知无不言，言无不尽。谨条陈于左，敬祈俯察。倘有可采，望即见诸施行，似亦救时之一助。并望钧裁作主，不露卑府名姓，实为德便。

---

　　* 据北京图书馆藏抄本《拟放姓属荒地章程》标点整理。荣中堂：指荣禄。八国联军攻陷北京，荣禄随同慈禧逃往西安。光绪二十八年（一九〇二年）还京后，加文华殿大学士。同年十二月，曹廷杰因吉林将军长顺保奏送京引见，荣禄询以筹措赔款办法，故曹廷杰上此禀文。

计开：

一、膏捐，当指洋药而言。查洋药有洋产、土产二宗。洋产可于入口之时酌商加税，土产可于种烟之户及收买之商按数加税。无论加至若干，均可办理收税之后粘贴印花，任凭运往指明售处，再不重征。若既售之后，又复运往别省，则各省自有定章（有一省税不重征之例，若运入邻省，仍须照章纳税），仍于总售之处照章完纳，加粘印花，准其售卖，自可集为巨款，不必家搜户求，徒滋扰害。

一、酒捐，可令各府、州、县查明烧锅数目，报案存查。其酒税但就烧锅卖帐按数征收，自成巨款。不准向卖酒之商、买酒之人零星索税，自免骚扰。

一、糖捐，亦可照酒捐办理。但酒非日用所必需，税可从重；糖则民生所必用，税宜稍轻。

以上三条，系变通办理有利无害者。

一、房捐，初开专及市镇商铺，恐日久弊生，累及闾阎，无论何人，但有住房，均须报捐，为害将不可言，似宜急行停止。

一、猪捐，名目甚不雅驯，复有倡为妓捐、僧道捐之说者，尤为名不正而言不顺，似均不可行。缘屠户杀生图利，所获无几，若令报捐，数既无多，且藉此以扰民者不可禁绝，为害实大。至于妓尽穷人，僧道方外痛痒在抱者，何肯令其纳捐！若夫寺观、庙宇有富足者，除酌留养赡外，尽可查明产业，提归公用，由县报省，由省报部存案。

一、外省彩票之设，本属权宜之计，然既经营官办，则穷乡僻壤仿而私行者，即难禁绝。商民男妇冀以小本而获大利，日输月累，因而败家丧命者，不知凡几。似宜严禁，以惜民生，而全国体。若万不得已，拟请仿照吕宋成例，由国家专办，分售各省大镇，每月一开，或三月一开，可得巨款。其非大镇及穷乡僻壤，仍照律严禁，各省均不准行。并商之各国，不得在中国地方开设彩票。

以上三条，系亟须禁止，以保民生者。

一、中国买卖田房，例应税契。然积久弊生，或匿不投税；或减价漏税；又或勾通胥吏，俟地方官交卸之时求令减税，然后送印。相习成风，似成难返之势。然每月一州一县办理得宜者，每年可得税契银二三万两及万两、数千两不等。定例由各省藩司印发，契尾州县承领。俟民间投契时粘发，复裁契尾之尾送缴藩司，久之成为具文。不缴者多是上不认真办理，下即因缘为奸也。今拟请按照定章，由户部印刷三联契纸，右为契根，中为契式，左为契尾，名曰"官契"。契根、契尾只载某省某府某州县某乡某人买到某人田地、房屋一契，价钱若干。其用银者，照市价合成制钱，以便核算。契式则载明某人有祖遗自置田地房屋若干，坐落地方四至抵界，因别置少费，请凭中人某某议定，时值价钱若干，除卖与某人名下管业，自卖之后，听凭买主过割完纳，于所置界内，百无无阻。此系卖主祖遗自置产业，别人不得藉端异说，亦无减价、漏税情事等语。由部分编字号，加印颁发各省，各省加印分颁各县，各县加印备发民间。但有买卖田房者，须领官契，交契钱三百文（足数制钱），以五十文归承办书吏，以五十文归地方官津贴，以五十文归藩司津贴，以五十文归户部津贴，以一百文归户部刷印纸本。其税契定例，每价钱千文取税钱三十文，名曰三分税契。今拟酌加十文，名曰四分税契（州县有加至六、七十文者，但不多见耳）。拟以三文归承办书吏，以八文归地方官津贴（不如此恐其不认真办理），以三十文报解藩库存储，年终详情奏报，听候拨用。赔款未清之先，即以专解本省赔款。如此办理，无论大小省分总可各集巨款。较之各样新捐名目，名正言顺，且取之买主之手，势亦无难。若有违阻、隐漏，照章议罚，决不姑宽。行之一年，必有明效。以每县万两勾算,约每年可增银千余万两。拟请明发谕旨,俾民周知自某年某月为始,认真举行。其已往者,一概不究。若有白契愿换官契者,听其契纸税价照新章办理;若不换官契,私执白契,有事到官,一律议罚。

一、典当田房产业,可照上颁发典当官契,契价照上办理,契内载明典当以三年为限,到限赎回,缴销当契。若无力赎回,即应另立卖契,缴销当限,照章报税,违者议罚。

一、各省各项行帖,例有年限,不准冒名顶充。然民间往往一帖经历多年,更易数主,而仍执以图利者,到处皆然。若认真照章办理,亦可合成巨款。至于当商例准二分取利,而各处尽增三分,拟请此后分上、中、下三等,上等每年加捐银百两,中等加捐银六十两,下等加捐银三十两,由州县据实详请报部存查,以免隐漏。并不准格外需索,以恤商情,而集巨款。州县有隐漏者,查明议处。

以上三条,系就成例,认真办理可获大利者。

一、各省驿站,岁需巨款,其实草料多取之民间,款项尽归之官吏,蠹国病民此亦一事也。今电报尽通,可以奏事,可以传旨,又有邮政局可以传递公文、信函。拟请裁去驿站,以省岁出之款,并举行邮政,以增岁入之款,一转移间为数甚巨。若简派大员专司其事,认真办理一二年后,合省出增入之数计之,每年获利当自无穷,各国邮政其明鉴也。其驿站旧有之马匹或地亩,拟请偿给站丁、马夫人等,俾自谋生,以示体恤。愿归邮局雇用者,听其站房则统归邮局,以省经费。

右一条,系变法而获大利者。

一、清丈屯卫地亩,加增税契,本属善策。但阅报章,未有归县、归卫之分,一律办理,民情有不能上达者,试详陈之。查民田价值贵于屯卫之田,缘其先民田皆民人承种,除纳赋外别无差徭苦累也。至于屯卫之田，有军田（系隶军籍承种者）、所田（系明时千户所、百户所所遗者）、屯田（系前代防边屯兵承种者）、王田（系明时藩王所遗者）各名目，历年久远，卖与民人者不少，实与民田无异。一旦清丈加税，有卖产而不能给者，其害实大，其患亦深。拟请无论何田，若早年卖与民人，归县纳粮，执有印契者，概免清丈加税；若归卫当差弁无印契者，尽予丈量，按照民田时价减去大半，令承种之人出价承领，照章投契，作为彼之已业，以后买卖，与民田同价，各归就近县官管理。若承种之人无力承买，即照民田价值卖与民人，许承种之人永远承种，照民田章程纳租秫于买主，以后承种之人，或有力愿买，即照民田一律办理。如此则归县之田不至重出价税，归卫之田不得隐漏价税，承业户口不至铤而走险，实于国计民生两有裨益。

右一条，系分清界线，以免病民而杜隐患者。

一、内外蒙古屏藩北方二百余年，不侵不叛，诚亘古所未有。然游牧为主，不事耕凿，强邻逼处，时思侵占，若安常不变，断非善策。拟请谕令内蒙古各王公，仿长春、农安之法，放荒以养民，收租以练兵，添设府、厅、州、县，以资治理。缘毗连内地，民人易往，办理或不甚难也。至于外蒙古四汗，似宜令其自强自立，以免俄人引诱。

一、西藏情形，较外蒙古更甚。缘外蒙古只有俄人窥伺，西藏则英瞰于南，俄俯其北，藏番之心乃向俄而拒英，不久必有战事。若不预令自强自立，一旦有事，弃之则名义不顺，抚之则因人受累。临事周章，不如未雨绸缪也。

右二条，分言内蒙古宜设官安民，俾作屏蔽，外蒙古、西藏宜令其自强自立，以免后患者。

呈《上各国钦差书稿》、《管见》禀文*

（光绪二十九年四月）

　　吉林补用知府曹廷杰谨禀宫保钧座，王爷爵前、中堂阁下、大人钧座敬禀者：卑府于光绪二十八年十二月初八日，奉特旨以知府发往吉林补用，因措资未齐，兼感时症，未能起程。近阅各报，知俄国背约，未将东三省之兵按期撤退，亦未交还地方，以致日本抱唇亡齿寒之虑，出而力争，将有战事。说者乃有联英日以拒俄之议，与前此李文忠联俄拒日之意反对。不知国贵自立，依人成事总非上策。或者又欲置身局外，不联俄，亦不联英日，坐视日俄胜负，居间调停。不知东三省本中国之地，俄日因中国起衅，若不能调停于先，至于相战，无论孰胜孰负，其胜者必踞东三①省为己有，其负者必与中国为仇敌。若欲赎②胜者之地，则兵费无算；若欲攻仇敌之国，则势力不支。且失地于胜者之手，而又添敌于负者之国，势所必然，害伊胡底！总各国不即瓜分，恐民心必将瓦解，国之存亡，在此一举，此凡有血气同切隐忧者也。

　　卑府愚昧，拟将俄国并吞之意上书各国驻华钦差大臣，请其同抒公愤，以维全球大局，未知有当否？如果各国钦差有感于中，各电本国出而责俄，则俄必退兵交地，日本可不与俄争，东三省虽有俄国铁路，各国通商，而我自主之权无所损失，或可共保升平。谨将《拟上各国钦差底稿》抄呈，并另呈《管见》一册，肃禀。敬请勋

安,伏祈钧鉴,俯候训示遵行。

　　　　　　　　　　　　　　卑府曹廷杰谨禀

　　计抄呈《上各国钦差书稿》一分、《管见》一册。

　　　　　　　　　　　　　　光绪二十九年四月　日

上各国钦差书稿

　　大清国特旨发往吉林补用知府曹廷杰顿首上书:大德国、大奥国、大比国、大日国、大美国、大法国、大英国、大义国、大日本国、大荷国钦差大臣台前:

　　窃以廷杰官卑职小,原不敢参议国事,况敢上干各国钦使乎?但食毛践土,具有天良,愚者千虑,亦有一得。观今日俄国之情事,于中国深切杞忧,于各国亦有远虑。谨就愚忧所及,为各钦使缕晰言之,伏望垂詧,共维全球大局焉。

　　一、俄之先皇大彼得,有并吞世界之遗策。其自莫斯科洼迁都尼瓦河口也,则曰:“我以此地为俄之脑阃,开轩远眺,欧洲之大局皆在目前”。是其欲并吞欧洲之显证也。俄之前皇亚历山大,临终叹曰:“使天再假我十年,坐看我统一亚洲”。俄之今皇尼哥劳第二,速成亚东铁路。该国前十数年,有“宁弃森彼得堡,不弃海参崴”之言。近年有“宁弃西方,不弃东三省”之言。是其欲并吞亚洲之显证也。现在要求东三省《密约》既曰满洲地方不得开作万国通商口岸,又曰矿山不得任他国开采,又曰建筑铁路之权不可给予他国或聘用他国人,又曰满洲地方练兵断不准聘用他国人。综观庚子以后各报所载俄国要求各约,其宗旨总不外此。此虽目无中国,实亦目无各国。既敢目无各国,则地球之上必将任所欲为,是其欲并吞世界之显证也。

　　一、俄人之心现欲并吞世界,已有明证,较之昔年罗马教皇命

西班牙教西半球,命葡萄牙教东半球者,其计尤毒。盖教皇不过命
二国分施教化,俄皇则欲以一国并吞全球也。是不但立国于欧、亚
二洲者,当畏俄,即立国于非、美、澳三洲者亦当畏俄。盖俄得志于
欧洲,则必逐渐而图非洲,俄得志于亚洲,则必逐渐而图美、澳二
洲,此必然之势也。

　　一、俄人心胸有大彼得之遗策,又挟上条必然之势,故其开疆
阔地,得寸则寸,得尺则尺,自近而远,版图毗连,已占欧亚之大半。
不似各国分占各洲,疆域隔绝,不能一气贯通。若非内乱分崩,别
国断难窥其藩篱。缘运兵转饷皆在疆内,不虞外人侵陵也。

　　一、俄国有上三条之形势,近又西联法兰西,东睨东三省,其
并吞欧、亚二洲之策已属彰明较著。盖联法则于欧洲有远交近攻
之谋,而德、奥、日、荷、比、瑞、意七国危矣。七国危,而附近七国者
亦不能安矣(近日德国亦与俄睦,可以免目前之患,究难免将来之
忧),而非洲难以独立矣。睨东三省,则中国、朝鲜已处囊括之内,
而亚东岛国危矣。亚东岛国危,而美、澳二洲即将渐受其害矣。此
地球各国所当共为寒心者也。

　　上四条论俄人并吞世界之形势。

　　一、法德联俄,似不知俄人有并吞之志者。中国李文忠原主联
俄拒日,盖以甲午辽东之役,日人得志,欲藉俄以泄其忿,而不知忿
未果泄,而已引贼入室。近日当道及各学生等又欲联日以拒俄,而
不知国须自主,若依人成事,必失自主之权,或成半主,或竟瓜分而
藩属之,是皆非计。惟日本岛国能见及此,三十余年来,上下一心,
励精图治,已入万国公会。近因俄人背退还东三省之约,起而力
争,殆以唇亡齿寒,不能不先事预谋也。但以日本疆域与俄相较,
势似不敌。然日本必仗义执言,与俄相抗者,则论理不论势,不欲
联俄以助其并吞之虐也。

一、东三省本系中国发祥之地。咸丰年间，俄人乘我东南多事，两次割地数千里，改设阿穆尔、东海滨两省。光绪二十三年，订立铁路合同，又于哈尔滨（踞东三省腹心之地）设立重镇，旋又租我旅顺，不但东三省难以自主，即京城亦若受制。庚子之变，俄人于已奉和议后，搜括宫中军装，掳掠民间财帛，不知若干兆（东三省有案可稽，吉林将军曾与理论）。各国均遵和议，按期退兵交还地土，而俄人独背盟约，延不退兵，亦不交还东三省，以致日本□与英盟□□亚东太平之局，起而力争。我中国人乃谓联俄不如联日，或又主置身局外，以免两伤。岂知俄日之衅原为东三省而起。东三省本中国地也，俄胜日则地归俄，日胜俄则地归日，均非我有。且恐瓜分之祸，由此而开（京师大学堂学生请奏两稿言之颇详，勿庸赘言）。若俄、日相胜，均不占地，各国仗义均不瓜分，窃恐赔偿① 兵费，又不知若干数矣！

上二条，论俄、日开衅，祸在中国情事。

一、中国近来岁入八千余万两，常年尚不敷用，加以联兵赔款，自一千九百零一年起，至一千九百四十年止，共三十九年，每年摊银一千五百万两，各省赔偿教民之费尚不在内，水旱② 偏灾，常年意外之需，更不在内。合计中国商旅几何？农工几何？但输此指定之款，实已困乏难支，地方官因其难，以取盈也，设立各样捐款以益之，民不堪命，激而为乱者，所在多有。若再加以偏灾，或另添一赔款，朝廷纵能俯从，恐商民以不能聊生之故，揭竿而起，糜烂中国有余矣！中国糜烂，各国之商务必坏；商务既坏，各国之内治亦难保其无伤。纵以兵力压制，能将四百兆生灵杀戮无遗，另立一新世界

---

① "偿"，原误作"赏"。
② "旱"，原误作"早"。

乎！若不能杀戮无遗，不但将来之损失用费无处索赔，即已往之
赔款国债亦无从追取。是因一中国而害及地球各国也，是因一俄
国背约强踞东三省而祸及中国，牵动各国也，其害岂可胜言哉！其
祸岂堪设想哉！

右一条，言俄人背约，强踞东三省，祸虽在于中国，害必及于各
国情事。

一、俄国强踞东三省，其祸害如此其①大，现在中国当变法之
初，势难与俄抗，亦难与日争。缘东三省如一可食之物，俄人垂涎
入口而欲吞之；日本捌其背扼其吭，而欲使之吐出。两国相持，中
国实被其祸，而延及各国。计惟有请各国钦差，奏请各国君主、总
统，公询俄国背约之非，令其将东三省之兵速行撤退，交还原地。
但准俄国享已成铁路之利，不再侵占地方。所有奉天之省城、大东
沟、锦州、昌图、新民厅及营口六处，吉林之省城、长春、阿什河、三
姓四处，黑龙江之省城、呼兰二处，均作为各国通商口岸，与内地通
商口岸一律办理外，所有税务及矿务并地方钱粮、词讼等事，均由
中国设官经管，与内地各行省一样。如此则俄专擅铁路之利，各国
同享通商之利，中国亦收赋税之利。而俄日之战事可以不开，中国
之祸端可以不作，各国之商务可以不坏。然后公立大会，将各国现
有之疆土，各定版图，永不侵占。有一国背约者，各国公阻之，有一
国内治不善者，各国公劝其改善。若公阻公劝而不从，则公责之，必
令其遵约改善而后已。以此订为公法，似较联盟之举。弭兵之说，
实可以共享升平。

右一条言各国公令俄人退还东三省后公立大会，订一公法以
保升平，似较数国联盟仅保一方一国者尤为功德无量。未知各国

----

① "其"，疑当作"之"。

钦差大臣肯俯詧微言，见诸施行否也！谨顿首拜上。

管　见

谨将管见所及分条缮呈钧鉴。

计开：

一、各宗捐款名目，业奉谕旨停办。应请旨重申禁令，以维人心，而保大局。

一、请将各省驿站通行裁撤，以省岁出之款。其站房可作邮政公局，其马匹及有地亩者，可分赏站丁，以示体恤。

一、请通设邮政，以增岁入之款。可以各国为鉴，约计省发驿站之出款，新添邮政之入款，两者相权，岁可得一、二千万两，以抵三十九年赔款之数，赔款清则此款归部库矣。

一、请由户部颁发三联田房税契，印纸首列契根，但刻颁发某省号数及民间某人买某人田房价值、年月；末列契尾，亦照契根刊刻；中列契身，内刻买卖田房契式。于契根、契尾联契身之骑缝处，复刻田房价值若干，加部印两颗，颁之各省加藩司印两颗，发之各州县加州县印两颗，再于契身年月加州县印一颗。民间买卖田地须用部颁契纸，填明契式，将价值分填两骑缝处及契根、契尾中，呈官照章纳税。拟于定章每价钱千文纳税三十文，名曰三分税契，外加一分，以三分解省报部，其一分十文，则书吏二分，州县官五分，藩司三分，不准额外多征，违者严惩。其契纸每张卖制钱四百文，以一百解作部中纸本，以五十文解作部中津贴，以五十文解作藩司津贴，以五十文解作藩房科津贴，以五十文作州县书吏津贴，以一百作州县津贴。如此明定章程，晓谕民间。揆之纯良地方，加至六、七分者，已减其少半，民必乐从。即桀骜地方向不投税，或俟官交卸时减价投税名为发炮者，所加亦不甚多。且出自买者之手，违者照定例罚办,民亦无词。并严示限制,此后除已经税契执有印契不计外,如有私契,一经查出,或有事到官呈验,概行照例罚办,约计每年可获银千余万两。再加以典当田房、器物,亦发典当部契,止收纸价,限三年赎回缴销,若到限不赎,即须换立卖契,以为定制。

一、各项牙帖、盐引、当帖、烧锅帖,向例由部颁发者,拟请仍照旧章三年一换,以杜冒名顶充之弊。并请酌加一分,照契纸办理,其帖引纸价亦照契纸办理。合计买卖田房及引帖各宗,数年之后岁入不止一、二千万两。所有各项杂捐名目永远禁止,民心自当大悦,国计亦可渐充。

一、清丈屯卫田亩,原为筹饷起见,但民田而外有屯田(昔年屯兵所种)、王田(明时藩封所遗)、所田(昔年千户所、百户所所遗)、军田(昔年军籍所种)各名目,有归县、归卫之分。其归县者,展转售卖,与民田价值相去无多,且各有印契,与民田同,此等地亩应请勿庸清丈,以免苦累。其归卫者,应照所执买契,清丈数目,照契价投税,给予新照,改归县属,日后与民田买卖同例。若无买契者,令承种之户,照四至清丈,给与新照,酌缴半价,照价投税,日后亦与民田同例。如此则民无怨言,可增巨款,较之不分归县、归卫而概行清丈,窒碍难行恐滋事端者,相去远矣!

一、各报载广西匪乱,该抚有借外兵外款之举。如果属实,内匪平而外患起,不但两广将为人有,且恐激变民心,各处响应,乱将大作。宜速将该抚从严惩办,婉谢外人,以安民心,而杜乱萌。

一、内蒙古宜速改行省,照长春、农安之制借地安民,其租赋则归各旗,养兵制械,以为北方屏蔽。

一、外蒙古、西藏,宜速与各国联盟,令其自立自主,否则一旦有事,弃之则名义不顺,各国必争,抚之则鞭长莫及,各国亦争,是顾空名而实受祸也。今阅报章,又载有俄国要逼①蒙古之款,如果属实，是为患愈亟矣。总之，俄人不可信。惟望各国知其并吞之志，公同设法阻制，方为上策。我国亦宜知联俄之非计，而力行新政，速求自强，方可立国。否则不堪设想，祸及天下矣！

一、以后凡遇教案，应请查照各国通例，不予教士干预地方政治之权。但令地方官保护教堂教民，遇有争讼案件，由地方官持平办理，不得袒民抑教，亦不得袒教抑民。平时与教士往来，假以礼貌，而不假以事权。如奉教者有干律法，先请教士革除教堂，照例办理。如此则政自政，教自教，而民教可以相安矣。

右所呈各条，明知身无言责，不免越分，但静观今日之时势，殊切杞人之隐忧，至性所迫，情不能已，伏望垂詧，不胜屏营待命之至。

敬再禀者：近阅报章，载俄国已将前此要求东三省密约七条暂从缓议。又载俄国现有密电，谓前约如果一一驳回，敝国万不能许可，如万不得已，亦须将蒙古一带租与俄国若干年等语。此事确否未可知。但揆俄人之情，似属必有之事。其缓议前约七条者，盖恐固执己见，开衅於英、美、日三国也。其新议租蒙古一带者，盖以东三省虽不得据为己有，而铁路之利已归独揽，再租蒙古一带，则蒙古已收入版图。因其势而利导之（现在外蒙古四汗地方，俄人多方布置，不啻勾魂摄魄。蒙人之情，惟利是视，已背中而向俄矣）数年之内，藉其劲马精兵，居高屋建瓴之势，南向而驰，不但东三省不能入外人之手，即中国、朝鲜皆囊中物矣。且俄因东三省而再租蒙古，则英於滇、藏，法於两广，日本於闽浙②，德于山东，皆援利益均沾之说要求租借，中国尚有立国地步乎！为今之计，惟有严拒俄约，令其将东三省之兵速行撤退，交还地方，以免该国与英、美、日

----

① “通”，原作“必”，据文意改。

② “浙”，原文误作“淅”。

开衅。以不租借蒙古及别处地方，以免各国藉口，是为要策。如俄国以保护东三省为词，要求兵费及铁路赔款，我国当据理与争，或请各国公评曲直，俄虽狡黠，亦必理屈词穷而就我范围矣。谨胪列於左：

一、俄国於庚子年七月二十四日，与黑龙江委员程德全，八月十四日与吉林委员达桂，妥定和议，言两省均不开仗。闰八月初一日，由俄国转到中国全权大臣电，言定东三省一律停战议和。该国即应先后遵照，共保和局。乃我东三省遵议遵电停战待和，而该国兵队搜括官中军械、火药、机器、银库、图籍、宝物，强占各处文庙、学堂，掳掠民间财宝、牲畜，合计价钱不知若干兆。东三省有案可稽，此按照公法当与理论索赔者也（吉林将军有请按照公法与之理论一书极为详晰）。

一、既奉和议，即宜停兵。俄之兵官必欲搜剿胡匪，吉林将军告以土匪①勾结散勇，裹②胁难民，避入深山，岭峻林密，人力难施，止宜缓议招抚，自保平安。若往搜剿，恐伤兵损将，於事无济，倘有伤损，勿谓言之不预。该兵官不听，贸然前往，伤损兵弁，此该兵官冒险深入，自贻伊戚，与中国无涉，宜与明辨者也（因报章载俄使云：英日两国在满洲既未费财，又未伤命，不若俄国丧财失命，既久且多，不应干预满洲事等语，故特辨之）。

一、俄国阿穆尔省巡抚，於庚子年六月，将寓居该省华商、华人数万名，用兵驱入黑龙江一齐溺死，浮尸蔽江者数日，并搜取溺死商民之财帛产业，此不在战利战权之内者，其残忍贪酷，地球各国莫不切齿。宜与反复辨驳，令其赔偿。

一、俄国於已奉和议后，强占三省电报局，强收营口税务，中

①　"匪"，原误作"费"。
②　"裹"，原误作"裏"。

国之所失者大，该国之所入者多。宜核实理论，以作抵偿。

一、东三省应以两国议和及奉到停战电信之日为断，凡以前东三省遭其蹂躏者，可归之战权战利（惟逼毙阿穆尔省华商、华民搜取财物不在此例），凡以后俄国搜括官中军械、火①药、机器、银库、图籍、宝物，掳掠民间财帛、牲畜及强占电局、税务，合计不知若干兆。宜令东三省将军速行查明汇报，与之理论，令其赔还或作抵偿，大约抵偿之外，尚有赢余。

右五条，系东三省实事，我中国宜与理论，或请各国公议，按之万国通例，实无不合。即一时不能折股，但往复驳辨，迟至数年，亦无不可。若应言不言，不但俄国以我为无知，即各国目为鼾睡（光绪初年，云南边外野人山地方，被人侵占，中国久不过问，各国新闻纸载之，谓中国人鼾睡不醒）。《地球韵言》载：前俄君目土尔其为病夫，今欧洲人目亚洲之波斯、中国。非洲之摩洛哥共四国为病夫，见之可为痛心。廷杰蒙大部保荐，得膺今职，本不应干预此事，但思身属国民之一，迫於至性，仿矇诵瞽谏之例，妄献刍荛，伏望垂詧。是否可采，敬候训示遵行。

再：此禀先呈城内政务处，不收；又呈淀园政务处，亦不收；因改呈大部。合并声明。

禀报到省日期并缴部寺执照及前领起复部照书册*
（光绪二十九年闰五月十三日）

吉林分巡道为详请咨销事：

案据特用知府曹廷杰禀称：窃卑府现年五十四岁，系湖北枝江县民人。同治十三年由廪贡生考取汉誊录,咨送国史馆当差,议叙双月选用州判。光绪九年投效吉林,奉委游历俄界,旋将边要地方绘图陈说。蒙督办吉林边防将军侯希、帮办边务珲春副都统依专折呈进,随折保奏。奉旨:曹廷杰着希出具切实考语,送部引见。旋蒙出具识卓才优,勤能稳练,究心时务,熟谙舆图考语。咨送吏部。于光绪十二年五月十二日带领引见。奉旨:曹廷杰著以知县用,仍发往吉林差遣委用。钦此。十三年正月到吉,蒙吉林将军侯希札委,会办边务文案差使,旋委总理边务文案差使。

十四年六月将经手事件交代清楚,请咨赴部投供。十二月二十五日签掣山西和顺县知县。十五年二月十九日引见。奉旨:山西和顺县知县著曹廷杰补授。钦此。是年八月二十二日到任。恭逢本年恩诏加一级。十六年六月二十八日恭逢恩诏加一级。是年十月调署宁武县事。是月奉吉林将军长饬知,以前在吉林电工案内出力,汇案保奏请以直隶州知州在任候补。奉旨:允准。十七年十二月调署崞县事。十八年二月初十日到任。十九年二月十二日交卸,奉札办理大同、阳高、天镇等处赈务。七月奉署吉林将军沙饬知,以前在吉林边防出力,经吉林将军长汇案保奏,请俟补直隶州后在任以知府补用。奉旨:允准。是年恭逢大计,蒙山西巡抚部院张保荐卓异。十月十五日丁生母艰。二十年四月到籍守制。蒙山西巡抚部院张饬知以前在晋省办赈出力,准奖以直隶州拔委两次。

二十一年二月蒙前署吉林将军恩奏调到吉。是年八月札委款接俄使差使。二十二年二月款接事毕,措资到京,就近赴部呈请起复,领有执照。四月蒙黑龙江将军恩奏调试办呼兰木植山货税务。

---

① "火",原误作"大"。

＊ 据吉林省历史档案标点整理。

是年十二月复蒙奏办呼兰都鲁河等处矿务。

　　二十六年十月请咨赴引。因道路不通，措资到吉，将积年注释《万国公法》一书，呈蒙吉林将军长于光绪二十八年三月十四日奏请饬部删定。奉朱批：外务部核议。钦此。复奉吉林将军长奏保曹廷杰才学优长，兼有胆识，吁恩饬下外务部量才遣用，抑或查照吏部新章以知府仍归原省补用等因。奉朱批：外务部查核办理。钦此。嗣蒙吉林将军长给咨赴部，蒙外务部王大臣复行保奏。奉旨：著吏部带领引见。光绪二十八年十二月初八日引见。军机大臣面奉谕旨：本日引见之知府用山西候补直隶州知州曹廷杰着以知府发往吉林补用。钦此。钦遵。旋即领照起程。于二十九年正月初四日行至奉天大凌河地方，遇雪阻程二十日。正月二十四日始得启行，二月初二日行至威远堡边门，因感受风寒延医调治，至三月初二日稍愈，力疾出边，不意风雪阻滞四十日，至四月十二日始克就道。十五日行至莲花街，感发寒疾，医药不便，只得静养，至五月二十日全愈，即行前进，于五月二十九日抵吉禀到。所有沿途阻滞，均因离城窵远，以故未及随时呈报，理合将到省日期并原领部寺执照暨前领起复执照一并禀请查核，转请咨销等情到道。职道复查无异，除禀批示外，理合检同送到原领部照与鸿胪寺执照暨起复执照各一纸，详请宪台查核咨销。为此备文具详，伏乞照详施行。

　　计呈送吏部执照一纸、起复执照一纸、鸿胪寺执照一纸。

　　　　　　　　　　　光绪二十九年闰五月十三日道员文韫

光绪二十九年六月份办过
已结未结各案摘由呈折[*]
（光绪二十九年七月二十日）

委署总办三姓交涉善后清盗词讼筹饷事宜兼全省营务处特用知府曹廷杰为呈报事：

案查接管卷内准前总办程直牧德全移交六月分办过已结未结各案，自应摘由呈报。除移三姓副都统衙门查照外，理合备文缮具清册，呈报宪台鉴核，备案施行。须至呈者。

计呈清折一扣。

右呈：钦命头品顶戴、镇守吉林等处地方将军兼理打牲乌拉拣选官员等事恩特赫恩巴图鲁长、钦命吉林副都统、赏戴花翎成。

附：三姓交涉局六月份所办已
结未结案件摘由缮具清折

谨将卑局六月份所办已结未结案件摘由缮具清折恭呈宪鉴。

计开：

一、前报俄官丁嘎敏控追华民王礼明、周玉卿短欠火柴一案，现经查讯明确。缘二十七年驻姓俄武官西雅金经手，在王礼明等名下批妥柴桦，立有合同。嗣因逾限，数未交齐，经西雅金将该把头等另运房木扣留罚赔。当时，因王礼明等乡愚无知，并未索要完事字据，西雅金适调往伊通州，临行故作人情，将此事交给丁嘎敏，

---

* 据吉林省历史档案标点整理。

允其得钱自用。卑局开办之后,该俄员屡次晓渎延宕未结。去冬,丁嘎敏调赴哈尔滨,伊又将此事交给阿克多甫,接续追讨。卑局终以案涉疑似,未便因该俄员一面之词遽加刑讯,苦累愚民,当于月报声明将王礼明、周玉卿开释回屯,听候确查讯办。本月,西雅金来姓,卑局向之据理辩驳,将奸谋一二指破,伊亦无言可答,只称此事业已交给丁嘎敏,自己不便干预等语,显系遁词,无可狡辩,应请即予销案。倘嗣后西雅金、丁嘎敏、阿克多甫等三人之中,无论是谁翻案,势须令其三人一同到案,方允质究,然伊等亦断不能再行狡赖也,拟请注销。一案。

一、前报民人李俭呈诉,二十七年被贼绑去,因没妻小,致将窝铺遗存粮石、牲畜等物,均被邻屯土棍刘士广等乘机瓜①分,控请追究等情一案。当将刘士福传获,讯明劈得耕牛一只,杂粮数斗,由该犯名下追赔钱壹百吊,饬原告领讫。惟逸犯刘士广、葛茂长等二犯,屡饬各队严拿,尚未弋获。现在,原告已回屯安业,悬案未结,拟请暂行注销,逸犯刘士广、葛茂长等获日另结。一案。

一、前报民人王祚发呈控房东李景元等长支租价,控请追偿到局。查此案自同治年间即在旗署缠讼未结。卑局堂讯数次,查李景元等析居各度,家道均寒,且系远年积欠,似难责令按数还清,因判令被告欠钱多者照二成,少者照三成,分年代还。乃该原告王祚发托病宕延,不肯遵允,拟请注销。一案。

一、前报民人林财呈控葛俭保镳昧良骗去财物等情。经卑局讯明属实,分限勒令赔还。已据葛俭于七月初一日第三限一律交清,共计追偿钱壹千吊,饬令林财当堂具领。完案。

一、前报民人刘廷文呈诉,光绪五年春间,旗人来福批买李贵

———————————
① 原作"爪",形近而误,今改。

拌柴，每车作价钱二百文，言明秋以为期，倘或越限，每车照六百文包赔，求刘廷文担保。不意李贵病故，刘廷文拟按原订价值包赔，本甚公允，乃来福控，经旗署责令刘廷文仍照每车六百文赔偿。经刘廷文来局控告，屡次质讯，责令来福将多支刘廷文两倍钱四十吊，立限交还，俟来福交齐，饬刘廷文具领。完案。

一、前报商人王盛年呈控李永和与子李屏欠债不还等情一案。屡经堂讯，并提德发魁帐簿。查王盛年为李永和代为担保取货，并垫钱还帐不虚，而被告李永和情知理屈，故意拖延，已严押追比。一案。

一、前报民人刘成玉呈控白鸿魁讹赖欠钱，牵马抵帐等情。讯据刘成玉认承还债，惟抵帐马匹作钱较少，争执涉讼。现饬白鸿魁找取妥保，凭公定价，将白鸿魁开释。完案。

一、前报旗人双福呈控德克苏哩讹赖地亩等情。前经堂讯，两造均无确据，又系远年闲荒，无凭判断，当即移请旗署转饬勘地委员就近勘明。复准旗署移称，业将此段兴讼荒地勘明，绘图前来。现因两造互请病假，尚未讯结。一案。

一、前报民人胡郡卿呈控陈亮于变乱后，乘隙拉去盐粮等情。堂讯两造互相狡执，现拟添传中证，尚未讯结。一案。

一、前报吉胜新军后营拿获窃马盗犯岳太一犯，解局堂讯。据岳太供板：与五站居民贾万升伙谋偷马。屡次刑讯，矢口不移。当即札饬苑营密查，去后，现据复称：遵文访查，贾万升种地为业，系属安分良民，并无偷盗情事，实系岳太诬板，并据该处粮户联名保释前来。伏查：岳太一犯以积愤滑贼，屡次犯案，均经倖脱，近来呈控窃盗马匹之案，层见迭出，拟从重究办。一案。

一、前报民人刘永积呈控旗人富山欠钱不还等情一案。传讯两造，质之中人，讯明：原被于未经成讼之先，曾倩刘克勤、刘万亭、连庆、魁荣等居中调处，将富山短欠刘永积钱项，由富山按月所得房租内两人分使，当堂呈验字据，刘永积实已画押，未便听其翻悔涉讼。因责令两造仍照原立字据办理，各具甘结。完案。

一、前报民人王慎平呈诉俄员阿克多甫等纵放牛只践踏田苗等情。当经派员验明，践踏禾苗无几，照会俄总管严饬阿克多甫，嗣后如再有践踏情事，应责令包赔等情。旋准俄总管来局面商，已将牧牛俄兵交押，并将阿克多甫申斥，恳请宽恕。完案。

一、前报民人井长发呈诉俄人阿克多甫拖欠工价等情。当经照请俄总管季明节夫转饬阿克多甫，将拖欠井长发工价作速发还，以清纠葛。嗣阿克多甫将短欠井长发工价已照数还清，应即照章完案。

一、前报民人孟广顺呈控旗人祥和硬拉马匹等情。因被告进山打猎，无凭传讯，应俟秋后下山再行传讯。一案。

一、前报民人戴兴呈控林财欠钱未还等情。正在传讯，旋据林戴氏出首，愿居中主持了事，恳请免究前来。查林戴氏系戴兴胞姊，即林财之母，该原被谊属甥舅，本系至亲，既该氏出为调停，应准免究，以全姻睦，随饬各具甘结。完案。

一、前报民人傅兰珍呈诉俄商葛夕斯轮船上厨役华民苗克辉诈财害命等情一案。当即堂讯，据傅兰珍供称：系阿计河人，与已死胞兄傅兰林同赴伯力贸易，本年闰五月将货卖完，搭坐葛夕期轮船回家。临行之时，在伯力小摊上，用羌钱三吊五百文买得黄铜两块，重约十数斤。上船后，为轮船厨役苗克辉看见，诧为黄金，言说此物犯法，若令俄人看见，牲命难保，傅兰珍等害怕，求苗克辉掩藏，许以重谢。后为众人知觉，大家吵嚷，复为管船干班捷列所闻，索要原物查阅，见是黄铜，并未干预，而苗克辉仍复百般恫吓，当由傅兰林给以羌钱七十八张，未满所欲，给使傅兰林到船尾说话。旋闻后船喊叫有人落水。傅兰珍寻觅胞兄不见，向苗克辉根究，（苗）神色仓皇，不肯承认。适轮船机器损坏，停在万里霍中地方，苗克辉下船逃走。现在来城叩恳缉凶等情。卑局当即商令俄总管严车夫斯基，电饬下江葛夕斯轮船，查询凶手苗克辉下落，嘱拿解案。旋据覆称，凶逃无获。已另文呈请照会驻省司大臣，勒令葛夕斯交凶，一面分行各营一体严缉。一案。

一、前准俄总管严车夫斯基照称，前在南天门批买教民张融和及华民陈发等火柴壹千沙绳，业将钱项随时交足。经陈发等交得火柴八百四十沙绳，下欠火柴至今尚未交齐，照请追究等情。查此项火柴，系在宾州属界批买，前经俄总管照追，已由卑局移会宾州厅就近查办。一案。

一、民人韩广升呈控吴宝庆抗债不还等情。传集两造堂讯，据吴宝庆供称：欠钱属实，现因无项归补，恳请缓限还钱。当饬吴宝庆取保陆续归还，各具甘结立案。

一、民人贾万兴呈控俄国马队噶萨克在街行走，无故用石块将伊脸上鼻孔打伤等情一案，当即照请俄总管切实查究。惟贾万兴于仓皇之际，并未记准俄兵面貌，无可指实。该俄官已于所部各队，严加钤束。贾万兴伤已平复。应即销案。

一、吉胜新军后营呈送窃盗马匹贼犯刘万义、孙九生等二犯解局究办前来，当将该犯提堂质讯。据刘万义供称：因赌耍输钱，起意偷马，勾引孙九生帮同作伴；孙九生供称：平夙以锯木为生，误为刘万义引诱，后悔不及，只求恩典各等供。查刘万义夙以砍木为生，本年闰五月，因赌耍输钱，约同孙九生回家，经过浓浓河西二道河子周连升门首，见四无院墙，刘万义临时起意，乘隙牵得黄马、灰兔马各一匹，孙九生仅止知情同行，并无伙谋肇意。是晚，被吉胜营查道兵勇盘获，送经管带苑春华讯明，将赃马饬传周连升领回。

查刘万义初次窃马,旋即破获,赃未入手,拟枷号一个月,限满折责发落;孙九生虽未同谋,临时不行拦阻,照不应轻例笞责,取具该亲邻乡约,妥保领回管束。一案。

一、民人李太安呈控冯万福抗债不偿等情一案,未及传讯,旋据杨永等出为调处,两造均愿息讼,求免质讯等情。当经卑局批驳,听候堂讯。嗣将原被暨中人传集到堂,冯万福将所欠李太安钱项,当堂交清具结。完案。

一、民人龚有本呈诉,由城坐车回家,行至城南,路遇俄人古杜作夫,无故用枪打伤车夫唐世俊右臀等处,并毙牛只,控请照会俄总管理论等情一案。当即照会驻姓俄官,并另文呈请宪台,照会驻吉俄武廊米萨尔核办。一案。

一、民人彭万财呈控旗人春林等硬牵牛只等情,差传被告,尚未到齐。一案。

一、准吉胜新军后营报称,景兴堡民人李玉山之幼子李德祥赴俄营闲耍,适值俄兵擦枪走火,误将李德祥毙死,呈报前来,卑局当即照商俄提督阿力克歌夫,酌商断给埋葬银两。除另文呈请外,该俄官尚未照复。一案。

以上除驳案不计外,现已讯结词讼十三起,未结十一起,统共已结未结案件二十四起,理合登明。

光绪二十九年七月份收九厘捐钱造册呈文[*]
(光绪二十九年八月二十一日)

委署三姓交涉善后清盗词讼筹饷事宜兼全省营务处特用知府

---

* 据吉林省历史档案校点整理。

曹廷杰为呈报事：

案查卑局办理九厘货捐按月将征收数目呈报在案。兹自光绪二十九年七月初一日起，至月底止，共收九厘捐钱叁千叁百捌拾吊零零柒拾陆文。除造册移会筹饷总局查照外，理合备文呈报宪台鉴核，备案施行。

须至呈者。

右呈钦命头品顶戴镇守吉林等处地方将军兼理打牲乌拉拣选官员等事恩特赫恩巴图鲁长、吉林副都统赏戴花翎成。

光绪二十九年八月二十一日

光绪二十九年七月份
收灯捐钱造册呈文*
（光绪二十九年八月二十一日）

委署三姓交涉善后清盗词讼筹饷事宜兼全省营务处特用知府曹廷杰为呈报事：

案查卑局经征烟灯捐，遵章发给执照，计灯收捐按月所收数目均经呈报在案。兹自光绪二十九年七月初一日起至月底止，共收灯捐吉市钱贰百叁拾吊零叁百文。除造册移会筹饷总局查照外，理合备文呈报，伏乞宪台鉴核，备案施行。

须至呈者。

右呈钦命头品顶戴镇守吉林等处地方将军兼理打牲乌拉拣选官员等事恩特赫恩巴图鲁长、吉林副都统赏戴花翎成。

光绪二十九年八月二十一日

---

* 据吉林省历史档案校点整理。

光绪二十九年七月份
车捐钱造册呈文*

（光绪二十九年八月二十一日）

委署总办三姓交涉善后清盗词讼筹饷事宜兼全省营务处特用知府曹廷杰为呈报事：

案查卑局经征车捐一项，均经按月呈报在案。兹自光绪二十九年七月初一日起，至月底止，共收车捐钱一百八十二吊四百五十文。除造具清册移会筹饷总局查核外，理合备文呈请宪台鉴核，备案施行。

须至呈者。

右呈钦命头品顶戴镇守吉林等处地方将军兼理打牲乌拉拣选官员等事恩特赫恩巴图鲁长、吉林副都统赏戴花翎成。

光绪二十九年八月二十一日

光绪二十九年七月份收
盐捐造册呈文**

（光绪二十九年八月二十一日）

委署总办三姓交涉善后清盗词讼筹饷事宜兼全省营务处特用知府曹廷杰为呈报事：

---

* 　据吉林省历史档案校点整理。
* * 　据吉林省历史档案标点整理。

案查卑局经征盐捐均经按月呈报在案。兹自光绪二十九年七月初一日起，至月底止，计一个月，共收盐捐钱五百五十七吊九百八十五文。除造册移会筹饷总局查照外，理合备文呈报宪台鉴核，备案施行。

须至呈者。

右呈钦命头品顶戴镇守吉林等处地方将军兼理打牲乌拉拣选官员等事恩特赫恩巴图鲁长、吉林副都统赏戴花翎成。

光绪二十九年八月二十一日

为前赴下江伯力查办俄员征收
木税起程日期并将局务交
委员郑国华代办呈文*

（光绪二十九年八月二十五日）

委署总理三姓交涉善后清盗词讼筹饷事宜兼全省营务处特用知府曹廷杰为呈报事：

光绪二十九年八月十八日接奉函谕，饬令卑府前往下江伯力查办俄员李怀多甫征收木税等因。卑府现于二十二日携带翻译官韩广业一员暨差弁一名、跟人一名，共四人，附轮下驶。惟伯力距姓千数百里，往返需时，所有卑局应办事宜实属繁杂，不能不择人暂代，以专责成。查卑局提调郑委员国华才长心细，办事认真；差遣刘委员葆森熟悉局事勷助得宜。卑府现将局中一切应办事务交郑委员国华代办，并令刘委员葆森帮同料理，如遇呈报公事，仍列卑

---

* 据吉林省历史档案标点整理。

府衔名，惟尾填郑委员国华代办，合并声明等语，以昭慎重。除往返因公需用川资，俟差旋核实报销外，理合将卑府前赴下江启程日期，备文呈报宪台查核。

须至呈者。

右呈钦命头品顶戴镇守吉林等处地方将军兼理打牲乌拉拣选官员等事恩特赫恩巴图鲁长、吉林副都统赏戴花翎成。

光绪二十九年八月二十五日

光绪二十九年八月份征收木植票
费并用过收条各数目呈文[*]

（光绪二十九年九月二十三日）

委署总办三姓交涉善后清盗词讼筹饷事宜兼全省营务处特用知府曹廷杰为呈报事：

案查卑局经收木植一项，历将征收钱款数目按月呈报在案。兹自二十九年八月初一日起，至月底止，计一个月，共收木植票费钱三百四十四吊九百九十五文，用过木植收条四十八张。除善具清册移送交涉总局查核外，理合备文呈报宪台鉴核，备案施行。

须至呈者。

右呈钦命头品顶戴、镇守吉林等处地方将军兼理打牲乌拉拣选官员等事恩特赫恩巴图鲁长、吉林副都统赏戴花翎成。

光绪二十九年九月二十三日

---

[*] 据吉林省历史档案标点整理。

禀请动用三姓罚款修造渡船[*]

（光绪二十九年十一月十九日）

钦命头品顶戴镇守吉林等处地方将军兼理打牲乌拉拣选官员等事长、吉林副都统成为札饬事：

交涉总局案呈，奉宪台发交，据总办三姓交涉善后事宜曹守廷杰禀称："窃卑府于去岁春初，查明三姓罚款五十吊，禀奉宪谕提交悦丞明阿，作为办赈运费。嗣因未经动用，悦丞将此款如数交新甸德泰永商铺。本年七月奉宪札将此款拨归三姓交涉局接收，备作公用。等因。奉此，仰见宪台权衡至当，以该处之罚款仍备该处之公用，官商军民莫不钦仰。卑府遵即传集姓城绅商，询问地方有何善举，可将此款禀请兴办。据绅士阎盛公议会值年首事人等金称三姓应办善事甚多，无有急于渡船、义地两项者。缘三姓旧有官造大渡船二艘，庚子之变被俄兵焚烧。旋经姓署购买小船二支，交水手领驾备渡，往往因船小人多，挤落淹毙，偶遇风浪，阖船人马俱葬鱼腹。三年之内已遭此险两次。姓地兵燹之后，即难筹集巨款造修大船。若照定章，请由船厂造发，亦闻无款。查照原式在三姓修造大渡船二支，每支不过需钱一千一、二百吊之谱；城西牡丹江、城东阿肯河二处各修大三叶板一支，每支不过需钱一百五、六十吊之谱。若蒙禀请将此款拨修松花江大渡船二支，牡丹江、阿肯河大三叶板二支，共计不过花钱二千六、七百吊之谱。再为松花江水手十名各买地亩二垧，牡丹江、阿肯河新设渡船水手二名各买附近地亩四垧，共计二十八垧，不过花钱一千内外。俾三处皆作义渡，水手皆

＊　据吉林省历史档案标点整理。标题为编者所加。原题作《吉林将军长顺等关于准予动用三姓罚款修造渡船等情札文》。

有养赡，实为善事。惟松花江水手十名，原从省城水师营拨充，每名每月各给辛工银一两，按季在姓署承领，每年秋收之时向附近各村庄募化口粮，每家或给一升、二升、三四升不等，每年不过得粮十数石，每名或分数斗至一石不定。三节之时在姓城市面商家略募酒、面随意给与，为数甚少。该水手等经年既久，生齿甚繁，往来公差不敢违误，所得工银及募化之粮断难糊口。是以除公差及熟人外，若有远处商民车马过渡，不能不多索渡费，行旅苦之。今若每名给与地亩二垧，或听自种，或听食租。除官兵及公差照章随到随渡，不准需索分文，附近村庄及姓城铺商，仍准照旧募化，随意给与，不得稍有勒索外，所有远处行人马匹，一概不准需索渡钱。惟远处车马上下渡船，需用水手拉运，若定章每单套车给钱五十文，双套车给钱一百文，递至九套车给钱四百五十文，十一套车给钱五百五十文，以作车辆上下拉运酒钱。按逐日所入，以一半归驾船水手津贴，以一半归公存储。每年于封江时将渡船拉至江沿岸上，下用大木揸垫，上用苇席包盖。次年开江前一月，将渡船洗刷加钉加油，皆由存储钱文动用。若年久船坏，由水手自行修补。如此，则渡船永存，行旅永便。牡丹江、阿肯河二处，向系私渡，行旅多阻，今拟创立义渡，新招水手，故每处多地二垧，一切章程照松花江官渡办理，此一善举也。

　　又三姓百里以内皆属旗地，凡商贾行人在姓病故者，不许埋葬，有力者或扶柩回籍，无力者则停柩附近庙院隙地，暴露日久，棺骸四散，见之惨然。前此城南有人买义地八亩，远方人幸有葬地，现在葬满，暴露又多。若提此款再买义地数十亩，俾异乡人不至棺骸四散，是又一善举也。二事求转禀将军大人，如蒙照准，公候万代等语。

　　卑府正拟缮禀，适奉谕前往伯力，兹当差旋，查该绅商等所恳二事均系实情，如蒙俯准照办，拟请饬交卑局，转饬该处绅商等，公同订造大渡船二支、三叶板二支，并同购买地亩、义地，均须撙节核实办理，即由前款五千吊内动用。事毕由该绅商等造具清册，禀由卑局转禀宪台核夺立案，并于姓城直东会庙门刊立石碑。每年渡船封江盖垫、开江油钉之时，责令姓城绅商等公同监视，不准水手潦草塞责，亦不必官中经理，以免积久弊生，实足以广宪仁而顺舆论。是否有当，谨据实肃禀，伏候批示遵行。"

又，附禀内称：窃闻新甸商人七家，允从六月初一日报税，虽与前总理程直牧原议自闰五月初一日之说不符，然从此不再抗违，江关税额可不短少。但三姓以上出粮之地共十三口岸，有在吉林者，有在江省者，今年在新甸设局稽查，该商人等恐其止办该处，则该处码头明年必毁，起而阻挠。故卑局前谕从该处办起，别处亦当举办。窃思该处既因设局办服，明年若处处设局，则所费不赀，且有江省口岸势难越省收税。再四思维，惟有仿照长江税关，若九江、芜湖二处，无论四川、云南、湖南、湖北、河南、安徽、江西所出之货，但装运到关，即照章投税之例奏明。三姓护江关，自光绪六年奏设稽查，出入定有税额，变乱以来征不足数，奉部文责令赔补。本年三月设局征收，商人每于上江出粮之某某等十三处，雇觅俄轮装载出口，抗不交税。经局员禀奉示谕，始将新甸一处自六月初一日投税。然所漏已多，其他十二处均未交纳。查咸丰八年条约，有交界百里内食粮免税之说，今三姓距俄界八百余里，无论华俄商人，凡粮均应纳税，一也。铁路条约，有铁路应用一切物料均应免税之说，今铁路告成，无铁路应用一切物料，无论华俄商人，凡货均应纳税，二也。松花江未定行驶俄轮免税之条，铁路成功，则凡自拉哈苏苏以上松花江，例应停止俄轮。纵偶有载运亦应照通商章程完纳税课，三也。拟请奏请黑龙江将军谕令兰、苏、林、庆四处产粮地

方,凡华民运粮由护江关出口,应在护江关照章投纳。并请外务部
知照俄外务部,凡俄商装载吉江两省土货,出入松花江,或在哈尔
滨、在三姓照通商则例完纳税课,庶几可以维持利权。是否有当,伏
乞核酌施行等因。当奉宪批:三姓松花江渡船,既因兵燹焚毁,现在
仅用小船摆渡,殊不足以占利涉,准如所议修造大渡船二支,并于
城西之牡丹江、城东之阿肯河各添大三叶板船一支,分拨备用。其
渡夫工食,但资募化,亦非经久之道,并准照议置买地二十八垧,松
花江渡夫十名各给二垧,牡丹江、阿肯河渡夫各一名,每名给与四
垧,以资养赡。所有三节募化及摆送远来车马拉运酒资,悉如所议
办理。惟须勒石江干,不得额外勒索。至掩骼埋胔,王政所先。该
城现无义地,旅榇暴露堪怜,亦应照请购地数十亩,以为异乡人故
后埋葬之所。所需船支工料以及地亩价值,悉由前存罚款五千吊内
提拨,仍当严饬经手之人,务须核实估计动支,不准稍有浮冒,事后
造册具报,以便饬司咨明三姓副统衙门存案,俾垂永久。

　　另禀:所陈护江关善后情形,应候核明,附片具奏缴等因,饬发
到局,除批回呈请钤发外,理合呈请札饬等情到本将军、副都统。据
此,合亟札饬。札到,该司即便遵照办理。特札。

　　札兵司遵此

光绪二十九年十一月十九日

禀请奖赏商人叶华林五品蓝翎奖*

(光绪二十九年十一月二十五日)

　　奏办吉林交涉总局为移副事:

---

　　* 据吉林省历史档案标点整理。标题为编者所加,原题作《交涉局为奉宪交据曹
廷杰禀请奖赏商人叶华林五品蓝翎奖札等情移请填发事》。

　　兹奉军宪、副宪发交，据总办三姓交涉善后事宜曹守廷杰附禀，内称：卑府前在伯利，与华商叶华林婉商吉江两省商人借俄轮抗税，江关员司无法措办，不能不就俄镇派人稽查。拟恳赏给该商叶华林五品蓝翎奖札，并恳咨行山东原籍，饬令代查伯利华商粮石未完江关税课，俾资鼓励等情。当奉宪批商人叶华林既据该守一再禀求，姑候饬行营文案处填发五品顶戴蓝翎奖札移送交涉总局，札交该守转给叶华林收执，并候咨行山东抚部院转行该商原籍地方官知照等因。饬发到局，除批呈请签发外，相应备文移付贵处，请烦查照批示事理分别核办，并将奖札移送敝局转发为要。

　　须至移者。

　　右移行营文案处。

光绪二十九年十一月二十五日

恳派贤员接办局事荒事禀文[*]
（光绪三十年十月十八日）

　　总办三姓善后等饷事宜兼全省营务处特用知府曹廷杰谨禀将军大人麾下敬禀者：卑府于光绪二十八年十二月初八日奉旨以知府发往吉林补用，二十九年五月到省缴凭，时值三姓交涉善后筹饷局总理程升牧请假赴沪，奉委署理两月。于七月初一日到局接事，旋奉札赴伯利查办税务。十月回省销差，复奉札试办三姓荒务，仍行兼理局差。十二月初三日到姓，不意日俄开衅，领荒者皆裹足不前，间有逃难民户到彼占居，皆无力交出荒价。到局请示，卑府准其拣段占住，递禀存案，俟奉定章，再行缴价给照，另文呈报备

　　* 据吉林省历史档案标点整理，并附《吉林将军衙门为派曹廷杰总理三姓等处放荒事宜札委该员并札吉林道知照由》。

查。窃思卑府兼署局务已逾年余，特恳宪台拣派贤员接办局事荒务，以专责成，俾卑府得以回省听候差委，实为公德两便。除分禀本道外，理合禀请宪台俯赐鉴核，伏候批示遵行。肃禀。敬请钧安。

卑府廷杰谨禀

光绪三十年十月十八日

附：吉林将军衙门为派曹廷杰总理三姓等处放荒事宜札委该员并札吉林道知照由*

（光绪二十九年十一月）

吉林全省行营文案处呈，为札委、札饬事：

照得前据该守曹守廷杰以三姓一带闲荒平衍膏腴民愿领垦等情，禀请派员勘放当经批示在案。

查阐地实边洵属当务之急，该守所陈大概已尽得其要领，而于该处情形尤为熟悉，自应奏派该守前往总理放荒事宜，以专责成。除附片具奏并札吉林道知照、并札委该守遵照外，合先札委，札到该守即便遵照，合亟札饬，札到该道即便知照，前往妥为办理，务使坐言起行成效昭著，毋负委任。特札。仍将一切章程随时委议禀夺。其三姓善后筹饷各事宜，仍由该守兼署，毋违。切切。特札。

札新委总办三姓等处放荒事务候补知府曹廷杰、札吉林分巡道遵此。

光绪二十九年十一月　日

● 据吉林省历史档案标点整理。

请卸局务回省听候差委禀文*

（光绪三十年十月十八日）

总办三姓交涉善后筹饷事宜兼全省营务处特用知府曹廷杰谨禀大人阁下敬禀者：

窃卑府于光绪二十八年十二月初八日奉旨以知府发往吉林补用，二十九年五月到省缴凭，适值三姓交涉善后筹饷局总理程升牧请假赴沪，奉委署理两月，于七月初一日到局接事。旋奉札赴伯利查办税务，十月回省销差。复奉札试办三姓荒务，仍行兼理局差。十二月初三日到姓，不意日俄开衅，领荒者皆裹足不前，间有逃难民户到彼占居，皆无力交出荒价，到局请示。卑府准其拣段占住，递票存案，俟奉定章再行缴价给照，另文呈报备查。窃思卑府兼署局务已逾年余，特恳宪台拣派贤员接办局事荒务，以专责成，俾卑府得以回省听候差委，实为公德两便。除禀军宪、副宪外，理合禀请宪台，俯赐鉴核，伏候批示遵行。肃禀。敬请勋安。

卑府廷杰谨禀

光绪三十年十月十八日

五常厅抚民府告示**

（光绪三十一年三月）

署理五常厅抚民府特用府正堂曹为出示晓谕停止练长以免苛摊、整顿保甲以靖地方事：

---

* 据吉林省历史档案标点整理。

** 据吉林省历史档案标点整理。

　　照得古有乡师、间胥、里宰、邻长等官,分治乡里,各有专司,大致以兴利祛弊除暴安良为主。秦汉以还,始有保正、甲长、乡约、纠首、牌头等称,实仿《周礼》分治乡里之官而变其名目,其所司则与古制无殊也。查厅属现有乡约、地方(即保正)、牌头三项公人,以膺官差而办民事。所谓牌头者,即古之邻长(二十五家为邻),多由民间挨户轮充,不必公举。至于保正,即地方乡约,须民间公举正直无私之人,禀请衙门准充,其责任不为不重,盖保正即地方者,须能保牌下之人皆为正人,乡约者须约束一乡之人去恶从善,方合命名之义。《孟子》云:"乡里同井,出入相友,守望相助,疾病相扶持,则百姓亲睦"。盖即今乡约地方应办之事。其曰出入相友者,谓同井(即今之一牌一社)之人,或从乡出外,或从外入乡,务相友爱,不可隔角使外人得以欺侮也。其曰守望相助者,谓同牌同社之人,平日防守,时常瞭望,如有面生可疑之人入境,务须公同盘查,倘遇盗贼,即行公同捕拿,以相助佐也。其曰疾病相扶持者,谓真有疾病,须相扶持,如有同于疾病令人可怜之事,亦相扶持也。自乡约、地方不尽其职,于是变乱之时不得不招集练勇公举练长,以管带之。其初未尝不善,但公正者不能枵腹从公,其奸险者竟至因以为利,百弊丛生,鱼肉众户,甚有勾通胡匪,结交勇营,诬良为盗,逼赃分肥,犯者固可指数,未犯者实难意料。

　　本府到任半月,已破三起。若吉林界内之孙廷显,厅属之朱梦九,皆充练长而作恶有过于胡匪者,律例森严,断难宽宥。与其长留练勇而弊病无穷,何若停止练长而民间可以安堵! 今拟将厅属之练会,定于三月上旬一律裁撤,责成乡约、地方实行保甲,定列章程于左:

　　一、厅属练长、练勇,限于三月十五日以前一律裁撤。如有外招练勇须给薪饷者,由各本社发至裁撤之日为止,外给一月薪饷以作川资，俾得谋生。如系本社人承充者，止发至裁撤之日为止，不必另给川资。

一、练长、练勇所用枪械，如系本社购买者，各交本社乡地承接备用，如系练长、练勇自备者，准其卖与本社公中备用，不准带走。

一、练会如以前有亏空款项，各自妥为了结，如有纠葛告官，断不准理。

上三条裁练会章程。

一、各社乡约地方，即各社办公人之一正一副，务须公举正直无私者承充。如本社人民有口角争端小事，秉公排解，不得辄行涉讼。如排解不了，或另有重要各事，该乡、地查明禀呈，以便核夺，当堂质讯，务诉真情。倘或行私偏袒，查出从重惩办，决不姑宽。

一、乡、地下有牌头，各花户轮流承充。有事时官找乡、地，乡、地找牌头，牌头传花户，不得推诿。

一、厅属居民有猎枪者居多，即或贫户无枪，亦必有防匪器械。如一牌有盗，发出篆牌，本牌先到，前后左右四牌亦必齐到。盗多则挨牌远传，各牌俱到。隔十里者限一时到，隔二十里者限二时到，隔三十里者限三时到，隔四十里者限四时到，再远者以此照推。

一、有事时，每家定出一人执持枪械，飞赴有事之处，不准托故不往。若其家止有一男丁者，应在家看守，不必定往。若人多之家，愿多去人者，听；但家中须有看守之人，以防不测。

一、各牌众户齐集有事之处，务须如临大敌，不可稍涉玩忽。若盗贼拒捕，格杀勿论；若不拒捕，捆送附近营汛，或经送本厅审办。

一、捕盗时，若格杀真盗一名，报厅验明，由官赏钱伍拾吊；若被拒捕打死民人一名，由官赏给棺木埋葬钱伍拾吊，再由本社公给邮赏钱壹百吊；若杀盗匪多名者，报验照章赏钱外，并禀请上宪赏给功牌，每杀盗五名赏给功牌一张。

一、传牌捕盗，务须打探确实，方可动手。如挟仇误捕，或误拒官兵，照律惩办不贷。

一、有事时，本牌先到，前后左右及较远各牌按时宜到。如事过逾时已久，全牌不到者罚钱一百吊，如牌头不到者罚钱一吊，一家有二人并无一人到场者，罚钱五百文，均禀充公赏，违者送官惩治。

一、有事时，或自带干粮，或在有事处听该管乡、地分派各家食宿，止准一饭充饥，不准预备菜肴，违者送官惩治。

一、以上各条系为尔等自行保护平安，以免苛派骚扰。大家如此，大家省钱，大家免祸，大家享福。有违抗者，送官惩治。

一、各社乡、地有催粮之责，向来次年五月方清头年租赋。现在时局艰难，需款甚多，尔等食毛践土，各宜激发天良，早完租赋，以尽报效之忱。除于本年五月节完清去年租赋外，所有本年租赋定于八月节后开征，至十二月二十日一律征齐。报解以后，年清年款，分作六月以前征一半，十二月以前征一半，名曰上忙、下忙，不得拖欠。

一、税契过割烟酒、木植、牲畜税款，系地方应征之税，上关国家惟正之供，下关长官食税之资，如有愚民隐漏，许该管乡、地查实呈报，即以应罚之款尽数赏给乡、地，以示鼓励。如知而不举，查明重惩不贷；如误报妄指，毫无实据，定办反坐；如各局卡经征人役有贿放舞弊情事，由乡、地呈报得实，加倍给赏，立将舞弊人役及串同民户一并尽法惩治，纵所报不尽得实，亦不反坐。

一、各乡、地遍告居民宜多种烟豆，以尽地利。盖烟为本地土产、销路最广，价值甚多，得利甚厚。纵一时难销，堆积数年不至霉烂，又不虞贼人抢劫。至于各种豆苗，最能添增田中肥料，不似别种专吸地中肥料也。红粱、黄粱苗秸高大，最易藏盗，故东三省有高粱贼之称。该乡、地等遍谕居民，不准于十垧、二十垧地内尽种高粱。若要多种，务须分开段落，每段四方，每方不得过二百步，隔开一段，再种一段，或系长垅，则种高粱二十垅，间种豆谷二十垅。如此，则盗贼不得藉以藏身，偶有藏者，立可剿灭，实于地方有益。五、六月间，本府亲赴四乡查验，有种成大段者，立令拔毁改种。

一、本府定于三月中旬分发各乡、地户口册及门牌，以清户口而重租赋。由乡、地散给各花户粘悬门首，以便抽查。止准该乡、地遇饭吃饭，宜宿便宿，不准需索分文。

一、本府业经另行出示晓谕民间典买田宅者照例税契过割，革除春秋两季派查白契之弊政。仰各乡、地先行遍谕各花户，照示遵办，勿再隐匿干咎。切切。

右开各条，皆本府与尔等相见以心，至情至性之语，令出惟行，决无反汗。合行出示晓谕，尔军民人等其各懔遵勿忽，尔乡、地人等其各振刷精神，照章办理，勿得玩延干咎。切切。特示。

光绪三十一年三月　日

请派员代验命案及监毙人犯禀文[*]
（光绪三十二年三月二十一日）

署吉林府知府曹廷杰谨禀将军麾下：

窃查卑府百里以外命案及监毙人犯，诚恐道途窎远，日久迟延，拟请每季派一专员代验，以便报案后即可由府知会委员往验。嗣因委员逗留推诿，拟将报到各案凡在每季三个月期内者，即责成该委员逐一验竣，始准销差，不得因已交下季，诿诸他人各等情，先

---

[*] 据吉林省历史档案标点整理。

后禀蒙批准在案。兹查光绪三十二年夏季分，卑署府百里以外命案暨监毙人犯自应照章禀请札委专员代验，以免迟悮，而昭慎重。除分禀本道外，理合禀请将军查核俯赐札委专员代验，实为公便。肃此具禀，恭请钧安，伏乞垂鉴。

卑府廷杰谨禀

光绪三十二年三月二十一日

勘分依兰府、临江州、大通县三处界务禀文[*]

（光绪三十二年六月十六日）

委分依兰、临江、大通界务准补吉林府知府曹廷杰谨禀将军麾下敬禀者：窃卑府奉委勘分依兰府、临江州、大通县三处界务，遵应束装起程，惟闻郑守有晋省之信，恐道途相左，至彼未能会议，拟俟郑守复音到日再行定夺。查依兰、临江东南接宁古塔、绥芬厅界，西接长寿界；大通西南接宾州、长寿界，正西接江省新设木兰县界，北连江省青山、黑山，东接江省新设汤源县界。拟请咨会江省军宪派员会勘，定立大通县北界，并札木兰、汤源两县，将该管与大通交界地名绘图备文径送卑府查核。又请札饬绥芬厅、宾州厅、长寿县，将该管与依兰、临江、大通三处交界地名界址分别绘图备文速送卑府查收，以便会同定立外界，再与郑守、吴牧、张令定立各该管交界，均请从速施行，免致守候，此其一也。道途往返，正值草木封门之际，拟请札饬苑统领春华派令妥实耐劳熟悉山路弁兵沿途

＊ 据吉林省历史档案标点整理，并附有关各件于后。

保护,分途差遣立界,由该统领分别记奖,以资得力,此其二也。卑府拟带绘图生一名、书手一名、通事一名、跟役八名,共雇小车四辆、大车一辆。所有往返川资及绘图生、书手、通事薪水,拟请酌定数目,或提款给发,或捐廉备用,不准随从人役稍有需索。缘新设之缺,规模未备,不如此则口食供应未免苦累,此其三也。愚昧之见,是否有当,除分禀本道外,理合肃禀。敬请勋安。伏候批示遵行。

卑府廷杰谨禀

光绪三十二年六月十六日

附一：　吉林将军衙门咨黑龙江将军札宾州直隶厅等据曹廷杰禀请咨札将各该管界址绘图先送、派令弁兵沿途保护由*

（光绪三十二年六月二十二日）

为咨会、札饬事：

案据委分依兰、临江、大通界务准补吉林府知府曹廷杰禀称：窃卑府奉委勘分依兰府、临江州、大通县三处界务云云,以资得力也。等情。据此,查该守业已禀报起程,除禀批示并分札外,相应备文咨会。为此,合咨贵署将军,请烦查照,希即派员会勘,并转饬木兰、汤源两县,将该管界址与大通交界地名绘图先行径送曹守查收,以便会同定立两省交界界址,望速施行。须至咨者。咨署黑龙江将军程。并分别咨札外,合行札饬,札到该厅、县,立即遵照,将该管依兰、临江、大通三处交界地名界址分别绘图,径送曹守查收,

---

*　据吉林省历史档案标点整理。

以便会同定立，毋稍迟延，切速。转饬就近各队派令妥实耐劳、熟悉山路弁兵沿途保护，分别差遣，毋违。特札。

札宾州直隶厅、绥芬厅、长寿县、吉安军统领苑春华、全省营务处。

光绪三十二年六月二十二日

附二：　署吉林分巡道余瀓为曹廷杰勘分依兰等处界务禀请提款一节禀文*

（光绪三十二年七月六日）

署吉林分巡道为申明事：

光绪三十二年六月二十二日，奉宪台批准补吉林府知府曹守廷杰禀陈，奉委赴三姓勘分界址，厥要有三，现经据实胪陈，请核示缘由。奉批：据禀，请先饬木兰、汤源两县与绥芬厅、宾州厅、长寿县，将各该管界与大通、临江、依兰三处交界地名界址分别绘图先送，并派弁兵保护二节事，尚可行，候分别咨札办理。惟所称书手、通事、跟役人等车价川资暨绘图生、书手、通事薪水提款发给一节，道署有无成案可循，仰吉林道核议覆夺，饬遵缴。等因。奉此，查此案前据该守分禀到道，业经职道批示在案。兹奉前因，复查吉林添设府厅州县不止一次，先后派员勘分界址，均系自备资斧，并无筹给薪水川资成案。且向来承差分界，多系轻骑简从，此次该守随带跟役必须至八名之多，而于绘图生外，尤必添带书手、通事人等，虽谓事理适然，究属铺张扬厉，时艰款绌，固属难任开支，而况拟设郡县不止依兰府一处，倘使分界各员接踵渎请，又将何所底止。职道审度再三，所有应需川费等项，固向本无开支之例，惟念依兰、临

江等府州边荒初阔，设治伊始，既不能责令供应，而路途遥远，值百
物昂贵之时，该委员远道奉差，所费不赀，又未便概令自筹，转致赔
累。惟有俟差旋之日，由职道自行捐廉，酌送川资，以资津贴。除
分札外，理合申请宪台查核备案，为此备文具申，伏乞照验施行。

　　须至申者。

　　右申钦命署理吉林等处地方将军兼理打牲乌拉拣选官员等事
世袭骑都尉达。

　　　　　　　　光绪三十二年七月初六日　署道余濬

附三：　试署依兰府知府郑国侨为勘分
依兰府、临江州、大通县三处界务申报*
（光绪三十二年八月二十日）

　　试署依兰府知府为申报事：

　　窃于本年六月十六日接奉本道札饬，内开：窃查现署军宪达
会同署黑龙江将军程，奏请在三姓及吉江交界地方增设郡县一案。
前经吏部会同政务处议准覆奏，奉旨允行。抄折行知到道，业经本
道遴选妥员，开列衔名，呈奉函商署黑龙江将军程核覆过吉，仍饬
由道分委各该员前往试署在案。

　　复查设官分职疆域首在分明，抚字催科额数要当详审。所有
此次新设之依兰府、临江州、大通县三缺，虽所驻地方已各于原奏
内声明，惟思依兰府有自理地面之责，究与临江州、大通县管界应
各由何处划分，方能于民称便，于事有裨。一俟分定以后，彼此辖
界约有各若干里，其东西南北四至均与何处接壤，相距各若干里，
并各有钱粮地若干坰，大租地若干坰，岁各征地丁米折耗羡大小租
银若干两，其已垦未升科熟荒与未垦待放生荒又各有若干坰。从

---

　　* 据吉林省历史档案标点整理。

前三姓与富克锦各旗署经征牲畜暨田房税各契，每年额解正款银若干两，现在府州县三处分征，每年每处应各解银若干两，以及各界内各有店当几座、烧锅几家、牙称几盘、户口几何，现当设治伊始，自应统委妥员分别查勘明确，绘图贴说，开折禀报。至该府州县应建城垣，除依兰府本有三姓旧城可以凭藉，毋庸另行勘议外，其临江州、大通县二处城工应行如何建兴，能否暂作缓图，与夫该三处正佐衙署、监狱、营房有无官地可以占用，抑须购用民地以凭建造，亦应统饬委员酌度地势，妥为勘议，禀由本道复核详定，俾令遵守。查此项委员非深明治体熟悉该处地方情形者不能胜任而愉快，现经本道于候补各员中逐加考察，惟准补吉林府知府曹守廷杰堪以委令前往。除详明札委外，合亟札饬。札到该府，即便遵照。一俟曹守到日，务即偕诣各处，按照指饬各节会同勘分明晰，绘图开折联衔禀覆，以便复核转详。事关增设郡县，慎勿各执己见。特札。等因。奉此，曹守廷杰于七月初三日到姓，现已将府州县界划分清楚，绘具总分各图另禀在案。曹守于八月十八日趁船回省销差。遵查卑署府应分界址，南与宁古塔及塔东北之蜂蜜山一带紧相毗连，凡属招民领荒，添设巡防，建修简署，提倡学堂，诸大端在在均关紧要，事属创始，一无成案可循。现定于八月二十日携带府篆趁船由哈晋省，详细面禀。除将局务暂交矿务会办、署三姓副都统德协领胜兼理暨径报外，所有携带府篆晋省日期理合具文申报宪台鉴核施行。

须至申者。

右呈钦命署理吉林等处地方将军兼理打牲乌拉拣选官员等事世袭骑都尉达、吉林副都统赏戴花翎成。

　　　　　　　　　　　　　　光绪三十二年八月二十日

　　　　　　　　　　　　　　　　试署依兰府知府郑国侨

吉林府知府详报到任日期造送
履历清册请查核转报清册[*]

（光绪三十二年十二月）

吉林府知府呈：今将卑府出身履历造具清册呈送查核。

须至册者。

计开：

卑府现年五十七岁，湖北枝江县民籍。由廪贡生考取汉誊录，议叙双月即选州判。光绪九年投效吉林，奉委游历俄界，将边要地方绘图陈说，蒙前督办吉林边防将军侯希、帮办边务珲春副都统依专折呈进，随折保奏。奉旨：曹廷杰着希出具切实考语，送部引见。旋蒙出具识卓才优，勤能稳练，究心时务，熟谙舆图考语。咨送吏部。于光绪十二年五月十二日带领引见。奉旨：曹廷杰着以知县用，仍发往吉林差遣委用。钦此。是年八月到吉，蒙前吉林将军侯希札委会办边务文案差使，旋委总理边务文案差使。

十四年六月将经手事件交待清楚，请咨赴部投供。十二月二十五日签掣山西和顺县知县。十五年二月十九日引见。奉旨：山西和顺县知县着曹廷杰捕授。钦此。是年八月二十二日到任。十六年十月调署宁武县知县。是年奉前吉林将军长饬知，以前在吉林电工案内出力，汇案保奏请以直隶州知州在任候补。奉旨允准。十七年十二月调署崞县知县。十八年二月初十日到任。十九年二月十二日交卸，奉札办理大同、阳高、天镇等处赈务。七月奉前署吉林将军沙饬知，以前在吉林边防出力，经前吉林将军长汇案保奏，请候补直隶州后在任以知府补用。奉旨允准。是年恭逢大计，蒙前山西巡抚部院张保荐卓异。十月十五日丁生母艰。二十年四月回籍守制。蒙前山西巡抚部院张饬知以前在晋省办赈出力，准奖以直隶州拔委两次。

二十一年二月奉前荆州将军祥、湖北巡抚部院谭札饬，内开：准前署吉林将军恩咨开，吉林边防戒严，需员臂肋，奏调曹廷杰速行到吉听候差遣。是年八月到差，蒙委款接俄使差使，当将东三省铁路宜由中国筹款自修情形禀请前吉林将军长咨行，前奉天将军依、黑龙江将军恩会衔具奏在案。二十二年二月款接事毕，赴部呈请起复。四月蒙前黑龙江将军恩奏调试办呼兰木植山货税务，天主教民德兴盛恃教抗纳木税，英国洋商新泰兴恃照抗纳山货税，均经惩办照章交纳，禀请咨行总理各国事务衙门、天津海关道衙门立案通饬遵行，以维利权。是年十二月复蒙奏办呼兰都鲁河等处矿务。二十三年四月十五日将经手木税事务交代清楚，即赴都鲁河试办矿务。八月十七日开厂试办，未满三年，于二十六年七月猝遭兵燹，焚劫无遗，因将都厂始末情形呈请前署黑龙江将军萨分别奏咨。奉硃批：着照所请。钦此。并将经手金怀煤矿借领军装及承审要案各件，呈请前署黑龙江将军萨核销备案，余无经手未完之事，给咨赴引。因道路不通，迭遭拦劫，措资到吉。蒙前吉林将军长札委查办三姓金匪宾州税务，旋委办理三姓矿务，专办三姓筹饷缉盗交涉木税清理词讼等事，均经禀明情形交代清楚。公余注释《万国公法》，呈蒙前吉林将军长于光绪二十八年三月十四日奏请饬部删定。奉硃批：外务部复议。钦此。同日附片奏称：曹廷杰才学优长，兼有胆识，吁恩饬下外务部量才遣用，抑或查照吏部新章以知府仍归原省补用。等因。奉硃批：外务部查核办理。钦此。

嗣蒙前吉林将军长给咨赴部，蒙外务部王大臣覆行保奏。奉旨：着吏部带领引见。光绪二十八年十二月初八日引见。军机大臣面奉谕旨：本日引见之知府用山西候补直隶州知州曹廷杰着以知府发往吉林补用。

二十九年五月到省缴凭，蒙委署理三姓交涉善后筹饷江关词讼缉盗事宜。是年七月初一日到局任事。八月奉委赴伯利查办事件。十月回省销差，奉谕办理三姓荒务，仍行兼理姓局差使。十二月回姓。三十年八月由姓局赴上江一带查办护江关税务。九月晋省禀恳交卸姓差。奉批允准。十二月将三姓一切经手事件交代清楚。三十一年正月十三日奉牌示署理五常厅同知，于二月初八日接印任事。三十一年蒙前署吉林将军富于剿捕马贼出力案内奏保俟补知府后在任以道员遇缺即补，经部于三十一年八月二十八日覆奏。奉旨：依议。钦此。三十二年二月二十日奉札委署理吉林府知府篆务。二月二十二日交卸五常厅篆务。三月初一日到吉林府任接印任事。三月十六日奉饬知请补吉林府知府。四月二十日因公离任，委员代理府篆。五月十三日奉饬知经部复奏，准补吉林府知府。六月初四日奉札勘分依兰府、临江州、大通县三属界址。九月初八日差竣回省。十一月十六日奉牌示委署新城府事十七日奉牌示吉林府缺应合调署吉林府事准补吉林府知府曹廷杰到任。二十三日奉札饬赴府任。现于二十七日接印视事，现供今职。

须至履历者。

光绪三十二年十二月　日

知府曹廷杰

吉林矿政调查局呈创设
调查局开办日期*
（光绪三十四年二月二日）

　　吉林全省矿政调查局总理吉林劝业道徐鼎康、吉林全省矿政调查局帮办吉林候补道曹廷杰为呈报事：

　　窃职道等现奉宪札创设矿政调查局，饬将各处矿产苗质逐细查明，绘具图说，以凭筹办。至该局应设员司人数及薪工一切，即由职道等会同妥议办理，仍将开办日期具文报查等因。蒙此，查矿政事项繁多，设局调查自应及早开办，以免旷误。职道等现已租定局房，遴委课员，一面详拟章程，于光绪三十四年二月初一日先行开办。除俟奉到关防再为启用报查外，所有职局开办日期，理合呈请钦帅、大帅查核备案施行。

　　再：此文系用劝业道关防，合并声明。

　　须至呈者。

　　右呈钦差大臣陆军部尚书衔都察院都御史东三省军督部堂徐、钦命副都统衔吉林巡抚部院朱。

光绪三十四年二月初二日

严立规程开办矿务**
（光绪三十四年二月十七日）

　　钦差大臣陆军部尚书衔都察院御史东三省总督兼管三省将军事务徐，为咨行事：

案：据吉林矿政调查局帮办曹道廷杰禀称：窃职道恭蒙宪札派充吉林矿政调查局帮办，会同劝业道妥议办理等因。遵奉之下，感悚莫名。伏查东三省矿产富饶，外人称为金满洲，注目垂涎，已非一日。我不亟筹开采，彼必乘机攘夺，利权外溢，事权亦有旁落之虞。现在钦帅锐意振兴，多方计划，仰见经国远谟，足为富强根本。职道学识庸愚，窃谓矿政有三要焉：一在厚资本，一在宽时日，一在集人才。三者之中，尤以厚资本为最要。吉林矿产近年亦有开办之处，无如股本单微，工匠拙而器用不良，是以迄鲜效果。若能多筹资本，踩真苗线，实力兴作，不畏一时之难，不顾目前之利，补充达于极点，收效自不止于倍蓰，此资本之宜厚者也。

矿产本属藏利于地，盘礴郁积以待其人，而仓卒图功者或因力有未逮，或因事多中辍，往往半途而废。况中国风气未开，民间办矿百不得一。其有招商办理者，或因实无成效，款皆虚糜，或因任用非人，徒归中饱，故近来招商办矿呼应不灵。至于各省官办或以无速效而废弃，或以多浪费而停止，又或以见端倪旁人即设法夺去。偶无效验，局外遂多方排拥。故数十年来除唐山煤矿、漠河金矿、大冶铁矿、湖南锑矿外，未闻官办有成绩者，大都皆坐前弊。今吉省矿产极多，若尽由官办，则筹款维艰，若责令商民分办，则施行不易。拟照新章，民愿办者听民自办，商愿办者听商自办，再择数处确有把握之矿归官办理，亦准商民入股，均遵照新章严立规程，拣选实心任事之人先行试办。无论官商与民，务期有成，不责速效，或者可为此时日之宜宽者也。

矿学专门，群才辈出，东省现在亦尚不乏其人。惟业贵精深，事资策应，虽有良法美意，无人不行。各项事宜又非一二人所能办，必须广为招致，合群组织，破除私见，严定劝惩。如果实效昭著，酌加奖励，俾各项人等均能得力，此才能之宜集者也。然才能出众，须给重糈，旷日持久尤须经费充盈。三者之中，资本一端，又一以贯之者也。十余年前，缪主政幼苏游历外洋，至俄西悉毕尔地方，遇一办矿大商，三、四世专办矿务，至该商开金厂百余处，家号巨富。缪询其详细办法，该商答以第一须不惜资本，第二须不求近功，吾家数世办矿，即此主意，遂有成效。然以黄金掷于虚牝者，亦复不少。缪又问：看矿有何把握？该商答以无论何地有矿无矿，人多知之，彼矿师不过于有矿之地实行试验，方为准凭。质言之，则挖开看三字，乃矿师真把握耳。职道所陈以上三端即此意也，惟功疏研究，忝膺重任，实深惭恧。前在黑龙江都鲁河地方办矿四年，事属创始，旋因庚子之变，焚毁无遗，徒费苦心，故缄口还敢言矿。此次设局调查乃矿政之全功，职道自问，实觉弗克胜任，惟有竭尽愚诚，遇事会同劝业道妥商办理，以期仰副宪恩于万一。所有职道感激下忱，理合肃禀。

又：另禀称去腊肃呈一禀，恳乞恩准给咨赴引，未蒙训示。兹复荷委重任，倍深兢业。窃职道家本寒素，此次出关十五年，并无分文蓄积，家中数十口交谪，不堪言状，拟于二月内与徐道将局事布置就绪，仍恳赏给引咨就请假一月，回籍省视，兼调查南省各矿政情形，并购买化学药品、矿务机器。即行回局充差各等情。

据此，除批查该道所陈三条，颇有见地，现时开办伊始，诸待筹划，拟请假回籍一节，应俟该局办理就绪，再行禀候核夺。并候咨行吉林行省衙门查照缴等因印发外，相应咨行吉林行省衙门，请烦查照施行。

须至咨者。

右咨吉林行省衙门。

光绪三十四年二月十七日

呈吉林将军筹办吉林矿务
全局办法禀文[*]

（光绪三十四年四月三十日）

　　大帅麾下敬禀者：窃职道自二月开局以来，业将局章蒙核定遵行。现查吉林从前露出之各样矿苗不下百余处，已经列表呈鉴。复于本月中旬派委调查员分往各处切实详查新旧矿质，掘取标本送局分析试验各含何样矿质、多少，能否称做，再行列表请示遵办。窃维吉省地大物博，已经露出之五金煤晶锑钞各苗线，既有如此之多，其含蓄未露者尚不知有若干。宜乎日俄垂涎，各国注意，或称曰中国宝库，或称曰金满洲，而眈眈不置也。我不自取，人必生心。然欲将各种矿务均由官办，不但无若许通达矿务之人可以分布，且无若许堪拨矿务之费可以经营，似为实在情形。职道与管理徐道再四思维，惟有就本局内设一矿务传习所，逐日演说产矿原质、办矿机关，养成一般矿务人材，将来可以自行采勘。一面遵照新章，令商民愿开何矿者到局呈报，准其自开，以开风气。但吉林之矿惟三姓河金、夹皮沟线金从前民间私开均获大利，现在出产日少，均不敷用。又，天宝山银矿前经官开，亦获微利，乃以丢失苗线，屡寻不获，现已停止。除此三处外，私淘金沙，开挖矿苗者不下数十处，未闻有一处大获利益。盖金价贵重，偷漏之方千奇百怪，

---

　　[*]　据吉林省历史档案标点整理。

不可究查。煤则运道艰难，成本过重，人民惯烧材木，不谙烧煤之法。此开金、开煤所以不能获利之由。

职道畴昔思维官办河金除以营制招编矿夫，严定赏罚，俾无偷漏外，别无良策。若线金、银矿，但有重本，择人委任，亦可官办；否则不如遵照新章，听华民自行开采。但能出示晓谕，无论金银及何项矿质，除官中指明官办之处，其余均准商民呈请自办，官中但照章收取照费、矿界税、出井税。承办者果获大利，官中永不侵夺；如亏资本，官中亦不过问。其办金矿之民厂，准承办者于纳值百抽十之官税外，自行收取值百抽十之家俱股分。凡矿夫所用家俱衣食，均归承办者供给，名曰货柜，照时价卖与矿夫。俟矿夫得金时，照数扣还。其矿夫所得之金，无论多少，不准私偷私卖，均交货柜，准其用库平收大约每两多五分，用市平交官。似此每百两可赢余五两，以备该厂雇用人役、司事、管帐、查硝、看溜之用。此宗平余，每厂止以五百两为度，过五百两则按平余五分以三分归该厂，以二分交总局，分贴员司兵役。凡货柜所收之金，统由总局照市价收买，但每两扣钱五吊，以作派兵保护、运送保险之费。如此明定章程，不准厂中丝毫隐漏，亦不准官中分毫多取，违者究办，决不姑宽，则矿丁有利，承办者有利，局员不虞赔累，税课自能畅旺。又明定章程，每厂能交税课银至十万两者，准由总局请保异常劳绩一员、寻常劳绩三四员，并请给予承办者之奖章，宽予专利年限，永不侵夺。其余银铜铁锡铅锑钞钴晶煤各矿，均照此章核算办理，自然人皆乐从，不至如从前视为畏途，弃货于地，坐待他人之撄取也。按所定家俱股分，货柜余利，似乎承办者可发大财，不知矿夫尽皆穷民，不垫办家俱饮食衣服，则招之不来。如有千人作工，能获利者不过四、五百人，其余之不能得利者则徒用家俱，长欠衣服饮食之价值，无从取偿，甚则十逃八九，一钱不交。故非予以如此之权利,则承办必无其人,而矿丁不能招聚。

　　职道查吉林木值砍伐日远,价值日昂,数年之后商民莫不需煤。又东三省一切铁货,如农用、商用、通用各样铁器,从前皆购自山西潞安,近则兼购湖北大冶及日本、俄国之铁货,输运入境,售之市面,约计每年价值当在数千万两内外,诚得官中筹集资本,在吉林开一铁厂,制成生熟铁各宗器用,获利必有可观。煤则查其销路最多之处,官开一二厂,亦可获利。惟据传说,宁古塔东滴道山之煤矿煤质最佳,煤苗最旺,若能厚集资本,即速开办,获利不在唐山之下。缘该处东距俄国火车道二百余里,须铺设铁轨转运,以供火车之用。并可由火车运至海参崴,以供海船之需。此煤俄人垂涎已久,我若不办,恐彼族久必干涉也。

　　此职道统筹吉林矿务全局办法,未知堪备采择否。职道前禀请假回籍一节,奉批"俟该局办理就绪再行禀候核夺"等因。奉此,现在局事粗有规模,拟即请假三个月,回湖北原籍省视先茔,并顺道调查大冶铁厂、萍乡煤厂;回途赴京引见,再调查唐山煤厂,以便回吉仿照办理。如蒙俯允,即当禀请尝给咨札遵行,实为公德两便。除禀呈督宪外,谨具禀陈。敬请钧安。伏乞垂鉴,祗候批示。

职道廷杰谨禀

光绪三十四年四月三十日

吉林省矿政调查总局拟定
简章二十二条*

（光绪三十四年四月）

　　管理吉林全省矿政调查总局吉林劝业道徐鼎康、帮办吉林全省矿政调查总局吉林候补道曹廷杰为详送事：

　　窃查职局开办伊始，自应妥定章程，以资遵守。现经职道等拟定简章二十二条先行试办，其有未尽事宜，仍应体察情形，随时详请增改。除造具清册外，理合具文详请宪台查核，为此备文具详，伏乞照详施行。

　　计详送清册一本。

　　光绪三十四年四月初八日

　　　　　　　　　　　　　　　矿政调查总局

　　附：矿政调查总局谨将拟议局章缮具清册恭呈宪鉴。

　　一、总局设立省城，调查全省矿政，遵照部颁《大清矿务新章》办理，如有须就本省情形量为变通之处，应随时详请督、抚宪核夺施行。

　　一、总局领各路分局，由总局颁发部章，一体遵照。

　　一、吉林矿产富饶，应由总局极力振兴，以不事铺张，力求实效为宗旨。如商人呈请办矿，必须资本殷实，查验明确，毫无违碍者，始准开办。其有藉矿为名，驾空朦混，并无实在股本，希图批准，以诈取人财者，不得率准，以杜弊端。

---

　　*　据吉林省历史档案标点整理。

一、利之所在，易起贪心，办矿经费浩繁，宜社侵蚀。如归官办之矿，必须选择得人，优给薪水，庶免因公赔累。倘有舞弊营私情事，一经总局查出，应据实详请重惩。

一、总局经费分为开办、额支、活支三项。如现在设局、租房、修葺并置备各项器具、铺垫，暨试验应用仪器、药品等项，事属创始，需款较巨，共用若干应列入开办经费项下。员司、书记、勇役薪津、工饭，并房租、公费、油烛、柴炭等项，按月开销，应列入额支项下。调查员出差盘费，并随时添补器具等项，应支若干，难定确数，应列入活支项下。除开办经费另案报销外，所有额支、活支两项，一并按季造报，务期撙节，力戒浮靡。

一、总局归劝业道管理，所有事宜会同帮办核议，文牍课员一员、拟办稿件副课员一员、检查核对来往文卷会计课员一员、经理银钱收支款项司事一员佐之；庶务课员一员，经理局中各项事物，司事一员佐之；调查课员一员，副课员三员，分路调查各处矿务；测绘课员一员，绘画各项图表；分析课员一员，化验矿质；差遣课员一员，遇有重要事件特别差遣，兼备顾问；书记长一名，综核文卷收发、缮写等事；书记生四名，分别缮稿、缮清、送稿、送签、登簿等事；差弁一名、号房一名、听差一名、茶房一名、水夫一名、打扫夫一名、厨工二名、护勇四名，分供驱遣。统计帮办以下员司共十四员，书记夫役共十七员，嗣有增减，随时详请示遵。

一、总局一切事务须经管理帮办议行所有员司于应办各事均须先事禀承，不得专擅，违者查照情节轻重分别详办。

一、员司人等照札支领薪水，每银一两按中钱三吊三百文核价，每月十五日由会计课员照发，不准私行挪借、浮欠、长支，查出一并记过，重则撤差。

一、设立各课，原系分曹而理，各课员务当和衷商榷，不得各存意见,亦不得互相推诿。

一、员司书记等,均须常川在局,其不住局者,每日午前十点钟到局,午后四点钟散局。有事请假,须在文牍处呈递假单,并立考勤簿备查。

一　文牍课经理日行文牍,文到次日呈稿,二日画行,三日印发,不得延迟,如有紧要事件,随时办理。

一、会计课员经理款目,须立各项登记簿,五日一结,月底清算,开具四柱清单,连同底簿呈管理帮办查核。

一、庶务课员经理各项事物,置备各件,以货折发票为凭,逐项各立簿记。遇有应行备办之件,非经庶务课员允许,差夫人等不准擅请开支。

一、调查员出差,每员应用小车一辆,行日给车价中钱七吊,住日给车价中钱四吊,准带仆役一名,一并开给店费,不分行住每日给店费中钱五吊。如须探验矿质,需用夫价、器具等项,凡系因公用款,准其实用实销,不得稍有浮冒,亦不得骚扰商民,倘若查有别情,定行撤究。

一、调查员出差勘矿须用护兵,现拟每次出差暂由营拨马队二名,每名每日给盘费中钱一吊,计尖站中钱三百五十文、宿站中钱四百五十文,由调查员照数开付,不得沿从前营兵出差故辙于店户稍有扰累。每日尚余钱二百文,即给该勇储为衣履之资,以示体恤。

一、测绘分析各课应购仪器、规矩、药品、纸墨大宗费用,自应另请经费。其随时添补各项所费无多者,由公费撙节余款拨补,仍不敷用,则按季据实开报。

一、局中公费务期节省动用,除备置笔墨纸张以及刻印制作各项文件外,每月如有盈余应另款存储,以备筹补零星杂费。

一、员司人等均须常川办事,自应由局供应火食。员司每人每月支银六两，书记生每人每月支银五两，勇役人等每人每月支银四两，随同薪水发付，届时由会计课员如数扣存。摊备菜饭不得自行支取，出外就食出差者亦不扣还，以归一律。

一、凡在局供差人等，除三节放假外，平时不准无故饮酒，亦不得出入饭馆戏园，以保名誉，且薪水无多，尤宜节省糜费。

一、各课员均有指挥书记、勇役之权，可以随时约束，有不尊者将情节回明管理帮办，重则开除究办，轻则记过停薪。

一、总局附设矿政传习所，选择局员谙习矿学者兼充教员。学额以二十名为率，学期以六个月为度，先尽局中员司人等报名，此外无论士农工商以报名先后挨次传入听讲，逾额者归列下班，以养成矿务知识。

一、各府、厅、州、县地方，按照部章应设矿务委员，现除东路调查局委员有专员外，拟请督、抚宪先行札派各地方官暂充该处矿务委员，一切照章办理，所收局费汇报总局，即作为该衙门津贴，无庸另行设局，以节经费。嗣后矿务普兴，再行酌量委员承办。

光绪三十四年四月　日

请咨引见缮具履历呈文[*]
（光绪三十四年六月十七日）

吉林全省矿政调查总局帮办吉林候补道曹廷杰为呈请事：

窃职道现年五十九岁，系湖北荆州府枝江县民籍。由廪贡生

---

[*]　吉林省历史档案中，现已查出的有关曹廷杰的履历，计五十四岁的两种，五十六岁的一种、五十七岁的两种、五十九岁的一种，六十岁的一种。其中五十九岁的一种较为详尽，现据以标点整理，并补入两条其他履历中较为重要的内容，做为脚注，以备参考。

考充国史馆誊录，议叙双月即选州判。光绪九年投效吉林，奉委游历俄界，将边要地方绘图陈说，蒙督办吉林边防将军候希、帮办边务珲春副都统依专折呈进，随折保奏。奉旨：曹廷杰着希出具切实考语，送部引见。旋蒙出具识卓才优，勤能稳练，究心时务，熟谙舆图考语，咨送吏部，于光绪十二年五月十二日带领引见。奉旨：曹廷杰着以知县用，仍发往吉林差遣委用。钦此。十三年正月到吉，蒙吉林将军候希札委会办边务文案差使，旋委总理边务文案差使。

十四年六月将经手事件交代清楚，请咨赴部投供。十二月二十五月签掣山西和顺县。十五年二月十九日引见。奉旨：山西和顺县知县着曹廷杰补授。钦此。是年八月二十二日到任，恭逢本年恩诏加一级。十六年六月二十八日，恭逢恩诏加一级。是年十月，调署宁武县事。是月，奉吉林将军长饬知以前在吉林电工案内出力，汇案保奏，请以直隶州知州在任候补。奉旨允准在案。十七年十二月调署崞县事。十八年二月初十日到任，十九年二月十二日交卸，奉札办理大同、阳高、天镇等处赈务。七月奉署吉林将军沙饬知以前在吉林边防出力，经吉林将军长汇案保奏，请俟补直隶州后以知府补用。奉旨允准。是年恭逢大计。蒙山西巡抚部院张保荐卓异。十月十五日丁生母艰。二十年四月回籍守制。蒙山西巡抚部院张饬知，以前在晋省办赈出力，准奖以直隶州拔委二次。

二十一年二月奉荆州将军祥、湖北巡抚部院谭札饬内开：准署吉林将军恩咨开吉林边防戒严，需员臂助，奏调曹廷杰速行到吉，听候巡遣。是年八月到差，蒙委款接俄使差使，当将东三省铁路宜由中国筹款自修情形，禀请吉林将军长咨行奉天将军依、黑龙江将军恩会衔具奏。二十二年二月款接事毕，措资到京，就近赴部，呈请起复，领有执照。四月蒙黑龙江将军恩奏调试办呼兰木植山货税务。天主教民德兴盛恃教抗纳木税，英国洋商新泰兴恃照抗纳山货税，均经惩办，照章交纳，禀请咨行总理各国事务衙门、天津海关道衙门立案，通饬遵行，以维利权。是年十二月复蒙奏办呼兰都鲁河等处矿务。二十三年四月十五日将呼兰税局事务交代清楚，即赴都鲁河试办矿务。八月十七日开厂试办，未满三年，于二十六年七月猝遭兵燹，焚劫无遗，因将都厂始末情形呈请署黑龙江将军萨分别奏咨。奉硃批：着照所请。钦此。并将经手金怀煤矿借领军装及承审要犯各件，呈请署黑龙江将军萨核销备案，余无经手未完之事，给咨赴引，因道路不通，叠遭拦劫，措咨到吉。蒙吉林将军长札委查办三姓金匪、宾州税务，旋委总理三姓矿务，专办三姓筹饷缉盗交涉木税清理词讼等事，均经禀明情形，交代清楚。公馀注释《万国公法》，呈蒙吉林将军长于光绪二十八年三月十四日奏请饬部删定。奉硃批：外务部核议。钦此。同日附片奏称：曹廷杰才学优长，兼有胆识，吁恩饬下外务部量才遣用，抑或查照吏部新章，以知府仍归原省补用等因。奉硃批：外务部查复办理。钦此。嗣蒙吉林将军长给咨赴部，蒙外务部王大臣复行保奏。奉旨：着吏部带领引见。光绪二十八年十二月初八日引见。军机大臣面奉谕旨：本日引见之知府用山西候补直隶州知州曹廷杰着以知府发往吉林补用。[①]

---

① 此下，曹廷杰五十四岁履历叙其着以知府发往吉林补用详情曰："十二月初九日呈折谢恩，十二月十二日复由鸿胪寺带领谢恩，领有执照。十二月十六日吏部给予执照，限期到省。遵即束装起程，于二十九年正月初四日行至奉天大凌河地方，遇雪阻程二十日，正月二十四日始得启行。二月初二日行至威远堡边门，因感受风寒，延医调治，至三月初二日稍愈，力疾出边，不意风雪阻滞四十日，至四月十二日始克就道。十五日行至莲花街，感发寒疾，医药不便，只得静养，至五月二十日全愈，即行前进，于五月二十九日抵吉。"

二十九年五月到省缴凭。蒙委署三姓交涉善后筹饷江关词讼缉盗事宜。是年七月初一日到局任事，八月奉委赴伯利查办事件，十月回省销差，奉谕办理荒务，仍行兼理姓局差使。十二月回姓。三十年八月由姓局赴上江一带查办护江关税务。十二月将三姓经手一切事件交代清楚。三十一年正月十三日奉牌示署理五常厅同知，于二月初八日接印任事。三十年蒙前署吉林将军富于剿捕马贼出力案内奏保俟补知府后在任以道员遇缺即补，经部议准，于三十一年八月二十八日复奏。奉旨：依议。钦此。三十二年二月二十日奉札，委署吉林府知府篆务。二月二十二日交卸五常厅篆务。三月初一日到吉林府接印任事，于三月十六日奉饬知请补吉林府知府，四月二十日因公离任，委员代理府篆。五月十三日奉饬知经部复奏准补吉林府知府。六月初四日奉札勘分依兰府、临江州、大通县三属界址。九月初八日差竣回省。十一月十六日奉牌示委署新城府事。十七日奉牌示吉林府缺应令调署新城府事准补吉林府知府曹廷杰到任，二十三日奉札饬赴本任，二十七日接任视事。三十三年十一月呈请开去吉林府知府底缺，归道员候补，蒙附片奏准饬知在案，当于十一月二十一日将吉林府任内事务交代清楚。三十四年正月二十二日，奉委吉林全省矿政调查总局帮办差使，现将局事办理就绪并无经手未完事件。

查职道原保以道员在知府任内遇缺即补，经部议准应以光绪三十二年四月二十三日奉旨准补吉林府知府之日，作为候补道员到省日期，现计到省二年有余，例应请咨引见，理合缮具履历，呈请宪台给咨送引，实为公便。

须至呈者。

右呈钦差大臣陆军部尚书衔都察院都御史东三省总督部堂徐、钦命副都统衔吉林巡抚部院朱。

详报督宪、抚宪为奉札署理劝业道篆到任日期并造送履历清册请核咨由[*]

（宣统二年八月）

为详报事：宣统二年八月十九日，奉宪台札开：照得试署吉林劝业道，云云。此札。等因。奉此，旋准试署劝业道黄道悠愈委员将劝业道关防一颗、矿政调查局度量权衡局出品协赞分会木质关防各一颗暨各项文卷移送前来。署道遵于本月二十四日接收视事。除将一切事宜另文详报外，拟合将到任日期缮造履历清册具文详送宪台鉴核转咨施行。

须至详者。

计详送履历清册五本。

右详督宪、抚宪。

附：履历清册

署理吉林劝业道曹廷杰呈今将年岁籍贯出身履历造具清册呈送查核。须至册者。

计开：

署道现年六十岁，系湖北枝江县人，由廪贡生于同治十三年考取汉誊录，国史馆议叙双月即选州判。光绪九年投效吉林，奉委游历俄界，将边要地方绘图陈说，蒙督办吉林边防将军侯希、帮办边务珲春副都统依专折进呈，随折保奏。奉旨：曹廷杰著希元出具切

---

　*　据吉林省历史档案标点整理。

实考语，送部引见。钦此。旋蒙出具识卓才优，勤能稳练，究心时务，熟谙舆图考语，咨送吏部。于光绪十二年五月十二日带领引见。奉旨：曹廷杰著以知县用，仍发往吉林差遣委用。钦此。十三年正月到吉，蒙吉林将军侯希札委会办边防文案，旋委总理文案。

　　十四年六月请咨赴部投供。十二月分签掣山西和顺县知县。十五年二月十九日引见。奉旨：山西和顺县知县著曹廷杰补授。钦此。是年八月到任。十六年十月调署宁武县事。奉吉林将军长饬知，以前在吉林电工案内出力，汇案保奏，请以直隶州知州在任候补。奉旨允准在案。十七年十二月调署崞县事。十九年七月奉署吉林将军沙饬知，以前在吉林边防出力，经吉林将军长汇案保奏，请俟补直隶州后在任以知府补用。奉旨允准。是年大计，蒙山西巡抚部院张保荐卓异。十月十五日丁生母忧。二十年四月回籍守制。

　　二十一年二月蒙署吉林将军恩奏调到吉，听候差遣。二十二年赴部呈请起复，历蒙黑龙江将军恩奏调试办呼兰木植山货税务、呼兰都鲁河等处矿务、吉林宾州税务、三姓矿务。公馀注释《万国公法》，于光绪二十八年呈蒙吉林将军长奏请饬部删定，附片奏称：曹廷杰才学优长，兼有胆识，吁恩量才遣用。奉硃批：外务部查核办理。钦此。嗣蒙给咨赴部，经外务部王大臣覆行保奏。奉旨：著吏部带领引见。光绪二十八年十二月初八日引见，军机大臣面奉谕旨：本日引见之知府用山西候补直隶州知州曹廷杰，著以知府发往吉林补用。钦此。

　　二十九年五月到省缴凭。三十一年二月署理五常厅同知。蒙前署吉林将军富于剿捕马贼出力案内奏保候补知府后在任以道员遇缺即补，经部议准，是年八月二十八日覆奏，奉旨：依议。钦此。

三十二年五月奉饬知准补吉林府知府。十一月饬赴吉林府任。三十三年十一月交卸府篆，呈请以道员在吉候补，蒙升任东三省督宪徐附片奏。奉硃批：吏部知道。钦此。三十四年正月奉升任督宪徐、抚宪硃札委帮办吉林全省矿政调查局差使。五月奉升任督宪徐、抚宪朱札委调查直隶开平、湖北汉阳大冶、江西萍乡煤铁各矿差使，呈请给咨顺道赴引。九月二十日经钦差王大臣验放堪以照例用，二十一日复奏。奉旨：依议。钦此。随即领凭出京，调查竣事，回吉缴凭。宣统元年六月蒙督宪锡、抚宪陈札委吉林驻奉办事差使。宣统二年正月复蒙东三省督抚宪会委督办东三省军装制造局事务。兹于八月十七日奉督宪锡、抚宪陈札委署理吉林劝业道篆务，遵于是月二十四日接印任事。

　　须至履历者。

附　录
曹廷杰生平事迹简表[*]

一八五〇年（道光三十年）一岁

曹廷杰，字彝卿，生于湖北枝江县。①

一八七四年（同治十三年）二十五岁

由廪贡生考取汉誊录，咨送国史馆当差，议叙双月选用州判。②

一八八三年（光绪九年）三十四岁

离开国史馆，投效吉林边防，由吉林将军派往三姓靖边军后路营中，办理边务文案。③

一八八四年（光绪十年）三十五岁

冬月　公馀暇日留心边事，开始搜集、调查有关东北历史和地理资料，着手写作《东北边防辑要》和《古迹考》二书。④

---

*　本表所纪月日系公元。

①　吉林省历史档案（以下简称"吉档"）吉林分巡道光绪二十九年闰五月十三日详咨《特用知府曹廷杰禀报到省日期并缴部寺执照及前领起复部照书册》。

②　吉档：署吉林分巡道光绪三十二年二月二十四日详《吉林府知府一缺拟以曹廷杰奏补书册》。

③　北京图书馆藏嘉业堂抄校本《东北边防辑要》书后《曹廷杰禀》。

④　北京图书馆藏嘉业堂抄校本《东北边防辑要》书后《曹廷杰书信》。

一八八五年(光绪十一年)三十六岁

四月五日　《东北边防辑要》和《古迹考》完成初稿。《东北边防辑要》一书"始于光绪十年冬月,成于十一年三月,在未侦探俄界之先。多取材于《开国方略》、《大清一统志》、《皇朝通典》、《圣武记》及《方舆纪要》、《朔方备乘》、《登坛必究》诸书"。但当时尚未"比次排类,绘图贴说",而于光绪十二年自西伯利亚调查归来后,始缮写成册,并增加了《征索伦》、《平罗刹》两篇,辑为一十九篇。这就是现在我们所看到的"参考群书,即其有关时务者""附己意以为说为考"的《东北边防辑要》一书。《古迹考》一卷,如黄龙府故址在今长春厅北,上京会宁府故址在今阿勒楚喀城西南,唐渤海大氏都城在今宁古塔城西,他如咸平府、率宾府、显州、信州、五国诸处"自来史论家未能确指其地者",曹氏"皆躬亲考验,荟为一编"。此书于光绪十三年经润色后,收入《东三省舆地图说》一书中。①·

同日　与靖边后路马步全军副将葛胜林谈论中俄交界图的绘制和舆地之学。曹谓:舆地之学,须准天度、方隅、里到,始足为凭。姓图大小二幅,于目今姓城境内之地,可谓初粗具形似,但不能据为典要。俄国极为精缎,然于界线外属彼之地则详,于线内属东三省之地则略。所谓宜于彼不宜于此也。又谓:今东三省边防关系紧要,凡战守机宜均有成迹可稽。现已会萃群书,考据详明,若得稍缓两个月,比次排类,绘图贴说,不但姓城险要可见,即东三省沿边诸路,亦皆瞭如指掌。

谈后,葛胜林在上希元的禀文中说:曹氏"品行端方,手不释卷,于兵法舆地甚为熟习,所称似为可信"。并嘱其绘制东三省舆

---

①　北京图书馆嘉业堂抄校本《东北边防辑要》书后《曹廷杰禀》。

地险要图大概形势。①

五月六日 吉林边务文案处通知宁古塔、三姓、珲春等地防军加强边防并派员密探俄情。通知指出：宁古塔、三姓、珲春等处地方，皆与俄夷接壤，强邻逼处，觊觎时形。其海参崴、伯利、双城子一带，彼皆置有重兵，设有卡戍，悉力经营，已非一日。在我之筹防戒备，倍当加意防维。所有边防各营兵勇马步技艺急宜乘时训练，务在精熟，以备缓急足恃。致于制敌胜算，端贵在知己知彼一语。俄人诡计狡谋，素称叵测。然其鬼蜮伎俩，徒秘之于境外，而不秘之于国中。我但设法探察，则其举动虚实，即可如在心目，设一旦有警，或出奇设伏，或避实击虚，不难运筹决胜，进取有功。目下吉林防务最为切重，如侦探夷情一事更属重要。欲期尽探周知，必须深入其境。查海参崴与珲春相接，伯利与三姓相近，双城子与宁古塔相连，兹拟以各域防军内密派妥员分往俄界侦探。其三姓、宁古塔两路防军内由各该统领各于所部内拣派，珲春防军咨请行贵帮办于中前两路内酌派。事关密探，必须慎选精细妥干之员，轻骑减从，改装易服，佯作商贾，不露声色，先由各该统领垫预川资，携备数月口费，或量带易携货物，分头往赴近接俄界处，深入彼境，以商贩为名，藉华商为之先容，就中与俄商交结，情熟即游行其境。凡彼兵卒之强弱多寡，与夫道路之险夷，某某处为伊之咽喉要害，均着在在留意，默识于心，并随在探访动作，窥察虚实。如探得重大边情，即随时回营面禀，以便由营飞速分报。至往来探报，无须拘定时日，总宜探察明白。遇有特应回报者，始可回报。其在俄境时，即行止语言，亦诸须精细慎密，切不可稍露马脚，致悮事机。通知根据后路统领葛胜林的推荐，珲春防军原拟由中前两路军内派

① 吉档：珲春靖边后路副将葛胜林光绪十一年二月二十日禀《关于中俄交界图说明》附件。

员密探俄情，现同意改派"该军内候选州判曹廷杰"改装前往调查。①

五月九日　曹廷杰于靖边后路营中受命前往东西伯利亚调查。②

五月二十六日　由三姓启程。③

六月九日　经松花江口徐尔固入俄界，沿黑龙江至东北海口；复由海口溯江至海兰泡，又沿江而下至伯利；溯乌苏里江，过兴凯湖，经红土岩，由旱道至海参崴，坐海舟至岩杵河口。在俄界共一百二十九天，往返道路一万六千余里。④

十月十五日　回至珲春。⑤

十一月六日　至吉林。⑥

十一月至十二月　撰成《西伯利东偏纪要》一书，共"一百一十八条，凡彼东海滨省所占吉江二省地界兵数多寡、地理险要、道路出入、屯站人民总数、土产赋税大概、各国在彼贸易、各种土人数目、风俗及古人用兵成迹有关于今日边防，与夫今日吉江二省边防，可以酌量变通，或证据往事堪补史书之缺者，皆汇入其中"，并"绘图八分"。⑦

一八八六年（光绪十二年）三十七岁

一月十二日　希元将《西伯利东偏纪要》摘出八十五条（实为

①　吉档：吉林边务文案处光绪十一年《为俄人诡计狡谋密令派员深入其境密探情形》。

②　《西伯利东偏纪要》"辽海丛书"本序。

③　同②。

④　《西伯利东偏纪要》"辽海丛书"本序；北京档案馆吉林将军希元光绪十一年十二月八日奏折《派员侦探边情地势摘要密陈三十五条由》。

⑤　《西伯利东偏纪要》"辽海丛书"本序。

⑥⑦　同④。

一〇一条)咨送军机处备查,又摘其最要者三十五条(实为五十六条)并原图八分,送呈御览。①

三月二十日　以手拓永宁寺碑四纸赠吴大澂。据《吴愙斋先生年谱》和《皇华纪程》载:所赠四纸,"其一大碑,正书,上有'重建永宁寺记'六字横列"。此即宣德"重建永宁寺碑"碑文拓片。"文多剥蚀不可读,有'太监亦失哈'五字、'伟欤懋哉'四字"。"其一小碑,正书,上有'永宁寺记'四字横列"。此为永乐"永宁寺碑"碑阳拓片。"首行'勅修奴儿干永宁寺碑'九字尚可辨,余多漫漶,文后题名,第一行'镇国将军、都指挥、同知',以下不可识"。"又一小碑,上有四字横列,似蒙古文,碑文两体书,前半似唐古忒字,后半似蒙古文"。此为永乐"永宁寺碑"碑阴蒙文、女真文拓片。"碑侧又有四体书六字'唵嘛呢叭咪吽'"。此为永乐"永宁寺碑"碑侧汉、蒙、藏、女真四体字"六字真言"拓片。二书记载曹氏所述碑址情况曰:"其地在三姓东北三千五百余里,距俄地伯利二千二十里,东北距混同江海口三百余里,有石崖如城阙,斗峙江边,高八九丈,山顶北面立小碑,其大碑在其南"。吴大澂对曹氏此行赞道:"彝卿采俄事至此,并手拓二碑以归,亦可谓壮游矣。"②

六月十三日　因"游俄微劳",由希元、依克唐阿保奏给咨送部引见,面陈俄情,奉旨以知县发往吉林委用。引见时,受庆亲王奕谟谕令拟《条陈十六事》,其第一条当经呈阅咨行分界大臣查照,其余十五带回吉省陆续奏办。③

---

① 《西伯利东偏纪要》"辽海丛书"本序。
② 顾廷龙《吴愙斋先生年谱》第一二八页;吴大澂《皇华纪程》"殷礼在斯堂丛书"本第十六册叶十六。
③ 《东三省舆地图说》"辽海丛书"本附录。

一八八七年（光绪十三年）三十八岁

二月　自京回至吉林，任边务文案会办，旋复任边务文案总理。①

夏　展设黑龙江电线，曹廷杰奉差至伯都讷，并渡江游历郭尔罗斯前旗及农安城万金塔等处。又由青山口至逊札堡，北行百二十里，拓取大金得胜陀碑。②

撰《东三省舆地图说》。希元认为前著《西伯利东偏纪要》"于古今沿革、山川驿路各名，未及详注"，况"三省地舆向无合图，亦少善本"，"爰嘱曹令将前图补注，付之剞劂，俾留心时务者知所依据"。前著《古迹考》各篇经润色后，亦收入此书中。

一八八八年（光绪十四年）三十九岁

七月　将经手边务工作交代清楚，请咨进京赴部投供。③

一八八九年（光绪十五年）四十岁

一月二十六日　签掣山西和顺县知县。

三月二十日　引见。

九月二十日　就山西和顺县知县任。④

复《吉林通志》编者李桂林函，讨论临潢府址所在地。⑤

----

① 吉档：吉林分巡道光绪二十九年闰五月十三日详咨《特用知府曹廷杰禀报到省日并缴部寺执照及前领起复部照书册》。

② 《东三省舆地图说》"辽海丛书"本叶九一十。

③ 吉档：光绪三十四年六月十七日《吉林候补道曹廷杰请咨引见缮具履历呈文》。

④ 同③。

⑤ 《东三省舆地图说》"辽海丛书"本《嫩江、陀喇河、喀鲁伦河、黑龙江考》。

一八九〇年(光绪十六年)四十一岁

一月或二月　撰《冷山考》和《黑水部考》(后收入"辽海丛书"本《东三省舆地图说》)。①

二月五日　撰《伯利考》(后收入"辽海丛书"本《东三省舆地图说》)。②

十一月　调署宁武县事。③

同月　吉林将军长顺以曹廷杰在吉林电工案内出力,保奏以直隶州知州在任候补。④

一八九二年(光绪十八年)四十三岁

一月　调署崞县事。

三月八日　就崞县任。⑤

十一月　吉林边务文案处移请将上年被焚之吏、兵二部议奏边防保奖及曹廷杰调查俄情八十五条录送存查。⑥

一八九三年(光绪十九年)四十四岁

三月二十九日　交卸崞县事,奉札办理大同、阳高、天镇等处赈务。⑦

---

①　同512页⑤书,见《冷山考》、《黑水部考》。
②　《东三省舆地图说》"辽海丛书"本叶十五。
③　吉档:吉林全省矿政调查总局光绪三十四年六月十七日《吉林候补道曹廷杰请咨引见缮具履历呈文》。
④⑤　同③。
⑥　吉档:候选县丞吴《为将上年被焚之吏兵二部议奏边防保奖覆文并侦探俄情八十五条移付帮办文案处录送存查由》。
⑦　吉档:吉林府光绪三十二年十二月呈送《吉林府知府曹廷杰出身履历造具清册》。

八月　曹氏以在吉林边务出力,经吉林将军长顺保奏,获准俟补直隶州后以知府补用。①

十一月二十二日　丁母艰。②

一八九四年(光绪二十年)四十五岁

五月　回籍守制。③

撰《断牛说》(后收入"辽海丛书"本《东三省舆地图说》)。④

十二月七日　署富克锦协领顺福呈:以"倭逆犯境,屡次奉文严加密探俄人有何动作",故派笔帖式达普成额变装驰赴伯利密探俄情。⑤

一八九五年(光绪二十一年)四十六岁

三月　在籍守制之际,奉荆州将军、湖北巡抚札饬:署吉林将军恩铭以"吉林边务戒严,需员臂助,奉调曹廷杰速行到吉,听候差遣"。⑥

九月　到吉林,委款接俄使差使。⑦

十月　沙俄组织了近百人的勘查队,分成四批,非法越过黑龙江、乌苏里江,至齐齐哈尔、海兰泡、宁古塔、大兴安岭及辽东湾等

---

①　同513页⑦。

②　吉档:吉林劝业道宣统二年八月《曹廷杰详督宪,抚宪为奉札署理劝业道篆到任日期并选送履历清册请核咨由》附件。

③　同②。

④　《东三省舆地图说》"辽海丛书"本叶十五。

⑤　吉档:吉林边务文案处光绪二十年《关于伯力密探俄人备兵操演枪炮情形及边陲地方甚形空虚请填发军械函》。

⑥　吉档:吉林全省矿政调查总局光绪三十四年六月十七日《吉林候补道曹廷杰请咨引见缮具履历呈文》。

⑦　同⑥。

地,擅自进行查勘。

十月二十日　奉札款接查勘铁路俄人,同时自行"查勘山川道里,为自行修路之计。事关重大,务需详细记载,绘具图说,禀请核咨"。当即率委员依林保等分往三岔口、宁古塔等处跟寻俄人踪迹,绘画路图,翻译标记俄字。①

十一月二十三日　带同委员王荣昌等在蚂蜒河街基地方遇见勘探铁路俄人格鲁利结为持等人。中间到过宾州、阿城等地。十二月十七日,送至松花江南岸满井地方出吉林境。②

十二月二十七、三十一日　款俄人员先后回吉林交差。曹廷杰将东三省铁路宜由中国筹款自修谏议禀呈吉林将军,撰《查看俄员勘探铁路禀》。禀文分析沙俄侵占中国大片领土以后的东北形势,揭露俄国政府勘办东三省铁路的真实目的。建议清朝政府自行筹款修筑铁路,提出明立约章,自定铁路道轨规格,择要地设立炮台,俄人由我火车铁路转输货物按定章纳税,军械兵弁不准入境,以及垦办矿务,练兵备战,裁革废政,效尤先进等励精图治致富自强措施。③

一八九六年(光绪二十二年)四十七岁

三月　款俄事毕,到京赴部呈请起复,领取执照。④

四月　刊布《条阵十六事》全文,并撰说明。⑤

五月　由黑龙江将军恩铭奏调试办呼兰木植山货税务,任呼

---

① 《东三省舆地图说》"江海丛书"本附录《查看俄员勘办铁路禀》叶十五。
② 《东三省舆地图说》"江海丛书"本附录《查看俄员勘办铁路禀》叶十五。
③ 同②。
④ 吉档:吉林分巡道光绪二十九年闰五月十三日详咨《特用知府曹廷杰禀报到省日期并缴部寺执照及前领起复部照书册》。
⑤ 《东三省舆地图说》"江海丛书"本附条《条陈十六事》。

兰木税总局总理。任上，对于"天主教民德兴盛恃教抗纳木税，英
国洋商新泰兴恃照抗纳山货税，均经惩办，照章交纳。并禀请咨行
总理各国事务衙门、天津海关道衙门立案，通饬遵行，以维利
权。"①

一八九七年(光绪二十三年)四十八岁

一月　奏办呼兰都鲁河等处矿务。并派人前往探查金苗。②

一月二十一日　拟都鲁河金矿《续议都鲁河金矿办矿章程》七
条。③

五月十六日　总理各国事务衙门批复《章程》七条。④将呼兰
税务局事务交代清楚，赴都鲁河试办矿务。⑤

六月十八日　由呼兰起程赴都鲁河。

七月七日　船行至三姓上月牙滩地方遭劫，劫走粮船一只，绑
去员司夫役三名，勒取续银三千七百余两。⑥

八月初　抵三姓，水涨滞留。水稍落，先带兵勇员司数十人，
亲自探路进沟。见平甸皆哈汤泥淖，山林皆枯木朽株，举足维艰。
日行数十里人马俱困。加以宿露飧风，幕天席地，倍切艰辛。

九月九日　抵都鲁河。

九月十三日　开厂试办，招到把头六十余家、矿丁一千五百余

---

①　吉档：吉林全省矿政调查总局光绪三十四年六月十七日《吉林候补道曹廷杰
请咨引见缮具履历呈文》。

②　北京图书馆藏曹廷杰光绪二十六年十二月十六日《关于试办都鲁河金厂情形
及益和公司源流造具简明摺册》(抄本)。

③　吉档：吉林垦矿总局光绪二十四年《关于珲春属境矿务公司设立盘查局事宜》
附件(抄件)。

④　同②。

⑤　吉档：吉林府光绪三十二年十二月呈送《吉林府知府曹廷杰出身履历造具清
册》。

⑥　同①。

人。

十月六日　变兵托言缉贼,闯入厂内,将存放银元及员司衣物尽数抢去。把头矿丁逃走大半。①

十二月十九日　复招丁督饬工作,盖成窝棚八十三家,矿丁增至一千八百余人。②

一八九八年(光绪二十四年)四十九岁

春　撰《二圣墓说》(后收入"辽海丛书"本《东三省舆地图说》)。③

六、七月间　在南川采一金苗新头。④

一八九九年(光绪二十五年)五十岁

二月　又在都鲁河西沟采到一新苗。是年,无丁无粮,股本借款难筹。至三姓,与和成利傅宗渭、益增源悦明阿共凑本银一万二千两,开立益和公司,买食粮货物运入沟中。⑤

五月以后　采金略有转机。

七月至十月　阴雨连绵,无法开采,以致亏欠日多,矿工多私逃。⑥

十一月　仿照俄章,一两金砂给银二十两,矿务有起色。⑦

①　北京图书馆藏曹廷杰光绪二十六年十二月十六日《关于试办都鲁河金厂情形及益和公司源流造具简明折册》(抄本)。
②　同①。
③　《东三省舆地图说》"辽海丛书"本叶三。
④　同①。
⑤　北京图书馆藏曹廷杰光绪二十六年十二月十六日《关于试办都鲁河金厂始末情形及益和公司源流造具简明折册》(抄本)。
⑥⑦　同⑤。

一九〇〇年(光绪二十六年)五十一岁

三月　晋省。①

七月三日　回厂,两沟仅余矿丁七、八十人。出示改章,半月之后,矿丁傃聚千余人。每日两、三家上溜,得金四、五两不等。是时,都鲁河东西两沟共长八十余里,处处有金,虽开采已经两年,只因无多垫办,无有私金,不能聚人,矿务起色不大,而在都鲁河水道三十余里内,做金之处不过四、五里,已得金砂六千余两。都鲁河金厂若从此一定改章,必能畅旺,将来获利不在漠河、观音山之下。此时,所积金砂已足抵库款官利木税之数。②

七月二十四日　俄兵攻观音山卡伦。

七月二十五日　俄军攻拖罗山卡伦。③

七月二十七日　俄军攻太平沟金矿。曹廷杰与观音山合兵守险。据报俄军将欲攻都鲁河金厂,曹廷杰一面照会俄界廓米萨尔,查询衅端,一面飞禀黑龙江将军寿山,要求派兵救援,并咨报三姓副都统衙门,飞咨吉林将军衙门查照。同时,密派哨官胡玉成等将积存金砂星夜解赴宪台衙门。

七月三十日　遭劫,逃离都鲁河。④

八月七日　行至三姓之北山,获知三姓楼上**盘**查局等地已为俄军焚劫,三姓、爱珲已与俄军开仗。⑤

八月二十二日　抵呼兰。

八月二十五日　受命回江省销差。自光绪二十三年八月十七日(1897 年 9 月 13 日)开局起,至二十六年七月底(1900 年 8 月下

----

①②③④⑤　北京图书馆藏曹廷杰光绪二十六年十二月十六日《关于试办都鲁河金厂始末情形及益和公司源流造具简明折册》(抄本)。

旬)止,曹廷杰试办都鲁金厂未满三年。①

九月十日　行至双庙子地方,风闻江省已被俄兵占踞,逃勇处处抢劫,文报不通,道途阻滞,拟改道至茂新站、伯都讷两处,再赴江省。②

九月十五日　行至蒙古三台地方,遭劫,改道绕赴吉林。

九月二十三日　抵吉林。

十月三十日　派人改装携禀至署理黑龙江将军行辕,请给护照,知会俄官,以便回江省销差。③

十一月一日　由都鲁河金厂派出哨官胡玉成到吉,报称解送金砂尽数为俄兵掠去。④

十一月十九日　所派差弁向春山、梅祖贵抵江省,将公文呈送副都统衙门。⑤

一九○一年(光绪二十七年)五十二岁

一月二十二日　赴黑龙江将军衙门,呈请将所有赔欠之款一概免交。⑥

二月四日　撰《关于试办都鲁河金厂始末情形并附陈备抵各款被兵焚劫及益和公司源流造具简明折册恳请核夺奏咨事》。⑦

呈请黑龙江将军萨保,将经手金怀煤矿借领军装及承审要案各件,核销备案,请求给咨回吉。⑧因道路不通,叠遭拦劫,措资到吉。⑨

---

①②③④⑤⑥⑦　北京图书馆藏曹廷杰光绪二十六年十二月十六日《关于试办都鲁河金厂始末情形及益和公司源流造具简明折册》(抄本)。

⑧　吉档:吉林府光绪三十二年十二月呈送《吉林府知府曹廷杰出身履历造具清册》。

⑨　同⑧。

公余注释惠顿《万国公法》。

十月　撰《呈吉林将军长顺上〈万国公法释义〉禀文》，将积年注释之《万国公法》呈送长顺，并代长顺拟《为俄罗斯占踞东三省拟请按照公法与之理论》之奏咨底稿。底稿建议清朝政府将俄军占踞东三省及其所为电谕、电信俄国政府，照公法分为作战权战利、不作战权战利两项，与俄辨明，促其退兵；密奏请派丁韪良充外务部大臣，负责日后交涉事宜；敦促美、英、日等国与俄人据公法理论，代抱不平。然极力诬蔑义和团运动，将俄、美、英、日等国犯我中国归咎于义和团。①

十二月二日　奉委查办三姓、宾州事宜。②

十二月二十日　自吉林出发赴阿什河。③

一九〇二年(光绪二十八年)五十三岁

一月十七日　在三姓处理贾柏林等拿人、抢枪事件。④

二月二十日　由三姓起程旋省途中，路过宾州查办。⑤

三月十七日　呈撰《为将遵查贾柏林拿人抢枪等事禀复示遵事》、《查办宾州事件禀文》。⑥

---

① 北京图书馆藏吉林将军长顺光绪二十七年九月《奏咨底稿》(抄本)。
② 吉档：吉林练军文案处光绪二十八年二月呈《为札户司核发查办三姓宾州事宜委员曹廷杰往返差费等项钱文由》。
③ 同②。
④ 吉档：吉林练军文案处光绪二十八年二月初八日《委办三姓金厂曹廷杰为将遵查贾柏林拿人抢枪等事禀覆示遵事》。
⑤ 吉档：吉林练军文案处光绪二十八年二月呈《为札户司核发查办三姓宾州事宜委员曹廷杰往返差费等项钱文由》附件。
⑥ 吉档：吉林练军文案处光绪二十八年二月初八日《委办三姓金厂曹廷杰为将遵查贾柏林拿人抢枪等事禀覆示遵事》。

三月十九日　销差。①

三月　撰《原教浅说》。②

四月二十一日　《万国公法释义》一书，经长顺奏请饬部删定，饬下外务部量才遣用；又蒙吉林将军给咨赴部，外务部复行保奏，奉旨引见。③

寄杨守敬《好太王碑》初拓本二通，并记叙了碑石剥蚀之原因。④

一九○三年（光绪二十九年）五十四岁

一月六日　引见，奉命着以知府发往吉林补用。⑤

一月十二日　吏部咨吉林将军：曹廷杰着以知府发往吉林补用。⑥

一月二十七日　荣禄命曹廷杰陈述为赔款筹捐之法，曹撰《上荣中堂密禀》。⑦

二月一日　领照赴吉。⑧

二月五日　吉林将军札吉林道：曹廷杰着以知府发往吉林补

---

①　吉档：吉林练军文案处光绪二十八年二月呈《为札户司核发查办 三姓宾州事宜委员曹廷杰往返差费等项钱文由》。

②　北京图书馆藏曹廷杰光绪二十八年二月撰《原教浅说》（抄本）。

③　吉档：吉林府光绪三十二年十二月呈送《吉林府知府曹廷杰出身履历造具清册》。

④　杨守敬《高句丽广开土好太王谈德碑跋》。

⑤　吉档：吉林全省矿政调查总局光绪三十四年六月十七日《吉林候补道曹廷杰请咨引见缮具履历呈文》附件。

⑥　吉档：吏部光绪二十八年十二月十四日《札吉林道准吏部咨山西候补直隶州知州曹廷杰着以知府发往吉林府由》。

⑦　北京图书馆藏曹廷杰光绪二十八年十二月二十九日《上荣中堂密禀》（抄件）。

⑧　吉档：吉林分巡道光绪二十九年闰五月十三日详咨《特用知府曹廷杰禀报到省日期并缴部寺执照及前领起复部照书册》。

用。①

二月二十一日　自奉天大凌河启行。②

二月二十八日　于威远堡边门感受风寒,复为风雪所阻,滞留四十余日。③

三月　撰《辨惑论》,谈平等、自由、立法、纲常性理等问题。文章署名亚东平情人。④

五月　呈《上各国钦差书稿禀文》、《上各国钦差书稿》,主张联合各国,根据公法促俄退兵。⑤

五月八日　复起程。

五月十一日　行至莲花街,病复发。

六月十五日　病愈复行。

六月二十四日　抵吉林省城。⑥

八月二十三日　到三姓交涉局接署三姓交涉善后、筹饷、江关、词讼兼吉林全省营务等事宜。⑦

九月十一日　将该局前总办程德全所办已结未结各案摘由呈报,撰《为将六月份办过已结未结各案摘由缮具清折呈文》。⑧

十月八日　奉谕前往伯利查办俄员李怀多甫征收木税,撰《为

---

①　吉档:吉林将军衙门光绪二十九年正月十一日《札吉林道准吏部咨山西候补直隶州知州曹廷杰著以知府发往吉林补用由》。

②　同 521 页⑧。

③　同 521 页⑦。

④　北京图书馆藏曹廷杰光绪二十九年二月《辨惑论》(抄件)。

⑤　北京图书馆藏曹廷杰光绪二十九年四月《禀呈上各国钦差书稿》(抄本)。

⑥　同 521 页⑥。

⑦　吉档:光绪二十九年七月初一日《总办三姓交涉事宜曹廷杰为将接办任事日期移请备查事》。

⑧　吉档:光绪二十九年七月二十日呈《委办三姓交涉事宜曹廷杰为将六月份办过已结未结各案摘由缮折呈报鉴核事》。

前赴下江伯利查办俄员征收木税起程日期并将局务交委员郑国华代办呈文》。①

十月十二日　乘轮前往伯利。②

十一或十二月　回省交差。③

十二月二十八日　奉谕总理三姓等处放荒事宜，仍兼理姓局差使。④

是年　撰《拟放姓属荒地章程》。⑤

一九〇四年（光绪三十年）五十五岁

一月六日　曹廷杰禀请吉林将军衙门于三姓罚款内拨修松花江、牡丹江渡船和购义地等事宜，获准。⑥

一月十二日　吉林将军衙门准曹廷杰禀请为杜绝吉江两省商人藉俄轮抗税，拟就俄镇派人稽查一事。⑦

一月十九日　因日俄战局将起，领荒者裹足不前，难民无力交出荒价，曹廷杰准难民拣段占住，俟定章后再行缴价。⑧

---

① 吉档：光绪二十九年八月二十五日呈《委署总办三姓交涉等等饷各事禀曹廷杰为前赴下江伯利查办俄员征收木税起程日期并将局务交委员郑国华代办呈报查核事》。

② 同①。

③ 吉档：吉林府光绪三十二年十二月呈送《吉林府知府曹廷杰出身履历造具清册》。

④ 吉档：吉林全省行营文案处光绪二十九年十一月呈《为派候补知府曹廷杰总理三姓等处放荒事宜札委该员并札饬吉林道知照由》。

⑤ 北京图书馆藏光绪二十九年撰《拟放姓属荒地章程》（抄件）。

⑥ 吉档：吉林将军衙门光绪二十九年十一月十九日《札饬事交涉总局案呈》。

⑦ 吉档：吉林交涉总局光绪二十九年十一月二十五日《为奉宪交据总办三姓交涉事务曹廷杰禀请奖赏商人叶华林五品翎札等情移请填发事》。

⑧ 吉档：光绪三十年十月十八日《总办三姓交涉事务曹廷杰禀请拣派贤员接办局事荒务等情事》。

九月　由三姓交涉局赴上江一带查办护江关税务。①

十一月　晋省。②

十一月二十四日　禀恳交卸姓差，二十八日获准省留另差委。③

是年　参加剿捕"马贼"，为此获保奏俟补知府后在任以道员遇缺即补。④

一九〇五年（光绪三十一年）五十六岁

一月　交卸三姓事务。⑤

二月十六日　奉牌示署理五常厅同知。⑥

三月十三日　接任视事。⑦

四月　撰《出示晓谕停止练长以免苛摊、整顿保甲以靖地方事》。⑧

九月二十六日　奉旨获准俟补知府后在任以道员遇缺即补。⑨

一九〇六年（光绪三十二年）五十七岁

二月二十四日　吉林知府出缺，署吉林分巡道请以曹廷杰接

---

① 吉档：吉林府光绪三十二年十二月《吉林府知府曹廷杰出身履历造具清册》。

② 吉档：吉林将军衙门光绪二十九年十一月十九日《札饬事交涉总局案呈》。

③ 吉档：吉林将军衙门光绪三十年十月二十日《准如所请仰吉林道转饬知照事批文》。

④⑤⑥⑦ 同①。

⑧ 吉档：光绪三十一年三月《署理五常厅抚民府特用府正堂曹为出示晓谕停止练长以免苛摊整顿保甲以靖地方事》。

⑨ 吉档：吉林劝业道宣统二年八月《曹廷杰详督宪、抚宪为奉札署理劝业道篆到任日期并造送履历清册请核咨由》附件。

署。①

　　三月十四日　奉札委署理吉林府知府篆务。②

　　三月十六日　交卸五常厅职事。③

　　三月二十五日　到吉林府接印视事。④

　　四月十四日　禀请派专员代验百里以外命案及监毙人犯事。⑤

　　五月五日　因"有控案尚未审结"，曹廷杰被撤任。⑥

　　五月十一日　将五常厅经手银钱交代清楚。⑦

　　五月十六日　吏部奏请补授吉林知府遗缺，获准。⑧

　　七月四日　奉饬知：经部覆奏准补吉林知府。因五常厅案未结而未能就任。⑨

　　七月二十四日　奉札勘分依兰府、临江州、大通县三属界址。⑩

---

①　吉档：吉林将军衙门光绪三十二年二月《按季汇奏附片》。

②　吉档：吉林府光绪三十二年十二月《吉林府知府曹廷杰出身履历造具清册》。

③　吉档：吉林全省矿政调查总局光绪三十四年六月十七日《吉林候补道曹廷杰请咨引见缮具履历呈文》。

④　吉档：吉林府光绪三十二年三月一日《代理吉林府知府王鸿遇申报交卸事宜》。

⑤　吉档：吉林府光绪三十二年三月二十一日《署吉林府知府曹廷杰禀请札委专员代验由》。

⑥　吉档：吉林分巡道光绪三十二年四月十二日《署吉林分巡道详现署吉林府知府曹廷杰因案撤任遗缺委候补同知田葆绥代理书册》。

⑦　吉档：五常厅光绪三十二年四月十八日《详禀五常厅前后任内结交代清册》。

⑧　吉档：吏部光绪三十二年四月二十七日《咨吉林副都统为吉林府知府一缺以特用知府曹廷杰补授事奉旨依议由》。

⑨　吉档：吉林府光绪三十二年十二月《吉林府知府曹廷杰出身履历造具清册》。

⑩　吉档：吉林全省矿政调查总局光绪三十四年六月十七日《吉林候补道曹廷杰请咨引见缮具履历呈文》。

八月二十二日　勘分界址至三姓。①

十月七日　撰《勘分依兰府、临江州、大通县三处界务禀文》。②勘分后，新设之依兰府、临江州、大通县辖界为：由大铃铛麦河逆流而上，源直线越七星碯子至挠力河上源，再顺流而东至挠力口，以北改为临江州，以西以南仍归依兰府，江北一带均归大通县，南归依兰。③

十月二十五日　勘分界址差竣回省。④

十二月三十一日　署新城府事。⑤

一九○七年（光绪三十三年）五十八岁

一月一日　奉令由新城府事补吉林知府。⑥

一月十一日　就吉林知府任。⑦

一月二十二日　禀请派专员代验百里以外命案及监毙人犯事。⑧

二月十一日　吉林将军札吉林道：据户司详查曹廷杰五常厅同知任内征解各款解交清楚，并无蒂欠，业经饬库列销。⑨

---

　　①　吉档：依兰府光绪三十二年八月二十日《关于勘分依兰、临江、大通县界务情况的禀文》。

　　②　同①。

　　③　杨步墀民国九年八月纂修《依兰县志》第二页。

　　④　吉档：吉林全省行营文案处光绪三十四年六月十七日《吉林候补道曹廷杰请咨引见缮具履历呈文》。

　　⑤⑥⑦　同525页⑨。

　　⑧　吉档：吉林府光绪三十二年十二月十七日《吉林府知府曹廷杰禀请札委专员代验由》。

　　⑨　吉档：吉林将军衙门光绪三十二年十二月二十九日《札吉林道据户司详查准前署五常厅同知曹廷杰任内征解各款解交清完并无蒂欠业经饬库列销由》。

三月十一日　兼任吉林交涉总局会办。①

四月二十八日　禀请派专员代验百里以外命案及监毙人犯事。②

五月二十四日　兼摄吉林府学。③

十二月　获准开去吉林知府底缺。④

一九〇八年(光绪三十四年)五十九岁

一月十三日　卸吉林知府任。⑤

二月二十三日　任吉林全省矿政调查总局帮办。⑥

三月十九日　撰文谈吉林办矿三要。⑦

五月七日　与管理吉林矿政调查总局总办、署劝业道徐鼎康共撰开局试办《简章二十二条》。⑧

五月二十九日　撰《呈吉林将军筹办吉林矿务全局办法禀

①　吉档：吉林交涉总局光绪三十三年正月二十七日《各署官员接印并进省起程日期》。

②　吉档：吉林府光绪三十三年三月十六日《在任遇缺即补道曹廷杰禀请札委专员代验由》。

③　吉档：吉林省光绪三十三年五月二十七日《为据吉林道详吉林府知府曹廷杰兼摄府学日期》。

④　吉档：吉林省光绪三十三年十二月十七日《吉林省奏为吉林府知府曹廷杰请开缺以道员候补由》。

⑤　吉档：吉林分巡道光绪三十三年十二月初十日《代理吉林分巡道详明委员监盘代理吉林府知府潘震声应接前任知府曹廷杰任内内外结交代书册》。

⑥　吉档：吉林省光绪三十四年二月初九日《吉林省批矿政调查局开用关防日期由》。

⑦　吉档：吉林省光绪三十四年二月十七日《东三省总督行曹道廷杰并矿政调查局》。

⑧　吉档：吉林省矿政调查总局光绪三十四年四月初八日《详职局拟定章程以资遵守由》。

文》。①

六月　奉委调查直隶开平、湖北大冶、江西萍乡各矿差使，并呈请给咨顺道赴引。②

十月十五日　领凭出京调查矿务。③

撰《矿务说略》。④

十二月四日　任吉林官运总局会办。⑤

一九〇九年（宣统元年）六十岁

七、八月间　奉委吉林驻奉差事。⑥

一九一〇年（宣统二年）六十一岁

二月　奉东三省督抚宪会委督办东三省军装制造局事务。⑦

八月　撰《务农刍言》。⑧

九月二十二日　奉督宪锡、抚宪陈札委署理吉林劝业道。⑨

九月二十七日　就吉林劝业道任。⑩

---

① 吉档：吉林省矿政调查总局光绪三十四年四月三十日《呈吉林将军筹办吉林矿务全局办法禀文》。

② 吉档：吉林劝业道宣统二年八月《曹廷杰详督宪、抚宪为奉札署理劝业道篆到任日期并造送履历清册请核咨由》附件。

③ 同②。

④ 岩间德也《彝卿曹廷杰先生》。

⑤ 吉档：吉林省宣统二年十一月二十八日《光绪三十四年公署札知委调各府厅州县各缺》。

⑥ 同②。

⑦ 同②。

⑧ 岩间德也《彝卿曹廷杰先生》。

⑨ 吉档：吉林省宣统二年八月《吉林行省总督札署理劝业道曹廷杰》；吉林劝业道宣统二年八月二十五日《委署吉林交涉使司卸署劝业道呈报本道交卸日期由》。

⑩ 吉档：吉林劝业道宣统二年十一月《吉林劝业道曹廷杰详督宪、抚宪为职道任内管理各款收支数目造册移交黄前任恩请查核并分别咨移由》。

十二月二日　为沈兆褆《吉林纪事诗》撰序。①

十二月十七日　交卸署理吉林劝业道事。②

十二月二十六日　代理蒙务处协理。③

一九一一年（宣统三年）六十二岁

继续代理蒙务处协理。④

一月二十五日　于《吉长日报》刊《救疫速效良方》。⑤

季春　著《防疫刍言》。⑥自吉至营口、奉天等处，并为《防疫刍言》索序于陈昭常、锡良。⑦

是年　与甘云鹏在吉林相见，"以明奴儿干永宁寺二碑拓片见示"，甘阅后为之作跋。⑧

约于是年，辑《吉林矿务招商广告》、《矿务说略》、《务农刍言》等四文为《时务一斑》一书。⑨

一九一三年（民国二年）六十四岁

评阅魏声龢《鸡林旧闻录》。⑩

十月　出版《论语类纂》、《孟子类纂》、《论孟类纂提要》。⑪

① 沈兆褆《吉林纪事诗》序。

② 同 528 页⑩。

③ 吉档：宣统二年十一月初三日《代理协理曹廷杰呈报接收蒙务处关防事宜日期由》。

④ 吉档：宣统三年二月二十五日《蒙务处移交关防日期禀文》。

⑤ 《防疫刍言》序。

⑥ 同⑤。

⑦ 《防疫刍言》陈昭常、锡良序。

⑧ 甘药樵《明奴儿干永宁寺二碑跋》。

⑨ 岩间德也《彝卿曹廷杰先生》。

⑩ 魏声龢《吉林地志》。

⑪ 《论孟类纂提要》叙。

一九一九年(民国八年)七十岁

离开吉林。①

一度移居奉天,后返湖北枝江。②

一九二六年(民国十五年)七十七岁

曹氏拟再返东北,途经上海时故去。③

---

① 金毓黻《静晤室日记》第六集第十二—十三页。
② 见内藤虎次郎《读史丛录》。
③ 岩间德也《彝卿曹廷杰先生》。

《东北边防辑要》《西伯利东偏纪要》 《东三省舆地图说》民族、部落名索引

《东北边防辑要》《西伯利东偏纪要》
《东三省与地图说》地名索引

六　画

八　画

十 一 画

十 三 画

十五画

施尔
特林
乌送阔
普承奇吉
磁磁隘
阔吉
莫勒喃
乌扎拉
宏科
勒敦
海兰泡
黑龙江城　爱珲(旧)　牛满
伯力
徐尔固
华歇
尼满
三姓
红土岩
崴老背
白隔礌
宁古塔
双城子
蚌蚌塘
吉林
珲春
刭河

一八八五年
曹廷杰调查路线示意图